Frank Vorpahl

Schliemann und
das Gold von Troja

Frank Vorpahl

Schliemann und das Gold von Troja

Mythos und Wirklichkeit

Galiani Berlin

Quid non mortalia pectora cogis, auri sacra fames?

Wozu bringst du die Herzen der Sterblichen nicht,
verfluchter Hunger nach Gold!

Vergil, Aeneis (III. 56)

Inhalt

Kapitel 1 | Große Rochade

Ein russischer Millionär wird Reiseschriftsteller

Es ist das Foto einer Frau, das Heinrich Schliemann berühmt macht: eine stolze Griechin mit Ehrfurcht gebietendem Blick, Stirn und Dekolleté, dekoriert mit einem jahrtausendealten Goldschmuck, der wohl nur Helena gehört haben kann, der schönsten Frau im epischen Universum des antiken Dichters Homer. Heinrich Schliemanns suggestive Inszenierung für die Weltpresse, das Porträt seiner 20-jährigen Ehefrau Sophia mit dem Gold, das er in Troja ausgegraben hat, soll die lauthals erhobenen Zweifel an seinem »Schatz des Priamos« überstrahlen.[1] Von nun an gilt er, gegen heftige Proteste der Archäologenzunft seiner Zeit, als der »Entdecker von Troja«, als eine Art Gründervater der modernen Archäologie.

Dabei hat Heinrich Schliemann nie ein Studium abgeschlossen, sondern seine Karriere als 14-jähriger Geselle besenschwingend in einem Krämerladen in Fürstenberg an der Havel begonnen. Wo er auftaucht, sind sensationelle Geschichten nicht fern: vom jugendlichen Auswanderer, der sich nach dramatischem Schiffbruch vor Hollands Küste in tosenden Fluten an seinen schwimmenden Koffer klammert, von dem im kalifornischen Goldrausch reich gewordenen Banker, der seine Beute notfalls mit Machete und Pistole gegen Diebe verteidigt, oder dem gewieften Geschäftsmann in Russland, der mit riskanten Spekulationen auf Schießpulver im Krimkrieg das große Geld verdient. Erst als Mittvierziger beginnt der Multimillionär mit Hang zur Selbstheroisierung sein zweites Leben. Heinrich Schliemann wechselt bis zum Weihnachtsfest 1890, bis zu seinem Tod in

Neapel, unendlich oft Länder und Sprachen, Milieus und Metiers und die ihm nahestehenden Menschen. Den gravierendsten Neuanfang aber macht er im Sommer 1865. Er ist 43 Jahre alt und Troja, die Mythen der alten Griechen und das Schatzsuchen liegen noch in weiter Ferne.

Im Morgengrauen des 4. Juli 1865 liegt die Tokio-Bucht so leer und fahl vor ihm wie das gebundene Heftchen, das er von nun an eifrig füllen wird. Es ist eine neue Welt, die dem drahtigen kleinen Mann mit hohem Zylinder und Zwicker bei seinem Abschied von Japan, am Ende einer langen Reise, vor Augen steht. Er will seine Zeitgenossen beeindrucken. Jenseits des Geldscheffelns. Er will schreiben.

Mit der Zuverlässigkeit eines preußischen Kontoristen verfasst Heinrich Schliemann – drei Jahrzehnte nach seiner letzten literarischen Arbeit, einem Schulaufsatz an der Neustrelitzer Realschule – sein erstes Buch. »Es ist auch zu spät, mich der wissenschaftlichen Laufbahn zu widmen«, begründete Schliemann den geplanten Weg in die Schriftstellerei, »denn ich bin bereits im Kaufmannsberufe zu alt geworden, um hoffen zu können, in den Wissenschaften noch etwas zu erreichen.«[2]

Wie geplant braucht er für die Niederschrift seines Debüts die 50 Tage seiner Pazifik-Passage von Yokohama nach San Francisco auf der Rückreise nach Europa.[3] Fast 20 Monate rastloser Recherchen liegen hinter ihm: 1864 hetzte er kreuz und quer durch Europa und Nordafrika: von Aachen nach Paris, Genua und Tunis, dann von Karthago nach Malta und Ägypten, wieder zurück nach Bologna, Florenz und Neapel, weiter nach Wien, Triest und Korfu. Über das Rote Meer schließlich auf den indischen Subkontinent: von Kalkutta über Madras, Delhi und Lucknow zu den Gipfeln des Himalaja. 1865 schifft er sich per Dampfboot nach Penang, Jakarta und Singapur ein und reist weiter ins vietnamesische Saigon. Schließlich China: von Hongkong und

Kanton am Perlfluss weiter Richtung Norden nach Peking und zur »Großen Chinesischen Mauer«, endlich von Schanghai nach Japan. Die letzte Reisestation war ihm am wichtigsten, denn hier fallen Ausländer regelmäßig Attentaten zum Opfer, seitdem die Vereinigten Staaten das Ende der japanischen Selbstabschottung erzwungen haben.[4] Gerade darum war Schliemann in die japanische Hauptstadt Edo gekommen, als einziger Fremder neben dem amerikanischen Gesandten. Er hoffte den Schleier lüften zu können, der noch immer über diesem so lange isolierten Teil der Welt lag.

Drei Wochen lang von fünf Polizisten und sechs Pferdeknechten begleitet – teils zum Schutz vor Attentaten, teils zwecks Überwachung –, durfte Schliemann im Sommer 1865 in Tokio Zeremonien beiwohnen, wie sie kein Europäer vor ihm gesehen hatte. So nahm er für eine Nacht unter den 8000 Besuchern des *Taisibaia*-Theaters Platz, der größten Bühne von Edo, besichtigte mehrfach den Asakusa-Schrein, Tokios ältesten und bedeutendsten Tempel, und beobachtete schließlich – Höhepunkt seiner Japan-Visite – eine Prozession des *Schogun* auf der *Tokaido*, der zwölf Meter breiten und makellos gepflasterten Reichsstraße, zum *Tenno* in Osaka.[5]

In der Passagierkabine des englischen Seglers *Queen of the Avon* kann sich Schliemann erstmals wieder völlig sicher fühlen, wenngleich ihm hier nur knapp drei Quadratmeter Platz zur Verfügung stehen.[6] Zum Glück macht der Stille Ozean seinem Namen alle Ehre, sodass er ungestört von Wetterkapriolen oder der Seekrankheit beständig an seinem Buch arbeiten kann. Wie kann er seine Leser fesseln, was soll er ihnen erzählen? Da der britische Segler meist in schier endlosen Nebelbänken navigieren muss, gibt es in der »eintönigen Einsamkeit des grenzenlosen Ozeans« wenig Abwechslung.[7] Allenfalls lenken ihn Tümmler-Herden »mit 500 bis 1000 Tieren« oder ausgedehnte purpurfarbene Krill-Schichten, die vom Schiffsrumpf bis zum Horizont leuchten, für einen Moment vom Schreiben ab.[8]

Nach einer letzten Reiseetappe über Mittelamerika, New York und London landet Heinrich Schliemann schließlich im Januar 1866 in Paris. Und nennt wenig später ein opulentes Stadthaus an der *Place St. Michel* Nummer 5 sein Eigen. Hier will er leben, inmitten der literarischen und künstlerischen Welthauptstadt. Geld hat er genug. Auch zur Finanzierung seines literarischen Debüts. Es soll in der *Librairie Centrale* erscheinen, natürlich in französischer Sprache: »*La Chine et le Japon au temps présent*« *par Henry Schliemann*.[9] Klang das nicht weit erhabener als ein schnöder deutscher Titel wie »Reise durch China und Japan«? Gebunden in gelbem Karton, 221 Seiten Großdruck, verlegt am *Boulevard des Italiens*, vis-à-vis zum *Café de la Paix*, wo die Großen der literarischen Welt verkehren. Heinrich Schliemann gesellt sich selbstbewusst dazu. Ob sich diese Investition von Zeit, Geld und Gesundheit zum Erwerb literarischen Ruhms tatsächlich gelohnt hat? Heinrich Schliemann hat auf seiner Weltreise mehrere schwere Malariaanfälle überstanden, musste wegen Hautausschlags wochenlang das Bett hüten und sich mehrfach am Ohr operieren lassen. Und am Ende vieles weglassen, Berichte über Batavia oder Saigon gab es schon genug. Also nur China und Japan – war das die richtige Wahl für seinen Einstieg in die literarische Welt? Darüber entschied am Ende der Erfolg auf dem Pariser Buchmarkt.

Tatsächlich hatte Schliemanns Reisebuch im Frühjahr 1867 einigen Neuigkeitswert. Der zweite Opiumkrieg der Briten und Franzosen gegen das chinesische Kaiserreich war noch in frischer Erinnerung – mit Schliemann hatte sich nun ein ziviler Besucher in das durch Drogen und Kanonenboote geöffnete Reich der Mitte aufgemacht. Mochte das Französisch des deutschen Autors auch ein wenig ungelenk und seine Hetzjagd durch Fernost eher sporadisch denn tiefschürfend erscheinen, so fielen ihm doch Besonderheiten der anderen Kultur auf, die zumindest einen gewissen Unterhaltungswert garantierten.

»Höchst erstaunt und bestürzt« – so fasste Schliemann seine Alltagseindrücke aus China zusammen.[10] Die chinesische Mode etwa, den weiblichen Fuß als »Objekt der Koketterie« grausam einzuschnüren, was durch luxuriöse Seidenschuhe und bunte Tücher zwar kaschiert wurde, aber zu lebenslangen Gehbehinderungen der Frauen führte.[11] Die Große Chinesische Mauer hingegen, für deren Anblick Schliemann sich über 150 Kilometer von Peking bis Gubeikou auf der Deichsel eines Pferdekarrens gequält hatte, erschien ihm »hundertmal grandioser, als ich sie mir vorgestellt hatte«.[12] Doch sah er im desolaten Zustand dieses »gewaltigsten Bauwerks der Menschheit« auch einen schweigenden Protest gegen »Korruption und Demoralisation«. In seinen Augen war die herrschende Qing-Dynastie im historischen Niedergang begriffen, was er auch an der Verwahrlosung der kaiserlichen *Verbotenen Stadt* in Peking oder an der »Spielleidenschaft« der Chinesen festmachte, die nicht zuletzt durch das Opium angefacht wurde, mit dem die Briten das Land seit Jahren unter Drogen setzten.[13]

Was Schliemanns Eurozentrismus betrifft, so blieb er seinen Zeitgenossen nichts schuldig.[14] Typisch etwa seine Bemerkung, wonach »das chinesische Volk keine Spur von Harmonie- und Melodiegefühl« besäße.[15] Ähnlich rasche Urteile lässt er auch auf seiner Japan-Visite fallen, wo er beispielsweise mehr Krätze und Hautkrankheiten »als irgendwo sonst auf der Welt« ausmacht.[16] Umgekehrt nennt er die Japaner »unbestritten das sauberste Volk der Welt«.[17] Dass er in den öffentlichen Badeanstalten Nippons etwas zu sehen bekommt, was im prüden Europa seiner Zeit undenkbar wäre, nämlich nackte Menschen beiderlei Geschlechts, die sich täglich ohne Scham voreinander entblößen, um sich im

Onsen von oben bis unten abzubürsten – und daher naturgemäß auch die Defekte ihrer Haut nicht verbergen –, kommt ihm nicht in den Sinn. Immerhin will Schliemann aus der »Schamlosigkeit« japanischer Badehäuser kein moralisches Urteil ableiten. Andere Länder, andere Sitten: Selbst die 100.000 Kurtisanen Tokios lässt er relativ kritiklos durchgehen. Das kostbare hauchdünne Japan-Porzellan mit den naturalistischen Nacktszenen allerdings stuft er als »minderwertig« ein.[18] Und höchst empört ist Schliemann, als er an den Wänden eines Shinto-Schreins neben heiligen Kalligrafien Dutzende Bilder von Geishas erblickt: »Nichts vermag eine bessere Vorstellung von den Sitten des japanischen Volkes zu geben«, ereifert er sich, »als das Vorhandensein dieser Porträts im berühmtesten Tempel von Japan.«[19]

Dennoch scheint sich Heinrich Schliemann in den drei Wochen, die er für Yokohama, Tokio und die Bucht ringsum reserviert hat, mehr zu begeistern als an anderen Stationen seiner zweijährigen Weltreise. Das reale Japan, das er schon in jungen Jahren als Sehnsuchtsort auserkoren hat, kann seiner Fantasie in vielfacher Hinsicht standhalten.[20] Die »geradezu übertriebene Reinlichkeit« und Ordnungsliebe der Japaner, liebliche Landschaften voller Bambushaine und Kamelien, prachtvolle Teegärten und Reisfelder in kluger Anordnung, Ehrfurcht gebietende Tempel und Schreine, Literatur für jedermann zu günstigsten Preisen und Kinderspielzeug von höchster Qualität, eine gute Schulbildung für alle Mädchen und Jungen, die »beste Straße der Welt« von einem Ende des Reiches zum anderen und die zweistöckigen erdbebensicheren Holzhäuser, nicht zuletzt der praktische Sinn der Japaner findet Schliemanns Applaus: ein Wasserbrunnen, so leichtgängig wie ein *Perpetuum mobile*, Pferde, die sich mit dem Kopf zum Gang hin einstallen lassen, sodass sie nicht ausschlagen können, oder das japanische Papier, so raffiniert bearbeitet, dass sich daraus dichteste Regenmäntel fertigen lassen.

Langweilig war Heinrich Schliemanns Reisebuch nicht, dafür hatte der mittlerweile 44-Jährige bei seinem Debüt zu genau überlegt, was er macht: Aus den fünf dicken Tagebüchern, die der polyglotte Weltenbummler auf seiner fast zweijährigen Reise in acht Sprachen verfasst hatte, beschränkte er sich mit China und Japan geografisch auf jene Regionen, von denen andere bislang kaum berichtet hatten. Ein exklusives Angebot an die Leserschaft – das dennoch zum Fiasko wurde. Wie Blei lagen die von Schliemann vorfinanzierten handlichen Hefte 1867 in den französischen Buchregalen, der erhoffte Verkaufserfolg blieb aus.[21]

Krieg sein geringer Bekanntheitsgrad als Autor die Ursache? Oder die Atmosphäre aufgepeitschten Chauvinismus kurz vor dem Deutsch-Französischen Krieg von 1870/71, sodass ihm sein deutscher Name in Frankreich schadete? Oder hatte er, der bei Spekulationsgeschäften ein Leben lang ein Glückspilz war, sich diesmal verspekuliert, als er bei seinem Lesepublikum ein starkes Interesse an fernöstlicher Exotik voraussetzte? Jahre später gab es den rauschenden Erfolg einer japanischen Prinzessin namens *Lakmé* in Léo Delibes gleichnamiger Oper in Paris oder den Mailänder Triumph Giacomo Puccinis mit *Madame Butterfly*. Vielleicht hatte er mit fernöstlichen Sujets zwar richtiggelegen, war aber zu früh angetreten?

Tatsächlich war es nicht Schliemann, sondern der Grieche Georgios Nicolaïdes, der im Jahr 1867 die gelehrte Pariser Welt aufhorchen ließ. In einem Vortrag der Geografischen Gesellschaft auf der Pariser Weltausstellung stellte der Mann aus Kreta ein ebenso streitbares wie faszinierendes militärhistorisches Werk vor. Oder war es eine fantasievolle Fiktion à la Jules Verne? Nicolaïdes unternahm nichts weniger als den Versuch, die Kämpfe zwischen Hellenen und Trojanern, jenen antiken Mythos um den Krieg um Troja aus grauer Vorzeit, den Homer in den 15.693 Versen seiner *Ilias* besungen hatte – das Werk

eines Dichters, dessen Authentizität wiederum selbst angezwei-
felt wurde –, in die Form einer strategisch-topografischen Karte
zu gießen, mitsamt Lokalitäten, Schlachtplätzen und Truppen-
bewegungen.[22] So elegant wie in einer mathematischen Formel
schien Nicolaïdes' *Topographie et plan stratégique de l'Iliade* den Homer'schen Mythos auf nur einer Buchseite, auf einer handtel-
lergroßen Landkarte, dingfest zu machen und ihm unleugbare
historische Faktizität zuzusprechen. Auf den 270 Seiten seiner
analytischen Deutung der *Ilias* lege er, so Nicolaïdes, den schlüssigen Beweis vor, dass sich König Priamos' Troja unzweifelhaft
auf dem Höhenzug von *Bounarbachi* an der westtürkischen Küste
befunden haben müsse.[23]

Tatsächlich gehörte Nicolaïdes' Buch zu den drei maßgeb-
lichen Schlüsselwerken, die den Reiseschriftsteller Heinrich
Schliemann zwischen 1867 und 1868 in jenen rastlosen Archäologen verwandelten, der heute vielen als Urvater der empirischen
Altertumskunde gilt.

Tatsache ist, dass sich Schliemann bis 1867 kaum für die Schauplätze der *Ilias* interessierte.[24] Erst 15 Jahre später suggerierte er
in seiner erstmals veröffentlichten *Selbstbiographie,* dass schon
dem jungen Heinrich durch die Homer-Leidenschaft des Vaters
der »feste Glaube an das Vorhandensein jenes Troja« gegeben
war.[25] In Schliemanns Kindheitserinnerung mündet das neugie-
rige Interesse des Knaben für die *Ilias* und ihre Helden in einen
»lateinischen Aufsatz über die Hauptereignisse des Trojanischen
Krieges«, den er Weihnachten 1832 dem Vater widmete.[26] Diesen »Gründungsmythos« seines Strebens nach Troja verknüpfte
Schliemann in der eigenen Darstellung später mit einem schicksalhaften Liebesdrama, das – so der Autobiograf Schliemann –,
als kindliche Romanze beginnend, schließlich sein weiteres Leben prägte. Danach stand für ihn und die gleichaltrige Minna
Meincke, eine seelenverwandte junge Schatzsucherin aus dem

Nachbarort, schon seit dem achten Lebensjahr fest, dass sie »die Stadt Troja gemeinsam ausgraben wollten«.[27]

Zwar wurde diese Darstellung Schliemanns von der Jugendfreundin später als »dichterische Ausschmückung« relativiert.[28] Und auch die väterliche Obsession für Homer blieb in Wirklichkeit hinter der Leidenschaft von Pastor Schliemann für Wein, Weib und Gesang zurück, was dazu führte, dass sein Sohn Heinrich nach dem frühen Tod seiner Mutter schon im Alter von zehn Jahren in den Haushalt seines Onkels wechseln und sich als 14-Jähriger als Krämergehilfe in Fürstenberg an der Havel verdingen musste, statt sich auf ein Universtitätsstudium vorzubereiten.[29] Eine höhere Schulbildung hatte Heinrich Schliemann als verarmte Halbwaise daher nur drei Monate lang auf dem Gymnasium von Neustrelitz genossen.

Dieses am Selbstbewusstsein nagende Bildungsdefizit wollte der frischgebackene Schriftsteller wohl 30 Jahre später in Paris ausgleichen, denn als geschäftstüchtiger Kaufmann und Bankier hatte er in Russland zwar ein Millionenvermögen anhäufen, aber seine elementaren Wissenslücken nie schließen können.[30] Der grau melierte Student der *Sorbonne*, an der sich Schliemann nach der Rückkehr von der Weltreise mit Sondergenehmigung des französischen Erziehungsministers 1866 einschreiben durfte, hörte in seinem ersten Universitätssemester Vorlesungen zu moderner französischer Sprache und griechischer Literatur, zur Dichtung des 16. Jahrhunderts und in vergleichender Sprachwissenschaft – zur Altertumskunde jedoch nur in einem Fach, nämlich der Ägyptologie.[31] Oberste Priorität hatte die Archäologie für den 44-Jährigen also – ein Jahr vor Beginn seiner ersten eigenen Grabung – noch nicht.[32]

Doch wurde Heinrich Schliemann in Paris auch immer wieder von seiner russischen Vergangenheit eingeholt, sodass er kaum sichere Dispositionen für die Zukunft treffen konnte. In welche

Richtung seine Pläne auch immer gehen würden – zunächst galt
es, die russischen Bande zu lösen, die sich ihm mehr und mehr
als Fallstricke darstellten.

Zwanzig Jahre lang war Sankt Petersburg nicht nur der Mittelpunkt seines Lebens gewesen, sondern auch das Sprungbrett für
eine beispiellose berufliche und soziale Karriere. Weiter als dieser Deutsche – so musste es Außenstehenden erscheinen – konnte
man es als »Bürgerlicher« im Zarenreich kaum bringen: Er verfügte
im Herzen der russischen Hauptstadt über ein großzügiges Stadtpalais mit zwölf Zimmern und zwei Ballsälen, das den Vergleich
mit den fürstlichen Residenzen, die sich am Newski-Boulevard
und an den eleganten Newa-Kanälen aneinanderreihten, nicht zu
fürchten brauchte. Aus seiner Ehe mit Katharina Lyschina – »einer
Russin mit großen körperlichen und geistigen Vorzügen«,[33] wie der
Bräutigam in sein *Amerikatagebuch* schrieb – waren seit der Heirat
in der prächtigen Petersburger Isaaks-Kathedrale im Oktober 1852
ein Sohn und zwei Töchter hervorgegangen.[34] Dass der Vater seiner Frau einer vermögenden Petersburger Juristenfamilie und ihre
Mutter dem polnischen Adel entstammte, dürfte Schliemanns
Aufstieg sicherlich förderlich gewesen sein.[35] »Ich bin häufig gereist
und habe gewiß viel von der Welt gesehen, aber nie sah ich ein Land,
das mir so gefiel wie mein heiß geliebtes Rußland«, formulierte er
im Dezember 1852 euphorisch. »Ich werde daher Sankt Petersburg
für den Rest meines Lebens zu meiner Heimat machen und nie
daran denken, es wieder zu verlassen.«[36] Doch dabei blieb es nicht,
denn die anfangs so günstig erscheinenden familiären und gesell-
schaftlichen Verhältnisse wurden schon bald nach der Heirat mit
der wachsenden Entfremdung der Eheleute schwieriger. Katharina, die schon Schliemanns ersten Heiratsantrag kalt zurückge-
wiesen hatte, schien die Zusage, die sie dem Deutschen bei dessen
zweitem Anlauf gegeben hatte, schon bald zu bereuen.[37] Umgekehrt sah sich Schliemann, der nach Katharinas Einverständnis

zu einer Zweckehe auf wachsende Gefühle und größere Vertraut-
heit, nicht zuletzt auf die Liebe zum gemeinsamen Nachwuchs gesetzt hatte, zusehends enttäuscht. »Nach einem Jahr Ehe mußte ich
meine Kinder mit Gewalt erzwingen« – so das dramatische Eingeständnis des ungeliebten Ehegatten. Und wie in den Familien-
dramen bei Ibsen oder Tolstoi wurde auch im Hause Schliemann
paternalistische Gewalt zur Kehrseite der Entfremdung: »Ich muß
sagen, dass ich ihr die letzten zwei Kinder stehlen mußte«, gestand
Schliemann die grausamste Seite seiner Ehe mit Katharina im Februar 1867 in Paris ein.[38]

In den folgenden Monaten versuchte Schliemann auf unterschiedlichen Wegen, diese private Malaise zu beheben – lange
mit dem Ziel, Frau und Kinder aus Russland heraus zu sich nach
Paris, nach New York, auf ein herrschaftliches Gut in Mecklenburg oder in eine großbürgerliche Villa in Dresden zu holen, die
er für diesen familiären Neuanfang eigens erworben hatte.[39] Seiner Frau offerierte Heinrich Schliemann sogar eine Zweckge-
meinschaft, die Katharina für immer von den obligatorischen
Pflichten einer Ehefrau entbinden sollte: »Sei ruhig, ich werde nie
mehr versuchen, Dich zu umarmen«, versprach er.[40] Doch seine
Angebote werden nicht erhört.[41] Es folgt ein Versuch Schliemanns, seine Kinder oder wenigstens Sergej, den Ältesten, aus
der Konkursmasse seiner Ehe zu retten und dem Einfluss ihrer
Mutter und deren Familie zu entziehen. Aber auch dies scheitert.
Selbst wütende Drohungen Richtung Russland – »Du weißt, daß
Du mit Deiner wilden, rasenden Handlungsweise Deine Kinder
enterbst! Ja, sie sind enterbt!«, wie Schliemann nach Petersburg
kabelte – können die eiserne Katharina in Petersburg nicht um-
stimmen.[42]

Wie so oft bei Schliemann, ja geradezu charakteristisch für
sein Agieren: Da folgten nicht etwa Brief und Antwortbrief, Aktion und Reaktion, da gab es kaum längere Pausen, die erneu-

tes Nachdenken erlaubten. Vielmehr prüfte Schliemann nahezu
zeitgleich, welche Trümpfe er in der Hand hielt. Wie bei seinen
Bank- und Handelstransaktionen und später bei seinen Gra-
bungsprojekten handelte er auch im Privaten ohne Verzug und
vielfach parallel. Beim Navigieren in schweren familiären Gewäs-
sern schlug er so in einem atemlos zu nennenden Stakkato erst
die Einrichtung einer neuen familiären Bleibe jenseits von Sankt
Petersburg, dann die Trennung der Kinder von der Mutter und
schließlich die sofortige Scheidung vor. Und fand für seine Ehe,
die nach russisch-orthodoxem Ritual geschlossen wurde und
daher als untrennbare heilige Verbindung galt, tatsächlich einen
Weg der Auflösung.

Dafür allerdings musste er sein bisheriges Leben auf den Kopf
stellen: Obwohl in Russland mit dem Titel eines »erblichen Eh-
renbürgers«, als Großkaufmann erster Gilde und Richter des Petersburger Handelsgerichts hoch geehrt, gab er seine russische
Staatsbürgerschaft ohne viel Zögern auf.[43] Im Oktober 1867 beendete er sein kurzes Universitätsstudium in Paris und bestieg einen Dampfer nach New York – ironischerweise mit dem Namen
Russia –, wo er um die amerikanische Staatsbürgerschaft nach-
suchte. Die dafür notwendige Voraussetzung hatte er, so meinte
Schliemann, bereits 1851 erbracht, als er seinem jüngeren Bruder
Ludwig für anderthalb Jahre nach Sacramento gefolgt war, um
im kalifornischen Goldrausch eine Bank zu gründen.[44] Tatsächlich hatte er damals unter abenteuerlichen Umständen sein Vermögen verdoppeln können und war als gemachter Mann nach
Europa zurückgekehrt.[45] Doch als »U.S.-Citizen« konnte er, wie
ihm die New Yorker Behörden mitteilten, aufgrund dieser kurzen amerikanischen Episode 15 Jahre später nicht anerkannt werden.[46] Dafür musste er fünf Jahre in den USA gelebt haben.

Für Schliemann jedoch spielte der Wechsel der Staatsbürgerschaft die entscheidende Rolle bei der endgültigen Trennung

von seiner Ehefrau. Nur als Amerikaner konnte er sich nach den großzügigen Scheidungsgesetzen der USA in Abwesenheit von Katharina trennen und sein Russland-Kapitel endgültig abschließen. Um dieses Ziel zu erreichen, kaufte sich Heinrich Schliemann schließlich Zeugen, die seinen fünfjährigen Aufenthalt in den Vereinigten Staaten bestätigten. Dazu erwarb er ein Haus in Indianapolis und Anteile an der dortigen Stärkemittelfabrik, um den für eine Scheidung vorgeschriebenen Mindestaufenthalt in einem Bundesstaat besser fingieren zu können.[47] Ein Heer von Anwälten war damit beschäftigt, den Rechtsakt vor einem amerikanischen Gericht zu arrangieren und die Anfechtungen des Scheidungsurteils in Sankt Petersburg durch die Lyschin-Familie mittels großzügiger finanzieller Regelungen abzuwehren.[48] Am 30. Juni 1869 hatte er es geschafft: Nach fünfzehn Jahren Ehe war der 47-Jährige geschieden.

Das aber war auch dringend erforderlich, heiratete Heinrich Schliemann doch im September 1869, also keine drei Monate später, zum zweiten Mal – diesmal in Athen. Griechenland, so hatte er seinen Schwager kurz nach der Scheidung in aufgekratztem Offiziersjargon wissen lassen, habe den ungeheuren Vorteil, »daß die Mädchen arm wie Ratzen sind, jeden Fremden als unermeßlich reich ansehen und daher Jagd auf ihn machen, gerade wie ich vor zehn Jahren in Ägypten den Enten nachjagte«.[49]

Während er in Amerika eine ganze Maschinerie in Gang gesetzt hatte, um wieder als lediger Mann disponieren zu können, hielt er zeitgleich diverse weitere Optionen für die Zukunft in der Hand, was sein Privatleben, den Fortgang seiner Geschäfte und sein Bedürfnis nach Ruhm und Anerkennung betraf. Sophia Engastromenos, seine zweite Ehefrau, sollte in Schliemanns neuem Leben den Platz einer schillernden Galionsfigur einnehmen. Und sie wurde dafür mit Akribie ausgewählt: »Sie soll arm sein, aber gebildet«, ließ Heinrich Schliemann – am Vorabend

seiner Scheidungstour in die USA bereits wieder auf Brautsu-
che – seinen einstigen Griechischlehrer Theokletos Vimpos in
einem genauen Instruktionsschreiben wissen. »Sie soll griechischen Typus haben, schwarzes Haar, und wenn möglich soll
sie schön sein. Meine Hauptbedingung ist ein gutes und liebrei-
ches Herz!«[50] Freund Vimpos hatte es in Griechenland mittlerweile zum Erzbischof von Mantinea und Kynuria gebracht, ein
ehrwürdiger Herr, dem junge Damen wohl ihre aussagekräftigen
Brustbilder für den Postversand nach Übersee anvertrauen durften. Unter dieser Handvoll Porträts fand sich auch eines von Vimpos' gerade 16 Jahre alt gewordener Nichte.[51]

»Ich habe mich bereits in Sophia Engastromenos verliebt«,
schrieb Schliemann, offenbar elektrisiert inmitten seiner Schei-
dungsschlacht, aus Indianapolis nach Athen zurück, »und ich
schwöre Ihnen, daß sie die einzige Frau ist, die ich heiraten werde.«[52] Dabei blieb es, auch wenn sich Schliemann einige Sorgen
machte, weil er »auf Grund meiner ehelichen Schwierigkeiten
seit sechs Jahren keine Beziehung zu einer Frau gehabt« hatte.[53]
Oder war diese freizügig-peinliche Auskunft nur zur Beruhi-
gung des griechischen Kirchenmannes gedacht, der die Moral
des noch nicht einmal geschiedenen Bräutigams, der sich an-
schickte, in seine Großfamilie einzuheiraten, wohl ein wenig in
Zweifel zog? Immerhin hatte er im Spätsommer 1869 auch einige
andere Athenerinnen examiniert, wohl aber nur hinsichtlich ihres Bildungsstandes.

Was aber mag in dem 1,57 Meter großen, recht kahlköpfigen
Freier Mitte 40 vorgegangen sein, als er das unbekannte junge
Mädchen, das er per Foto zu seiner Auserwählten erkoren hatte,
beim ersten Zusammentreffen unter vier Augen im September
1869 mit der Frage überfiel: »Sophia – warum wollen Sie mich
heiraten?« Weil die Schöne nach peinlichem Herumdrucksen
jedoch wahrheitsgemäß antwortet: »Ganz einfach, Herr Schlie-

mann, weil meine Eltern es wollen und weil sie gesagt haben, Sie seien ein reicher Mann«, rauschte er wutschnaubend davon.[54] Erst ein rasch aufgegebener Eilbrief der Brauteltern mit der Beteuerung, das arme Mädchen sei doch nur zu schüchtern gewesen, ihm ihre tiefe Liebe zu bekennen, lenkte den verschnupften Millionär schließlich wieder zurück zum Traualtar.[55] Vor der Hochzeitszeremonie in der Meletios-Kirche im Athener Vorort Kolonos, dem Familiensitz der Tuchhändlerfamilie Engastromenos, mussten Brautvater Konstantinos und seine Tochter Sophia in letzter Minute noch einen Ehevertrag unterzeichnen, in dem die Familie ihren Verzicht auf alle Vermögenswerte erklärte. Diesmal wollte Schliemann sichergehen, dass sein neuerliches Investment in die Institution Ehe nicht noch einmal im Kurs fallen würde.

Das Umfeld beobachten und kühl kalkulieren, Eventualitäten abwägen und Gefahren absichern, Risiken streuen und Kursspitzen ausnutzen, vor allem: im richtigen Moment zuschlagen und nicht zuwarten – das Einmaleins des Börsenspekulanten hatte Heinrich Schliemann von der Pike auf gelernt und es war ihm in 30 Jahren Geschäftspraxis in Fleisch und Blut übergegangen. Im Alter von 14 Jahren, fast noch ein Kind, hatte er sich infolge der desaströsen familiären Verhältnisse in Ankershagen gezwungen gesehen, »in dem Städtchen Fürstenberg in Mecklenburg-Strelitz als Lehrling in den kleinen Krämerladen von Ernst Ludwig Holtz einzutreten«.[56] Doch der stupide Verkauf von »Heringen, Butter, Kartoffelbranntwein, Kaffee, Oel und Talglichtern« und das Fegen der Dielen füllten den aufgeweckten Jungen nicht aus.[57] Fünf Jahre später, nach kurzen Anstellungen in Rostock und Hamburg und einem dramatischen Schiffbruch bei seiner geplanten Ausreise nach Venezuela – er überlebt das Kentern der Brigg *Dorothea* vor der westfriesischen Insel Texel nur, weil er »eine schwimmende leere Tonne zu fassen« kriegte, wie er seinen Schwestern in einem Brief berichtete, in seinen späteren Darstellungen war es dann aber ein »Ruderboot«, schließlich tauchte auch sein halb leerer Koffer mitsamt »Tagebuch und Empfehlungsschreiben« in dieser Geschichte auf –, verschlägt es ihn im Dezember 1841 mit knapp 20 Jahren ins geschäftstüchtige Amsterdam. [58] Wie viele seiner Zeitgenossen aus ähnlichen kleinbürgerlichen Verhält-nissen – der »Chronist Preußens« Theodor Fontane aus Neurup-pin etwa, der spätere Berliner »Lokomotiv-König« August Borsig oder auch sein späterer Freund Rudolf Virchow, der »Anatomie-Papst« der Berliner Charité – ist Schliemann in seinem bürgerli-chen Emanzipationsstreben hoch motiviert, große Anstrengun-gen zu unternehmen, um vorwärtszukommen. »Nichts spornt mehr zum Studium an«, so Schliemann im Rückblick, »als das Elend und die gewisse Aussicht, durch angestrengtes Arbeiten sich aus demselben befreien zu können.«[59]

Im winterlichen Amsterdam von 1841, im Gewimmel der Han-delsschiffe aus aller Welt, findet er »als Bureaudiener bei Hrn. F. C. Quien« beim Austragen der Post und beim Wechsel-Kassie-ren eine »Methode«, um das Tor zu seinem Aufstieg aufzustoßen: »Niemals machte ich meine Gänge, selbst bei Regen, ohne mein Heft in der Hand zu haben und auswendig zu lernen«, erläuterte er sein Vorgehen später in seiner ersten Selbstdarstellung, »und es gelang mir, in Zeit von einem halben Jahre die englische Spra-che gründlich zu lernen. Nun wandte ich dieselbe Methode auf das Studium des Französischen an, dessen Schwierigkeiten ich ebenfalls in einem andern halben Jahre bewältigte.«[60] Schlie-manns wichtigste Lernhilfen waren dabei ein paar Romane in der Originalsprache, Oliver Goldsmith' *Vicar of Wakefield* und Walter Scotts *Ivanhoe*, François Fénélons *Aventures de Télémaque* und *Paul et Virginie* von Bernardin de Saint-Pierre – umfangreiche Buchtexte, die er in der Fremdsprache auswendig lernte und einzelne Passa-gen ständig wiederholte. »Diese angestrengten und übermäßigen

Studien hatten mein Gedächtniss innerhalb eines Jahres in einem solchen Grade gestärkt, dass mir das Studium des Holländischen, Spanischen, Italienischen und Portugiesischen sehr leicht erschien, und ich hatte nicht nöthig, mehr als sechs Wochen auf jede dieser Sprachen zu verwenden, um sie geläufig zu sprechen und zu schreiben.«[61] So behauptet er zumindest.

Interessant ist indes auch, welchen Inhalts die Romane waren, die Schliemann da 20-jährig in seinem Kopf mit sich herumtrug und ständig repetierte. Sollte der sparsame junge Mann für die Lektüre Geld ausgegeben haben? Oder hatte er sich die Bücher geliehen? Fest steht, dass alle vier Romane programmatisch nicht schlecht zusammenpassten. Wenn im *Vikar von Wakefield* Prediger Pimrose mit seinen Kindern vor seinem abgebrannten Familiensitz steht, erinnert dies an Schliemanns Jugendschicksal. Doch Gottvertrauen und der Glaube an das Gute im Menschen machen die Welt am Ende wieder heil. Auch bei Scott siegt die Gerechtigkeit und die seit der Schlacht von Hastings unterdrückten Angelsachsen bekommen ihre Chance: Der verarmte Ritter Ivanhoe, unverbrüchlich in seiner Treue zu König Löwenherz, kann seine angebetete Lady Rowena schließlich zum Altar führen und die jüdische Maid Rebecca im Turnier retten. Fénelons Geschichte von Odysseus' Sohn Telemach wiederum entlarvt die Fallstricke des dekadenten Lebens im Überfluss und die Wohlhabenden als Sklaven eingebildeter Bedürfnisse, die zu Neid, Zwietracht und Krieg führen. Während Paul und Virginie, Saint-Pierres' junges Liebespaar, unter den Palmen von Mauritius jene idyllische Einfachheit der Natur entdecken, die tatsächliches Glück bedeutet. Vermutlich waren es solche Romanbotschaften, die im jungen Heinrich Schliemann die Sehnsucht nach einem hoffnungsvollen Neuanfang im tropischen Südamerika weckten und lebenslang den zupackenden Optimismus des Enthusiasten Schliemann bestärkten.

Was seine Fremdsprachenkompetenz angeht, so überbewertete der 14-Jährige seine Lateinfähigkeiten in der Schule ebenso wie der 47-Jährige die Qualität seiner Altgriechischkenntnisse bei den ersten Vorort-Recherchen auf der Fährte Homers.

Auf dem Abschlusszeugnis der Realschule von Neustrelitz lautete die Bewertung im Fach Latein »Befriedigte nicht«.[62] Und bei Schliemanns Promotion in Rostock im Jahre 1869 bemängelte der Hauptgutachter an dem Doktoranden, dass der »einen vollständig in sich geschlossenen Satz in antiker Form zu bilden nicht versteht« und die Übersetzung von dessen Vita ins Altgriechische »besser ganz weggeblieben wäre«.[63] Unbestritten aber bleibt Schliemanns erstaunliches Sprachtalent, wie viele seiner Briefe und Tagebücher belegen, die er an Reisestationen auf der ganzen Welt in der jeweiligen Landessprache verfasste und so seinen aktiven Wortschatz bewahrte, trainierte und erweiterte.

Vor allem aber erkannte Heinrich Schliemann im Frühjahr 1844 in seiner zweiten Stellung in Amsterdam als Buchhalter und Korrespondent im »Comptoir der Herren H. B. Schröder & Co.« den Wert exklusiver Fremdsprachenkenntnisse in seinem Metier: »Da ich nämlich glaubte, dass ich mich vielleicht durch die Kenntniss der russischen Sprache noch nützlicher machen konnte, beeilte ich mich, auch diese zu lernen. Trotz aller meiner Nachfragen konnte ich keinen Lehrer des Russischen finden, denn Niemand in Amsterdam verstand ein Wort von dieser Sprache. Ich machte mich also daran, ohne Lehrer zu studieren.«[64] Während er an allem knauserte und von Schwarzbrot und Bier lebte, sich zwar gediegene Anzüge leistete, aber an der Unterwäsche sparte,[65] investierte er von seinem nicht eben üppigen Salär wöchentlich vier Franken »für einen armen Juden, der jeden Abend kommen musste, um zwei Stunden hindurch meine russischen Vorträge anzuhören, von denen er nicht eine Sylbe verstand«.[66]

Tatsächlich fiel seinem Chef bald auf, dass Schliemann zu mehr taugte als zum Bürogehilfen. Bei öffentlichen Versteigerungen konnte sich der junge Deutsche offenbar flüssig mit den russischen Händlern verständigen, die zu Indigo-Auktionen nach Amsterdam kamen. Da mit der in Indien gewonnenen Blaufärberpflanze in Russland hohe Gewinne zu erzielen waren, durfte Schliemann sich bald darauf, im Januar 1846, nach Sankt Petersburg aufmachen, um in der russischen Hauptstadt eine Schröder'sche Niederlassung zu gründen. Schon ein Jahr später machte sich der energische junge Handelsagent aus Holland selbstständig und kaufte und verkaufte von nun an auf eigene Rechnung.[67]

»Die furchtbare Passion für Sprachen, die mich Tag und Nacht quält«, bekannte Schliemann ein Jahrzehnt später in einem Brief an seine Tante in Mecklenburg, »ist jetzt schon seit Jahren in blutigem Kampf mit meinen zwei anderen Leidenschaften: dem Geize und der Habgier.«[68] Der aufgesetzte selbstironische Duktus dieser Zeilen war indes nicht so weit von der Wahrheit entfernt. Immerhin konnte Schliemanns Großhandelsfirma im Jahre 1856 einen Umsatz von 13 Millionen Talern verbuchen.[69] Und die Zahl der Sprachen, die er nach eigenen Angaben mündlich und schriftlich beherrschte, war auf 16 angewachsen. Neben der polnischen, slawonischen, schwedischen, dänischen, alt- und neugriechischen, hebräischen und arabischen Sprache eignete er sich schließlich Sanskrit, Hindustani, Chinesisch und Persisch an.[70] Hatte der 20-Jährige 1841 auf dem vermeintlichen Weg nach Venezuela mit Spanisch angefangen, so lernte er 30 Jahre später für die Ausgrabungen in Troja mit der türkischen vermutlich seine letzte Sprache.

Für den kommerziellen Erfolg bei Geschäften an der Börse, die Schliemann in Petersburg über Jahre nachmittags von 15.30 bis 17.00 Uhr besuchte,[71] kommt der Beobachtung des Marktes und des Marktumfeldes größte Bedeutung zu, weil aus der Verknappung von Rohstoffen und Gütern steigende Preise resultieren. Neben Insider-Informationen war Vielsprachigkeit ein geldwerter Vorteil im Überseehandel der Kolonialära, in einer ständig neue Regionen und Erdteile einbeziehenden Handelswelt. Damit Börsengerüchte sich zu einer halbwegs sicheren Prognose verdichten lassen, die einen hohen Spekulationsgewinn einbringen, musste ein cleverer Spekulant möglichst viele und unterschiedliche ausländische Nachrichtenquellen heranziehen. Schliemann war also bestrebt, eine Vielzahl ausländischer Zeitungen und Telegrafenmeldungen auszuwerten, um den »richtigen Riecher« zu haben und schneller zu sein als seine Konkurrenten. Ein Spekulant, der Millionen scheffeln wollte, musste so polyglott sein wie irgend möglich – und das war er. Nur auf diese Weise konnte Heinrich Schliemann den Aufstieg in die Elite schaffen, obgleich in Russland ebenso wie in Deutschland nach der gescheiterten Revolution von 1848/49 Adel und Großgrundbesitzer noch lange deutlich privilegiert wurden. Dass Geldadel im alten Europa nicht Adel, nicht höchste Reputation, bedeutete, hatte vermutlich keinen geringen Anteil am späteren Streben Schliemanns nach Ruhm und Anerkennung, sobald er sein Millionenvermögen abgesichert hatte.

Als junger Petersburger Kaufmann konnte Heinrich Schliemann zunächst mit dem Indigohandel erstes Grundkapital akkumulieren – mit soliden Geschäften ohne großes Risiko: »So lange mein Vermögen noch keine 200.000 Francs erreichte, gab ich nur Firmen von bewährtestem Rufe überhaupt Credit. So musste ich mich freilich zuerst mit kleinem Gewinne begnügen«, schrieb er in seinem autobiografischen Rückblick von 1881.[72] Dieses Kapital ließ sich durch das schon erwähnte Amerika-Abenteuer und die Gründung einer Bank für Goldgräber in Kalifornien verdoppeln. Doch erwies sich dieses Unternehmen als ebenso halsbrecherisch wie lukrativ: Schon auf der Hinreise von Liverpool nach New York geriet das Dampfschiff *Atlantic* – ausgerechnet an Schliemanns 29. Geburtstag – in einen Orkan und dümpelte angeschlagen eine Woche lang zurück nach Irland, sodass der ungeduldige Bankier in spe sein Glück erneut versuchen musste – diesmal von Amsterdam aus mit dem Dampfer *Africa* – und erst im Mai 1851 die Goldminen im Tal des Sacramento River besichtigen konnte.[73] Immerhin war ihm diesmal ein Kentern des Schiffs, wie ein Jahrzehnt zuvor auf der Nordsee, erspart geblieben. Zudem hatte er auf seiner Tour durch die Vereinigten Staaten in Washington, D. C., Station gemacht, sich Sitzungen im Senat und im Repräsentantenhaus angesehen und angeblich sogar US-Präsident Millard Fillmore seine Aufwartung gemacht.[74]

Die Bankgeschäfte in Kalifornien ließen sich gut an, der vertrauenswürdig wirkende Deutsche konnte mit den Diggern aus aller Herren Länder zumeist in ihrer Muttersprache parlieren und zahlte in bar, wohl etwas unter Marktwert, aber wer kannte den schon tagesgenau? In 18 Monaten konnte Schliemann Goldstaub im Wert von 1,35 Millionen Dollar aufkaufen und dabei erhebliche Gewinne machen.[75] Doch dann brach er das ganze Unternehmen abrupt ab, trotz der hohen Gewinnmarge. War etwas dran an den Gerüchten über unkorrektes Wiegen im Bankgeschäft *Henry Schliemann & Co*?[76] Oder war es der frühe Tod seines Bruders, das Sterben so vieler anderer Glücksritter an Cholera, Typhus und Ruhr im Sumpfgebiet des Sacramento, die dem 30-Jährigen Todesangst einflößten? Im Winter 1851 wurde er selbst immer wieder von heftigen Gelbfieberschüben heimgesucht.

Als größtes Problem stellte sich am Ende der Gewinntransfer nach Europa heraus, für den es an der amerikanischen Westküste noch keine zuverlässige Logistik gab. Also musste Schliemann sein Gold im Wert von 60.000 Dollar höchstpersönlich

heimbringen, nahezu den gesamten Reingewinn all seiner Unternehmungen.[77] Zurück zur amerikanischen Ostküste und
weiter nach Europa führte im Frühjahr 1852 jedoch kein Weg
an Panama vorbei, dem kriminellen Bermudadreieck der Gold-
rausch-Ära. Der dortige englische Konsul machte gute Geschäfte,
indem er Reisenden von der Pazifik- zur Atlantikküste den sicheren Transport ihrer Wertsachen durch Soldaten offerierte, natürlich gegen gute Bezahlung. Doch fast vier Prozent Schutz-
geld, »mehr als 850 Thaler Spesen«, wie Schliemann ausrechnete,
kamen überhaupt nicht infrage. Er löste das Problem, ungeachtet seiner schmächtigen Statur, in Wildwestmanier. »Am Rohr-
geflecht meines Koffers mit dem Golde befestigte ich Schnüre,
deren Enden ich an meinen Händen festband, sodaß ich die geringste Bewegung meines Koffers augenblicklich spüren musste«,
hielt er unter dem Datum des 27. April 1852 in seinem Tagebuch
fest.[78] Tatsächlich trauten die mit ihren Goldschätzen beladenen
Reisenden aus Kalifornien, die sich zur Überquerung des Isthmus von Panama in Eselskarawanen zusammenfanden, weder
den Einheimischen noch einander: »Mehr als zwanzig Personen
schliefen im gleichen Zimmer, alle ohne Bett und völlig angeklei-
det; jeder mit einer fünfrohrigen Pistole und einem Dolchmesser bewaffnet«, notierte Schliemann, der sich ebenfalls mit Pistolen, Gewehr und Machete ausgerüstet hatte.[79] Für die schlimmste
Pein aber hielt er nicht Banditen, sondern die Moskitos – »hölli-
sche Bestien, die unter die Kleider kriechen« –, die er an der Atlantikküste Panamas zwei Wochen lang ertragen musste, bis am
1. Mai 1852 endlich ein Kanonenschuss des Dampfschiffs *Sierra
Nevada* die Erlösung verkündete.[80] Mit 50.000 Reichstalern war
er 1852 in die USA aufgebrochen, mit 100.000 kam er nach Russland zurück.[81]

Bald darauf erweiterte er sein Petersburger Stammhaus um »eine
Filiale zum Engrosverkauf von Indigo« in Moskau.[82] In Briefen an

den Vater in Mecklenburg, den er nunmehr ebenso finanziell unterstützte wie seine Schwestern, berichtete er immer wieder stolz
davon, wie sich sein Vermögen vervielfachte.[83]
Doch brachte ihm nach seiner Rückkehr aus den USA der
Krimkrieg zwischen Russland auf der einen, dem Osmanischen
Reich und seinen westlichen Verbündeten England und Frankreich auf der anderen Seite zwischen 1853 und 1856 weit mehr
ein, als der amerikanische Goldrausch. Erst jetzt begriff Schliemann den wahren Wert der Indigo-Pflanze, denn das Blaufärbe-
mittel wurde in Russland nun erst recht in riesigen Mengen gebraucht, denn es diente zum Färben von Militäruniformen. Und
doch blieb sein Geschäft höchst riskant,»und mehr als einmal
wurde ich nur durch einen Zufall vom gewissen Untergange gerettet«, wie er in seinem autobiografischen Rückblick von 1881
festhielt.[84] »Mein ganzes Leben lang wird mir der Morgen des
4. Oktober 1854 in der Erinnerung bleiben. Es war in der Zeit des
Krimkrieges. Da die russischen Häfen blockiert waren, mußten
alle für Petersburg bestimmten Waren nach den preußischen
Häfen von Königsberg und Memel verschifft und von dort zu
Lande weiterbefördert werden. So waren denn auch mehrere
hundert Kisten Indigo und eine große Partie anderer Waaren ...
von Amsterdam für meine Rechnung auf zwei Dampfern an
meine Agenten, die Herren Meyer & Co., in Memel abgesandt
worden, um von dort zu Lande nach Petersburg transportiert
zu werden.« Schliemann selbst, der seinen auf der Amsterdamer
Indigo-Auktion erworbenen Schätzen zur Transportkontrolle
hinterherreist und die Nacht zum 4. Oktober in Königsberg verbringt, erfährt nun am frühen Morgen, dass am Vorabend ganz
Memel »von einer furchtbaren Feuersbrunst eingeäschert worden sei«.[85] Und mit der Stadt auch alle Warenspeicher an den
Ufern des Pregel. »Vor der Stadt angekommen, sah ich die Nachricht in der traurigsten Weise bestätigt«, notierte Schliemann.

»Wie ein ungeheuerer Kirchhof, auf dem die rauchgeschwärz-
ten Mauern und Schornsteine wie große Grabsteine, wie fins-
tere Wahrzeichen der Vergänglichkeit alles Irdischen sich erhoben, lag die Stadt vor unsern Blicken. Halbverzweifelt suchte ich
zwischen den rauchenden Trümmerhaufen nach Herrn Meyer.
Endlich gelang es mir, ihn aufzufinden – aber auf meine Frage,
ob meine Güter gerettet wären, wies er statt aller Antwort auf
seine noch glimmenden Speicher und sagte: ›Dort liegen sie begraben‹. Der Schlag war sehr hart: durch die angestrengte Arbeit von achtundeinhalb Jahren hatte ich mir in Petersburg ein
Vermögen von 150 000 Talern erworben – und nun sollte dies
ganz verloren sein.«[86] Nach eigenen Angaben blieb Schliemann
trotz dieses Schicksalsschlags seltsam ruhig. »Der Krimkrieg
hatte nämlich erst vor kurzem begonnen«, wie ihm bei der Weiterreise nach Sankt Petersburg durch den Kopf ging, und gewiss
würde ein Fuchs wie er jederzeit Kredit für einen Neuanfang erhalten. »Und so hatte ich die beste Zuversicht, daß es mir mit der
Zeit gelingen werde, das Verlorene wieder zu ersetzen.«[87] Tatsächlich aber ereignete sich noch am selben 4. Oktober 1854 in
der Postkutsche kurz hinter Tilsit etwas, was Schliemann später
als »das Wunder von Memel« feiern würde: »Ich erzählte eben
den übrigen Passagieren von meinem Missgeschick, da fragte
plötzlich einer der Umstehenden nach meinem Namen und rief,
als er denselben vernommen hatte, aus: ›Schliemann ist ja der
einzige, der nichts verloren hat! Ich bin der erste Kommis bei
Meyer & Co. Unser Speicher war schon übervoll, als die Dampfer
mit Schliemanns Waren anlangten, und so mußten wir dicht daneben noch einen hölzernen Schuppen bauen, in dem sein ganzes Eigentum unversehrt geblieben ist.‹ Der plötzliche Übergang
von schwerem Kummer zu großer Freude ist nicht leicht ohne
Tränen zu ertragen: ich stand einige Minuten sprachlos; schien
es mir doch wie ein Traum, wie ganz unglaublich, daß ich allein

aus dem allgemeinen Ruin unbeschädigt hervorgegangen sein sollte!«[88]

Statt sich für einen Neuanfang zu verschulden, konnte Heinrich Schliemann nunmehr die Gewinne aus dem erfolgreichen Indigo-Geschäft für sich arbeiten lassen. Da er die selbst gesetzte Spekulationsbremse von 200.000 Talern nunmehr übersprang, wagte er es, riskanter zu investieren. Dabei kam ihm, dem bürgerlichen Aufsteiger, bei seinen Russlandgeschäften die neutrale Position Preußens im Krimkrieg besonders entgegen, die von den erzkonservativen Junkern um Otto von Bismarck, dem späteren Gesandten Preußens in Petersburg und »eisernen Kanzler« des deutschen Kaiserreichs, gegen alle Widerstände der preußischen Liberalen bis zum Kriegsende gehalten wurde.[89] Heinrich Schliemann nutzte diesen Heimvorteil geschickt aus und versorgte Russland über die neutralen deutschen Häfen in Ostpreußen – »infolge der Zerstörung Memels alle über Königsberg« – nicht mehr nur mit Färbemitteln, sondern vor allem mit Salpeter, Schwefel und Blei.[90] In seiner Selbstdarstellung führte er seine geradezu prophetischen Marktprognosen gern auf nächtliche Eingebungen zurück: So habe er im Juni 1855 »eines Nachts plötzlich das sichere Gefühl gehabt, daß der Preis für Salpeter steigen werde«. Also sei er aus dem Bett aufgesprungen und habe seinen Agenten in Hamburg, Berlin und Königsberg die Order telegrafiert, sofort alle verfügbaren Lagerbestände an Salpeter aufzukaufen.[91] Tatsächlich war damals in der russischen Hauptstadt die Nachricht wie eine Bombe eingeschlagen, dass Briten und Franzosen am 3. Juni 1855 einen der Hauptumschlagplätze der russischen Armee am Asowschen Meer, das Militärdepot von Taganrog, angegriffen und zerstört hatten. Da die Westmächte mit 16.000 Mann Bodentruppen und diversen Kriegsschiffen die Versorgungslinien der russischen Hauptarmee im Krimkrieg abzuschneiden drohten, die durch das Asowsche Meer verliefen, musste der frisch vom Zaren eingesetzte General Tolstoi die Materialverluste von Taganrog so rasch wie möglich ausgleichen. Salpeter für die Schießpulverherstellung war also dringender denn je gefragt. Insofern war Schliemann als Spekulant nicht auf Träume angewiesen, sondern musste nur genauestens das Kriegsgeschehen beobachten, um profitable Transaktionen in die Wege zu leiten – in diesem Fall verdiente er am Salpeter-Nachschub die gewaltige Summe von 40.000 Talern.[92] An seinen Freund Bahlmann nach Waren/Müritz aber schrieb er, er habe »fast immer mehr Glück als Verstand gehabt« und so habe sich sein Vermögen durch diese »überaus glücklichen Unternehmungen in 1853, 1854 u. 1855 das von Californien mehr als versechsfacht«.[93]

Es entbehrt nicht einer gewissen Ironie, dass Schliemann, der Fénélons radikalpazifistischen *Telemach* als junger Mann auf Französisch auswendig hersagen konnte und mithilfe der kyrillischen Ausgabe dieser Friedensbotschaft die russische Sprache erlernt hatte, ausgerechnet mit Kriegsgewinnen zum Millionär wurde, indem er – »da die Kapitalisten Scheu trugen, sich während des Krimkrieges auf größere Unternehmungen einzulassen« – nicht nur ein Drittel der russischen Indigo-Einfuhren, sondern auch ein Drittel des Pulvers besorgte, das Russland im Krimkrieg verschoss.[94] »Ich gelte hier und in Moskau als der schlaueste, durchtriebenste und fähigste Kaufmann«, teilte er seinem Vater im Frühjahr 1856 nicht ohne Stolz mit. Selbst durch die Niederlage Russlands wurde er zum Gewinner, der genug Geld verdient hatte, um von den Zinsen leben zu können.[95]

Indes blieb der Fall der russischen Festung Sewastopol auf der Krim und die russische Demütigung von 1856 für das Bank- und Handelshaus in Petersburg naturgemäß nicht folgenlos. Statt des russischen Schutzschirms über die Christen im gesamten Osmanischen Reich, die Zar Nikolaus I. ultimativ von der Hohen

Pforte gefordert hatte, musste sein Thronfolger Alexander II. im Friedensabkommen von Paris die russische Schwarzmeerflotte und die Schutzherrschaft über die Donau-Fürstentümer aufgeben. Dieser politischen Depression folgte die wirtschaftliche Flaute, die 1857 in eine Handelskrise mündet. »Hier liegt das Geschäft ganz unter den Füßen«, so Schliemanns Befund, »und bei größter Energie ist es nicht mehr möglich, etwas zu verdienen.«[96] Tatsächlich verliert er in der Krise zwischen 300.000 und 400.000 Rubeln, besitzt allerdings ein großes finanzielles Polster.[97] Umso mehr ist jetzt Schliemanns guter Riecher, das heißt hellsichtige Marktumfeld-Analyse, gefragt. Als in Kronstadt, dem wichtigsten Marinestützpunkt der russischen Baltikflotte, die Docks abbrennen, kauft Schliemann alles Holz vom Markt, um beim Wiederaufbau der Hafenanlagen Höchstpreise erzielen zu können. Und als Gerüchte über eine russische Justizreform umgehen, denkt er sofort an die erforderlichen neuen Gesetzbücher, sucht bei der russischen Regierung um den Großauftrag für das erforderliche Papier nach und erhält den Zuschlag.[98]

Die Firma *Schliemann & Co.* ist dank ihrer internationalen Kontakte schließlich so gut aufgestellt, dass sie auch an einem Krieg in Amerika verdienen kann. Als in den USA 1861 der Bürgerkrieg zwischen den Nordstaaten und den Konföderierten der Südstaaten losbricht, importiert Schliemann 15.000 Ballen Baumwolle aus dem bedrängten Süden und macht »sehr bedeutende Geschäfte, die durch den amerikanischen Bürgerkrieg und die Blockade der südstaatlichen Häfen begünstigt wurden und sehr großen Gewinn gaben. Als die Baumwolle aber zu teuer wurde, gab ich sie auf und machte Geschäfte in Tee.«[99]

Allein von Mai bis Oktober 1860 beläuft sich der Wert der von Schliemann importierten Waren auf »10 Millionen Mark«, im Jahre 1861 handelt er mit Waren »für zirka zweieinhalb Millionen Silberrubel«, doch all das, »um mir Zerstreuung zu verschaffen«,

wie er Freund Bahlmann verrät.[100] Die jährliche Messe in Nischni
Nowgorod erlebt er »wie ein Säufer, wenn er in eine Bude mit lauter Schnapsflaschen gesperrt wird«.[101] Geld verdienen, das ständige Zocken an den Märkten, war längst zu einer Art Selbst-
zweck geworden.

Vielleicht würde man heute von überdehnter Arbeitsroutine
oder Suchtverhalten sprechen – in jedem Fall wurde sich Heinrich Schliemann in der Flaute nach dem Krimkrieg seiner Lage
bewusst. Seit dem Kriegsende dachte er darüber nach, sich im
Bank- und Handelsgeschäft nicht mehr »so abzuquälen und diese
schauderhaften Risikos zu laufen«, wie er Bahlmann beichtete.[102]
Er musste sich also bemühen, sein Vermögen »den Wechselfällen
des Handels zu entziehen«, wie er es ausdrückte, also sichere Anlagen tätigen, Grundstücke erwerben, in Immobilien investieren.

»Aber was dann anfangen?«, fragte er sich.[103] Vielleicht größere
Ländereien im Süden Brasiliens kaufen? Oder doch ein schönes
Landgut in Mecklenburg für ein ruhiges Leben auf dem Land?[104]
Glaubt man Schliemanns Selbstdarstellung, so gab es jedoch ei-
nen schon viel früher gefassten Plan.

Kapitel 2 | Nach Hellas

Durch arabische Wüsten zu
Odysseus und Homers Heroen

»Ich hatte immer sehnlichst gewünscht, Griechisch lernen zu
können; vor dem Krimkriege aber war es mir nicht ratsam erschienen, mich auf dieses Studium einzulassen, denn ich mußte
fürchten, daß der mächtige Zauber der herrlichen Sprache mich
zu sehr in Anspruch nehmen und meinen kaufmännischen Interessen entfremden möchte. Während des Krieges aber war
ich mit Geschäften dermaßen überbürdet, daß ich nicht einmal
dazu kommen konnte, eine Zeitung, geschweige denn ein Buch
zu lesen. Als aber im Januar 1856 die ersten Friedensnachrich-
ten in Petersburg eintrafen, vermochte ich meinen Wunsch nicht
länger zu unterdrücken und begab mich unverzüglich mit größ-
tem Eifer an das neue Studium; mein erster Lehrer war Herr Nikolaos Pappadakes, der zweite Herr Theokletos Vimpos, beide
aus Athen, wo der letztere heute Erzbischof ist. Wieder befolgte
ich getreulich meine alte Methode, und um mir in kurzer Zeit
den Wortschatz anzueignen, was mir noch schwieriger vorkam
als bei der russischen Sprache, verschaffte ich mir eine neugriechische Übersetzung von ›Paul et Virginie‹ und las dieselbe durch,
wobei ich dann aufmerksam jedes Wort mit dem gleichbedeu-
tenden des französischen Originals verglich. Nach einmaligem
Durchlesen hatte ich wenigstens die Hälfte der in dem Buche
vorkommenden Wörter inne, und nach einer Wiederholung dieses Verfahrens hatte ich sie beinahe alle gelernt, ohne dabei auch
nur eine Minute mit Nachschlagen in einem Wörterbuche verloren zu haben. So gelang es mir, in der kurzen Zeit von sechs

Wochen die Schwierigkeiten des Neugriechischen zu bemeis-
tern; danach aber nahm ich das Studium der alten Sprache vor,
von der ich in drei Monaten eine genügende Kenntnis erlangte,
um einige der alten Schriftsteller und besonders den Homer verstehen zu können, den ich mit größter Begeisterung immer und
immer wieder las.

Nun beschäftigte ich mich zwei Jahre lang ausschließlich mit
der altgriechischen Literatur, und zwar las ich während dieser
Zeit beinahe alle alten Classiker cursorisch durch, die Ilias und
Odyssee aber mehrmals.«[105]

Ganz so stringent, wie Heinrich Schliemann die Leser seiner
Selbstbiographie glauben machen will, ist seine Ausrichtung auf
Griechenland und Homer nach dem Krimkrieg jedoch nicht.
Vielmehr wird ihm, als er in der deutschen Gemeinde der russischen Hauptstadt stärker mit dem Präsidenten des Kaiserlich-Pä-
dagogischen Instituts von Sankt Petersburg Friedrich Lorentz in
Kontakt kommt, das Bildungsdefizit seiner Jugend bewusst. Lorentz' gestochenes Latein, das Schliemann bei einem Festvortrag
zum Jubiläum des Schulinstitutes hört, begeistert ihn so sehr,
dass er die lange Rede auswendig lernt und es künftig mit den La-
teinkenntnissen des Historikers aufnehmen will.[106] Lorentz wiederum hat als frisch emeritierter Professor die Zeit, an den wö-
chentlichen Petersburger Kaminabenden im Hause Schliemann
teilzunehmen, und empfiehlt schließlich einen Kollegen als Privatlehrer. Und so nimmt der Lernbegierige im Sommer 1858 mit
seinem »verehrten Freunde Professor Ludwig von Muralt in Petersburg die Studien der lateinischen Sprache wieder auf, die fast
25 Jahre lang geruht hatten«.[107]

Zugleich kann es sich Schliemann endlich auch leisten, auf
ausgedehnte Bildungsreisen zu gehen. Sein Interesse ist dabei jedoch nicht auf Griechenland fokussiert, sondern viel breiter auf-
gefächert: »Im Jahre 1858 schien mir mein erworbenes Vermögen

groß genug, und ich wünschte mich deshalb gänzlich vom Geschäft zurückzuziehen. Ich reise zunächst nach Schweden, Dä-
nemark, Deutschland, Italien und Ägypten, wo ich den Nil bis zu
den zweiten Katarakten in Nubien hinauffuhr. Hierbei benutzte
ich die günstige Gelegenheit, Arabisch zu lernen, und reise dann
durch die Wüste von Kairo nach Jerusalem. Darauf besuchte ich
Petra, durchstreifte ganz Syrien und hatte so fortdauernd Gelegenheit, eine praktische Kenntnis des Arabischen zu erwerben;
ein eingehendes Studium der Sprache nahm ich erst später in
Petersburg vor. Nach der Rückkehr aus Syrien besuchte ich im
Sommer 1859 Smyrna, die Cykladen und Athen und war eben im
Begriff, nach der Insel Ithaka aufzubrechen, als ich vom Fieber
befallen wurde.«[108]

Es ist ein umfangreiches Bildungsprogramm, das Schliemann
bis zu seiner Erkrankung absolviert. Aber auch ein großes Abenteuer. Für die schwierige Durchquerung der Sinai-Halbinsel von
Kairo nach Jerusalem mietet er zwölf Kamele an, die »mit Le-
bensmitteln, Hausgeräten, Zelten und Waffen beladen« werden,
und tut sich mit zwei jungen Abenteurern aus Bologna zusammen, den Grafen Giulio und Carlo Bassi. Bei Askalon wird er
»von zwei Beduinen zu Pferde angegriffen« und kann nur »durch
die größere Schnelligkeit meines Hengstes unversehrt« entkommen, wie er seinen Schwestern vermutlich künstlerisch ein wenig ausgeschmückt berichtet.[109] Und weiter, er sähe in der Wüste
»fortwährend die Täuschung der Fata Morgana, welche den ganzen Tag hindurch die herrlichsten Seen mit Wald umgibt und
dann und wann auch das Meer präsentiert«, wie er schreibt,
»doch kommt man an den Ort hin, so sieht man nur Flugsand,
den der Wind in Massen emporhebt«.[110] Zumindest das Andau-
ern der Luftspiegelung vom Morgen bis zum Abend scheint dem
Reich der Schliemann'schen Fantasie anzugehören. Ansonsten
beweist Schliemann in seinen schriftlichen Berichten Sinn für

romantische Naturbeobachtungen: Im »ewigen Schnee« hoch
auf dem Libanongebirge bewundert er »die über 4000 Jahre alten
Zedern, von denen Salomon das Holz zum Tempelbau nahm«.[111]
In Petra mit seinen Theatern, Palästen und Grabhöhlen genießt
er die in Fels geschlagenen Kunstwerke »im herrlichsten Farben-
spiel« der Sonne.[112] Im Toten Meer entdeckt er, »dass es ganz unmöglich ist unterzusinken«, während er im Jordan »badend und
überschwimmend beinahe ertrunken wäre, denn mit wütendem
Ungestüm tobt der Strom ins Tote Meer«.[113] In Damaskus hat er
zwischen Aprikosen-, Mandel- und Feigenbäumen sein Zelt »in
einem herrlichen öffentlichen Garten aufgeschlagen, durch welchen ein Fluss und mehrere Bäche laufen«.[114] Sein Tagebuch führt
Schliemann wie immer in der örtlichen Landessprache. So erweitert er mit Sprachstudien und Notizen in Arabisch, gleich im
Anschluss an seine Petersburger Griechisch- und Lateinstunden,
noch einmal das Portefeuille seiner Fremdsprachenkenntnisse.
»Jede Sprache bedeutet ein neues Leben«, formulierte er in einem
Brief an seinen Bruder Ernst.[115] Doch noch weiß er selbst nicht genau, welches Leben er in Zukunft anstreben soll, welche Sprache
künftig die wichtigste in seinem Leben sein wird. Fest steht nur:
Er will seine Karriere als Kaufmann und Spekulant an den Nagel
hängen und neu anfangen.

Doch noch einmal wird er von äußeren Zwängen zurückgehalten. Die Reise von Jerusalem, die er im Mai 1859 nach Damaskus antritt, erweist sich als zu anstrengend. Es ist keine der
bequemen Schiffsreisen, wie er sie auf dem Nil bis Abu Simbel
unternehmen konnte, sondern eine strapaziöse Tour zu Pferde
durch das steinige Heilige Land, bei sengender Hitze nach Sa-
maria, Nazareth, Kanaa, Tiberias, zum Berg Karmel und weiter
über Tyrus, Sidon und Beirut nach Damaskus. Die Fieberanfälle,
die ihn schon seit der Ankunft in Syrien Ende Mai durchschüt-
teln, holen ihn dann auch auf dem Schiff, bei der Überfahrt nach

Smyrna und erneut auf der Weiterreise nach Athen, ein. In der griechischen Hauptstadt schließlich fesseln ihn hohe Temperaturen und Schüttelfrost für eine ganze Woche ans Bett und er muss um sein Leben bangen. Ursprünglich hatte er vorgehabt, von Smyrna über Konstantinopel nach Odessa weiterzufahren, er wollte »Landeigentümer im südlichen Rußland ansehen und wenn passend kaufen«, wie er vor der Erkrankung notierte.[116] Irgendwann kamen ihm dann, will man seinen späteren Selbstdarstellungen glauben, Ithaka – die Insel des Odysseus – und Homer in den Sinn.[117] Doch ob nun Odessa oder Odysseus – beide rückten Mitte 1859 in weite Ferne. Und auch als er auf seiner Rückreise nach Russland über Konstantinopel, Budapest und Stettin mit dem Schiff bei der Ausfahrt aus dem Mittelmeer die Dardanellen passierte – jene Landenge, auf der er wenige Jahre später Troja verorten sollte –, schwieg sein sonst so beredtes Tagebuch. An Homer dachte er 1859 wohl nicht.

Stattdessen kehrte Schliemann Ende Juli nach Sankt Petersburg zurück, dank der »Luftveränderung« hatte sich das Fieber bald gelegt. Doch jetzt waren es juristische Fallstricke, die Heinrich Schliemann ans Zarenreich fesselten. Der Hintergrund: Bevor er zu seiner Mittelmeerreise aufgebrochen war, hatte er sein Petersburger Geschäft an den russischen Kaufmann Stjepan Solowjew verkauft. Der hatte sich vertraglich verpflichtet, die Übernahmesumme von 83.000 Silberrubeln in vier Jahresraten zu entrichten.[118] Doch dann stockte die Zahlung, der russische Kaufmann, der schon bald nach der Übernahme Konkurs anmelden musste, weigerte sich, die vereinbarten Kaufbeträge zu zahlen. Und mehr noch: Er verleumdete Schliemann als Betrüger und Wechselfälscher. In seiner Ehre »außerordentlich bloßgestellt«, musste Schliemann Klage erheben und einen Großteil seiner Energie auf den anstehenden Prozess richten, den er jedoch nach wenigen Monaten für sich entscheiden konnte. »Nun aber appellierte mein Gegner bei dem Senat, wo kein Prozeß in weniger als drei bis vier Jahren zur Entscheidung gelangen kann«, empörte sich Schliemann in einem Brief an seinen Reisegefährten Graf Luigi di Bassi. »Ich kann Ihnen nicht beschreiben, wie sehr ich gelitten habe bei meinem heißblütigen Charakter in all dieser Zeit, und recht oft habe ich in einer einzigen Nacht für eine Million Ärger und Wut in mich hineingeschluckt.«[119]

Die gerichtlichen Auseinandersetzungen, die Solowjew noch einmal durch Bestechung der Gerichtssekretäre verzögern kann, sodass das schriftliche Urteil lange nicht ausgestellt wird, kosten Schliemann insgesamt drei Jahre.

Nur ein Mal, während er monatelang auf den ersten Petersburger Prozess wartete, konnte Schliemann auf Studienreise gehen. Diesmal nach Spanien. Und wieder will er alles sehen: das Baskenland, San Sebastian und Madrid, Gibraltar, Cadiz und Alicante, Toledo, Segovia und Cordoba, Sevilla, Malaga und die Alhambra, schließlich Valencia und Barcelona.[120] Er vertieft sich in die Kunst der Karthager und der Römer, der Sarazenen und Mauren, studiert im Escorial und im Prado italienische und spanische Malerei. Nach und nach scheint sein Entschluss festzustehen: Er will die Welt sehen und über seine Reiseeindrücke berichten. Heinrich Schliemann, der polyglotte, gut situierte Weltenbummler, möchte – es ist naheliegend – Reiseschriftsteller werden.

Endlich, im Dezember 1863, zahlt Solowjew die letzte Rate, jetzt kann Heinrich Schliemann seine Firma gewinnbringend auflösen.[121] Zugleich verabschiedet er sich als Geschäftsmann von Russland. In Petersburg lässt er sich förmlich von seiner Funktion als ehrenamtlicher Handelsrichter beurlauben, die er über drei Jahre pflichtgetreu an jedem Montag und jedem Donnerstag ausgeübt hatte.[122] Die Wahrung seiner Geschäftsinteressen legt er in die Hände zweier vertrauenswürdiger Petersburger Bankiers. Schließlich nimmt er erhebliche Kapitalverschiebun-

gen vor – Zehntausende Pfund für Eisenbahn-Obligationen in
den Vereinigten Staaten und Kuba und große Summen zugunsten französischer Wertpapiere und Immobilien in Paris. Seine
Rückkehr in den Westen steht fest.[123]

»Da weiterhin der Himmel fortfuhr, allen meinen kaufmännischen Unternehmungen ein wunderbares Gelingen zu schenken,
sah ich mich schon gegen Ende des Jahres 1863 in den Stand gesetzt, den Idealen, welche ich seit meiner Kindheit hegte, in aus-
gedehntestem Maasse nachzugehen«, so Heinrich Schliemann in
seinen späteren Autobiografien. Demnach wechselte er von seinem Lebewohl in Sankt Petersburg sehr direkt und unmittelbar
in ein neues Leben auf den Spuren von Homer, wie er es sich als
Schuljunge erträumt hatte: »Inmitten allen Gewühls des geschäft-
lichen Lebens aber hatte ich nie aufgehört, an Troja zu denken
und an die 1830 mit meinem Vater und Minna getroffene Über-
einkunft, es dereinst auszugraben. Wohl hing mein Herz jetzt
am Gelde, aber nur, weil ich dasselbe als Mittel zur Erreichung
dieses meines großen Lebenszweckes betrachtete. Außerdem
hatte ich nur mit Widerwillen und weil ich für die Zeit des lang-
wierigen Processes mit Solovieff eine Beschäftigung und Zerstreuung brauchte, meine kaufmännische Thätigkeit wieder aufgenommen. Als daher der Senat die Appellation meines Gegners
abgewiesen und dieser mir im December 1863 die letzte Zahlung
geleistet hatte, fing ich sofort an, mein Geschäft zu liquidiren.
Bevor ich mich jedoch gänzlich der Archäologie widmete und
an die Verwirklichung des Traumes meines Lebens ging, wollte
ich noch etwas mehr von der Welt sehen. So reiste ich im April
1864 nach Tunis, nahm die Ruinen von Karthago in Augenschein,
und ging von dort über Aegypten nach Indien. Der Reihe nach
besuchte ich die Insel Ceylon, Madras, Kalkutta, Benares, Agra,
Lucknow, Delhi, das Himalaya-Gebirge, Singapore, die Insel Java,
Saïgon in Cochinchina und verweilte dann zwei Monate in China,

wo ich nach Hongkong, Canton, Amoy, Foochoo, Shangai, Tin-Sin, Peking und bis zur Chinesischen Mauer kam. Dann begab ich mich nach Jokohama und Jeddo in Japan und von hier auf einem kleinen englischen Schiffe über den Stillen Ozean nach San-Francisco in Californien. Unsere Überfahrt dauerte 50 Tage, während deren ich mein erstes Buch ›*La Chine et le Japon*‹ schrieb. Von San-Francisco ging ich über Nicaragua nach den östlichen Vereinigten Staaten, von denen ich die meisten durchreiste; dann besuchte ich noch Havanna und die Stadt Mexico und ließ mich endlich im Frühjahr 1866 in Paris nieder, um mich dauernd dem Studium der Archäologie zu widmen …«[124]

Tatsächlich stellte die Pariser Zeit für Schliemann – es sollte am Ende nur ein Intermezzo von gut drei Jahren werden, auch wenn er später immer wieder für Tage oder Wochen an die Seine zurückkehrte – eine Zeit der Orientierung und des großen »Umschichtens« dar. Äußerlich war aus dem Petersburger Handelsmann der Reiseschriftsteller und Student der Sorbonne geworden, die unglückliche Ehe mit der eigensinnigen Russin Katharina konnte er gegen den Lebensbund mit der fügsameren Griechin Sophia Engastromenos eintauschen, und anstelle riskanter Spekulationsgeschäfte legte Schliemann nun in solidere Anlageportfolios an, die sein Vermögen zwar nicht mehr vervielfachen, aber stabil absichern konnten.

Sein Interesse für die Archäologie aber, das er auf dem Höhepunkt des Historismus mit vielen seiner Zeitgenossen teilte, hatte sich 1866 noch nicht in eine Entscheidung fürs Leben gewandelt. Allerdings reifte der Entschluss heran. Eine Schlüsselrolle spielte dabei, wie schon erwähnt, die Veröffentlichung von Georgios Nicolaïdes' topografischer Karte der *Ilias* im Herbst 1867, die Behauptung also, dass sich das Troja von König Priamos an den Dardanellen befunden habe und nur unter dem Schutt der Geschichte begraben sei. Das breite Interesse der französischen Öffentlichkeit an Nicolaïdes' These zeigte, wie sehr die Frage nach der Faktizität des antiken Dichters Homer das Lesepublikum und die Feuilletons gleichermaßen elektrisieren konnte. Der geschulte Marktanalytiker Schliemann, dessen ambitioniertes fernöstliches Reisebuch trotz der seltenen Einblicke in die chinesische und japanische Gegenwart durchgefallen war, konnte den Erfolg des griechischen Konkurrenten auf dem Pariser Buchmarkt kaum übersehen. Vielmehr scheint es so, als habe sich der frischgebackene Reiseschriftsteller Schliemann vom Erfolgsmodell des Georgios Nicolaïdes inspirieren lassen. Er dachte gar nicht daran, sich durch das Debakel seines Debüts entmutigen zu lassen und sich von der Reiseschriftstellerei zurückzuziehen. Im Gegenteil: Ließ sich nicht Nicolaïdes' zündende Frage, wie real Homers Epen tatsächlich waren, wie jede gute Geschäftsidee übertragen? Konnte, was der Grieche für die Ereignisse des Trojanischen Krieges untersucht hatte, nicht auch an anderen antiken Epen durchexerziert werden? Statt der *Ilias*, wie Georgios Nicolaïdes, nahm sich Heinrich Schliemann bald darauf mit der *Odyssee* das zweite große Epos Homers vor. War Odysseus – der Protagonist gleich beider Werke Homers, berühmt für sein Trojanisches Pferd und die zehnjährige Irrfahrt auf der Heimkehr nach Ithaka, als Ehemann der getreuen Penelope und Vater des hellsichtigen Telemachs –, war dieser listenreiche Krieger und siegreiche Held nicht noch faszinierender als der Schauplatz Troja und seine Topografie?

Im Frühjahr 1868, ein halbes Jahr nach dem Erscheinen von Nicolaïdes' Troja-Buch in Paris, machte sich Heinrich Schliemann auf nach Griechenland. »Endlich war es mir möglich, den Traum meines Lebens zu verwirklichen, den Schauplatz der Ereignisse, die für mich ein so tiefes Interesse gehabt, und das Vaterland der Helden, deren Abenteuer meine Kindheit entzückt und getröstet hatten, in erwünschter Muße zu besuchen«, schrieb

Schliemann rückblickend über seine erste Reise auf den Spuren Homers. »So brach ich im April 1868 auf und ging über Rom und Neapel nach Korfu, Kephalonia und Ithaka, welches letztere ich gründlich durchforschte.«[125]

Für das von ihm später immer wieder beschworene frühe Interesse an Homer hat Heinrich Schliemann nur einen einzigen Zeugen: sich selbst. Hingegen eine wichtige Gegenstimme: Minna Meincke, die sich nie daran erinnern konnte, je mit Schliemann von Troja geträumt zu haben. Vielleicht legte er deshalb in seinen autobiografischen Texten immer neue Fährten seiner jugendlichen Homer-Obsession aus? Da ist der kleine Heinrich, der dem Vater zu Weihnachten stolz seinen Troja-Aufsatz schenkt. Es folgt die Erzählung vom zwölfjährigen Waisenknaben, der seine erste Liebe zur Nachbarstocher Minna mit der Vision von der gemeinsamen Aufdeckung Trojas verbindet. Schließlich seine Erinnerung als 15-jähriger Krämerlehrling: Der wird 1837 beim abendlichen Fegen der Holzdielen in dem kleinen Laden in Fürstenberg an der Havel vom armen Müllergesellen Hermann Niederhöffer heimgesucht – von einem geschassten Gymnasiasten, der sich zwar »dem Trunke ergeben, dabei aber seinen Homer nicht vergessen« hat, wie Schliemann schreibt.[126] »Denn an dem oben erwähnten Abend recitirte er uns nicht weniger als 100 Verse dieses Dichters und scandirte sie mit vollem Pathos. Obgleich ich kein Wort davon verstand machte doch die melodische Sprache den tiefsten Eindruck auf mich, und heisse Thränen entlockte sie mir über mein unglückliches Geschick. Dreimal musste er mir die göttlichen Verse wiederholen, und ich bezahlte ihn dafür mit drei Gläsern Branntwein ...«[127]

Sollte Heinrich Schliemann diese sentimentalen Rührstücke nicht erfunden, sondern tatsächlich erlebt haben, so wäre der Aufbruch nach Korfu in der Tat ein erhebender Augenblick für ihn gewesen. Ausschließen lässt sich das nicht. Ansonsten aber spe-

kulierte der 46-Jährige schlicht darauf, dass es einen »Markt« für
das reale Festmachen antiker Legenden gab, der ein erhebliches
Wachstumspotenzial versprach und den es anzufüttern und aus-
zuschöpfen galt. Wie ein Dezennium zuvor als Geschäftsmann
in Moskau wäre er dann einmal mehr der »schlaueste, durchtriebenste und fähigste«, der daraus Kapital schlagen würde.

Als Schliemanns Schiff im Juli 1868 in Korfu eintrifft, hat er
schon zwei Reisemonate hinter sich. Zunächst wollte er sich die
Grabungen antiker Römerstätten in Italien ansehen, also verbringt er fast den ganzen Mai über in Rom, verfolgt die Freilegung
der Reste des Tiberhafens der alten Römer unter einer sechs Meter hohen Schuttschicht und »gewaltige Ausgrabungen« am Palatin.[128] Auffallend interessiert sich Schliemann für mythologische
Texte, die mit den Ausgrabungen korrespondieren könnten. »In
einem langen Gespräch« befragt er den archäologischen Direktor der Grabungen danach, bis der ihm Vergils *Aeneis* nahelegt.[129]

Überlegte Schliemann, ob sich der Aufstieg des Helden Aeneas zum Begründer des Römergeschlechts – seine von Homer
besungene Flucht aus dem zerstörten Troja und seine durch Vergil poetisierte Landung in Latium – durch Grabungsergebnisse
dingfest machen ließ? Sondierte er, ob sich der berühmte Gründungsmythos Roms für eine Faktizierung à la Nicolaïdes eignete, eine Überführung der Mythen des Homer oder Vergil, am
Ende vielleicht beider, in eine real belegbare Geschichte? Falls er
bei den Grabungen auf dem Palatin, dem Gründungshügel Roms,
auf den Fund von Überresten der mythischen *Casa Romuli* gehofft
hatte, der ersten bescheidenen Wohnstätte Romulus' – des Nachfahren des Aeneas und Gründers Roms –, so war er allerdings ein
wenig zu früh eingetroffen. Erst vier Jahre nach seiner Visite, im
Jahre 1872, wurden auf dem Palatin Pfostenlöcher einer archaischen Hütte aus der Frühzeit der Besiedlung entdeckt, die noch
heute gern als Überreste der *Casa Romuli* gedeutet werden.[130]

So aber führte Heinrich Schliemanns Rechercheise ihn im Juni 1869 erst einmal weiter nach Neapel, wo er nicht nur den Vesuv besteigen und ausgiebig das Nationalmuseum besichtigen, sondern sich vor allem genauer in den römischen Ruinenstätten von Pompeji und Herculaneum umsehen konnte, in denen die Ausgrabungen in vollem Gange waren. Auch hier suchte er das Gespräch mit Archäologen. An Giuseppe Fiorelli, in Pompeji Grabungsleiter seit 1860, lobte er vor allem den Einsatz einer Schienenbahn. Mit deren Hilfe konnte der Abtransport der Lavamassen, die die römische Siedlung im Jahr 79 n. Chr. unter sich begraben hatten, enorm beschleunigt werden. Indes sah sich Heinrich Schliemann auch zu kritischen Bemerkungen veranlasst: Warum dauerte es eigentlich ganze zwei Wochen, um eine römische Villa in Pompei freizulegen?[131]

Nach den wenigen Semestern Altertumskunde an der Pariser *Sorbonne* ist er noch immer ein Amateur auf dem Gebiet der Archäologie. Er weiß nicht allzu viel von wissenschaftlichen Ausgrabungen, der Mühsal ihrer genauen Dokumentation, den zeitraubenden Verfahren der Konservierung und der Sicherung des Grabungsplatzes. Und ahnt wohl nicht einmal, welch irreversible Schäden durch Forschheit und Ungeduld angerichtet werden können. Im Gegenteil: Der von ihm so gelobte rasche Abtransport von Schuttmassen per Bahn in Pompeji dürfte für Schliemanns spätere Ausgrabungen in Troja eine fatale Vorbildwirkung gehabt haben. War Schliemann klar, dass Pompeji und Herculaneum seltene archäologische Sonderfälle darstellten: Die antiken Städte im Golf von Neapel wurden am 14. August 79 nach einer überraschenden explosiven Eruption des Vesuv in wenigen Stunden von einem pyroklastischen Lavastrom überflutet und so in einem Akt komplett konserviert.[132] Daher hieß ausgraben hier vor allem freilegen, also relativ homogene urbane Anlagen einer flachen Ebene von ihrer Überwölbung durch Lavagestein befreien. Die antiken Ausgrabungsstätten in Kampanien stellten insofern, auch tektonisch, das Gegenmodell zu dem dar, was Schliemann schon bald an der westtürkischen Küste als sein Troja ausgraben sollte. Dort war es ein steiler Burghügel, auf dem diverse Zivilisationsschichten sich im Laufe der Zeit übereinandergelegt und aufgrund des Abhangs schräg zueinander und ineinander verschoben hatten. Ein schneller Abtransport von »Schutt« bedeutete hier Beschädigung oder Vernichtung archäologischer Zeugnisse, wie er bald erfahren sollte.

Doch noch reiste Heinrich Schliemann weiter Richtung Süden nach Sizilien und setzte beides fort: sein Praktikum in Sachen Altertumskunde und seine Recherchen auf den Spuren von Homer.[133] Nach dem Aufstieg auf den Ätna will er vor allem die *Isole dei Ciclopi* sehen, jene Inseln der Kyklopen zu Füßen des Vulkans, an denen in Homers *Odyssee* die zehnjährige Irrfahrt des Odysseus ihren Anfang nimmt.[134] Ob sich der Mythos von der Höhle des einäugigen Riesen Polyphem wirklich auf diese Küstenpartie Siziliens bezieht, weiß nicht einmal John Murray's Reiseführer zu sagen, dem Schliemann auf seiner Tour durch Italien blindlings vertraut. Wie weit geht er in seiner Fahndung nach dem realen Homer? Klettert er tatsächlich auf die steilen Felseninseln vor dem kleinen Fischerdorf Acitrezza, um eine Höhle zu finden, in der Odysseus und seine Gefährten von einem menschenfressenden Kyklopen festgesetzt wurden? Sucht er wirklich nach der passenden Steinplatte – »jenen gewaltigen Fels, den das Ungeheuer emporhob«, um ihn als »Spund vor den Eingang« der Höhle zu setzen, wie es in Homers Versen heißt?[135] Davon schweigt sein Tagebuch. Aber sein Reisebericht beginnt mit der Feststellung: »In der That sieht man am Meeresufer, in der Nähe von Catania, eine ungeheure Grotte, und neben dem Eingang einen mächtigen Felsblock von derselben Grösse wie die Oeffnung. In geringer Entfernung vom Meere erheben sich in Kegelgestalt

zwei Felsen. Das ist gewiss die Grotte, welche Polyphem be-
wohnte, der Felsblock, mit welchem er sie verschloss, und die
beiden Felsengipfel im Meere, welche er ausriss und in der Richtung schleuderte, wo er die Stimme des Odysseus vernahm.«[136]
So eingestimmt darf man gespannt sein, ob Schliemanns Reise
nun als mythengesättigte Fiktion oder als reale Spurensuche
weitergeht.

Am 6. Juli 1868 trifft Heinrich Schliemann mit der Morgen-
sonne auf Korfu ein. Die Aura des Ortes scheint ihn zu eupho-
risieren, endlich in Hellas angekommen, entdeckt er überall die
Schauplätze Homers. »Ich war kaum in Korfu ans Land gestie-
gen, so eilte ich nach Kressida-Quell, um den Ort zu besichtigen, welcher der Schauplatz einer der rührendsten Scenen der
Odyssee gewesen ist«, schreibt er in seinem Reisebericht.[137] Die
Heldin an diesem Schauplatz ist Nausikaa, eine junge Prinzessin,
zu der Schliemann schon eine lange Beziehung hat: Nausikaa ist
die Frau Telemachs – jenes Heroen der Mythologie, dessen Geschichte dem jungen Heinrich Schliemann half, erst Französisch
und später Russisch zu lernen. Er »kennt« Telemach und Nausikaa seit Amsterdam, kann ihre Geschichte auswendig in drei
Sprachen hersagen, mehr als ein Vierteljahrhundert sind diese
ersten Begegnungen mit den literarischen Helden seiner Jugend
jetzt her. Und nun kommt er auf »ihre« Insel. Vielleicht erklärt
das die eigentümliche Sentimentalität, mit der Schliemann in
den nächsten Wochen auf so vieles schaut.

Nausikaa beflügelt Schliemann nicht nur als Gattin Telemachs,
sondern in einer anderen Rolle, die Homer ihr zugeschrieben
hat: Als blutjunges Mädchen verliebt sie sich zunächst in Telemachs Vater, den aus Troja zurückkehrenden Heroen Odysseus,
den es auf die »Insel der Phäaken« verschlagen hat.[138] In Homers
Plot hat Nausikaa mit ihren Dienerinnen am Meeresufer Wäsche gewaschen und verkürzt sich die Trockenzeit beim Ball-

spiel, nicht ahnend, dass der schiffbrüchige Odysseus ganz in der Nähe schlummert. So kommt es zum ersten Rendezvous:

Und Nausikaa warf den Ball auf eine der Dirnen;
Dieser verfehlte die Dirn', und fiel in die wirbelnde Tiefe;
Und laut kreischten sie auf. Da erwachte der edle Odysseus,
Sitzend dacht' er umher im zweifelnden Herzen, und sagte:
Weh mir! zu welchem Volke bin ich nun wieder gekommen?[139]

Heinrich Schliemann versucht, kurz nach seiner Ankunft auf Korfu, den mythologischen Schauplatz dieser Begegnung zu verorten. Dank Homers Vorgaben in der Odyssee, so kann man seinem Reisebericht entnehmen, sieht er sich gut orientiert. Das Zusammentreffen zwischen Odysseus und Nausikaa soll am »Gestade des silberwirbelnden Stromes« stattgefunden haben, »an dessen Ufer Nausikaa mit ihren Mägden die Wäsche wusch«.[140] Diese Waschgruben wiederum mussten sich »nothwendig dicht am Meere befinden«, da die Wäsche zum Trocknen »am warmen Ufer des Meeres an den Strand mit glatten Kieseln« ausgelegt wurde.[141]

Doch was diese in Wahrheit mehr als spärlichen »Hinweise« Homers angeht – Kieselstrände und Flussufer lassen sich wohl auf jeder Mittelmeerinsel finden –, so brauchte Schliemann sie gar nicht. Denn er war beileibe nicht der Erste, der hier mit der Odyssee in der Hand auf den Spuren antiker Helden wandelte. Sein Reisehandbuch *Murray's Handbook for Travellers*, eine Art *Lonely Planet* des 19. Jahrhunderts, empfahl seit seinem ersten Erscheinen im Jahre 1830 in London weltweit einschlägige Orte, die Gentlemen mit einem Spleen für Mythen und Legenden in- und außerhalb des British Empire aufsuchen konnten. Dies traf insbesondere auf Korfu, Kefalonia und Ithaka zu, die bis zum Jahre 1864 zum britischen Protektorat der Ionischen Inseln zählten. Daher hatte sich *Murray's Handbook Greece* besondere Mühe gegeben, im Laufe der Jahre aus Mythen, Volksüberlieferungen und Wandergeplauder gängige Routen nach der *Odyssee* und an Schauplätze Homers zu destillieren. Diese Quelle, das von Schliemann verwendete Handbuch von 1854, brachte ihn nach Korfu. Denn bei *Murray* konnte man nachlesen, dass die bei Homer *Scheria* oder *Phæacia* genannte »Insel der Phäaken«, jedenfalls nach Angaben des um 460 v. Chr. geborenen Athener Geschichtsschreibers Thukydides, mit dem heutigen Korfu identisch sei.[142]

Über Nausikaa, die Tochter des Phäakenkönigs, befand *Murray* in der typischen Diktion eines werbenden touristischen Fremdenführers, sie sei die interessanteste Figur in der antiken Dichtung überhaupt.[143] Und so ist auch bei Schliemann nachzulesen: »Die Tochter des Königs Alkinoos ist einer der edelsten Charaktere, welche uns Homer gezeichnet hat.«[144]

Was den Ort der Begegnung zwischen Nausikaa und Odysseus anging, war sich der englische Reiseführer weniger sicher als Heinrich Schliemann und schlug zwei Optionen vor: Neben der Kressida-Quelle brachte *Murray* aufgrund der vorherrschenden Wind- und Strömungsverhältnisse an der Küste Korfus die viel weiter im Norden gelegene Bucht von Govino als Waschplatz der Nausikaa ins Spiel. Das Landvolk von Korfu hingegen gäbe immer die *Fountain of Cressida* als Schauplatz an.[145] In seiner Reiseschilderung negierte Heinrich Schliemann schließlich Murrays Optionen und folgte, ohne die Alternative der Govino-Bucht zu erwägen, der ländlichen Überlieferung.

Als er am 6. Juli 1869 direkt nach seiner Ankunft, aus der Inselhauptstadt kommend, den Fluss zur vermeintlichen Kressida-Quelle erreicht, versperren ihm frisch gegrabene Kanäle und bewässerte Felder den Weg. »Doch diese Schwierigkeiten steigern nur mein Verlangen«, heißt es in Schliemanns Reisebericht. »Ich entkleide mich bis aufs Hemde und lasse meine Kleider unter der Obhut meines Führers. So gehe ich immer den kleinen Fluss entlang, oft bis an die Brust im Wasser und im Schlamm der Kanäle und überschwemmten Felder.«[146] In seinem Tagebuch geht es etwas peinlicher zu. Da erschreckt der nackte Jünger Homers auf seinem Weg zur Küste erst eine Gruppe Frauen bei der Ernte und wird dann von Kanalarbeitern verspottet.[147] Eine halbe Stunde muss Schliemann sich so vorankämpfen, bis er endlich auf »zwei grosse, plump behauene Steine« stößt – jenen Ort, wie er schreibt, »welche die Tradition als den Waschplatz der Einwohner der alten Stadt Korcyra bezeichnet, und als den Ort, wo Nausikaa mit ihren Dienerinnen die Wäsche gewaschen und den Odysseus empfangen hat«.[148]

Interessant ist der Schluss, den Schliemann in seiner Reisebeschreibung aus dieser Flusswanderung zieht. Da geht er über den vagen Verweis auf die örtliche Überlieferung hinaus und behauptet: »Über die Identität dieses Flusses mit dem Homerischen kann kein Zweifel obwalten, denn er ist der einzige Fluss in der Umgegend der alten Stadt.«[149] Als hätte in den »31 Jahrhunderten«, die Schliemann zeitlich zwischen sich und Homer vermutet, eine Quelle nicht auch versiegen oder ihren Lauf verändern können, zumal in einem tektonisch so aktiven Gebiet wie den Ionischen Inseln. Die Redewendung »ohne Zweifel« wird – synonym abgewandelt – von nun an zur Schliemann'schen Standard-Formel bei der Beschreibung von Nachforschungen auf den Spuren der Odyssee. Dabei folgt er während der zehn Tage auf den Ionischen Inseln ziemlich genau der von *Murray's Handbook* vorgeschlagenen »Odysseus-Route«: Vom »Waschplatz der Nausikaa« geht es auf Ithaka weiter zum »Königspalast des Odysseus« auf dem Berg Aëtos, zu den Schweineställen des »göttlichen Sauhirten« Eumaios und zum Landgut von Odysseus' Vater auf die »Felder des Laërtes«. Oder wie es bei *Murray* heißt: »the principal excursions to be made on Ithaka«.[150]

Zunächst aber lautete eine der grundlegenden Fragen, die
Schliemann zu klären hatte: War das epische Ithaka Homers
überhaupt die Insel gleichen Namens im modernen Griechenland? Auch hier vertraute Schliemann ganz auf sein englisches
Handbook of Greece. Und argumentierte zudem mit einer Reihe
antiker und moderner Geschichtsschreiber, von Strabo Ptole-
mäus und Cicero bis zu Eugene Gandars einflussreicher Pariser
Studie *De Ulyssis Ithaca* aus dem Jahr 1854. Sein Schluss: »Fast alle
Archäologen, welche die Insel bereist haben, erkennen die Identität derselben mit dem Homerischen Ithaka an.«[151] Erstmals legte
Schliemann hier, wenn auch einmal mehr aus *Murray's Handbook* abgekupfert, Widerspruch gegen andere wissenschaftliche
Auffassungen ein, die Ithaka für »ein reines Phantasiegebilde
des Dichters« hielten oder »das Vaterland des Odysseus westlich
von Kephalonia« vermuteten.[152] Ein erster Vorgeschmack auf den
Dauerstreit des Neulings mit arrivierten Archäologen, der bald
kommen sollte.

Doch erst einmal geht Schliemann, der mit einer »Barke für
11 Franken« nach Ithaka übersetzt, ganz in der Begeisterung für
die königliche Heimat des Odysseus auf: »Alle unsere Erinnerungen knüpfen sich hier an das heroische Zeitalter: jeder Hügel, jeder Felsen, jede Quelle, jedes Olivenwäldchen mahnt uns an Homer und die Odyssee, und mit einem einzigen Sprunge fühlen
wir uns über hundert Generationen hinweg in die glänzendste
Epoche griechischen Ritterthums und griechischer Dichtkunst
versetzt«, notiert er kurz nach seiner Landung auf der Insel.[153]
Selbst der heftige Gegenwind, der seine Überfahrt von einem
Stündchen auf ganze sechs Stunden verlängert, kommt ihm zupass. Er genießt seinen Abschiedsblick auf Korfu, denn so kann
er Homer auch mittels des Inselprofils aus der Ferne verifizieren: »Zwei kleine Inseln, die eine im jetzigen Hafen, die andere in
dem kleinen Golf an der Nordküste der Insel, sind, aus der Ferne

gesehen, Schiffen mit aufgespannten Segeln sehr ähnlich. Ohne
Zweifel hat eine von diesen kleinen Inseln bei Homer die Vorstellung erweckt, dass das Phäakenschiff, welches den Odysseus
nach Ithaka getragen hatte, auf seiner Rückkehr durch den Zorn
des Neptun (bei Homer: Poseidon – d. V.) in einen Felsen verwandelt worden sei.«[154]

Als Schliemann die aufgewühlte Meerenge zwischen Kefalonia und Ithaka endlich hinter sich lassen kann und kurz vor Mit-
ternacht im Hafen von St. Spyridon eintrifft, muss er seine erste
Nacht im »Vaterland des Helden« notgedrungen auf einem Kasten
im Hause des Müllers Panagis Asproieraka verbringen.[155] Doch
macht er, wie er in seinem Reisebericht erzählt, eine wichtige Beobachtung. Dieser »brave Müller« nämlich, sein Fremdenführer,
geleitet den späten Gast auf einem Esel nicht nur zuverlässig vom
Hafen in die Inselhauptstadt Vathy, sondern erzählt ihm unterwegs »mit grosser Leichtigkeit, in neugriechischer Sprache, die
Hauptbegebenheiten der 24 Gesänge der Odysee«. Und weiter:
»Ich beglückwünschte ihn lebhaft, dass er die Gedichte Homers
gelesen und sie so gut im Gedächtniss behalten habe. … Zu meinem grossen Erstaunen antwortete er mir, dass er nicht nur der
alten Sprache unkundig sei, sondern auch das Neugriechische
weder lesen noch schreiben könne: die Abenteuer des Odysseus
waren ihm nur aus der Tradition bekannt.«[156]

Glaubt man Schliemann, so stößt er bei seiner Ankuft auf
Ithaka auf den Spross jener Familie, die Bewahrerin »der Geschichte des grossen Königs« ist, während auf der Insel ansonsten »alle andern nur eine unklare Vorstellung davon hätten«, wie
Panagis Asproieraka Schliemann gegenüber behauptet.[157]

Einen solchen Müller aber, den eloquenten Bewahrer der Tradition, hat in persona nicht einmal *Murray's Handbook of Greece*
zu bieten. Vielmehr bestärkt Schliemann hier – anhand tatsäch-
licher oder erfundener Reiseerlebnisse – in seinem Reisebericht

die These, dass sich Homers Dichtung auch ohne schriftliche Fixierung über die Jahrtausende hinweg vermittelt hat. Homers Hexameter gehören, so Schliemanns Diktion, zur örtlichen Tradition der Insel und nicht ins Reich der Fiktion. Zugleich stützt er damit sein Vorgehen, bei der »Faktizierung« Homers auf die »Nachfahren« der epischen Helden und deren mündliche Überlieferung zurückzugreifen. Genießt ein Analphabet wie der brave Müller Panagis, der die Odyssee traditionell beherrscht, nicht eine natürliche Glaubwürdigkeit als kenntnisreicher Cicerone durch die Welt Homers? Diesem Landsmann des Odysseus, suggeriert Schliemann, kann man trauen.

Schliemanns erster Ausflug auf Ithaka geht – wie von *Murray's Handbook* empfohlen – hoch zu Ross in den kleinen Hafen Dexia, der westlich der Inselhauptstadt am Golf von Molo an glasklarem Wasser liegt. Der Strand aus feinem Sand und weißem Kies ist beliebt bei Inselbesuchern, weil hier Olivenbäume bis dicht ans Wasser wachsen und Schatten spenden. Doch Schliemann hat längst im Meer gebadet, wie immer zu Tagesbeginn im frühen Morgengrauen. In der Dexia-Bucht sucht er den mythischen Ort, an dem Odysseus laut Homer zwei Jahrzehnte nach seinem Aufbruch in den Trojanischen Krieg wieder in seine Heimat zurückkehrte. Und er hat keinerlei Zweifel, als er sie vor sich sieht: »Das ist der Phorkys-Hafen in welchem die Phäaken den fest eingeschlafenen Odysseus ausschifften und mit seinen Schätzen zuerst am Ufer, darauf unter einem Oelbaum, abseits vom Wege niederlegten.«[158]

Als Beleg für seine Behauptung unternimmt Schliemann hier einen Vergleich zwischen dem Text Homers und der topografischen Situation vor Ort, wie er ihn später bei seinen Ausgrabungen in Troja zur Methode erheben wird. In diesem Fall heißt es in der Odyssee:

»In Ithaka ist der Hafen des Phorkys, des Meergreises, in wel-

chem zwei steile Felsen vorspringen, nach dem Eingang des Golfs
geneigt, die ihn von aussen gegen die mächtigen Wogen und die
brausenden Winde schützen. … Aber am Ende des Hafens erhebt sich ein dichtbelaubter Oelbaum, und gleich daneben befindet sich eine liebliche dunkle Grotte, welche den Nymphen, die
Najaden heissen, geweiht ist.«[159] Und was erblicken Schliemanns
Augen, die schützende Hand vor der Stirn, im Juli 1868 mit Blick
auf die Bucht?

»Die Oertlichkeit ist in der angeführten Stelle so genau beschrieben, dass man sich gar nicht irren kann; denn man sieht
vor dem kleinen Golf zwei kleine steile Felsen, dem Eingange zu-
geneigt, und dicht daneben, auf dem Abhange des Berges Neïon,
50 Meter über dem Meeresspiegel, die Grotte der Nymphen.«[160]
Vor allem will er nun die »grotto of the nymphs« besichtigen, die
sein englischer Reiseführer wärmstens empfiehlt.[161] Eine kurze
Wanderung bergan bringt ihn zu der kreisrunden, im Durchmesser 17 Meter messenden Grotte, in der – laut Homer – die
Ruderer aus Korfu, dem »Land der Phäaken«, die Geschenke versteckt haben sollen, die Nausikaa und ihr königlicher Vater dem
Helden Odysseus auf dem Heimweg nach Ithaka mitgegeben
haben.

Die Grotte der Nymphen ist nicht schwer auszumachen, der
kleine Pfad ist ausgetreten, und als sein griechischer Begleiter
in der Dunkelheit der Grotte ein Feuer entfacht, staunt Schliemann nicht schlecht über die Intensität der »purpur stalactites«,
die *Murray* ihm hier versprochen hat.[162] Weit mehr interessieren
ihn aber die »Massen von Tropfsteinen in bizarren Formen« an
der Höhlendecke, wie er in seinem Reisebericht vermerkt, »denn
mit nur einiger Einbildungskraft erkennt man darin Urnen,
Krüge und die Webstühle, auf welchen die Nymphen purpurfarbene Gewänder webten« – genau wie Homer es im 13. Gesang der
Odyssee beschrieben hat.[163] Ergo: »In dieser Grotte verbarg Odys-

seus auf den Rath und mit dem Beistand der Minerva (bei Homer: Athene – d. V.) die von den Phäaken erhaltenen Schätze.« Auch hier ein schnelles Urteil.

Die nächste Station seiner Odysseus-Route ist der Berg Aëtos oberhalb der Hafenbucht von St. Spiridon, denn sein englischer Reiseführer empfiehlt dort nichts weniger als *Ulysses castle*, den »Palast des Odysseus«.[164] In seinem Reisebericht beruft sich Schliemann natürlich nicht auf *Murray*, sondern erneut auf die örtliche »Tradition«, um seine nächsten Schritte bei der Faktizierung Homers zu begründen: »Der Golf von Molo theilt sie in zwei fast gleiche Theile, welche durch einen engen, 800 Meter breiten Isthmus verbunden werden«, schreibt er. »Auf diesem Isthmus befinden sich umfangreiche Ruinen mit dem Namen Altes Schloss, welche die Tradition als Reste vom Schlosse des Odysseus bezeichnet.«[165]

Der folgende Aufstieg auf den Aëtos jedoch ist, besonders während der großen Sommerhitze, »mit vielen Schwierigkeiten und Beschwerden verbunden«, wie Schliemann notiert. Vor allem, »weil er in Winkeln von 45 bis 50 Grad sich erhebend, mit Steinen wie besäet ist, und man in Ermangelung eines Weges sich oft auf allen Vieren weiterhelfen muss«.[166]

Doch Schliemann hat keine Wahl, der Aëtos spielt eine wichtige Rolle in seinem Homer-Puzzle. Also überwindet er keuchend die Steinfelder, die das Ersteigen der 150 Meter hohen Erhebung erschweren, freut sich über Ruinen von Mauern und Türmen »von cyklopischer Bauart«, in denen er homerische Zeitzeugnisse vermutet, und gelangt so zum Gipfel, der sich »zu einer vollkommen ebenen Fläche« erweitert, die sich »in einer Breite von 27 Meter und einer Länge von 37 Meter« Richtung Nordrand ausdehnt.[167]

Einige lang gezogene »Einschließungsmauern« und zwei in den Fels gehauene antike Wasserspeicher – eine kleinere Zis-

terne »für den Hausgebrauch« und eine größere mit 10 Metern
Tiefe und bis zu 12 Metern Durchmesser – müssen genügen, und
Heinrich Schliemann ist überzeugt: »Auf diesem Raume befand
sich der Palast des Odysseus; leider sieht man nur noch die Ruinen …«[168]

Die Beweislage aber ist denkbar dünn, denn Schliemann macht
die angeblich besonders großen Ausmaße der Ruine auf dem Aëtos zum Dreh- und Angelpunkt seiner Argumentation. Tatsächlich aber kann er zu diesem Zeitpunkt noch nicht beurteilen, ob
es sich hier um eine kleine, mittlere oder große Palastanlage handelt, da er kaum eine griechische Akropolis mit eigenen Augen
gesehen hat. Von der Möglichkeit des Über- und Nebeneinanders
von Burgbauten aus verschiedenen Zeiten innerhalb eines Ruinenfeldes nicht zu reden. Heute weiß man, dass sich auf dem Aëtos Zeugnisse unterschiedlicher Epochen finden: einer antiken
Besiedlung durch Mykener, deren »kyklopische« Mauer Schliemann sah, zudem aber auch die Überreste einer Befestigungsan-
lage aus hellenistischer Zeit.

Vermutlich erkannte Schliemann später, als er die gewaltigen
Dimensionen der peloponnesischen Ruinen von Tiryns und Mykene inspizieren konnte, dass er sich in Bezug auf Ithaka ver-
schätzt hatte, doch ist keine nachträgliche Korrektur von ihm
bekannt.[169]

Im Juli 1868 jedenfalls fühlt er sich kompetent genug, die Rui-
nenreste auf dem Aëtos als monolithische Anlage von besonderer Größe zu charakterisieren. »Der königliche Palast war gross,
mehrere Stock hoch und hatte einen Hof«, fasst er nach wenigen
Stunden seinen Befund zusammen.[170] Und findet die erhoffte
Text-Entsprechung denn auch in den Versen Homers, wo es
heißt: »Ohne Zweifel ist dies das prächtige Haus des Odysseus; …
es hat mehr als ein Stockwerk; der Hof ist geschützt durch eine
Mauer mit Zinnen;«[171]

Von dieser Kongruenz zwischen Epos und Wirklichkeit in seinem Glauben an die Faktizität Homers bestärkt, verzichtet Schliemann von nun an auf weitere Belege und vertraut sich Homer ganz als Reiseführer an: »Wir lesen auch, dass Penelope die hohe Treppe im Palaste hinaufstieg, den Schlüssel nahm und sich mit ihren Dienerinnen in ein abgelegenes Gemach begab«, schreibt er.[172] Seine Schlussfolgerung: »Es ist nicht zu bezweifeln, dass der Palast den ganzen geebneten Raum des Gipfels einnahm und der Hof zwischen den parallelen, 30 Meter von einander entfernten Umwallungsmauern lag. Auf diesem Hofe stand der Altar des Zeus.«[173] Quod erat demonstrandum – nicht zu bezweifeln.

War diese Art »Beweisführung« pure Scharlatanerie? Ausgeklügelte Spekulation? Oder doch grenzenloser Enthusiasmus? Schliemann selbst schreibt: »Die Hitze war drückend; mein Thermometer zeigte 52 Grad; ich fühlte brennenden Durst und hatte weder Wasser noch Wein bei mir. Aber die Begeisterung, welche ich in mir fühlte, da ich mich mitten unter den Ruinen vom Palaste des Odysseus befand, war so gross, dass ich Hitze und Durst vergaß. Bald untersuchte ich die Oertlichkeit, bald las ich in der Odyssee die Beschreibung der rührenden Scenen, deren Schauplatz dieser Ort gewesen ist; bald bewunderte ich die herrliche Rundsicht, welche sich auf allen Seiten vor meinen Augen entrollte: Im Norden sah ich die Insel Santa Maura oder Leucadia mit dem Kap Dukato (die Insel Lefkadia – d. V.), hoch gefeiert im Alterthum wegen des berühmten Felsens, Sappho-Sprung genannt, von wo aus die unglücklich Liebenden sich in's Meer stürzten, in der Ueberzeugung, dass dieser kühne Sprung sie von ihrer Leidenschaft heilen werde. Unter den vorzüglichsten Opfern dieses Wahnes nennt man die berühmte Dichterin Sappho, den Dichter Nikostratus, Deucalion, Artemisia, die Königin von Karien …«[174]

Es mag ein Entlastungsmanöver sein, wenn Schliemann in seinem Reisebericht ausgerechnet da so viele berühmte Opfer der Leidenschaft anführt, wo die eigene Obsession mit ihm durchgeht. Vielleicht aber gab sich Schliemann tatsächlich hoch oben auf dem Aëtos mit Blick auf den Sappho-Sprung einer Leidenschaft hin, die alle seine Zweifel, all die Einwände der Vernunft, hinwegfegte – ein Enthusiast, so blind wie der verehrte antike Epensänger?

So oder so, als Nächstes versuchte Schliemann – fast drei Jahrtausende nach Homer – die »Schweineställe des Eumaios« als reale Gegebenheit auszuweisen. Der mythologische Hintergrund: Nach der Rückkehr in seine alte Heimat will der Kriegsheimkehrer Odysseus durch allerlei Listen und in verschiedenen Verkleidungen ergründen, ob seine Nächsten ihm in 20-jähriger Abwesenheit die Treue gehalten haben. Neben seiner Gattin Penelope, dem Vater Laërtes und seinem Sohn Telemach unterzieht er so auch den königlichen Sauhirten Eumaios, der gemeinsam mit ihm am Hofe seines Vaters aufgewachsen ist, einer Prüfung. Homer hat den Ort dieser Begegnung, die »Schweineställe des Eumaios«, mehrfach beschrieben, weil Odysseus hier im Bund mit seinem Sohn und seinem Diener schließlich die Vertreibung der Freier aussheckt, die im Palast um seine getreue Gattin Penelope buhlen.

Schliemann hofft anhand der in der Odyssee prominent ausgewiesenen »Schweineställe des Eumaios« eine weitere Übereinstimmung zwischen Epos und realer Topografie nachweisen zu können, zumal *Murray's Handbook* einmal mehr den Weg zu Eumaios' *herd's station* weist.[175] Demnach bog gleich hinter der Kirche von Vathy ein Pfad ab, der zum Rabenfelsen führte – laut Homer der Ort, wo Eumaios' Schweineherde »süsse Eicheln weidet, in der Nähe der Quelle Arethusa«.[176] Diesen Ort will sich Schliemann nicht entgehen lassen:

»Am folgenden Tage nahm ich vier Uhr Morgens, wie gewöhnlich, mein Bad auf einer kleinen mitten im Hafen liegenden Insel. Nach dem Bade, dessen Temperatur des Morgens 28, des Abends 30 Grad ist, machte ich mich mit meinem Führer auf den Weg, um den südlichen Theil der Insel zu besuchen«, schreibt er unter dem Datum des 13. Juli 1868. »Anfangs war der Weg gut, bald aber ging er in einen elenden Fusssteig über, so steil und voll glatter Steine, dass ich vom Pferde steigen und zu Fusse gehen musste. Nach zwei Stunden erreichten wir die berühmte Arethusa-Quelle am Fusse eines senkrechten, 34 Meter hohen Felsen, welcher Korax (der Rabe) genannt wird.«[177]

Ein wenig enttäuscht stellt Schliemann fest, dass die Quelle so dürftig fließt, »dass man nicht 200 Liter Wasser täglich schöpfen konnte«. Doch ist er sich sicher, dass sie »in früheren Zeiten einen außerordentlich reichen und kräftigen Wasserstrahl gegeben haben muss«, denn bis zur nahen Küste dehnt sich ein 34 Meter tiefes Flussbett. »Sicherlich hat das mit Ungestüm fliessende Wasser der Arethusa sich selbst dieses Bett in den Felsen gegraben«, vermutet er.[178] Unmittelbar jenseits des Rabenfelsens, auf den Homer anspielt, 80 Meter über dem Meeresspiegel, mutmaßt er den Weideplatz der Schweine, weil es »kein anderes ebenes Feld in der ganzen Umgegend giebt«, wie er schreibt. Vor allem aber entdeckt er nach eigenen Angaben am Fuße des Hügels Ruinen von zehn Gebäuden, »cyklopische Bauwerke … von denen jedes nur ein Gemach von 3 Meter 33 Centimeter Länge bei gleicher Breite enthält«. Wieder kommt Schliemann zu einem raschen Schluss: »In diesem Plateau erkennt man leicht das Feld, wo der göttliche Sauhirt Eumaios Hof, Haus und zwölf Ställe für die Schweine errichtet hatte.«[179]

Blieb für Schliemann eine Frage: Wie nur gelangten Eumaios' Schweine aus ihren Ställen oben auf dem Abhang zu ihrer Tränke unten an der Arethusa-Quelle? Immerhin fiel der Hang auf seinen letzten 33 Metern in einem Winkel von 36 Grad steil ab, »sodass es fast unmöglich scheint, wie fette Schweine, besonders trächtige Sauen, ihn zweimal des Tages haben hinauf und hinabsteigen können«.[180] Es musste, so Schliemanns Lösung, »im Alterthume« einen breiten Weg gegeben haben, »der im Zickzack hinabging«, wie er notierte, »da ich aber keine Werkzeuge zum Graben bei mir hatte, waren meine Nachforschungen vergeblich«.

Zum ersten Mal, fast nebenbei, taucht bei Schliemann im Juli 1868 der Gedanke an eine Grabung auf – die Idee, die Faktizität Homers eigenhändig und selbstständig archäologisch nachzuweisen. Dass er in seinem zweiten Jahr an der Pariser Sorbonne auch das Fach Archäologie belegt hatte, schien sich nunmehr auszuzahlen, selbst wenn er bislang nur die Grundlagen dieser Wissenschaft studieren konnte. Auch seine Stippvisiten an den Ausgrabungsstätten von Rom und Pompeji hatten ihn sicherlich ermutigt, es selbst einmal mit Spitzhacke und Schaufel zu versuchen. Und auf einer eher abgelegenen Insel wie Ithaka, fern der Antikenverwaltung von Athen, musste man vermutlich nicht gleich mit einer strengen Kontrolle der Grabungslizenz rechnen. Was die vermutete Schweinerampe betraf, mussten Schliemann aber doch Zweifel gekommen sein. Er bemerkte auch, dass es am Rabenfelsen an Eichenbäumen fehlte und also an Eicheln, die Eumaios' Schweine an dieser Stelle hätten »weiden« können, wie Homer es beschrieben hatte.[181]

Tatsächlich gab es, wollte man auf Ithaka graben, sicherlich Bedeutenderes als die »Schweineställe des Eumaios«. Immerhin waren Ausgräber schon in der Zeit des britischen Protektorats auf interessante Fundstücke gestoßen, wie *Murray's Handbook* verriet: einige Gräber und marmorne Grabinschriften, Bronze-Skulpturen, Vasen, Goldringe und andere Schmuckgegenstände »von ausgezeichneter Handwerkskunst«.[182] Gefunden wurde all das auf dem Aëtos, in der Nähe des »Palastes des Odysseus«. Genau dort wollte Schliemann daher seine erste eigene Ausgrabung durchführen, zumal er, wie er in seinem Reisebericht schrieb, am Fuße des Berges einem Bauer »eine Vase von Thon und eine schöne silberne korinthische Münze mit einem Minerva-Kopf auf der einen und einem Pferd auf der andern Seite« abkaufen konnte, antike Stücke, die der Bauer »eben erst in einem plump in den Felsen gehauenen Grabe, ohne eine Spur von menschlichen Gebeinen, entdeckt hatte«.[183]

Seine erste Ausgrabung sollte also unter den »Palastruinen des Odysseus« stattfinden.

»Am 10. Juli, nachdem ich im Meere gebadet und eine Tasse schwarzen Kaffee getrunken hatte, machte ich mich um 5 Uhr Morgens mit meinen Arbeitern auf den Weg. Von Schweiss durchnässt, langten wir um 7 Uhr auf dem Gipfel des Aëtos an.«[184] Nach eigenen Angaben ließ Schliemann die vier Hilfskräfte, die er in der Inselhauptstadt angeheuert hatte, in der Palastanlage alle Sträucher mit der Wurzel ausreißen und »den nordöstlichen Winkel aufgraben«. Er hoffte, dass sich in diesem Winkel »der herrliche Oelbaum befunden haben musste, aus welchem Odysseus sein Hochzeitsbett verfertigte und um dessen Standort er sein Schlafzimmer baute«, wie es in der *Odyssee* hieß.[185] »Indess wir fanden nichts als Trümmer von Ziegeln und Töpferwaaren«, wie der Debütant in Sachen Ausgrabung enttäuscht feststellte, »und in einer Tiefe von 66 Centimeter legten wir den Felsen bloss.«

Vermutlich aber war es Schliemann auch nicht um Odysseus' Olivenbaum oder antikes Holz gegangen, das er nach 3000 Jahren wohl für verrottet halten musste, sondern eher um »das zierliche Bette, welches mit Gold und Silber und Elfenbein geschmückt war«, wie Homer die eheliche Schlafstatt des Odysseus genauer beschrieben hatte.[186]

Dass Schliemanns erste eigene Ausgrabung da stattfand, wo Gold und Silber in Aussicht standen, stellt in jedem Fall eine erstaunliche Parallele zu all seinen weiteren Ausgrabungen dar. Er wird sich in den nächsten Jahren archäologisch insbesondere für Paläste und Grabstätten interessieren, die von antiken Geschichtsschreibern als goldreich ausgewiesen worden waren. Auch bei seinem Debüt als Ausgräber auf Ithaka folgt er – intuitiv oder bewusst – dieser Intention. Es liegt nahe, dass die verführerische Macht des Goldes, die er als Banker in Kalifornien hautnah erlebt hat, nicht ohne Spuren an ihm vorbeigegangen ist. Der Ausgräber Schliemann – ein erfahrener Spekulant – wird auch künftig nicht nur auf ein Pferd setzen. Sosehr er an Homer glaubt, verlässt er sich nicht auf die Kraft des Mythos allein, sondern immer auch auf die Macht des Goldes. Schliemanns Mythen werden goldene Mythen sein.

In Ithaka jedoch wird seine Hoffnung auf die Doppelhelix aus Gold und Mythen enttäuscht. »Nicht eine Handbreit Erde an der Stelle, wo Odysseus' Palast gestanden hat, ist von uns ununtersucht geblieben. Auch gruben wir zwischen den Einschliessungsmauern und rings um den ganzen Gipfel des Berges, aber unsere Mühe war vergeblich, wir fanden nichts mehr«, teilt er in seinem Reisebericht mit.[187] Doch anders als seine Veröffentlichung es vorgibt, war er auf dem Aëtos nicht ganz so fleißig. Wie sein Tagebuch verrät, ist er an einem Grabungstag mit vier Arbeitern, am zweiten Tag aber mit nur einem Gehilfen tätig gewesen.[188] Stattdessen gab er sich oben auf dem Berge jenen Versen Homers hin, in denen sich Odysseus und seine treue Gattin Penelope nach 20 Jahren endlich wiedererkennen: »Jetzo besiegst du mein Herz, und alle Zweifel verschwinden. Also sprach sie. Da schwoll ihm sein Herz von inniger Wehmut: Weinend hielt er sein treues geliebtes Weib in den Armen.«[189]

Bei Szenen wie diesen ist auch Schliemann »zu Tränen gerührt«, wie er seinem Tagebuch anvertraut, wohl die unglückliche Jugendliebe Minna Meincke im Hinterkopf.

Diese rührselige Ader, seine gesteigerte Emotionalität, wird ihm als Geschichtenerzähler noch zugutekommen in einer Zeit, die mit Trivialliteratur, dem historischen Roman und Fortsetzungsgeschichten in Zeitungen und Zeitschriften ein Massenpublikum erreichen will.[190] Mit den Büchern seiner Jugend, ob nun mit Walter Scotts *Ivanhoe* oder mehr noch *Paul und Virginie*, ist Heinrich Schliemann in eine sentimentale Schule nah am Kitsch gegangen, die er in Zukunft selbst meistern wird. Nur werden seine Helden nicht auf französischen Tropeninseln oder im englischen Mittelalter angesiedelt sein, sondern im antiken Mythos und an seinen vermeintlichen Schauplätzen. Dem Hang, sich dabei auf Kosten der Wahrheit als »Jäger der verlorenen Schätze« zu idealisieren, erliegt er schon bei seinem ersten »Grabungsbericht«, indem er die archäologischen Anstrengungen übertreibt. Noch abenteuerlicher allerdings muten die Interpretationen seiner Fundstücke an. Etwa, als er in den Ruinen des »Palastes des Odysseus« schließlich doch noch Urnen ausmachen kann, auf die er mit der Spitzhacke in zehn Zentimetern Tiefe stößt.[191] Abgesehen von seinem brachialen Vorgehen, bei dem die erste Aschevase zerbricht, kommt er in seinem Reisebericht zu einem erstaunlichen Schluss. Es sei doch möglich, »dass ich in meinen 5 kleinen Urnen die Asche des Odysseus und der Penelope oder ihrer Nachkommen bewahre«.[192]

Kunststückchen wie diese, wohl im Hinblick auf sein Lesepublikum geschrieben, sind es, die in der Archäologenzunft für Schliemanns nachhaltig schlechtes Image als unseriöser Parvenu und in deutschen Satire-Zeitschriften für Häme und Spott sorgen. Wie schreibt der Berliner *Kladderadatsch* bald in einer tödlichen Sottise: »Dr. Schliemann begibt sich demnächst an den Rhein um dort das Rheingold zu heben.«[193]

Doch was ist Heinrich Schliemann im eigenen Selbstverständnis des Jahres 1868? Ein Schriftsteller, als der er zehn Wochen zuvor in Paris aufgebrochen war? Oder sieht er sich nunmehr, nach den ersten Spatenstichen auf antikem Terrain, als Archäologe? Zumindest setzt er sich recht selbstbewusst mit einer Reihe von Thesen zu Ithaka auseinander und beansprucht ein natürliches Mitspracherecht.

Zum Beispiel in der Debatte um Homers Hauptstadt von Ithaka. »Fast alle Archäologen« verorteten sie im Hafen von Polis im Norden der Insel, wie Schliemann schreibt, nicht zuletzt *Murray's Handbook*. Tatsächlich widerspricht er *Murray* jedoch an dieser Stelle und legt sich mit anderen Homer-Jüngern an. Der Dichter, so Schliemann, habe Ithakas Hauptstadt auf einer Anhöhe beschrieben, denn Odysseus und Telemach »stiegen von der Stadt hinab«, wie es in der Odyssee heißt.[194] Daher habe er sehr lachen müssen, als er sich auf dem Weg ins Polis-Tal »während des Hinabsteigens an die Steine und das Gesträuch anklammerte, um nicht zu fallen«, wie er schreibt. Es sei doch so offenkundig, dass das unten an der Küste gelegene Polis eben nicht die homerische Hauptstadt auf einem Berg sein könne.[195]

Auch bei anderen offenen Fragen der Homer-Exegese versucht Schliemann klärend einzugreifen – oder sich zu profilieren? Da ist zum Beispiel die Lage der Insel Asteris, die in der Odyssee eine besondere Rolle spielt. Der mythologische Hintergrund: Auf Asteris, einem Eiland in der Meerenge zwischen Ithaka und der Nachbarinsel Kephalonia, wollen sich die Freier verstecken, die um Odysseus' Gattin Penelope buhlen, um dem Schiff des Telemach aufzulauern, sobald der zur Unterstützung seines Vaters an der heimatlichen Küste Ithakas aufkreuzt.[196] Heinrich Schliemann sieht daher im Auffinden von Asteris die Chance, einen weiteren Mosaikstein zur »Faktizierung« Homers zu finden. Also lässt er sich per Boot zu einer Insel bringen, die »schon im Alterthume für das Homerische Asteris« gehalten wurde, nämlich nach Daskalion.[197]

Trotz des umständlichen Lavierens mit der Barke und der trüben Aussicht, die ganze Nacht auf der unbewohnten Insel zu verbringen, genießt er die sanfte Brise, den Sonnenuntergang und den aromatischen Rebensaft aus dem Süden Ithakas, den er für dreimal stärker als den Wein aus Bordeaux hält. »Es war herrliches Wetter; der Vollmond liess mich aus der Ferne alle Gebirge Ithaka's und Kephalonia's erkennen und nach Bequemlichkeit die kleine Insel Daskalion untersuchen. Diese hat nur 99 Meter Länge und 32 Meter in ihrer grössten Breite; sie besteht aus einem flachen Felsen und ragt nur zwei Meter über das Wasser«, notiert er.[198]

In der Odyssee allerdings wird die Insel, die Penelopes Freiern als Versteck dienen soll, ganz anders beschrieben:»Nach Homer hatte die Insel Asteris einen doppelten Hafen; Daskalion hat nicht einmal eine Vertiefung von einem Meter …«, wundert sich Schliemann.[199] Bald steht für ihn fest, »dass Asteris auf keinen Fall Daskalion sein kann«.[200] Aber wo wäre die Homer'sche Insel dann zu finden? Eine zweite Insel gibt es in dem Sund zwischen Ithaka und Kephalonia nicht, doch genau in dieser Meerenge haben die Verse der Odyssee die Insel Asteris verankert. »Alle geographischen Angaben Homers sind dermassen genau, dass ich nicht den geringsten Zweifel hege, dass es zu seiner Zeit eine kleine Insel Asteris mit doppeltem Hafen gegeben hat«, schreibt er. Doch wo war sie jetzt?

Eine bemerkenswerte Veränderung von Asteris überlieferte 2000 Jahre vor Schliemann schon der Gelehrte Demetrios von Skepsis in seiner Schrift zum Trojanischen Krieg.[201] Er meinte, Homers Insel »sei nicht so geblieben, wie der Dichter sie beschrieben hat«, mit der Folge, dass man in den Formen der Insel Daskalion die Insel Homers nicht mehr wiedererkennen könne.[202] Im

Unterschied zu dieser Deformations-These entwickelt Heinrich Schliemann nun seine Theorie vom Untergang von Asteris. Doch will er seine Ausgangskoordinaten nicht in Zweifel ziehen – Homers »Faktizität« einerseits, seine Festlegung auf Ithaka als Heimat des Odysseus andererseits –, hat er nur die Möglichkeit, in der Meerenge zwischen Ithaka und Kephalonia eine zweite Insel, das »reale Asteris«, aufzuspüren und gleich wieder in den Fluten der Ionischen See zu versenken. Und genau das tut er. Schliemann kommt zu dem Schluss, dass sich Homers Insel Asteris viel weiter südlich als das karge Eiland Daskalion »in der Mitte der Meerenge, dem Südende Ithaka's gegenüber« befunden haben müsse, aber einer starken »Naturumwälzung« zum Opfer gefallen sei: »Diese Insel wird in Folge eines Erdbebens oder des Eindringens des Meeres, wie so viele andere kleine Inseln, verschwunden sein«, argumentiert er in seinem Reisebericht.[203]

Es ist erneut ein Zauberkunststück, das Schliemann da vollführt. Wäre das Verschwinden einer ganzen Insel im Mittelmeer nicht durch die Schreiber des Altertums überliefert worden? Hätte eine solche Naturkatastrophe nicht erhebliche Wellen unter den Zeitgenossen schlagen müssen? Auch stellt sich die Frage, ob es für einen Homer-Adepten wie ihn keine geschmeidigere Lösung der Asteris-Frage gegeben hätte. Etwa die Annahme, Homer habe den Begriff »Eiland« metaphorisch gebraucht und mit Asteris den schmalen Isthmus von Ithaka am Berg Aëtos mit dem »Palast des Odysseus« gemeint, sodass sich Penelopes Freier hier – der Stadt Samos auf Kephalonia gegenüber an der Wespentaille Ithakas – im Golf von Aëtos hinter der von zwei Landarmen geschützten Insel Skartsoumbonisi in den Hinterhalt für Telemach hätten legen können.[204] Dies wäre sicherlich eine denkbare Interpretation gewesen, aus Sicht heutiger Homer-Exegeten eine sehr wahrscheinliche.[205] Doch offenbar sträubte sich Schliemann gegen jede nicht orthodoxe Lesart der Homer'schen Gesänge und nahm den Dichter wortwörtlich. Im Zweifelsfall »korrigierte« er lieber die geografischen Verhältnisse.

Die Lage von Asteris – noch genereller: von Ithaka als Heimat des Odysseus – wird bis heute von all jenen, die den Homer'schen Epos topografisch für real halten, strittig diskutiert. Schon Schliemanns erster Nachfolger am Grabungsplatz in Troja, der bei seinen Zeitgenossen weit weniger umstrittene Archäologe und Begründer des modernen deutschen Grabungswesens Wilhelm Dörpfeld (1853–1940), machte sich bald nach Schliemanns Tod eigene Gedanken über Ithaka. Er befand, dass sich die Heimat des Odysseus wohl eher auf der ionischen Nachbarinsel Lefkada befunden haben müsse, und beantwortete demzufolge auch die Frage nach Asteris neu, konnte sich aber nie durchsetzen.

Für Heinrich Schliemann markierten diese ersten eigenen Thesen zu den Schauplätzen der Odysse vor allem eines: die Verschiebung seines Interesses von der Schriftstellerei hin zu Fragen der Mythologie und der Archäologie, genauer: zu ihrer Verzahnung.

»Doch hatte ich keineswegs den Ehrgeiz, eine Studie über diesen Gegenstand zu veröffentlichen«, schreibt er im Vorwort zu seinem Reisebericht, als müsse er sich rechtfertigen. »Ich entschloss mich erst dann dazu, als ich fand, welche Irrthümer fast alle Archäologen über die einst von der Homerischen Hauptstadt Ithaka's eingenommene Stelle, über die Ställe des Eumäus, die Insel Asteris … u. s. w. verbreitet haben. Abgesehen von der Hoffnung, Meinungen, welche ich für irrthümlich halte, zu berichtigen, würde ich mich glücklich schätzen, dazu beitragen zu können, unter dem intelligenten Publicum Geschmack an den schönen und edlen Studien zu verbreiten, welche meinen Muth in den harten Prüfungen meines Lebens aufrecht erhalten haben …«[206]

Noch war der Reiseschriftsteller Schliemann also nicht bereit, dem Ausgräber das Feld ganz zu überlassen. Vielmehr versuchte er, nachdem er mit seinem Debüt über China und Japan wenig Aufmerksamkeit gefunden hatte, den »intelligenten Publikumsgeschmack« nunmehr mittels Homer'scher Mythen und deren realer Verortung sozusagen als »Mythengräber« zu treffen. Sein zweites Buch, das er erneut in französischer Sprache verfasste – *Ithaque, le Péloponnèse, Troie* –, erschien wenige Monate nach der Reise 1869 in Paris mit dem Untertitel *Recherches archéologiques*. Seine *archäologischen Forschungen*, die in Deutschland nahezu zeitgleich unter dem Titel *Ithaka, der Peloponnes und Troja* herauskam, stellen eine seltsam mäandernde Komposition zwischen Mythenbeschwörung und Feldforschungsbericht, touristischem Reiseführer und Selbstdarstellung dar.[207] Für deutsche Leser damals sicherlich auch deshalb ungewohnt, weil Schliemann sich stark an *Murray's Handbook of Greece* angelehnt, um nicht zu sagen, umfangreich bedient hatte und also sehr britisch daherkam. Ähnlich wie der Begründer der modernen deutschen Reiseliteratur, der Welterkunder Georg Forster, der durch seine Jugendjahre als polyglottes Wunderkind in London und seine dreijährige Südsee-Expedition mit Captain Cook in vielerlei Hinsicht britisch geprägt dachte und schrieb, meldete sich mit Heinrich Schliemann ein Jahrhundert später erneut ein »anglisierter« Quereinsteiger als Reiseschriftsteller zu Wort, der – wie Forster – nicht in die hohe deutsche Schule gelehrter Bräsigkeit gegangen war.[208] Der auch Dünkel und Zunftregeln der deutschen Altertumskunde, in deren heilige Hallen er mit seinem Büchlein hineinstolperte, erst noch gründlich kennenlernen würde.

Noch war der 46-Jährige frei davon, eine Art ahnungslos zupackender Unternehmer, der »in Geisteswissenschaft« machte und vor allem den großen Publikumserfolg für sein Schreiben erhoffte. Übte er sich deshalb – den Misserfolg seines sachlichen

Erstlings im Hinterkopf – in der emotionalen Aufladung seines Schreibens? Jedenfalls flossen in seinen *Archäologischen Forschungen* die Tränen noch reichlicher als in seinem Tagebuch. Etwa wenn er auf Ithaka »in dem reizenden Dorfe Leuke« den Einheimischen aus der Odyssee vorliest: »Um von Allen verstanden zu werden, nahm ich einen Tisch unter einer Platane mitten im Dorfe als Tribüne und las mit lauter Stimme Vers 1 bis 247 vor, wo erzählt wird, wie die Königin von Ithaka, die keuscheste und beste der Frauen, ihren angebeteten Gemahl nach zwanzigjähriger Trennung wiedererkennt. Obgleich ich dieses Kapitel schon unzählig oft gelesen habe, so war ich doch stets beim Lesen desselben lebhaft gerührt, und den nämlichen Eindruck machten diese prächtigen Verse auf meine Zuhörer; alle weinten und ich weinte mit.«[209]

Solche Szenen pathetischer Verbrüderung finden sich naturgemäß nicht in den wissenschaftlichen Abhandlungen von Archäologen und Philologen. Es sind Passagen, in denen Schliemann den Dorfbewohnern Ithakas »im höchsten Grade Klugheit und Weisheit, diese beiden erhabenen Tugenden, das Erbe ihres grossen Ahnherrn Odysseus«, zuerkennt und ihnen zugleich selbst einen Mythos überstülpt, wenn er sie in einer Kaskade von Superlativen als »freimüthig und bieder, ausserordentlich keusch und fromm, gastfrei und mildtätig, lebhaft und arbeitsam, gefühlvoll und zutraulich, reinlich und sorgfaltig« charakterisiert.[210]

Zwar konterkariert Schliemann seine Lobeshymnen gelegentlich, etwa wenn er den gerade noch als »arbeitsam« gelobten Griechen vorwirft, »dass ausser den 52 Sonntagen jährlich 97 Festtage, also im Ganzen 149 Tage gefeiert werden. Dieser ungeheure Missbrauch ist natürlich ein grosses Hinderniss für die Entwickelung der landwirthschaftlichen und gewerblichen Industrie.«[211] Hier spricht offenbar der alte Geschäftsmann aus Schliemann.

Für entscheidender jedoch hält der Homer-Bewunderer, dass

auf Ithaka »fast in jeder Familie eine Tochter Namens Penelope
und zwei Söhne sind, welche Odysseus und Telemach heissen«.[212]
Diesem Vorbild wird Schliemann später in seinem eigenen Haus
in Athen folgen und nicht nur seine Tochter Andromache (1871–
1962) und seinen Sohn Agamemnon (1878–1954), sondern auch
alle Bediensteten nach den Epen Homers benennen, sodass die
gute Anna Rutenick aus Neustrelitz, die Gouvernante seiner
Tochter, im Hause Schliemann Nausikaa gerufen wird.[213]

Glaubt man seinem Reisebericht, so spricht sich seine Liebe
zu Homer bald auf ganz Ithaka herum. Und so wird er, der das
moderne Griechisch ebenso spricht wie das Altgriechische, in
vielen Dörfern »von den Einwohnern mit dem Priester an der
Spitze« empfangen. Immer wieder muss er auf Marktplätzen die
Verse der *Odyssee* lesen. Und »aller Augen schwammen in Thränen«, schreibt er. Einmal wird er nach einem Vortrag im Triumph
durch den Ort getragen. In einem anderen Dorf gelingt es ihm
nur mit Mühe, »mich von den braven Dorfbewohnern zu trennen, aber nicht ohne vorher mit ihnen angestoßen und jeden ge-
küsst zu haben«. Ithaka scheint in einen kollektiven Rausch versetzt – ausgelöst durch einen weit gereisten Millionär, der mit
seiner Liebe zu den antiken Helden den Patriotismus der Griechen trifft. Der Zeitgeist in Europa ist überall von Nationalstolz
erfüllt, in Garibaldis Italien, in Deutschland kurz vor Bismarcks
Reichseinigung und allemal in Hellas, das 500 Jahre unter der
osmanischen Fremdherrschaft zu leiden hatte. Also kommen
»Männer, Frauen und Kinder« zu Schliemanns Lesungen, umarmen den Gleichgesinnten und »wetteifern in ihrer Gastfreundschaft«.[214]

Es sind auch diese politischen Aspekte, die Schliemann in
seinem Reisebericht mit operettenhaften Erlebnissen, der antiken Homer'schen Klassik und mediterraner Reiseexotik ver-
schmilzt. Zum ersten Mal praktiziert Schliemann hier als Autor

sein »Cross-over«, das die Archäologie in wenigen Jahren zu einer überaus populären Disziplin machen wird.

Was seine Zukunftspläne angeht, so entsteht mit seinem Reisebericht – ob nun strategisch vorausgedacht oder im Resultat seiner praktischen Recherchen vor Ort – ein Eckplan der Schliemann'schen Projekte für die kommenden zwei Jahrzehnte. Mit dem Buchtitel *Ithaka, der Peloponnes und Troja* beschreibt Heinrich Schliemann nicht nur die wichtigsten Stationen seiner Forschungsreise, sondern ziemlich genau die drei großen Grabungsorte, die er bis zu seinem Lebensende in Angriff nehmen wird: Ithaka, Mykene und Troja.

Doch warum ausgerechnet diese antiken Stätten? Homers Epen verzeichnen Dutzende anderer Schauplätze wie Argos und Theben, König Menelaos' Sparta oder den Palast des Nestor in Pylos. Viele davon bereist Schliemann im Spätsommer 1868. Er ist in einer großen Suchbewegung.

»Mit lebhafter Rührung verliess ich Ithaka«, notiert Schliemann wehmütig über seinen Abschied von der »glorreichen Insel« nach den neun Tagen seines Aufenthalts dort. »Ich hatte die Insel schon lange aus dem Gesicht verloren, als meine Augen noch immer in der Richtung nach ihr ausschauten.«[215]

Sein nächstes Ziel heißt Athen, er will mit Freund Vimpos seine Hochzeitspläne besprechen. Doch jenseits des Privaten interessiert ihn Athen kaum: »Ich unterlasse es, hier näher auf die Alterthümer der Hauptstadt Griechenlands einzugehen«, erklärt er in den knappen elf Zeilen, die er Athen in seinem Reisebericht zugemessen hat. Die Stadt sei schon sehr oft »von bedeutenderen Gelehrten« mit kundiger Feder beschrieben worden.[216] Schliemann sucht also Neuland.

In der guten Woche, die er für die Passage von Ithaka nach Athen braucht, hakt er indes die berühmtesten antiken Städte im Eiltempo ab, lässt Delphi links liegen, bewundert in Egio – »dem alten Aegium«, wo Agamemnon laut *Ilias* seine Kriegsflotte gegen Troja versammelte – einen kurzen Moment lang die »colossale Platane« von 15 Metern Dicke, deren hohler Stamm den Osmanen als Gefängnis diente.[217] Was hatte sie schon alles gesehen?

Auf dem Peloponnes ist die Sicherheitslage besonders prekär, also erhält er »eine Escorte von zwei Soldaten«, die ihn nach Argos begleitet.[218] Dort aber wird er nach dem Besuch der Festung *Larissa* und des antiken Theaters – mit einem Orchestra von 67 Metern Durchmesser und 20.000 Sitzplätzen eines der größten im antiken Griechenland – von einer 20-köpfigen Bande »Straßenjungen« bedrängt. Auch eine Herberge ist nicht zu finden, er schläft also unter freiem Himmel und tröstet sich mit einem Schluck weißen *Retsino*, »der durch die Beimischung von einer Art Harz einen sehr bittern Geschmack bekommt«. Von Argos, dieser »Stadt der schönen Künste«, ist er eher enttäuscht.

Zum Glück ist es nicht weit bis Tiryns, der »Stadt des Herkules«, deren Burg von bis zu zwölf Meter hohen und bis zu neun Meter breiten gewaltigen Mauern umgeben ist. »Man hat diese Mauern im ganzen Alterthume für ein Wunderwerk angesehen und mit den Pyramiden Ägyptens verglichen«, liest Schliemann bei Pausanias (ca. 115–180) nach.[219] Und bei Strabo (ca. 63 v. Chr.–23), »dass sie von den Cyklopen … erbaut worden sind«. »Auf jeden Fall«, stellt Heinrich Schliemann zufrieden fest, »reicht ihr Bau in die älteste Sagenzeit Griechenlands hinauf.«[220] Ist er in Tiryns einerseits von den »cyclopischen Mauern« und ihren grob behauenen Steinen von bis zu vier Metern Länge sehr angetan, weil er in ihnen die Epoche Homers vermutet, bezweifelt er andererseits die Grabungsaussichten: »Ueberhaupt habe ich in der Umgegend auch nicht einen einzigen Stein gesehen, der von einem cyklopischen Bau herrühren könnte.«[221]

In Korinth besichtigt er zunächst den *Diolkos*, den Lastenweg, auf dem die Schiffe seit alters über den schmalen Isthmus von

Korinth geschleppt werden, um vom Saronischen Golf in den Golf von Korinth zu kommen. Für die Stadt nimmt er sich drei Stunden Zeit, »um die wenigen Ruinen, welche davon übrig sind, zu untersuchen«.[222] Er besucht das Amphitheater, die »sieben dorischen Säulen« und wundert sich darüber, »dass man bis jetzt weder in Korinth noch in der Umgegend einen Rest der Säulenordnung gefunden hat, die nach diesem Orte benannt ist, und selbst der so charakteristische Akanthus ist aus der Flora des Isthmus verschwunden«.[223]

Was die antiken Kulturzeugnisse der Stadt betrifft, so habe er »keinen Zweifel, dass gut geleitete Ausgrabungen wichtige archäologische Entdeckungen zur Folge haben würden«, schreibt er. »Aber zum Nachtheil der Wissenschaft werden sie leider nicht vorgenommen, weil es in Griechenland an Geld fehlt.«[224] Zugleich hört er von den Bauern der Umgebung, dass sie bei ihren Feldarbeiten immer wieder auf Urnen aus gebranntem Ton stießen. »Man trifft hier Antiquitäten in solcher Menge, dass ich sechs prachtvolle Vasen für 3 Franken 25 Centimes habe kaufen können. Darnach kann man die Resultate beurtheilen, welche in grossem Massstabe und mit ausreichenden Mitteln unternommene Ausgrabungen ergeben würden«, hält er fest.[225] Und trotz alledem: Auf seine persönliche Liste lohnenswerter Grabungsplätze schafft es auch Korinth nicht.

»Da ich den Pausanias bei mir hatte, so las ich auf dem Gipfel von Akro-Korinth seine Beschreibung des alten Korinth, und konnte kaum glauben, dass in der Ebene 627 Meter unter meinen Füssen … einst eine grosse, mächtige und berühmte Stadt gelegen habe, der Stolz Griechenlands und der Stapelplatz seines Handels; eine Stadt, deren Reichthum, Pracht und Luxus zum Sprichwort geworden waren; eine Stadt, welche lange dem Ehrgeize Roms widerstand.«[226] Davon geblieben war aus Schliemanns Sicht eine »Verwüstung und Verödung« des Ruinenfeldes, die ihn abschreckte. Vermutlich passte Korinth aber auch nicht in sein Konzept, da die Stadt bei Homer keine herausragende Rolle spielt und insofern nur marginal hätte zur »Faktizierung« der Epen beitragen können.

Einem Grabungsort in Korinth aber konnte auch Schliemann nicht widerstehen: »Die türkische Garnison soll vor ihrer Capitulation 15 mit Gold- und Silbermünzen angefüllte Kisten vergraben haben«, berichtet er. »Seit einem Jahre haben nun die Bauern aus der Umgegend an vier Stellen Ausgrabungen unternommen, um diese Schätze aufzufinden; aber bis jetzt sind ihre Bemühungen vergeblich gewesen.« Tatsächlich entschließt er sich, hier selbst aktiv zu werden: »Ich bin in die vier von ihnen gemachten Gruben hinabgestiegen, von denen zwei eine Tiefe von ungefahr 17 Meter haben, um die Beschaffenheit des Bodens zu untersuchen, und fand bis auf den Grund der Aushöhlungen die Erde mit Trümmern von Ziegeln und Töpferwaaren vermengt, nirgends aber die Spur alter Mauern.«[227] Und so nimmt er denn Abschied von Korinth.

Schliemanns Interesse an den Korinther Goldkisten korrespondiert indes auffallend mit seinem Hinweis auf Pausanias, dessen *Beschreibung Griechenlands* aus dem zweiten Jahrhundert neben der *Geographie* Strabos aus dem ersten Jahrhundert zu Schliemanns wichtigster Quelle auf Homers Spuren avanciert. Die Werke der beiden griechischen Geschichtsschreiber, die Schliemann auch in seiner Reisebibliothek mit sich führte, boten in vielerlei Hinsicht Orientierung im antiken Griechenland. Vor allem aber sorgten sie für einen sehr spezifischen Hinweis. Bei ihnen konnte man nachlesen, welche der Schauplätze der Homer'schen Epen als besonders reich gelten durften. So erklärte Pausanias die Stadt Agamemnons, Mykene, zum »reichsten und mächtigsten Reiche Griechenlands«.[228] Und Strabo bestätigte, dass die Stadt in »heroischer Zeit« aufgrund »ihrer ungeheuren

Reichthümer berühmt« war.[229] Wie für seine Petersburger Geschäfte erschloss sich Heinrich Schliemann auf diese Weise auch
für seine archäologischen Projekte goldwerte Informationen.
Und so beantwortet sich die Frage, warum er seine Aufmerksamkeit geradezu programmatisch auf die antiken Stätten von
Mykene und Troja richtete. Seine grundsätzlichen Festlegungen
hingen weit mehr von der Quellenlage ab – von Homer, Pausanias, Strabo und Geschichtschreibern wie Herodot (ca. 490–430
v. Chr.) und Thukydides (ca. 454–399 v. Chr.) – als von seinen lai-
enhaften Observationen auf dem Feld, seinen Stippvisiten in antiken Ruinen. Was eine generelle Offenheit für lukrativen Beifang
nicht ausschloss – selbst wenn es sich dabei nicht um das Gold
der Heroen, sondern nur um osmanische Münzen handelte.

Bei seiner Sondierung des Peloponnes verringert er sein Eiltempo erst in Argolien, am Fuße des Festungshügels von Mykene. Hier nimmt er sich mehr Zeit für eine gründlichere erste
Inspektion seines künftigen Grabungsplatzes, auch wenn er das
hiesige Dorf Charvati als Drecknest beschimpft – »dem schmut-
zigsten und elendesten, das ich bis jetzt in Griechenland gesehen habe, wo sich keine Quelle, kein Brod, kein Obst, sondern
nur wenig brackiges Regenwasser vorfand«, wie er seinem Reisebericht anvertraut.[230] Während die zweiköpfige »Polizeieskorte«,
die hier pausieren darf, den mythischen Namen Mykene noch
nie vernommen hat, verlässt sich Schliemann einmal mehr auf
die lokale Überlieferung. »Ich nahm daher nur einen Bauernbur-
schen mit mir, welcher die Citadelle unter dem Namen *Festung
Agamemnons* und die Schatzkammer als *Grabmal des Agamemnon*
kannte«, schreibt er.[231]

Dass der Ruhm Mykenes »ausschließlich dem heroischen
Zeitalter angehört« und die Burg um 466 v. Chr. durch die eifer-
süchtige Nachbarmetropole Argos belagert und zerstört worden
sein soll, ist Schliemann bewusst.[232] Doch 500 Jahre später, so

hat er es bei Pausanias nachgelesen, war »ein Theil der Citadelle«
noch immer zu sehen. Umso befriedigter bemerkt er, dass die
Festungsruine auch nach über zwei Jahrtausenden noch immer
erstaunlich gut erhalten ist: »In der That sind alle Umfangsmau-
ern der Citadelle noch heute zu sehen. Sie haben an vielen Stellen eine Dicke von 5 bis 7 Metern, und je nach den Hebungen und
Senkungen des Bodens eine Höhe von 5 bis 12 Metern. An mehreren Stellen sind diese Mauern aus ungeheuren Steinblöcken von
unregelmässiger Form«, stellt er bei der ersten Inspektion fest.[233]
Beim Aufstieg auf den Hügel kommt auch das legendäre Löwentor Mykenes in Sicht – »ein Basrelief mit vieler Anmuth und Fein-
heit«, wie er bewundernd feststellt. Und da die beiden Löwen, die
für den flanierenden Besucher oberhalb des Tores ein steinernes
Spalier bilden, »die einzigen Ueberreste der plastischen Kunst
des heroischen Zeitalters in Griechenland sind, so haben sie für
die Archäologie ein unermesslich hohes Interesse«.[234]

Nach dem Eintritt durch das Löwentor in die inneren Zirkel
der Burg zeigt er sich von der Dimension der Anlage beeindruckt,
seine Messung ergibt eine Länge der »Citadelle« von 333 Metern.
»Im Innern der Festung erhebt sich der Boden von allen Seiten
gegen den Mittelpunkt und bildet Terrassen, welche durch cyklopische Mauern gleichmässig gestützt werden.« Auch die drei
großen Cisternen, die er auf dem Burgplateau ausmachen kann,
zeugen von der erstaunlichen Größe der antiken Feste. Neugierig
und recht euphorisch klettert Schliemann ohne viel Federlesens
in einen der tiefen Wasserspeicher hinunter – und hat großes
Glück. Er kann den giftigen Schlangen gerade noch entkommen,
von denen es am feuchten Boden der Cisterne nur so wimmelt.[235]

Das Entscheidende aber sucht und findet Schliemann nicht
bei seinen mehrtägigen Sondierungen vor Ort, sondern bei der
gründlichen Lektüre des Pausanias. Der nämlich bezeugt in Mykene die »Schatzkammern des Atreus und seiner Söhne« – hier

musste sich das sagenhafte Gold Mykenes befinden – und die Gräber vieler mythischer Gestalten der *Ilias:* »des Atreus, des Agamemnon, der von Aegisthus ermordeten Gefährten Agamemnons, der Kassandra, der Söhne der Kassandra, des Wagenlenkers Eurymedon, der Elektra, des Aegisthus und der Klytämnestra«.[236] Sollte der antike Geschichtsschreiber wahrheitsgetreu berichtet haben, so könnte man in Mykene potenziell also auf beides stoßen: das sagenhafte Gold der Mykener und Beweise für den Realitätsgehalt der Homer'schen Epen. Zwar war »von allen diesen Grabdenkmälern ... jetzt keine Spur mehr vorhanden«, wie Schliemanns erste Nachforschungen ergaben, »aber man würde sie durch Nachgrabungen ohne Zweifel wieder auffinden können«.[237]

Um seine Chance, in Mykene fündig zu werden, genauer auszuloten, erkundet Schliemann am folgenden Tag auch die Umgebung des Burghügels genauer. »In der Nähe der Citadelle sieht man die Ruinen zweier anderer Schatzkammern von geringeren Dimensionen, die aber in demselben Styl, wie die eben beschriebene, erbaut sind«, fällt ihm auf.[238] Also macht sich Schliemann daran, die Bauwerke genauer zu inspizieren. Sein Befund: Zwar sind die Gewölbedächer der beiden Schatzkammern eingestürzt, ihre Mauern aber noch gut erhalten. Es könnte sich also lohnen, hier in die Tiefe zu gehen. Umso mehr, als Schliemann eine weitere Entdeckung machen kann: »Als ich die Steine dieser Bauwerke aufmerksam untersuchte, fand ich auch die Spuren bronzener Nägel, ein deutlicher Beweis, dass das Innere mit kupfernen Platten bekleidet gewesen ist.«[239]

Damit aber hält Schliemann auch in anderer Hinsicht ein wichtiges Indiz in Händen: Die Nägel aus Bronze belegen, dass er hier tatsächlich dem »heroischen Zeitalter« auf der Spur ist. Wie schreibt Pausanias: »Wirklich sind alle in Homers Gedichten erwähnten Waffen aus Erz, worunter man *Bronze* oder *Kupfer* zu verstehen hat.«²⁴⁰ Pausanias führt eigens eine Reihe von Beispielen an: »Dass im heroischen Zeitalter alle Waffen von Erz waren, bezeugt uns Homer durch seine Beschreibung der Axt des Peisandros und des Pfeiles des Meriones. Einen andern Beweis giebt uns die Lanze des Achilles, welche im Tempel der Minerva zu Phaselis aufbewahrt wird.«²⁴¹

Sowohl die Waffen des Achill, deren Herstellung durch den Schmiedegott Hephaistos in der *Ilias* beschrieben wird, als auch das Schild des trojanischen Heroen Hektor sind aus Bronze gemacht, die Helden der *Ilias* waren Krieger mit bronzezeitlichen Waffen. Fundstücke aus Bronze, selbst die kleinsten Nägel, lassen Schliemann annehmen, dass er sich innerhalb seiner archäologischen »Zeitreise« in der richtigen Epoche aufhält, um Homer »faktizieren« zu können.

Aber konnte Schliemann in Mykene vielleicht auch damit rechnen, in einem der Schatzhäuser oder der Gräber auf die Rüstung Agamemnons, des Anführers der griechischen Streitmacht im Trojanischen Krieg, zu stoßen? Sollte sich unter den kupfernen Platten, mit denen Schliemann im Schutt der tiefen Schatzkammern rechnet, nicht irgendein verlässlicher Hinweis auf die berühmten Heroen der *Ilias* finden lassen? »Fünf Jahre meines Lebens für eine Inschrift!«, hatte er noch zwei Wochen zuvor auf den Spuren des Odysseus in Ithaka notiert.²⁴² Ein Schriftzeugnis wäre natürlich ein schlagendes Beweisstück. Konnte er in der Ruine von Mykene damit rechnen?

Die Frage nach der Schriftkultur der Homer'schen Helden scheint Schliemann auch auf der Reise länger zu beschäftigen, er konsultiert erneut Pausanias, Apollodor und Homer, doch »in den Homerischen Gedichten findet sich nirgends die geringste Spur der Anwendung der Schreibkunst«, wie er meint.²⁴³ »Zweitens darf man wohl mit Sicherheit annehmen, dass zur Zeit des trojanischen Krieges die Schreibkunst noch gar nicht erfunden war, weil man noch niemals eine Inschrift aus dem heroischen Zeitalter gefunden hat«, wie er anmerkt. Selbst Homer, von dem Schliemann vermutet, dass er »zwei Jahrhunderte nach diesem Kriege gelebt hat«, traut er eher mündliches Fabulieren als die Kunst des Schreibens zu.[244] Für ihn wird es, so seine Schlussfolgerung, auf Beweise jenseits der Schrift ankommen, auf andere Fundstücke, die mittels Ausgrabung zutage gefördert werden müssen.

Vielleicht würde ihm das auf den Spuren Agamemnons in Mykene glücken, hier, wo sich eine solche Fülle antiker Zeugnisse anbot: »Die ganze Baustelle der alten Stadt Mykenae ist mit Trümmern von Ziegeln und Töpferwaaren bedeckt«, notiert er, »und selbst, wenn man von der Festung und den Schatzkammern absieht und nur den Erdboden betrachtet, so sieht man, dass hier eine grosse Stadt gestanden haben muss.«[245]

Als Heinrich Schliemann am 28. Juli 1868 »morgens 1 Uhr mit dem Dampfboote *Ionia*« vom peloponnesischen Nafplio nach Athen ablegt – nicht eben glücklich über den mageren Service auf griechischen Dampfbooten, aber einmal mehr beeindruckt von der liebenswürdigen »Artigkeit« der Griechen an Bord –, steht fest: Einer seiner Grabungsorte würde in naher Zukunft Mykene sein.[246]

Kapitel 3 | Aufbruch nach Hissarlik

Wo Troja liegt: neue Antworten auf eine alte Frage

Als Heinrich Schliemann nach kurzen Zwischenstationen im Saronischen Golf auf den Inseln Hydra und Aegina in Piräus eintrifft, erwartet ihn bereits ein Päckchen aus Paris. Es enthält nichts anderes als Georgios Nicolaïdes' *Topographie et plan stratégique de l'Iliade*, die Troja-Karte des Jahres 1867, die in Frankreich so rege diskutiert worden war. Offenbar hatte Schliemann sie bei seinem Reiseantritt in Paris vergessen und ließ sie sich rechtzeitig vor seinem Aufbruch zur Suche nach Troja noch rasch zusenden.

In Athen genießt Schliemann in den nächsten acht Tagen einerseits die Gastfreundschaft seines erzbischöflichen Griechischlehrers Theokletos Vimpos, mit dem er seine Sprachkenntnisse auffrischt, andererseits kann er auf der Akropolis von Athen seine Hospitanz in Sachen Archäologie weiterführen und einigen Grabungen zusehen. Vor allem aber nutzt er die Zeit, um die jüngsten Informationen zu sondieren, die über die Dardanellen an der türkischen Westküste als möglichem Schauplatz des Trojanischen Krieges verfügbar sind. Die Eintragungen mit dünnem Bleistift in Schliemanns Reisetagebuch verraten, dass es drei Quellen waren, mit denen er sich im Spätsommer 1869 intensiv beschäftigte, um sich auf die Schauplätze der *Ilias* in der Troas vorzubereiten: wie immer *Murray's Handbook of Greece* – Schliemanns »bewährter« englischer Reiseführer –, ferner die gerade mit der Post eingetroffene *Topographie* der *Ilias* von Nicolaïdes und schließlich der *3. Grabungsbericht 1864 vom Bali Dag* des aus Frankfurt am Main stammenden Archäologen und Diplomaten Johann Georg von Hahn.[247] Der ehrenwerte Konsul im Dienste Griechenlands, Preußens und Österreich-Ungarns, der in akademischen Kreisen vor allem aufgrund seiner albanischen Sprachstudien bekannt war, hatte sich mehrfach an den Dardanellen aufgehalten – der rund 60 Kilometer langen Meerenge zwischen Ägäis und Marmarameer, die in der Antike Hellespont genannt wurde. Dabei hatte von Hahn kleinere Grabungen vorgenommen, »um Speculationen weiter zu betreiben«, die dem Aufspüren des realen Schauplatzes des Trojanischen Krieges am Ostufer der Dardanellen dienlich sein sollten.[248] Auf dieser sogenannten »zweiten Expedition nach Troja« 1864 war der umtriebige Balkanspezialist sowohl vom Direktor der Athener Sternwarte Julius Schmidt als auch vom »Palastbaumeister« der neuen griechischen Hauptstadt, dem sächsischen Architekten Ernst Ziller (1837–1923), begleitet worden, der für Athen so signifikante Repräsentationsgebäude wie das Nationalmuseum, die Nationalbibliothek, das Nationaltheater und die Nationalbank schuf.

Als sich Heinrich Schliemann während seines Athener Aufenthalts im August 1868 erstmals mit Ziller traf, dürfte er sich gleich in mehrfacher Hinsicht für den 15 Jahre jüngeren, nicht weniger tatkräftigen Landsmann interessiert haben. Zum einen hatte sich Ziller als Bauforscher antiker Paläste einen Namen gemacht – er konnte am *Parthenon* und am *Tempel des Hephaistos* in Athen nachweisen, dass Bauwerke der Antike mit einem bewussten Krümmungseffekt ihrer Horizontalansicht ausgestattet waren. Für Schliemann konnte die Kenntnis von Spezifika des antiken Bauens, wie diese von Ziller entdeckten *Kurvatüren*, bei künftigen Ausgrabungen hilfreich sein. Vermutlich kam bei dieser Begegnung auch erstmals Schliemanns Zukunftsvision für ein repräsentatives Wohnpalais in Athen zur Sprache, das Ernst Ziller zehn Jahre später mit Schliemanns *Iliou Megathron* – altgrie-

chisch etwa das »Dach von Ilion«, sinngemäß also »Palast von
Troja« – umsetzte.

Die Avisierung eines solchen Großprojekts durch den Multimillionär – Schliemann erweiterte den Bauauftrag später noch
einmal um sein pompöses Athener Grabmal mit Blick auf die
Athener Akropolis – mochte dazu beigetragen haben, dass Ernst
Ziller schließlich nichts von dem zurückhielt, was er zuletzt auf
von Hahns »zweiter Troja-Expedition« in Erfahrung gebracht
hatte. Der Athener Architekt konnte dem gleichgesinnten Troja-
Enthusiasten Schliemann sogar die »Broschüre« borgen, die Konsul von Hahn in Auswertung der Reise an die Dardanellen drei
Jahre zuvor publiziert hatte, inklusive der von Ziller gezeich-
neten Abbildungen und den vom Astronomen Schmidt erstell-
ten Karten.[249] Seiner inzwischen recht gut sortierten Fachlite-
ratur zur »Aufdeckung Trojas« konnte Schliemann entnehmen,
dass das Ziel seiner Rechercheise das Dorf Bunarbaschi (heute:
Pınarbaşı) sein musste.

»Fast allgemein betrachtete man damals als die Stätte der Homerischen Stadt Ilios die steile Höhe oberhalb des Dorfes Bunarbaschi, an welcher sich vorbei der Skamander-Fluss den Eintritt in
die Ebene erzwingt, die an der Nordostecke Kleinasiens mündet«,
beschrieb Schliemann in seiner Selbstbiografie die Ausgangslage
seiner Troja-Sondierung. »Denn dort wollte am Ende des vori-
gen Jahrhunderts ein französischer Gelehrter eine warme und
eine kalte Quelle gesehen haben, genau entsprechend der Quellen, an welchen nach den Versen der Ilias die Frauen und schönen Töchter der Troer ihre glänzenden Gewänder wuschen.«[250]
Der hier von Schliemann erwähnte französische Gelehrte, der
Astronom und Archäologe Jean-Baptiste Lechevalier (auch Le
Chevalier), hatte seine Funktion als französischer Gesandter in
Konstantinopel von 1784 bis zur Französischen Revolution dazu
genutzt, die Troas zu erkunden. Berühmt wurde er nicht nur mit

der sogenannten Bunarbaschi-These zur Lage Trojas und seiner Feste Ilion,[251] sondern auch mit seiner Behauptung, nicht Homer, sondern Odysseus müsse der Verfasser der *Odyssee* und der *Ilias* gewesen sein. Die umstrittenen Überlegungen Lechevaliers gelten als Initialzündung der Sehnsüchte des 18. Jahrhunderts nach dem »realen Homer«.[252] Und konnten fast 80 Jahre später noch immer für ein besonderes Pariser Interesse an der topografischen Arbeit Georgios Nicolaïdes' sorgen, der Lechevalier aktualisierte und in seiner Bunarbaschi-These folgte.

Lechevaliers Ansicht hatte aber auch in Preußen einen berühmten Fürsprecher, der Heinrich Schliemann nicht entgangen war: den Generalfeldmarschall Helmuth von Moltke.[253]

Als nach Konstantinopel abkommandierter junger Generalstabsoffizier genoss der Mittdreißiger dank seiner »topografischen Neigungen« die besondere Aufmerksamkeit Sultans Mahmut II. und begleitete diesen 1837 auf Reisen nach Bulgarien und Rumelien, wo er diverse Karten und Skizzen anfertigte. Im November 1837 durfte er, der den Trojanischen Krieg fraglos als geschichtliche Tatsache des 12. vorchristlichen Jahrhunderts annahm, einen Ausflug »nach der Stätte unternehmen, wo das alte Troja stand«.[254] So konnte Moltke mit eigenen Augen sehen, was er seit frühester Kindheit als fantasievolle »Rekonstruktion« Ilions kannte, nämlich eine Zeichnung des alten Troja, die der englische Dichter Alexander Pope seiner 1716 publizierten *Ilias*-Übersetzung beigegeben hatte.[255] Auf diesem Kupferstich schaut man von der Küste des Hellespont mit dem Schiffslager der Achäer weiter in die Tiefe auf das Schlachtfeld der trojanischen Ebene zwischen den Flüssen Simios und Skamander zu den Bergen des Idagebirges mit den gewaltigen Mauern Ilions am Horizont. Dieses Bild prägte vermutlich schon die Vorstellung Lechevaliers und nachweislich die Helmuth von Moltkes. Im Ergebnis seiner »geistvollen antiquarischen Auseinandersetzung« war der deutsche Militäradjudant, der 1871 im frischgebackenen Deutschen Kaiserreich als »Sieger von Sedan« gefeiert werden sollte, zu dem Ergebnis gekommen, dass sich Ilios strategisch nur in Bunarbaschi befunden haben könne, weil man »an dieser Stelle jederzeit sich anbauen würde, wenn es gälte eine unersteigbare Burg zu gründen«.[256] Davon war aber auch die Troja-Expedition von Hahns 1864 ausgegangen, weil dort »die meisten Forscher, namentlich Brönsted, Lechevalier, Welcker und Forchhammer, die alte Troja vermuteten«.[257]

Konsul von Hahn und seine beiden Mitstreiter Schmidt und Ziller hatten ihre Ausgrabungen im Mai 1864 auf den Berghügel *Bali Dag* konzentriert, wo schließlich »ein bisher fehlender Hauptpunkt« der Topografie Trojas, nämlich »eine alte Akropolis(,) gefunden wurde«.[258] Diese Oberstadt aber, so konnte Schliemann dem Grabungsbericht der Deutschen entnehmen, war viel bedeutender, als der Kieler Archäologe Peter Wilhelm Forchhammer bei seiner Grabung an gleicher Stelle im Jahre 1839 angenommen hatte.[259]

Konnte die vom Franzosen Lechevalier 1785 aufgestellte Bunarbaschi-These also bestätigt werden, der zufolge die Pergamos, die Burg von Troja, auf dem Bali-Dag zu finden war?[260]

Was die Ausdehnung der Festung auf dem *Bali-Dag* betraf, so war sie »ein Drittel kleiner als die Akropolis von Athen«, wie von Hahn feststellte. Zudem konnte das Grabungsteam in den 18 Tagen mit 30 Arbeitern eine ganze Reihe von Gewölben, Gängen und Mauern freilegen, die der französisch-russische Architekt Antoine-François Mauduit dort bereits 1841 konstatiert hatte.[261] Das sprach für die Bunarbaschi-These. Anderes aber eher nicht, da »alle Werke bis zu den Fundamenten herab zerstört worden sind«, wie von Hahns Grabungsteam feststellen musste. So konnten weder ein Tor noch eine Treppe erkannt werden, wie sie für einen Palast typisch gewesen wären,

auch wurde »kein Werk der Skulptur gefunden«.[262] Die Untersuchung der drei Grabhügel in der Umgebung von Bunarbaschi, die »seit Lechevaliers Zeit den Namen Hector-Hügel« tragen, zeigten zwar, dass die Tumuli aus Steinringen bestanden,
förderten aber neben »einigen Scherben roher Thongefäße«
keine Funde zutage.[263]

Das Ergebnis der »zweiten Troja-Expedition« von Konsul von
Hahn war, so konnte Schliemann daraus schließen, nicht eindeutig: Lechevaliers umstrittene These war weder bewiesen
noch widerlegt. Allerdings leistete Georgios Nicolaïdes' *Topographie et plan stratégique de l'Iliade* der deutschen Expedition theore-
tische Schützenhilfe, indem er mit viel Aufwand die Bewegung
der griechischen und trojanischen Truppen anhand von Homers
Ilias unter der Bedingung rekonstruiert hatte, dass sich Homers
Ilios tatsächlich auf dem Bali-Dag hoch über Bunarbaschi befunden habe. Militärtopografisch half Nicolaïdes der umstrittenen
Hypothese Lechevaliers ebenso wieder auf wie die Hahn'sche Expedition. Beides sorgte für Wirbel, für ein gesteigertes Interesse.
Gültige Nachweise des Homer'schen Troja aber erbrachten beide
nicht. Diese Ambivalenz eröffnete indes Heinrich Schliemann
die Chance, endlich Nägel mit Köpfen zu machen. Der Lorbeer,
Bunarbaschi zweifelsfrei als Homers Troja nachzuweisen, war
noch nicht vergeben.

Vor seinem Aufbruch in die Dardanellen konnte Schliemann
aus der Broschüre von Konsul von Hahn allerhand Praktisches
erfahren. Doch was den Reisenden in der *Troas* erwartete, klang
nicht allzu einladend. »Wir leben hier in dem Hause des Molla-
Mechmet, des reichsten Mannes von Bunarbaschi, das aber trotz-
dem jeder Tünche und aller Glasfenster entbehrt«, berichtete von
Hahn. »Dafür scheint das Licht auch durch die Risse des Fußbo-
dens und der Wind bauscht die mitgebrachten Teppiche zu Segeln auf. Kein Tisch, kein Stuhl. Brot und Wein, selbst Gerste für

die Pferde, müssen von dem 2 Stunden weit entfernten Jenikoi herbeigeschafft werden …«[264]

Doch all das kann Heinrich Schliemann nicht schrecken, schon gar nicht nach seinen jüngsten Reiseerfahrungen auf dem Peloponnes. Nach einer herzlichen Verabschiedung von seinem Athener Gastgeber Vimpos schifft er sich »am 6. August 1 Uhr Morgens« – mit reichlich Proviant und schwerem Gepäck – auf eine Zickzack-Reise Richtung Dardanellen ein, die er bald häufiger unternehmen wird: »Ich fuhr mit dem *Nil*, einem Dampfboote der *Messageries imperiales*, vom Piräeus nach den Dardanellen ab. Unglücklicher Weise kamen wir dort am folgenden Tage 10 Uhr Abends an, und da man nach türkischem Gesetz nach Sonnenuntergang nicht ans Land steigen darf, so musste ich meine Reise auf demselben Dampfboote bis Constantinopel fortsetzen«, beklagt der Express-Reisende die Langwierigkeit dieser Passage. »Am 8. August 10 Uhr Morgens kamen wir in Constantinopel an. Ich liess mein Gepäck im Hotel d'Angleterre, und reiste noch denselben Tag mit dem Dampfboote Simoïs nach den Dardanellen zurück, wo ich am folgenden Tage 7 Uhr Morgens ankam.«[265]

Einen Tag später, am 12. August 1868, meldet sich Heinrich Schliemann – nicht ohne Trommelwirbel – erstmals »aus dem Dorfe Bunár Baschi, am Scamander, auf dem Schlachtfelde von Troia«.[266] Der Brief an seinen Vater und den Bruder Wilhelm belegt, wie gewiss sich Heinrich Schliemann an seinem ersten Arbeitstag in der Troas war, dass das Dorf am Fuße des Idagebirges tatsächlich die Bühne von Homers *Ilias* sein müsse.

Ansonsten kann er den Eindruck Konsul von Hahns über den Komfort vor Ort in seinem Schreiben an den Vater nur wiederholen: »Wenn Du und Wilhelm nicht im Stande seid Wochen lang ohne Sattel und ohne Zaum zu Pferde zu sitzen, wenn Ihr Euch nicht Wochen lang mit Wasser vom Scamander und mit

Brodt, welches von den kothigsten aller Hände gebacken, begnügen könnt und wenn Ihr nicht (um zu vermeiden bei lebendi-
gem Leibe von den Wanzen verzehrt zu werden) die Nächte auf
freiem Felde, in der ungesundesten Gegend, am Rande von Fieber und Tod aushauchenden Sümpfen, zubringen könnt, dann
müßt Ihr *nie* nach Troia kommen.«[267] Dennoch ist er bester Laune
und tauft den Gaul, auf dem er hier ohne Sattel und Zaumzeug
mehr schlecht als recht vorwärtskommen muss, auf den Namen
Rosinante.[268] Als einen Ritter von der traurigen Gestalt, der bloßen Fantasien nachjagt, sieht er sich aber vermutlich zu keinem
Zeitpunkt seines Lebens, selbstironische Zweifel sind seiner Per-
sönlichkeit wohl eher fremd. Hochgefühle aber kennt er durchaus – oder inszeniert sie zumindest für sein potenzielles Lesepublikum:»Ich gestehe, dass ich meine Rührung kaum bewältigen
konnte, als ich die ungeheure Ebene von Troja vor mir sah, deren
Bild mir schon in den Träumen meiner ersten Kindheit vorge-
schwebt hatte«, bemerkt er in seinem Reisebericht über den ersten Anblick der Skamander-Ebene.[269]

Wie immer will er keine Zeit verlieren. Seine ersten Recherchen in Bunarbaschi gelten nach einer kurzen Nacht unter freiem
Himmel den beiden Quellen des Skamandros, die Homer in der
Ilias am Waschplatz der Frauen Trojas so genau beschrieben hat:
Dampfend »wie der Rauch des aufsteigenden Feuers« die eine;
und »im Sommer auch kalt wie Hagel« die andere.[270] Tatsächlich
braucht der Homer-Fahnder, der sich zur Unterstützung einen
ortsansässigen albanischen Fremdenführer genommen hat, gar
nicht lange, um auf Wasser zu stoßen:»Wenn man den Hügel
von Bunarbaschi hinabsteigt, trifft man zuerst, auf dem Raume
eines Quadratmeters, *drei Quellen;* die eine quillt aus der Erde heraus, die beiden andern entspringen am Fusse eines Felsens. Einige Meter weiter fand ich zwei andere Quellen, und auf einem
Raume von 500 Metern zählte ich im Ganzen 34. Mein Beglei-

ter, der Albanese, behauptete, es wären 40 Quellen, und ich hätte mich um sechs verrechnet. Zur Unterstützung seiner Behauptung führte er an, dass dieser Ort *Kirk Oios* genannt werde, d. h. *die vierzig Augen*. Ich untersuchte jede der vierunddreissig Quellen mit meinem Taschenthermometer und fand überall eine Temperatur von 17 ½ Grad.«[271]

Auf Homers sehr genaue Beschreibung passen die von ihm besuchten Quellen also weder der Zahl noch ihrer Wassertemperatur nach, so das ernüchternde Ergebnis dieser ersten Prüfung. Doch auf den – selbst für einen Mann, dem Homers Worte »ein Evangelium bedeuteten«[272] – recht naheliegenden Gedanken, dass sich in den gut 3000 Jahren, von denen er ausging, möglicherweise etwas an den natürlichen Gegebenheiten in diesem seismisch aktiven Gebiet an der Nordwestspitze Kleinasiens, an der Tektonik des Bergabhangs oder an den Thermalkonditionen der Wasserquellen geändert haben könnte, kam Heinrich Schliemann seltsamerweise nicht oder formulierte dies jedenfalls nirgendwo. Vielmehr zog er in Bunarbaschi überraschend schnell den Schluss, dass sich all seine Vorgänger, weniger bekannte und berühmtere wie Lechevalier und Moltke, in ihrer Annahme, Homers Ilion könne jemals hier gelegen haben, geirrt haben mussten.

Für ihn, so jedenfalls das Resümee seines Reiseberichts, stimmte die Bunarbaschi-These ganz und gar nicht. Die Skamander-Ebene schien »beim ersten Blicke zu lang zu sein und Troja viel zu entfernt vom Meere zu liegen, wenn Bunarbaschi wirklich innerhalb des Bezirks der alten Stadt erbaut ist, wie fast alle Archäologen, welche den Ort besucht haben, behaupten«, so sein zweiter Einwand.[273] Und schließlich war ihm dieser Ort auch suspekt, weil er archäologisch so wenige greifbare Anhaltspunkte einer früheren mächtigen Stadt bot, ganz anders etwa als das von ihm vor drei Wochen inspizierte Mykene – Trojas großer Gegenspieler in der *Ilias* –, wo man überall auf Zeugnisse der Vergangenheit stieß. Schliemann nahm an zwei Tagen, erst mit einem, dann mit zwei Arbeitern, bescheidene Ausgrabungen auf dem Bali-Dag und nahe Bunarbaschi vor, aber »alles vergeblich«, wie er notierte: »Als ich den Boden näher betrachtete und nirgends die geringsten Trümmer von Ziegeln oder Töpferwaaren entdeckte, gelangte ich zu der Ansicht, dass man sich über die Lage Troja's getäuscht habe«, so sein Fazit.[274] »Die Stadt war niemals an dieser Stelle, und wenn sie es war, wie hätten sie das hölzerne Pferd 2 Werst vom Skäischen Thor zur Akropolis gezogen?«[275]

In der Reflexion seiner Einwände gegen Bunarbaschi, die er nach der Rückkehr von seiner Griechenland-Reise am Schreibtisch in Paris weiter ausarbeitete und schließlich in seinen *Recherches Archéologiques* veröffentlichte, revidierte Heinrich Schliemann das Bild, das man sich seit 1716, seit der Troja-Karte in Alexander Popes *Ilias*-Übersetzung, von der Troas machte, eine Vorstellung, die von Lechevalier und Forchhammer bis zur jüngsten deutschen Expedition und Nicolaïdes' Buch vom Herbst 1867 immer wieder kolportiert und befestigt worden war. Heinrich Schliemann ging nun daran, die Grundkoordinaten der Pope'schen Karte infrage zu stellen, indem er – mit den Versen der *Ilias* argumentierend – zunächst die Flussläufe verkehrte.

Es sei ein Irrtum, argumentiert er, dass »die Archäologen, die die 38 Quellen verschweigen« in dem großen Fluss, der die trojanische Ebene durchströmt, den Simoïs sähen und nicht den Skamander, den Homer »als Hauptfluss der Gegend giebt«. Tatsächlich, so Schliemann, gelte der Skamander in der *Ilias* als der schön fließende, große wirbelnde Fluss, »tiefströmend und silberfluthig«, ein gewaltiger Strom mit steilen bergigen Ufern, ein Verursacher großer Überschwemmungen, ein »Sohn des Zeus«, dem man lebende Ziegen und Stiere opferte, der seine eigenen Priester hatte und vom »Volke wie ein Gott verehrt« wurde. Ein Strom, so bedeutend, »dass Hector, die kräftigste Stütze Ilion's, sich mit dem Skamander vergleicht und seinem Sohne den Namen Skamander-Sohn giebt«.[276] Der zweite Fluss der Ebene hingegen, der Simoïs, werde von Homer in der *Ilias* nur sieben Mal erwähnt, »ohne ihm ein besonderes Beiwort beizulegen«.[277]

Schliemanns Enthusiasmus für den Skamander ging so weit, dass er sein Trinkwasser in der Troas immer nur aus diesem Fluss beziehen wollte. Denn hatten nicht auch Homers Heroen aus dieser Quelle geschöpft? »Ich hatte keinen Becher und musste mich jedesmal über den Fluss neigen, wobei ich mich auf die Arme stützte, welche bis zu den Ellbogen in den Morast einsanken«, hielt er in seinem Reisebericht fest.[278] »Aber doch war es eine grosse Freude für mich, das Wasser des Skamander zu trinken, und ich dachte lebhaft daran, wie tausend andere sich bereitwillig weit grössern Beschwerden unterwerfen würden, um diesen göttlichen Fluss zu sehen und sein Wasser zu kosten.« Wie seine zweite Ehefrau Sophia Schliemann später berichtete, trank Heinrich Schliemann auch während seiner weiteren Ausgrabungen immer aus dem Skamander, »bis er durch wiederkehrende Fieberanfälle die Schädlichkeit desselben an sich erfuhr«.[279]

Seine Feststellung aber, dass nicht der Fluss Simoïs, sondern der Skamander »der grosse Fluss« sei, der die Ebene von Troja durchströmt, stellte nicht nur eine Korrektur dessen dar, was Homer-Jünger von Lechevalier bis Georgios Nicolaïdes seit fast einem Jahrhundert annahmen, sondern zugleich einen wichtigen Ausgangspunkt für seine Argumentation gegen Bunarbaschi und für Hissarlik.[280] Nur wenn der Skamander, dessen altes Bett heute türkisch *Kalifatli Asmak* heißt, den großen Fluss der Ebene darstellte und der Simoïs (türkisch: *Dombrik*) den kleinere Flusslauf weiter nördlich, konnte Hissarlik als das Troja der

Ilias identifiziert werden, da laut Homer die Stadt König Priamos' zwischen Skamander und Simoïs lag. Durch die Revision der Flussbezeichnungen anhand der Homer'schen Verse erreichte Schliemann genau das: Hissarlik alias Troja erhob sich nunmehr wieder als Plateau zwischen Simoïs und Skamander hoch über der Ebene.

Als weiteren Einwand gegen Bunarbaschi führte Heinrich Schliemann die große Entfernung des kleinen Dorfes vor dem Idagebirge bis zur Meeresküste an. Eine Distanz – so Schliemann –, die etwa die Verfolgung des trojanischen Prinzen Hektor durch den griechischen Helden Achill, wie Homer sie in der *Ilias* schildert, kaum erlaubte.

»Ich glaubte meinen Zweck nicht besser erreichen zu können, als wenn ich denselben Weg einschlüge, auf welchem Achilleus und Hektor nach Homers Angabe dreimal um die Stadt gelaufen sind«, skizziert Schliemann seine praktische Kontrollübung vor Ort.[281] Laut Homer »kreisten« die beiden Krieger »dreimal um Priamos' Feste« und passieren dabei jedes Mal die beiden Quellen mit heißem und kaltem Wasser.[282] Sollte sich »Priamos' Feste« also wirklich in Bunarbaschi befunden haben, stellt Schliemann fest, würde man beim Versuch einer Umrundung nach einem sehr beschwerlichen Fußmarsch von einer Stunde an einen »jähen Abhang« von ungefähr 150 Meter Tiefe gelangen, den die beiden Heroen hätten hinabsteigen müssen, um zum Skamander zu kommen. Diesen Abhang aber, so Schliemann, hätte »kein sterbliches Wesen, nicht einmal eine Ziege«, im Eiltempo passieren können. Sein Fazit: Homer würde »nie und nimmer« daran gedacht haben, Hektor und Achill einen Abhang wie den von Bunarbaschi hinablaufen zu lassen, weil das »absolut unmöglich« sei.[283]

Allerdings ist Schliemann nicht der Erste, der genau aus diesem Kalkül Bunarbaschi als Homers Ilios verwirft. Fast 2000 Jahre früher befand schon der antike griechische Gelehrte Demetrios von Skepsis, dass Hektor und Achill um diese Stadt »wegen des fortlaufenden Höhenzuges« nicht herumgekommen wären.[284]

Als weiteren Beleg für die untaugliche Lage Bunarbaschis als Festung der Trojaner im Kampf gegen die Griechen führt Schliemann die von Homer geschilderte Praxis der Verhandlungen zwischen beiden Kriegsparteien an. Als Beispiel dient ihm der Tag, an dem der trojanische Prinz Hektor »den tapfersten der Griechen« zum Zweikampf herausfordert.[285] Plötzlich tritt im wogenden Kriegsgeschehen der *Ilias* eine Pause ein, denn zunächst wagt es niemand, sich Hektor entgegenzustellen. Im Hin und Her des Aushandelns dieses Zweikampfs, so rechnet Heinrich Schliemann nach, »wurde der Raum zwischen der Stadt und dem griechischen Lager wenigstens sechs mal in der Zeit von zehn Uhr Morgens bis sieben Uhr Abends durchlaufen. Die Entfernung vom griechischen Lager bis Troja muss daher gering gewesen sein und weniger als fünf Kilometer betragen haben. Bunarbaschi ist vierzehn Kilometer vom Vorgebirge Sigeum entfernt; hätte nun Troja auf den Höhen von Bunarbaschi gelegen, so würde man von zehn Uhr Morgens bis sieben Uhr Abends wenigstens vierundachtzig Kilometer durchlaufen haben.«[286]

Seine Gegner werden ihm diese 84 Kilometer, die Erbsenzählerei mit der Uhr in der Hand, bald vorwerfen, sie als Herabwürdigung der *Ilias* zur bloßen Wanderkarte sehen und ihm das gröbliche Missverständnis eines sehr komplexen poetischen Werkes vorwerfen. Schliemann scheint das vorauszuahnen, denn er verwendet fast ein Viertel seines Reiseberichts von 1869 darauf, die Bunarbaschi-These mit immer neuen Belegen zu attackieren und dem Troja Homers schließlich einen neuen Platz in der Skamander-Ebene zuzuweisen: den Berghügel von Hissarlik. An diesem Ort nahe der Küste, so Schliemanns These, habe man, bevor Pope und Lechevalier Bunarbaschi ins Spiel brachten, die

Burg von König Priamos über Jahrhunderte ganz selbstverständlich gesehen.

»Im ganzen Alterthum hat man nie den geringsten Zweifel über die Stelle Troja's und der Burg Pergamus gehabt«, stellt er in seinem Reisebericht fest, »denn nach Herodot kam Xerxes bei seinem Zuge durch Troas vor seinem Einfall in Griechenland (also im Jahre 480 v. Chr.) am Skamander an, stieg zu Priam's Pergamus hinauf ... und opferte der ilischen Minerva tausend Rinder.«[287] Neben Herodot bietet Schliemann mit Xenophon, Plutarch, Strabo und Arrian eine ganze Garde antiker Geschichtsschreiber auf, die seine These zur Lage Trojas stützen sollen.[288] Was diese Chronisten aus fünf Jahrhunderten in der Tat bestätigen, ist eine Kontinuität der Bedeutung Trojas im Bewusstsein des Altertums, sodass nicht nur der persische Großkönig Xerxes nach Troja kam, sondern diverse Feldherren wie der Spartaner Mindaros und Alexander der Große. Laut Strabo verehrte der junge makedonische König die Gedichte Homers so sehr, dass er sie »in einem reichgeschmückten Kästchen aufbewahrte, welches er in der Schatzkammer der Perser gefunden hatte«.[289] Plutarch berichtet, Alexander habe in Troja die Grabsäule des Achilles »mit Oel besprengt« und lief dann, »wie dies Gebrauch war, mit seinen Gefährten ganz nackt um das Grab herum«.[290] In der Chronik des Arrianus opferte Alexander bei seinem »Besuche zu Ilium« nicht nur der ilischen Minerva, sondern entnahm dem Tempel der Athene »einige der geweihten Waffen«, die er fortan in Schlachten vor sich hertragen ließ.[291]

»Bei der hohen Verehrung, welche Alexander der Grosse für Homer und seine Helden bezeugte«, schlussfolgert Heinrich Schliemann, »war er gewiss der festen Ueberzeugung, dasjenige Ilium, wo er der Minerva opferte, stehe an der Stelle der alten Stadt des Priamus.«[292] Daher habe er diesen Ort nach seinem ersten Sieg über die Perser »zu dem Range einer Stadt« erhoben, durch »neue Bauten vergrössern« lassen, sie für frei erklärt und »aller Abgaben« entledigt.[293] Dieses neue Ilium, das hellenistisch-römische Ilium Novum, das selbst wieder vergangen sei, berge die Ruinen des Homer'schen Troja, so Schliemanns These. Und beide Städte fänden sich am selben Platz ganz nah am Hellespont, auf dem Hügel von Hissarlik.[294] Nur einer seiner antiken Reiseführer säte Zweifel. Ausgerechnet Strabo, sein so häufiger Kronzeuge für den »realen« Homer, kolportierte eine gegenteilige Ansicht des Demetrios von Skepsis. Danach sei in Neu-Ilium und Umgegend »für die grossen Thaten der Iliade nicht Raum genug, und das ganze Terrain, welches diese Stadt vom Meere trennte, sei angeschwemmtes Land und habe sich erst nach dem trojanischen Kriege gebildet«.[295] Diesem Einwand musste Heinrich Schliemann nachgehen, immerhin Strabo. Und so macht er sich am 16. August 1868 mit einem Führer auf, um die Wasserwege der Troas zu inspizieren, folgt den Windungen des »Kalifatli-Asmak« und dem »Hauptarm des Dumbrek-Su« sowie einem »künstlichen Kanal«, der beide verbindet und viel Wasser aufnimmt. »Ich besuchte abermals die Mündung dieses Flusses und die des Kalifatli-Asmak, um noch einmal mit der grössten Aufmerksamkeit die Ufer derselben zu untersuchen«, hält Schliemann in seinem Reisebericht fest. Doch sei er »mehr als jemals überzeugt, dass diese Ebene auf keinen Fall aus den Anschwemmungen dieser Flüsse entstanden sein kann«.[296] Auch für Strabo, den treuen Gewährsmann bei der »Faktizierung« Homers, findet er eine Entschuldigung: »Strabo würde gewiss bei dem ihn kennzeichnenden richtigen Urtheil diese irrthümlichen Behauptungen des Demetrios von Skepsis nicht gebilligt haben, wenn er selbst die Ebene von Troja besucht hätte ...«[297] Der große Strabo hat Troja nie gesehen, also bleibt es für Heinrich Schliemann dabei: Homers Ilios ist Neu-Ilium. Und Neu-Ilium ist Hissarlik.

In jedem Fall scheint die berühmteste Verfolgungsjagd der *Ilias* hier topografisch aufzugehen: Der »schöne Hügel« mit seinen Ringmauern, so Schliemann, befinde sich zwar am Ende eines Bergrückens, sei aber nicht »unübersteiglich« und messe nur 5 Kilometer im Umfange. »Als Hektor und Achilleus dreimal um die Stadt liefen, legten sie also 15 Kilometer zurück«, das klang plausibel, so sein Schluss.[298]

Weniger stimmig sah es mit Homers berühmten Quellen aus. Hatte ihr Fehlen Schliemann in Bunarbaschi noch überaus skeptisch gemacht, so durften sie nahe Hissarlik ruhig fehlen: »Die beiden Quellen, die eine heiss, die andere kalt, lagen ohne Zweifel in dem Sumpfe unmittelbar unterhalb Ilium auf der Nordseite«, befindet er jetzt. »Man darf indes dem Verschwinden dieser beiden Quellen keine Bedeutung beilegen; denn heisse wie kalte Quellen sind immer zufällige Naturerscheinungen, welche in Troas, einem in hohem Grade vulkanischen und an heissen Quellen reichen Lande, in Folge der sehr häufigen Erdbeben plötzlich entstehen und wieder verschwinden.«[299]

Zu guter Letzt ist Heinrich Schliemann kühn genug, auch Helmuth von Moltke, dem preußischen Generalfeldmarschall, zu widersprechen. »Obgleich ich hinlänglich dargethan zu haben glaube, dass Hissarlik in jeder Beziehung in vollständiger Uebereinstimmung mit allen Angaben steht, welche uns Homer über Ilium liefert«, heißt es sehr selbstbewusst in seinem Reisebericht, »so will ich doch noch hinzufügen, dass man, so wie man den Fuss auf die trojanische Ebene setzt, sofort beim Anblick des schönen Hügels von Hissarlik von Erstaunen ergriffen wird, der von der Natur dazu bestimmt zu sein scheint, eine grosse Stadt mit ihrer Citadelle zu tragen. In der That würde diese Stellung, wenn sie gut befestigt wäre, die ganze Ebene von Troja beherrschen, und in der ganzen Landschaft ist kein Punkt, der mit diesem verglichen werden kann.«[300]

Ob Heinrich Schliemann zu diesem Zeitpunkt tatsächlich bewusst war, dass der preußische Militärstratege nach eigenständiger Inspektion der Troas eben nicht Hissarlik, sondern Bunarbaschi zum idealen Verteidigungspunkt der Skamander-Ebene erklärt hatte, ist nicht bekannt. In jedem Fall könnten die enormen Widerstände, mit denen Schliemann später in Deutschland zu kämpfen hatte, nicht allein mit der konkurrierenden Archäologenzunft zu tun haben, sondern auch mit dieser nicht eben diplomatischen Formulierung, in der ein »ungedienter Zivilist« Moltke die Kompetenz streitig machte.

So nachvollziehbar und zielgerichtet, wie es sein Reisebericht vermuten lässt, waren Schliemanns Gedankengänge im August 1868 indes nicht, das verrät sein Tagebuch. Auch machten ihm vor Ort »Wanzen und Flöhe« und zu hartes Gerstenbrot zu schaffen, das er regelmäßig im Skamander aufweichen musste, um es verzehren zu können. Schließlich hatte er auch noch den Dampfer nach Konstantinopel verpasst und musste bis zum 21. August drei Tage Wartezeit überbrücken. Da kam ihm, dem schon als Geschäftsmann so oft Fortuna zur Seite gestanden hatte, erneut ein glücklicher Zufall zupass. Nachdem er die Dörfer der Troas, das »herrliche« Simoïs-Tal und die »großartigen Ruinen« der zu Ehren von Alexander dem Großen gegründeten Stadt Alexandria-Troas durchstreift und viel Zeit mit der Verfolgung zweier Betrüger verbracht hatte, die ihm im Dunkel der Abenddämmerung seine ausgemergelte »Rosinante« noch einmal als ausgeruhtes Ross unterjubeln wollten, kehrte er auf die Anhöhe in Meeresnähe zurück, für die er den Namen »Haserlik« in sein Tagebuch eintrug. Erst später taucht die richtigere türkische Ortsbezeichnung als »Hessarlik« in seiner Handschrift auf.[301] Zwischen diesen beiden Tagebucheintragungen scheint sich die tatsächlich entscheidende Begegnung dieser dreimonatigen Reise auf den Spuren Homers ereignet zu haben.

Kapitel 4 | Freundliche Übernahme

Dr. Schliemann: Glaubenswechsel, Tricks und Investitionen

In seinen *Archäologischen Forschungen* räumt Heinrich Schliemann »Frank Calverts Entdeckungen« bei seiner Verortung Trojas auf dem Hügel von Hissarlik einen wichtigen Platz ein. Doch liest sich das bei Schliemann, als hätte es zuerst all seine komplexen Überlegungen, das Studieren und Gewichten der zahlreichen Zeugen aus der Antike, das systematische Abgleichen mit der Topografie der Troas und das schließliche Fokussieren auf den Hügel von Hissarlik, gegeben – bis schließlich mit dem Briten Frank Calvert (1828–1908), einem »unermüdlichen Archäologen«, wie er betont, ein Mann der Praxis auftaucht, der die Schliemann'sche Theorie nunmehr empirisch untermauert. In Schliemanns Selbstdarstellung von 1880 ist der »geistreiche« Calvert dann ganz aus den Anfängen der »Troja-Entdeckung« verschwunden.[302] Umgekehrt schreibt Frank Calvert sechs Jahre nach der ersten Begegnung in einem Zeitungsartikel: »1868 besuchte Dr. Schliemann zum ersten Mal die Troas. Er fragte mich nach meiner Meinung über die wahre Lage Troias und gab dabei an, sich bisher mit dem Problem noch nicht befasst zu haben.«[303]

Vermutlich sind die Aussagen beider überzogen, man hatte sich mittlerweile überworfen (s. u.). Fest steht indes, dass im sonst so beredten Tagebuch Schliemanns vor der Begegnung mit Calvert von Hissarlik keine Rede ist. Vielmehr gelang es dem Briten offenbar sehr schnell – obsessive Homer-Jünger sind beide –, Schliemann von seiner Hissarlik-These zu überzeugen. »Der geistreiche Frank Calvert hat durch Nachforschungen in dem

Hügel gefunden, dass er zum grossen Theil künstlich aus den Ruinen und Trümmern der Tempel und Paläste aufgeworfen worden ist, welche lange Jahrhunderte hindurch nach einander auf diesem Boden gestanden haben«, schreibt Schliemann anerkennend. »Bei einer Ausgrabung auf dem Gipfel im Osten legte er einen Theil eines grossen Gebäudes, eines Palastes oder Tempels, aus grossen, ohne Cement übereinander geschichteten Quadersteinen bloss.«[304]

Es sind diese großen Steine, die Schliemann elektrisieren – »cyclopische Quader«, die er auf den Felsen von Bunarbaschi vergeblich gesucht hat, »weil diese niemals eine menschliche Wohnung getragen haben«, wie er meint. »Ich kann natürlich nicht mit vollkommener Sicherheit angeben, wie die Häuser in Troja gebaut waren«, räumt er ein. Doch »trage ich keine Bedenken zu behaupten, dass im heroischen Zeitalter alle Häuser auf die nämliche Weise erbaut wurden und dass die Paläste des Priamus ... cyklopische Bauwerke waren, von gleich vollkommener Kunst wie die Schatzkammer des Agamemnon zu Mykenä«.[305]

Und so kommt Schliemann im Abgleich mit dem, was er zuvor auf Ithaka, in Mykene und Tiryns gesehen hat, zu dem Schluss: »Nachdem ich zweimal die ganze Ebene von Troja aufmerksam untersucht habe, theile ich vollkommen die Ueberzeugung Calverts, dass die Hochfläche von Hissarlik die Stelle des alten Troja bezeichnet, und dass auf dem genannten Hügel seine Burg Pergamus gelegen hat.«[306]

Fast noch pathetischer zählt Schliemann die vielen Gelehrten auf, die sich aus seiner Sicht geirrt haben: »Ich stimme also nicht überein mit Lechevalier, Voyage de la Troade, 3 ed. Paris 1802; Rennel, Observations on the topography of the plain of Troy, London 1814; P. W. Forchhammer, im Journal of the Royal Geographical Society, vol. XII, 1842; Mauduit, Découvertes dans la Troade, Paris-Londres 1840; Welcker, Kleine Schriften; Texier; Choiseul-Gouffier, Voyage pittoresque de la Grèce, 1820; M. G. Nicolaides, Paris 1867, welche sämmtlich das alte Troja auf die Höhen von Bunarbaschi verlegen. Ebenso wenig mit Clarke und Barker Webb, Paris 1844, welche die Hügel von Chiblak jenseits Neu-Ilium als die Stelle Troja's ansehen.«[307] Sein so lutherisches »Ich stimme nicht überein« – es klingt wie eine Kampfansage des Autodidakten an die gelehrte Welt. An seinen Vater schreibt er in ganz ähnlichem Duktus: »Mein archäologisches Werk habe ich jetzt beendet, ich habe auch schon einen Verleger dafür; es kommt jetzt zum Druck, und da ich Strabo und alle, die nach ihm über Troja schreiben, umstoße, so wird viel gegen mein Buch geschrieben werden. Indes ist mir nicht bange, da ich überall Beweise gebe und nichts ohne klare Facta behaupte.«[308] Eine kleine »Ausschmückung« findet sich aber auch in diesem Schreiben: Sein Buch *Ithaque, le Péloponnèse, Troie* muss er Anfang 1869 in der Auflage von 700 Exemplaren erneut auf eigene Kosten drucken lassen, noch interessiert sich kein Pariser Verleger für die *Recherches archéologiques par Henry Schliemann*.[309]

Der Name Frank Calvert fällt in der ersten Troja-Studie Schliemanns gleich mehrfach in drei Kapiteln, häufiger als in späteren Publikationen. Von Calvert, dem Kenner der Dardanellen seit seiner Jugend, hört Schliemann, dass in der seismisch aktiven Region heisse Quellen durch die Sümpfe »wandern«.[310] In Calverts »reicher Sammlung antiker Vasen und anderer merkwürdiger Sachen« erhält Schliemann einen Vorgeschmack auf die Fülle zu erwartender antiker Grabungsfunde.[311] Vor allem aber, so hält Schliemann es in seinem Buch fest, teilt er Calverts Überzeugung, was Hissarlik angeht – räumt also zumindest ein Vorwissen des Briten ein. Der sechs Jahre jüngere Frank Calvert, der Schliemann um Jahre überlebt, wird aus dem Glauben, dass er Homers

Ilion in Hissarlik als Erster verortet hat, niemals lautstark Kapital schlagen. Warum nicht?

Die »Entdeckung« Trojas auf dem Hügel von Hissarlik ließe sich offiziell als alliiertes Unternehmen unter Beteiligung Russlands, Großbritanniens und der USA beschreiben – bis 1870 war Heinrich Schliemann Untertan des russischen Zaren, danach amerikanischer Staatsbürger, Frank Calvert wurde als Sohn einer englischen Familie auf Malta geboren und fungierte an den Dardanellen als britischer Konsul, aber auch für die Vereinigten Staaten. Aus dem Krimkrieg, in dem Russen und Briten sich feindlich gegenüberstanden, geht der russische Geschäftsmann Schliemann trotz der Demütigung des Zarenreichs als Multimillionär hervor, die englische Trading Company *Calvert Bros. & Co.* jedoch trotz der militärischen Erfolge der Briten in den Bankrott.[312] Calvert kommt aus einer Handelsdynastie, Schliemann hat sich ein Imperium aufgebaut – beide sind vertraut mit der Geschäftswelt. Ist es also eine Art freundliche Übernahme durch Heinrich Schliemann, was da Ende 1868 an den Dardanellen vor sich geht?

Fest steht, dass Frank Calvert lange und ausdauernd in Homer investiert hat und als kompetenter Archäologe und Topograf der Troas nicht nur in England anerkannt war. Auf der letzten deutschen Troja-Expedition von 1864 hatte Johann Georg von Hahn nicht zufällig eine »Calvert-Nische« nach dem Briten benannt.[313] Doch den Glauben des deutschen Konsuls, das Homer'sche Troja in Bunarbaschi zu finden, teilte Frank Calvert schon lange nicht mehr. Vielmehr war ihm die alternative Vorstellung, dass sich Ilion unter dem Hügel von Hissarlik verbergen könnte, nach und nach immer plausibler erschienen.

Erstmals hatte ihm der Schotte Charles Maclaren davon berichtet. Der Herausgeber des *Scotsman* aus Edinburgh war 1847 in die Troas gereist, um vor Ort seine Hissarlik-These zu verifizieren.[314] Zwar hatte er seine Doktorarbeit dazu schon 1822 vorgelegt, aber darin rein deduktiv aus antiken Schriften geschlossen und in der Troas selbst zunächst nicht recherchiert. Inspiriert hatte ihn vor allem ein Reisebericht des Cambridger Mineralogen Edward Daniel Clarke (1769–1822), der anhand von Münzfunden in Hissarlik die Stadt Neu-Ilium – die Nachgründung Trojas durch Alexander den Großen – eindeutig auf diesem Hügel verorten konnte.[315]

Der junge Frank Calvert, bei dessen gastfreundlicher Familie der Schotte während seiner Dardanellen-Visite wohnte, hatte nicht nur die Möglichkeit, Maclarens Dissertation über Troja zu lesen, sondern diente ihm auch als lokaler Reiseführer auf den Exkursionen in die Skamander-Ebene. Mithilfe einer überaus akkuraten topografischen Karte der Troas, die Spratt 1839 von der Ebene zwischen Erenköy und Alexandria-Troas gezeichnet und 1840 veröffentlicht hatte, überprüfte Maclaren nun vor Ort seinen Einspruch gegen Strabos These, Troja und Neu-Ilium lägen entfernt voneinander. Nach mehrwöchiger Prüfung der topografischen Verhältnisse vor Ort fand sich Charles Maclaren schließlich in seiner Hissarlik-These bestätigt – nur die Fachwelt ignorierte die Idee der Identität von Homers Ilios und Alexanders Ilium Novum in Hissarlik weiterhin. Und auch Frank Calvert blieb zunächst unsicher.[316]

Immerhin hatte ein anderer Gast im Hause Calvert, der britische Botaniker und Weltreisende Philip Barker Webb, fast zeitgleich mit Maclarens Doktorarbeit wiederum Argumente pro Strabo vorgebracht und das Troja der *Ilias* im nahen Çıplak verortet. Und immer neue Ideen tauchten auf, selbst mitten im Krimkrieg. Jetzt kamen zwar weniger Besucher an die Dardanellen und Frank Calvert musste seinen Bruder Frederick weit häufiger als Konsul vertreten als zuvor, doch als der britische Nationalökonom Nassau W. Senior 1857 eintraf, nahm er sich die Zeit als Reiseführer. Auch dem kritischen Geist aus Oxford, der

dem Homer'schen Ilion in Bunarbaschi nachspüren wollte, fiel
auf, dass die Umrundung Trojas durch Hektor und Achill an
den Felsen des Ortes gescheitert wäre.[317] Und wieder stellte sich
Frank Calvert die Frage, ob der Schotte Maclaren mit seiner Hissarlik-These nicht vielleicht doch eher richtiglag. Allerdings war
1847 eine Option aufgetaucht, die den Calvert-Brüdern lukrati-
ver erscheinen musste. Heinrich Nikolaus Ulrich, der renommierte erste Lateinprofessor der Universität von Athen, hatte
eine Strabo-Deutung publiziert, die Troja weder an Bunarbaschi noch an Hissarlik festmachte, sondern Strabos *Ilion Kome*
auf dem Bergrücken von Akça Köy nördlich von Bunarbaschi
vermutete. Als Frederick Calvert 1847 die englische Übersetzung
der Ulrich'schen Studie las, zögerte er nicht lange und erwarb
das entsprechende Land, zumal sich der deutsche Professor auf
ältere Studien der englischen Topografen William Martin Leake
(1777–1860) und James Rennell (1742–1830) berufen konnte.[318]

Was Frederick Calvert, dessen weitgefächerten Handelsge-
schäfte an den Dardanellen Grundstückshandel einschließen, in
jedem Fall als gute Geldanlage erschien, versah seinen archäologisch ambitionierten Bruder mit einem Privileg. Sollte auf den
Berghängen dieses Landguts tatsächlich Homers Ilion zu finden
sein, so war Frank Calvert nach türkischem Recht befugt, hier
Grabungen vorzunehmen und über die Fundstücke, mit Ausnahme von Doubletten für die türkische Altertumsbehörde, frei
zu verfügen.[319] Da Briten und Osmanen gegen Russland Seit an
Seit standen, brauchte er nicht einmal den sonst üblichen offiziellen Ferman der türkischen Behörden.

Was ihre Geschäfte betrifft, verfahren die Calvert-Brüder mit
ihrem Kapital ähnlich wie Heinrich Schliemann. Auch in der
Türkei ist im Krimkrieg viel Geld zu verdienen und so verlegen
sich die Calverts auf die En-gros-Versorgung der britischen Ka-
vallerie. Doch fehlt Frederick Calvert das nötige Glück und seine

Transaktionen versacken zwischen korrupten osmanischen Paschas und der starren britischen Militärbürokratie, bringen ihn um enorme Summen und wochenlang ins Gefängnis. Erst ein Gerichtsprozess in London und die Rehabilitierung erlauben ihm nach dem Krieg, von der angeschlagenen Handelskompanie zu retten, was zu retten ist. Genau wie Heinrich Schliemann setzen auch die Calverts mit herannahendem Kriegsende auf sicherere Werte, auf Grundbesitz vor allem. Zwischen 1853 und 1857 gelingt es ihnen, für 300 Pfund ein weiteres Areal in der Troas von über acht Quadratkilometer zu erwerben – nicht irgendwo, sondern in Hissarlik.[320] Was für Frederick Calvert eher ein Landerwerb aus Spekulationsgründen zu sein scheint, der damit sein nahes Landgut in Akça Köy arrondiert, bedeutet für seinen Bruder erneut die Lizenz zum Graben – jetzt also am Hügel von Neu-Ilium.[321] Und vermutlich keimt in Frank Calvert, auf dessen Namen der Kaufvertrag ausgestellt ist, inzwischen die Hoffnung, hier auch das Troja Homers zu finden. Doch das Areal wird immer wieder geplündert, dient als Steinbruch für die Einheimischen ringsum, für Häuser, Ställe und Friedhöfe. Heinrich Schliemann wird später lange Klagelieder darüber anstimmen – über die Männer aus dem griechischen Nachbardorf, die in seiner Abwesenheit Marmorplatten für ihre Kirche fortschleppen, und türkische und albanische Bauern, die das Gleiche zur Ausschmückung ihrer Moscheen tun.

Forchhammer konnte 1839 in Hissarlik noch sehr schnell die Reste einer Stadtmauer und der Akropolis, Relikte eines Theaters und eines Aquädukts sowie den Unterbau eines antiken Bades ausmachen. Der Arzt Gustav von Eckenbrecher aus Smyrna fand 1841 Tempel-Überreste wie Säulen und Friesplatten, Fensterstürze und Architrave. Als Charles Maclaren 1847 den Hügel inspizierte, sah er weit weniger, vor allem unendlich viele kleine Scherben von Tongefäßen und Ziegeln.[322]

Eine wissenschaftliche Ausgrabung am Hügel von Hissarlik, das weiß Frank Calvert, setzt enorme Geldmittel voraus – doch die einst so liquide Handelskompanie seiner Familie strauchelt. Als er 1856 seine erste eigene Ausgrabung macht, setzt er auf ein überschaubares Projekt auf dem Landgut seines Bruders. In Hanai Tepe, wo man die »Nekropole von Troja« vermutet, das Grabmal des Priamos und seiner Söhne, setzt er an und stößt auf die ersten prähistorischen Fundstücke der Troas, auf Vasen und Trinkgefäße, Ketten, Armreife und Ohrringe – die »reiche Sammlung merkwürdiger Sachen«, die Heinrich Schliemann im August 1868 so bewundert.[323]

Doch der Grabungsort wird zugleich zum Schauplatz einer obskuren Schatzjagd. Während des Krimkriegs hat das britische War Office den Eisenbahningenieur John Burnton mit der Einrichtung eines Militärhospitals für Verwundete an den Dardanellen beauftragt, Frederick Calvert ist als Geschäftsmann an der Einrichtung des Krankenhauses zwei Meilen von Erenköy unweit seines Landguts beteiligt. Als mit dem Waffenstillstand das Ende des Krieges näher rückt, führt Burnton die Soldaten in eine Schlacht der besonderen Art. In Bunarbaschi und auf den Ländereien der Calverts wird an insgesamt sieben Plätzen gegraben, jenseits der Standards, die Frank Calvert für geboten hält. Ob sein älterer Bruder Frederick das autoritäre Familienoberhaupt gibt oder die angespannte finanzielle Geschäftssituation ins Feld führt, um die Jagd nach antiken Schätzen gegen den jüngeren Bruder durchzusetzen, steht dahin.[324] Burnton erhält jedenfalls auch für Hissarlik eine Erlaubnis und verspricht seinen Männern für jedes gute Fundstück ein Extra-Pint Starkbier. Doch das Gold des Priamos bleibt aus. John Burnton aber wird – vor Frank Calvert und Heinrich Schliemann – zum ersten verbürgten Ausgräber in Hissarlik. Er lässt aus der Epoche von Neu-Ilium das Kapitell einer korinthischen Säule abtrans-

portieren und legt ein Haus mit großem ovalen Mosaikboden
frei, auf dem das Motiv einer Saujagd in hellen Farben leuchtet.
Der Rückzug der britischen Truppen verhindert das beabsichtigte Ausschneiden des Mosaiks, andere Fundstücke übergibt
der Bahningenieur später in London an das British Museum. Da
die Kuratoren der Antikenabteilung die Mitbringsel ohne doku-
mentierten Fundzusammenhang nicht recht einordnen können,
gehen die Objekte aus der Troas unter Bezeichnungen wie »Dardanos«, »Old Dardanos«, »The cementery near Troy«, »Troy«, »A
tomb at Troy«, »Novum Ilium« oder »Ophryneion« in die Museumsbestände ein.[325]

Frederick Calvert ermöglichte aber nicht nur die obskure
Schatzsuche des Eisenbahningenieurs Burnton in der Troas, sondern versuchte ab 1860, vermutlich hinter dem Rücken seines archäologisch kompetenten Bruders, das *Royal Archaeological Institute* in London für eine große Troja-Grabung zu ködern. Dabei
nutzte er die wissenschaftliche Reputation seines jüngeren Bruders, indem er in London »ernsthafte Zweifel« Frank Calverts an
der Bunarbaschi-These publik machte und in Verhandlungen
mit Charles Sprengel Greaves (1802–1881) vom Archäologischen
Institut starke Belege für das »tatsächliche« Ilion Homers auf seinem Landgut in Akça Köy geltend machte. In diesem Spiel mit
gezinkten Karten behauptete er, man habe dort in einem Sumpf
endlich die berühmten Homer'schen Quellen mit einer Tem-
peraturdifferenz von 22,5° Fahrenheit nachweisen können. Erst
das Eingreifen Frank Calverts beendete schließlich das trickreiche Vabanquespiel seines Bruders.[326] Tatsächlich verhindern
aber konnte er nicht, dass die Intrigen seines älteren Bruders ihn,
den eher skrupulösen »Gelehrten« der Familie, schließlich in die
Arme Heinrich Schliemanns trieben.

Denn schon bald darauf sorgte der schillernde Frederick Calvert, der bis zum Krimkrieg als heimlicher Pascha von Smyrna

gegolten hatte und sich Hoffnungen machen durfte, von der Queen geadelt zu werden, für einen Skandal, der seine Familie endgültig an den Abgrund brachte. Kaum hatte er nach dem Krieg seine Rehabilitierung erreicht, geriet er 1862 erneut ins Fadenkreuz der Justiz, weil er einen Öltransport von Smyrna nach London fingiert und dafür als Loyd's Agent das Schiff *Posidhon* versichert hatte, das angeblich in Brand geraten war, tatsächlich aber nur auf dem Papier existierte. Die empörten Schlagzeilen über die »Posidhon-Affäre« in türkischen und englischen Blättern führten nicht nur zum Bankrott des Familienunternehmens, sondern machten aus Frederick Calvert, der nunmehr für fünf Jahre untertauchte, moralisch eine Persona non grata. In der Öffentlichkeit musste dafür umso mehr sein Bruder haften. Mit der Folge, dass selbst der besonnene Archäologe Frank Calvert die Contenance verlor und im englischen Klub beleidigend wurde, als man seine Familie in Sippenhaft nahm. Der anschließende Prozess *The Queen vs. Frank Calvert* in Konstantinopel brachte ihn für zwei Wochen ins Gefängnis.[327]

Was Frank Calvert blieb, war das auf seinen Namen erworbene Land in Hissarlik und seine archäologische Kompetenz, die ihm weitere Veröffentlichungen in London erlaubte – sicherlich auch in der Hoffnung, einen Rest der Familienehre zu retten. Und so sorgt er 1863 publizistisch mit den Ergebnissen seiner Ausgrabungen in Akça Köy dafür, dass die noch immer allmächtige Bunarbaschi-These in wichtigen Punkten widerlegt wird. Da, wo sich laut Lechevalier die Grabhügel Trojas befunden haben sollen, stößt er anstelle des »Grabmals des Priamos« auf eine Röhre aus grob behauenen Steinen, die er als »vorhomerisch« klassifizieren kann.[328] Ein Paukenschlag.

Rein theoretisch war Lechevaliers Bunarbaschi-These bis zu diesem Zeitpunkt schon arg zerpflückt worden. Als Erster hatte sein deutscher Übersetzer, der Göttinger Altphilologe Christian

Gottlob Heyne (1729–1812), die Überlegungen des Franzosen zu
Troja schon 1792 in Zweifel gezogen:»Der Herr Verfasser gehet
überall von Grabhügeln aus, und scheint auf diese seine Wahr-
nehmung das größte Gewicht zu legen. Für uns entscheiden sie
wenig«, meinte Heyne kritisch.[329] »Gesetzt, Herr Lechevalier hätte
sich geirrt und die Hügel wären etwas ganz anders als Grabhügel«, fragte der Göttinger Professor weiter,»bräche dann nicht
seine ganze Bunarbaschi-Theorie in sich zusammen?«[330]

Dieser Zusammenbruch war nun, 70 Jahre später, durch Frank
Calverts Freilegung des»Grab des Priamos« eingetreten. Diese
Breitseite auf den Mainstream à la Lechevalier machte automa-
tisch die Frage nach der Alternative virulent: Wenn nicht in Bunarbaschi, wo lag Homers Troja dann? Oder galt in Sachen *Ilias*
am Ende doch das skeptische Wort des Althistorikers George
Grote (1794–1871) von einer Vergangenheit, die niemals Gegenwart war? War der»reale Homer« nur eine durch alte Legenden
genährte Illusion?[331] Bereits 1795 hatte der Hallenser Philologe
Friedrich Gustav Wolf (1759–1824) den antiken Sänger Homer
selbst infrage gestellt, indem er in seinem Fragment *Prolegomena
ad Homerum* nachzuweisen suchte, dass die beiden Epen *Ilias* und
Odyssee nicht von einem einzigen Autor stammen könnten. Eine
These, die gleichfalls am vermeintlich sicheren Fundament rüt-
telte, auf dem das Wissen über Troja zu beruhen schien.[332] Galt
bald nichts mehr als sicher? Hatte es einen Dichter Homer überhaupt gegeben? Oder zwei unterschiedliche Schöpfer der *Odyssee*
und der *Ilias*? War Homer am Ende ein Sammelbegriff für verschiedene Hexameter? Und was die *Ilias* betraf: Hatte ein drama-
tisches Ereignis wie der Trojanische Krieg wirklich stattgefunden? Und falls tatsächlich: wann und wo?

Der mittlerweise 80-jährige Charles Maclaren gab 1863 eine
rasche Antwort, indem er fast zeitgleich mit Frank Calverts Artikel im *Archeological Journal* nunmehr seine Thesen von 1822

»revitalisierte«. In seinem überarbeiteten Troja-Buch werden seine Attacken auf Lechevalier und die »gleichermaßen verführerischen wie verhängnisvollen Fehler des Franzosen« nun schärfer.[333] Vor allem aber favorisiert Maclaren anstelle von Bunarbaschi den Grabungshügel von Hissarlik als »tatsächlichen« Standort von Homers Ilion.

Fast scheint es eine konzertierte publizistische Aktion von Maclaren und Calvert, um die Hissarlik-These endlich durchzusetzen. In jedem Fall startet Frank Calvert im selben Jahr mit den ersten Ausgrabungen auf dem Hügel von Hissarlik, beginnt mit der nördlichen Umfassung, setzt dann erneut im Südosten des Hügels an, wo John Burton wohl sechs Jahre zuvor bei seiner wilden Schatzsuche die korinthische Säule entdeckt haben muss. Bis September 1863 kann Calvert ein fächerartiges »Theater« freilegen, das Bouleuterion, eine Versammlungshalle der Bule, des Stadtrats, aus hellenistischer Zeit.[334] Doch seine finanziellen Mittel sind zu begrenzt, um die Schätze, die er im Hügel von Hissarlik vermutet, zu heben. Wie zuvor sein Bruder drängt jetzt auch Frank Calvert in London auf finanzielle Unterstützung für seine Grabung. Oder zieht Frederick Calvert, der mit Haftbefehl gesucht wird und irgendwo an den Dardanellen abgetaucht ist, insgeheim noch immer die Fäden?

Der Grabungshügel von Hissarlik, der anstelle Bunarbaschis zum neuen Sehnsuchtsort der Homer-Jünger aufsteigen könnte, hat das Potenzial zu einer vielversprechenden Kapitalanlage. In jedem Fall wäre eine Grabung im offiziellen britischen Auftrag nach dem Kollaps von Calvert Bros. & Co. eine doppelte Option auf Geld und Ruhm. Sollte es Homers Troja wirklich geben, könnte Frank Calvert mit etwas Glück, Hartnäckigkeit und finanzieller Unterstützung der »Entdecker Trojas« werden.

In seiner Werbung für Hissarlik konzentriert er sich auf einen der früheren Gäste im Hause Calvert in der Troas, den Ausgräber

von Halikarnassos und gerade ernannten Antiken-Direktor des
British Museum Charles Newton (1816–94). Wiederholt berichtet Frank Calvert von vielversprechenden Grabungsfunden aus
Ilium Novum, von geriffelten Säulen, Inschriften und Wand-
friesen aus dem Tempel der Pallas. Diskret weist er darauf hin,
dass er der Besitzer des Grabungsortes sei, sein Land für Grabungen voll zur Verfügung stünde, auch alle Grabungsfunde an
das Museum abgegeben werden könnten, und fragt schließlich
an, ob das British Museum einer offiziellen Grabung unter seiner Direktion zustimmen könne. Die finanzielle »compensa-
tion« überlässt er dem Museum – kündigt aber für den Fall einer
Absage an, sich alternativ an die preußische oder französische
Regierung zu wenden.[335] Erstmals kommen hier in Sachen Troja
die Deutschen ins Spiel, womöglich auch, weil sich die Herren
von Hahn, Ziller und Schmidt für das kommende Frühjahr zu
ihrer Expedition in die Troas angekündigt haben. Eine persönliche Bitte an Newton hat Calvert noch: »My name might be at-
tached to any discovery made« – alle Funde mögen mit seinem
Namen versehen werden.[336] Unwichtig war der Ruhm, wohl
mehr noch die Familienehre, also auch diesem zurückhaltenden
Mann nicht.

Welch' Ironie der Geschichte, dass Newton sich zwar für Frank
Calvert einsetzt, dem Bittsteller am Ende aber eine bittere Absage erteilt[337] – der Ruf der Calverts in England erweist sich als
zu gründlich ruiniert –, während man in London 13 Jahre später mit Heinrich Schliemann einen Deutschen als »Entdecker von
Troja« feiern und im South Kensington Museum sensationelle
Besucherrekorde erzielen wird. Seine tiefste Demütigung erfährt
Frank Calvert wohl, als Newton auf der Fahrt nach Konstantinopel mit einem französischen Schiff die Dardanellen passiert
und Calvert es trotz nächtlicher Dunkelheit schafft, sich von einem kleinen Dolmuş längs rudern zu lassen, um dem mächtigen

Museumsmann noch einmal seine Grabungspläne vorzutragen.
Doch der Maître de Cabine lässt den seltsamen Besucher nicht an
Bord, Monsieur Newton schlafe bereits. Tatsächlich stand Newton, wie er später erzählte, an Deck.[338] Frank Calvert hatte seine
letzte Chance verpasst.

Kapitel 5 | Projekt Priamos

Neue Berufung, neue Heimat, neue Ehe und Familie

Am 15. August 1868 treffen Heinrich Schliemann und Frank Calvert erstmals an den Dardanellen zusammen: zwei distinguierte Herren mittleren Alters, die einiges verbinden könnte: Beide haben ihr Glück fern der Heimat gesucht, wie Schliemann spricht Calvert mehrere Fremdsprachen; beide sind gleichermaßen vertraut mit den Risiken und Chancen des Handelsgeschäfts, haben den Krimkrieg erlebt, wenn auch als Materialbeschaffer für die Truppen verschiedener Seiten. Vor allem verbindet sie das gleiche Interesse an der Archäologie und der Glaube an den »realen« Homer, eine Domäne der Gelehrten, in die sich beide ohne höhere Schulbildung als ehrgeizige Autodidakten vorarbeiten konnten. Was sie persönlich voneinander halten – Calvert gilt als besonnen und eher zögerlich, Schliemann als zupackender Heißsporn –, bleibt ihr Geheimnis. Sie sprechen wenig übereinander. Und doch wird Frank Calvert noch 20 Jahre, bis zu Schliemanns Tod, für den immer größeren Ruhm anhäufenden Deutschen Grabungen durchführen, trotz mancher Reiberei und eines öffentlichen Schlagabtauschs nach den ersten Grabungsfunden.

Die genaue Zeit und Dauer ihres ersten Zusammentreffens an diesem 15. August sind nicht bekannt, der Ort steht fest: die Villa der Calverts in Çanakkale, 30 Kilometer nordöstlich des Skamander-Tals. Vermutlich gab es Tee, vielleicht Smyrnaer Früchte. Oder wollte der Reiseschriftsteller aus Paris zuerst die antiken Grabungsfunde begutachten und fahndete sofort nach »homerischen« Stücken?

Heinrich Schliemann muss vor seiner Ankunft an den Dardanellen von den Calverts gehört haben. Er war seit 30 Jahren ein ausgefuchster Nachrichtensammler und womöglich hat er, der ständig die internationale Presse durchstöberte, schon 1862 in der *Times* von der *Posidhon-Affäre* gelesen, »Extraordinary Fraud« lautete die Schlagzeile, über den Versicherungsbetrug Frederick Calverts sprach die Geschäftswelt in ganz Europa. Spätestens Ernst Ziller, der Baumeister von Athen, dürfte Schliemann zwei Wochen vor dem Treffen in Çanakkale von den Calverts erzählt haben, als er ihm den Bericht von seiner Troja-Expedition mit Konsul von Hahn übergab. Frank Calvert war 1864 der kundige Führer der Deutschen in der Troas gewesen, Ziller konnte Schliemann also über die Qualitäten Frank Calverts in Kenntnis setzen – und den tiefen Fall des einst so schillernden Familienunternehmens Calvert dabei kaum verschweigen. Mit Sicherheit war vom Haus der Calverts als erste Adresse für die internationale Troja-Gemeinde an den Dardanellen die Rede, vermutlich kam auch der Besitz der Calverts an den aussichtsreichsten Grabungsplätzen in der Skamander-Ebene zur Sprache. Und dass Frank Calvert, im Gegensatz zu Ziller, nunmehr Homers Troja nicht mehr in Bunarbaschi, sondern unter dem Hügel von Hissarlik vermutete – ein erheblicher Meinungsunterschied in dieser großen Streitfrage der Homer-Jünger –, hatte Schliemann sicherlich auch von Ziller gehört. Nicht zuletzt die Neuigkeit, dass der ältere Calvert, der Versicherungsbetrüger, nach fünf Jahren wiederaufgetaucht und im Februar 1868 zu zwei Jahren Gefängnis verurteilt worden war. Geradezu folgerichtig musste die Frage aufkommen, ob nach dem Firmenbankrott nun auch das archäologische »Tafelsilber« der Calverts zum Ausverkauf stand: Grabungsplätze, Logistik und Insider-Know-how, Immobilien, Antiquitäten, geheime Schatzkarten? Vor allem aber: Steckte in dieser Konkursmasse Homers Troja?

Schliemanns Erwartungen an das Treffen mit Frank Calvert müssen hoch gewesen sein. Es war keine Zufallsbegegnung mit dem Briten, wie Schliemanns Selbstdarstellungen später suggerieren werden, sondern so, wie Calvert später zu Protokoll gab: Der Mann aus Paris besuchte und befragte ihn.[339] Drei Monate lang war Heinrich Schliemann den Heroen der *Ilias* nachgereist und hatte Homers Schauplätze sondiert: Odysseus' Ithaka, das Mykene König Agamemnons und König Priamos' Troas. Wollte er künftig statt auf Waren und Kapital tatsächlich auf die Historizität der Homer'schen Epen spekulieren, musste die letzte Option am lukrativsten erscheinen. Zumal Troja, anders als die anderen möglichen Grabungsorte Ithaka und Mykene, wieder heiß diskutiert wurde.

Dazu hatte Frank Calvert mit wissenschaftlichen Grabungsberichten aus Hissarlik im Londoner *Archeological Journal* maßgeblich beigetragen. Nach der demütigenden Absage des British Museum – von Newton hörte er jahrelang kein Wort mehr – hatte er zwei Jahre auf eigene Faust weitergegraben und bis 1865 drei Einschnitte an der nördlichen und nordöstlichen Flanke des Hügels vorgenommen, wo er überall auf Relikte aus der klassischen Zeit von Neu-Ilium stieß. Finanziell bald in Nöten, musste er schließlich Antiquitäten verkaufen, um in Hissarlik immer weiter und tiefer zu kommen.[340]

Er will unbedingt unter die Relikte von Alexanders Ilium Novum bis zum »jungfräulichen« Felsen vorstoßen, er muss zurück in der Zeit, zurück in die Epoche Homers. Nur dann hat er eine Chance, mit prähistorischen Grabungsfunden das Interesse von Archäologen und der Homer-Gemeinde zu wecken. Wären erst handfeste Belege für die alte *Pergamos* in Hissarlik da, läge der Gedankensprung zur Burg *Ilios* von König Priamos nur allzu nah. Vielleicht fänden sich am Ende sogar unschlagbare Beweise für das reale Troja. Dann wäre Homer kein Mythensänger mehr, sondern ein Überlieferer realer Geschichte. Dann würde das British Museum ihn um Grabungsbeteiligung bitten, nicht umgekehrt. Als Besitzer des Claims, zumindest des östlichen Teils des Grabungshügels von Hissarlik, hatte er es in der Hand, mit Spaten und Karre für den großen Befreiungsschlag aus dem Familiendesaster zu sorgen. Und das nicht nur in finanzieller Hinsicht. Wer würde noch von Versicherungsbetrug sprechen, wenn der Name Calvert sich mit der Entdeckung von Troja verband und alles andere überstrahlte.

Es steht viel auf dem Spiel in Hissarlik, also gräbt er verbissen weiter, kann 1865 im *Archeological Journal* erneut von Grabungen in Ilium Novum berichten, Relikte eines dorischen Tempels und eine »Wall of Lysimachus« an der Stirnseite des Hügels vermelden, mit dem Fund des »Tempels der Minerva« sogar das griechische Ilion vordatieren.[341] Selbst *Murray's Handbook,* Schliemanns ständiger Reisebegleiter, bittet Frank Calvert um einen Artikel zu Hissarlik.[342] Populärer kann man einen Grabungsplatz im British Empire nicht machen, auch Schliemann wird das registriert haben. Doch das alles Entscheidende will Calvert nicht gelingen: Soviel er auch gräbt, er stößt nicht bis zum unbebauten Felsengrund vor. Erst später, als Schliemann sehr robust einschneidet in den Grabungshügel von Hissarlik – vielleicht sogar auf Anraten des so lange vergeblich grabenden Briten –, wird Frank Calvert erkennen, dass er die Mauern der nordöstlichen Bastion aus der Späten Bronzezeit, die von ihm so verzweifelt gesuchte »homerische« Epoche, um nur einen Meter verpasst hat.[343]

Frank Calvert dürfte also den Besucher aus Paris in Çanakkale ebenfalls mit Hochspannung erwartet haben. Es konnte ihm unmöglich entgangen sein, dass Heinrich Schliemann den russischen Konsul an den Dardanellen gleich nach seiner Ankunft am 8. August 1868 in Karanlik aufgesucht hatte. So viele deutsche Millionäre mit russischem Pass waren im Skamander-Tal nicht auf Homers Spuren unterwegs – und Frank Calvert war seit 1834 in Çanakkale ansässig, also bestens vernetzt. Er wusste, wer hier ankam und abging, zumal er selbst konsularisch tätig war. Es mutet vielmehr merkwürdig an, dass Schliemann den englischen Homer-Spezialisten vor Ort nicht gleich nach seiner Ankunft kontaktiert hatte, wie so viele Besucher der antiken Stätten vor ihm.

Calvert seinerseits suchte nach einem solventen Partner, da er seine Grabungen nicht mehr allein stemmen konnte, der Landbesitz an Hissarlik bildete sein letztes Kapital.

Seine Überlegungen, die Regierung Preußens oder Frankreichs für Hissarlik zu interessieren, die er vor ein paar Jahren noch in den Verhandlungen mit dem British Museum als Druckmittel ins Feld führen konnte, waren seit der Verurteilung seines Bruders Frederick im Frühjahr 1868, ein halbes Jahr vor dem Eintreffen Schliemanns, obsolet geworden. Der Leumund der Calverts war endgültig dahin, welche seriöse Regierungsbehörde ließe sich mit Betrügern an den Dardanellen ein? Also hatte Frank Calvert den Kontakt zu Homer-Interessierten in Paris und London aufgenommen und seine Fühler ausgestreckt. Doch bis zum August 1868 hatte ihm niemand Hoffnung darauf gemacht, in sein Grabungsunternehmen einzusteigen.[344] Entsprechend verzweifelt wartete er auf irgendein Angebot – und genau in dieser Situation traf Heinrich Schliemann an den Dardanellen ein. Sollte es tatsächlich ein Zufall gewesen sein, der Schliemann und Calvert in Çanakkale zusammenführte, und ebenso ein Zufall, dass der Deutsche anschließend seinen Dampfer nach Athen »verpasste«, sodass sich sein Aufenthalt an den Dardanellen um drei Tage verlängerte, so waren dies selten glückliche Umstände, die den Propheten hier zum Berg führten.

Was zwischen dem Deutschen und dem Briten genau besprochen und in Gänze vereinbart wurde, ist nicht bekannt. Schlie-

manns Tagebuchnotiz zu seinem Gespräch mit dem Briten be-
sagt, dass Calvert denke, was auch Schliemann meine: dass das
homerische Troja nirgends sonst als in Hissarlik sei. Ein Satz,
der belegt, dass Heinrich Schliemann im Gespräch mit Calvert zur Hissarlik-These konvertierte. Und weiter: »He advises
me strongly to dig there« – Calvert rate ihm dringend, dort zu
graben, hält Schliemann fest.[345] Ein Ratschlag, der am Ende zu
Schliemanns sagenhaftem Aufstieg zum Schatzgräber par excel-
lence führen wird.

Konkret erhält Heinrich Schliemann im August 1868 die Zusage für eine Grabung in Hissarlik auf dem Land Frank Calverts
und das Versprechen, dass der Brite dafür sorgen würde, dass
Schliemann auf dem gesamten Hügel, dessen westlicher Teil sich
noch in der Hand einheimischer Eigner befand, graben konnte.
Eine gründliche Prüfung aller Eventualitäten, wie sie sich Schliemann in seiner risikoreichen Geschäftsroutine angewöhnt
hatte, dürfte er bei diesem Großprojekt, in das er als unerfahre-
ner Amateur einstieg, kaum unterlassen haben. Dass der Leumund der Calverts arg lädiert war, gerade ein frisches Urteil auf
Betrug in besonders schwerem Fall vorlag – Schliemann nahm
daran offenbar keinen Anstoß. Oder konnte er diesen Makel in
einen Vorteil ummünzen? Frank Calvert empfahl ihm zunächst
die Einrichtung eines Bankkontos bei der Ottomanischen Bank
Konstantinopel für die praktische Durchführung des ganzen Unternehmens. Und eine »Kompensation« für seine Mühen? Legte
Frank Calvert sie erneut – wie in seinem Vorschlag an das British
Museum – in die Hand seines Gegenübers, also des Multimillio-
närs Schliemann? Oder wurden diesmal genaue Summen oder
Prozente ausgehandelt? Sollte Calvert, der selbst keine Aussicht
mehr hatte, als ruhmreicher Entdecker Trojas in die Geschichte
einzugehen, sich zum stillen Teilhaber des nunmehr Schliemann'schen Projekts erklärt haben, so konnten beide Seiten da-

rin im August 1868 durchaus eine Win-win-Situation sehen. Ob
die reichen prähistorischen Relikte aus der Stadt von König Priamos tatsächlich unter Ilium Novum existierten, blieb erst einmal
eine Spekulation. Heinrich Schliemann war dazu bereit. Vermutlich besiegelten die beiden Herren ihr Gentleman's Agreement
mit Handschlag.

Es ist viel zu tun in Paris im Herbst 1868 – und alles auf einmal.
Blitzschnelles Disponieren gehört zu Schliemanns absoluten
Stärken. Seine wichtigste Arbeit findet jetzt am Schreibtisch in
der Beletage der Nummer 6 Place St. Michel in Paris statt. Seit
seiner Rückkehr aus den Dardanellen im September ist er dabei,
das Buch zu verfassen, das er in den letzen drei Monaten recherchiert hat. Schon als er nach dem schicksalhaften »Gipfeltreffen«
mit Calvert am 21. August das Dampfschiff nach Konstantinopel
für die Rückreise bestieg, war er dabei, seine Recherchen in Rom
und Sizilien, Ithaka und Tiryns, Mykene und Troja zu ordnen
und sein weiteres Vorgehen zu planen. Wieder schien Fortuna
mit ihm zu sein. Die Chance, Troja entdecken und ausgraben zu
können, die Aussicht darauf, sich eine ganz unglaubliche Option
darauf gesichert zu haben, tatsächlich in die Geschichtsbücher
eingehen zu können, versetzt ihn beim Schreiben seines neuen
Buches in ein Hochgefühl. Am 1. November – sein Buch nähert
sich dem Finale – heißt es in einem Brief an seinen Sohn Sergej in Sankt Petersburg, er werde sein ganzes Leben lang damit
fortfahren, Bücher zu schreiben. Er könne sich keine interessan-
tere Karriere vorstellen »als die eines Autors ernsthafter Bücher«.
Denn beim Schreiben fühle man sich »glücklich und zufrieden
und habe in Gesellschaft immer tausenderlei zu erzählen«.[346] Das
schriftliche Formulieren fiel Schliemann immer schon leicht,
und er trainierte es, in fremden Ländern gern in der Landessprache, seit frühester Jugend sehr ausgiebig: im Tagebuch und in

langen Briefen an den Vater, die Geschwister, Cousins und Cousinen, an Lehrer, Geschäftsfreunde und jüngst auch an Gleichgesinnte in Sachen Homer.

Dass er als Autor auch künftig »ernsthafte Bücher« schreiben will – Schliemann meint offensichtlich Sachbücher, im Gegensatz zur Belletristik –, vertraut er seinem 14-jährigen Sohn vermutlich auch mit dem Ziel an, Sergej zu ermutigen, es dem Vater gleichzutun und häufiger zur Feder zu greifen. Noch hatte Schliemann die Hoffnung nicht aufgegeben, seinen Stammhalter aus der mütterlichen »Verhätschelung« zu lösen und zu seinem Ebenbild erziehen zu können – was am Ende schon aufgrund der zerrütteten elterlichen Verhältnisse scheitern musste. Nach Abgabe seines Reiseberichts reist Schliemann zum russisch-orthodoxen Weihnachtsfest Anfang Januar 1869 ein letztes Mal nach Sankt Petersburg, um sich von seinen beiden Kindern – die ältere Tochter Natalia war bereits 1868 zehnjährig gestorben – »unter Tränen« zu verabschieden. Er ahnte wohl, dass er seine russischen Kinder nicht mehr wiedersehen sollte.[347]

Was seine weitere Karriereplanung angeht, will Heinrich Schliemann nach der Publikation seines zweiten Buches die Schriftstellerei also durchaus nicht an den Nagel hängen. Andererseits schreibt er seiner Schwester Doris, er beabsichtige »im nächsten April den ganzen Berg Hissarlik bloßzulegen; denn ich glaube bestimmt, dort Pergamos, die Burg von Troja, zu finden«.[348] Also wollte er künftig beides: Schriftsteller und Ausgräber sein. Oder besser Archäologe? Sehr weit war sein Studium an der Sorbonne in Paris nicht gediehen. Selbst Frank Calvert, ebenfalls ein Autodidakt, hatte ihm so vieles voraus und konnte seine Expertise – trotz fehlender höherer Bildung – mittels beachtenswerter Beiträge in archäologischen Fachzeitschriften und in Murray's Handbook nachweisen. Wollte Schliemann, inzwischen 47-jährig, wirklich als »Entdecker Trojas« in die Geschichte eingehen, so musste er, der weder einen Gymnasial- noch Studienabschluss vorweisen konnte, noch vor Grabungsbeginn in der Skamander-Ebene an seiner wissenschaftlichen Reputation arbeiten. Den Ausweg aus dem Dilemma wies die Universität Rostock, die Heinrich Schliemann 1869 einen Doktortitel verlieh. Natürlich durfte dies kein »billiger« Ehrendoktor sein, sondern ein ordentlicher *Dr. phil.*, der eine gewisse fachliche Kompetenz auf dem Gebiet der Altertumskunde anzeigen konnte. Die entsprechenden Arrangements leitete Schliemann Anfang 1869 auf seiner Rückreise von Sankt Petersburg nach Paris in die Wege, als er bei seinem Vetter Adolph in Schwerin Station machte.[349]

Bald darauf, am 3. April 1869, erteilte das Kollegium der Philosophischen Fakultät der Rostocker Alma Mater der Zulassung Heinrich Schliemanns zur Promotion die einstimmige Zustimmung aller Fakultätsmitglieder, nachdem der Dekan seine Kollegen darüber aufgeklärt hatte, dass es sich bei Heinrich Schliemann »um den Vetter des Herrn Justizrat Schliemann in Schwerin« handelte, der diesen auch »vorläufig« zum Verfahren angemeldet hatte. Tatsächlich hat Schliemann weder seinen Doktorvater noch den Dekan je gesehen – er hielt sich zu diesem Zeitpunkt zwecks Ehescheidung in den USA auf –, das Ganze wurde also »in absentia« abgewickelt. Zum Hauptgutachter der Dissertationsschrift wurde der Graezist Bachmann, wiederum ein guter Freund von Schliemanns Cousin, bestellt.[350] Offenbar war der Jurist Adolph Schliemann als hoher Schweriner Regierungsbeamter und Privatdozent an der Rostocker Universität einflussreich genug, um die Weichen für eine geschmeidige akademische Aufwertung Heinrich Schliemanns zu stellen. Im Gegenzug regulierte Letzterer die Spielschulden, die seinen »Bruder« – als den Schliemann seinen Vetter Adolph in Briefen ansprach – ganz gehörig drückten.[351] Vermutlich hat

der Millionär aus Paris auch durch eine Spende oder private finanzielle Zuwendung an die Universität ein wenig »nachgehol-
fen«. Belege einer regelrechten Bestechung liegen indes nicht
vor, wenngleich die sensationell kurze Verfahrenszeit von nur
vier Wochen und das »Absehen« von sonst »üblichen Formalien«
für den philologischen Autodidakten in diese Richtung deuten.[352] Heinrich Schliemann legte der Philosophischen Fakultät
in Rostock, wohl um seine polyglotte Weltkenntnis auszuweisen, gleich beide Reisebücher aus seiner Hand vor: das fern-
östliche Debüt *La Chine et le Japon* und die archäologischen Recherchen *Ithaque, le Péloponnèse et Troie.* Als Lebenslauf reichte er
praktischerweise die Selbstdarstellung ein, die er auch seinem
neuen Buch vorangestellt hatte – allerdings für die Akademiker ins Lateinische und Altgriechische übersetzt. Dann ging alles sehr schnell. Zwischen dem 8. und 12. April 1869 machten
sich acht Männer der Wissenschaft daran, Schliemanns zweites Buch zu lesen, positiv zu beurteilen und durchzuwinken. Es
musste ja nicht gleich *summa cum laude* dabei herauskommen,
sondern irgendwie für den akademischen Titel reichen. Die kritischen Anmerkungen des Hauptgutachters richteten sich in-
teressanterweise vor allem gegen Schliemanns Argumente für
die Verortung des Homer'schen Troja in Hissarlik. Da heißt es:
»Weniger überzeugend sind die Resultate der Untersuchung, die
der Verfasser auf der trojanischen Ebene, über die beiden dieselbe durchströmenden Flüsse und über die Situation des alten Ilium, wenngleich mit unermüdlicher Ausdauer, angestellt
hat, über die er mit steter Beziehung auf die betreffenden Stellen der ›Ilias‹, in einer sehr unterhaltenden Darstellung berichtet.
Hier ist er jedoch, trotz der Bestimmtheit der Angaben, auf die
er seine Behauptungen stützt, offenbar im Irrthum, sowohl über
die Hauptpunkte der besprochenen Lokalitäten als auch über
die Bezeichnung und den Lauf des Skamander und Simois.«[353]

Professor Ludwig Bachmann, der Gutachter von Schliemanns Doktorarbeit, war ganz offenbar Anhänger der Bunarbaschi-These, sonst hätte er Schliemann anders beurteilen müssen, von den berechtigten kritischen Anmerkungen zu Schliemanns Syntax im Altgriechischen einmal abgesehen. Tatsächlich hätte man wohl mit Schliemanns Promotionsschrift, deren Topografie Ithakas man als Fortschritt anerkannte, auch anders verfahren können. Vielleicht sogar mit höchstem Lob – tatsächlich *summa cum laude* –, denn hier wurde in Sachen Troja auf enorm kenntnisreichem Niveau argumentiert. Es mutet geradezu wie ein Wunder an, wie dieser »Autodidakt von selbsterworbener Befähigung« sich ein derartig umfangreiches und tiefes Wissen, noch dazu in so kurzer Zeit, aneignen konnte. Und dass ihn dies auf der Suche nach dem Homer'schen Troja zudem zu einem folgerichtigen Schluss führte – nämlich nach Hissarlik.

Ebenso wäre aber wohl auch eine Zurückweisung von Schliemanns Arbeit als Plagiat denkbar gewesen, denn hier wurde sehr ausführlich und ohne Referenz aus der Doktorarbeit des Schotten Charles Maclaren abgekupfert. Man kann nur vermuten, dass Frank Calvert Schliemann im August 1868 jenes Buchexemplar überließ, welches Maclaren den Calverts 1857 bei seinem Besuch an den Dardanellen mitgebracht hatte. Vielleicht war es sogar die Lektüre dieser in sich schlüssigen Argumentation des Schotten, die Heinrich Schliemann 1868 in Çanakkale endgültig von der Hissarlik-These überzeugte. »Gegen meine Erwartung hatte ich keine Gelegenheit gehabt, meine fünf Arbeiter in Hissarlik zu gebrauchen«, hatte Schliemann über seinen überraschenden Verzicht auf eigene Grabungen auf dem Hügel von Hissarlik geschrieben. »Denn ohne auch nur Ausgrabungen zu versuchen, hatte ich die volle Überzeugung gewonnen, daß hier das alte Troja gestanden.«[354] Allein der Augenschein des Hügels in der Troas dürfte diese »volle

Überzeugung« indes nicht bewirkt haben. Doch unabhängig davon, ob Heinrich Schliemann das Buch Maclarens nun schon in Çanakkale lesen konnte, Frank Calvert ihm vor Ort von den Gedankengängen Maclarens erzählt hat oder Schliemann sich die aktualisierte Buchfassung des Schotten von 1863 schließlich erst in Paris kommen ließ, bevor er sich an den Schreibtisch setzte: In jedem Fall wirft der sehr komplexe Inhalt von Schliemanns Dissertationsschrift die Frage auf, wie er dies als Novize im akademischen Metier mit dem geringen zeitlichen Aufwand von nur wenigen Wochen bewältigen konnte. Insofern dürfte Schliemann mit der eher schlechten Bewertung seiner Schrift durch die Rostocker Universität überaus zufrieden gewesen sein. Mochte seinem zweiten Buch auch erneut der Verkaufserfolg verwehrt bleiben, so brachte es ihm doch einen akademischen Titel ein, der ihm am 27. April 1869 von der Universtität Rostock für seinen *Liber Archaeologicus de Ithaca Insula Peloponneso et Troade* verliehen wurde. Jetzt konnte sich der frischgebackene Dr. Heinrich Schliemann an das Heben archäologischer Schätze in Troja machen.[355]

Tatsächlich nahm das Projekt Priamos ab Dezember 1868 erste planerische Gestalt an, wie der nunmehr intensiver werdende Briefwechsel zwischen Heinrich Schliemann und Frank Calvert belegt. »Zu meiner Freude kann ich Ihnen mitteilen, daß ich jetzt wirklich entschlossen bin, den gesamten künstlichen Hügel von Hissarlik abzutragen«, legte sich Schliemann erstmals im Dezember 1868 auch schriftlich in einem Brief an Calvert fest. Und bestürmte den Briten vor Ort mit tausend Fragen: »Wann ist es am günstigsten, mit der Arbeit zu beginnen? Bitte senden Sie mir genaue Angaben über sämtliche Gerätschaften und alle notwendigen Dinge, die ich Ihrer Erfahrung nach mitnehmen soll. Ich bin sehr anfällig für Fieber. Welche Medikamente soll ich mitnehmen? Muß ich einen Diener mitbringen?

Soll ich aus Marseille ein Zelt und eine eiserne Bettstatt und Kissen mitbringen? Weil doch alle Häuser in der Ebene von Troja von Ungeziefer wimmeln. Benötige ich Pistolen, Dolch und Gewehr? Kann ich genug Arbeiter bekommen – wo und für welchen Lohn?«[356]

Einige von Heinrich Schliemanns Fragen enthüllen eine geradezu umwerfende Naivität, was seine Vorstellungen von den prognostischen Möglichkeiten der Archäologie betrifft. Etwa wenn er von Frank Calvert über Hissarlik wissen möchte: »Wie hoch ist der künstliche Hügel, der abgetragen werden muss? Wie lange wird es Ihrer Meinung nach dauern, bis ich den künstlichen Hügel abgetragen habe? Und wieviel wird das kosten?«[357] Hätte Frank Calvert auch nur im Ansatz über die hellseherischen Qualitäten verfügt, um diese Fragen zu beantworten, hätte er seinen Schicksalsberg vermutlich keinem noch so reichen deutschen Amateur überlassen. So aber suchte er auf jede von Schliemanns Fragen eine halbwegs plausible Antwort zu finden und reagierte mit ausgesuchter Höflichkeit. Vor allem versicherte Frank Calvert dem Troja-Ausgräber in spe noch einmal schriftlich, er wolle »alles tun, damit Sie Ihre Grabungen durchführen können. … Alle meine Ländereien stehen Ihnen zu Forschungen nach Ihrem Gutdünken zur Verfügung.«[358]

Als Schliemann dann im März 1869 sein inzwischen »promoviertes« Buch in die Dardanellen schickt, lässt es sich Calvert nicht nehmen, Schliemanns Sachkenntnis in Sachen Homer zu applaudieren und sich für die schmeichelhafte Anerkennung seiner Arbeit und seiner bescheidenen Dienste für die Archäologie in Schliemanns Buch zu bedanken.[359]

Für die erste Grabungskampagne, die Heinrich Schliemann ab April 1869 im Skamander-Tal geplant hat, sind eine Unmenge an Vorbereitungen zu treffen. Frank Calvert schlüpft nunmehr in eine Art Assistentenrolle für alles, was Schliemann in diesem

Frühjahr vorhat. Zuerst musste sich der Brite um die beiden türkischen Landbesitzer kümmern, die sich mit ihm den Hügel von
Hissarlik teilen, sodass Schliemann hier freie Bahn zum Graben
hat. Zudem riet er Heinrich Schliemann, sich über seinen Botschafter in Konstantinopel um eine Grabungsgenehmigung zu
bemühen. Im Dorf Çıblak unweit des Grabungshügels muss eine
kleine Residenz angemietet und alles gründlich desinfiziert und
innen wie außen frisch geweißt werden, damit Dr. Schliemann
diesmal nicht wieder von Wanzen und Flöhen gepeinigt wird.
Für den Grabungsort will Frank Calvert zudem ein Zelt organi-
sieren. Wichtiger noch: Es sollen reichlich Hilfskräfte eingestellt
werden, zwischen 60 und 80 Griechen, die als besonders arbeitsam gelten. Auch der Lohn wird in Abstimmung zwischen Calvert und Schliemann festgelegt: Abhängig von der Leistung acht
bis zwölf Piaster pro Tag. Schließlich empfiehlt Frank Calvert,
da es vor Ort nur Holzschaufeln gäbe, für die Ausgrabungen
Hacken, Schaufeln und Handkarren aus Frankreich mitzubrin-
gen.[360] Irgendwann sind alle Weichen gestellt – doch dann stockt
das Projekt. Trotz der umfangreichen Vorbereitungen muss die
»Entdeckung Trojas« pausieren.

Vieles kulminiert in diesem Jahr 1869, vieles überlagert sich:
Statt in die Troas fährt Heinrich Schliemann am 13. März 1869
erst einmal mit einem Dampfer nach New York, tauscht seine
russische gegen die amerikanische Staatsbürgerschaft, prüft die
Validität amerikanischer Aktien zwischen Chicago und New Or-
leans, lässt sich Ende Juni in Indiana von seiner russischen Ehefrau scheiden, erhält in Rostock in Abwesenheit den Doktortitel
und bemüht sich in Griechenland um eine schöne neue Ehefrau, heiratet Ende September Sophia Engastromenos in Athen,
macht mit dem Dampfer »Aphrodite« seine Hochzeitsreise nach
Palermo, Agrigent und Selinunt und weiter im Zweitagetakt
nach Neapel, Rom, Florenz und Venedig, schließlich – es ist Ende

Oktober – zieht er mit seiner jungen Frau nach Paris. Auch mit 47 ist Heinrich Schliemann alles andere als ein zögerlicher Mann. Troja hat er bei all dem Wirbel nicht aus den Augen verloren. Im Gegenteil: An Troja richtet sich sein Leben aus. Dazu zählt neben dem Grabungsort und der wissenschaftlichen Reputation eines Dr. Schliemann die schöne Gefährtin, die mit ihm die größte Entdeckung seines Lebens teilen soll. Sophia Schliemann – das »ergebene, demütige, herrliche Wesen«, wie Schliemann jubelt – scheint die formbare Schülerin zu sein, die seine Minna-Meincke-Fantasie endlich einlöst.[361] Obendrein sei sie »gelehrt«, schreibt Schliemann an seine Schwester Doris, Sophia verstünde »fertig Altgriechisch, Geschichte und Geographie«.[362] Ist diese junge Frau nicht die ideale Galionsfigur für sein Projekt Priamos? Wie ein Sinnbild der schönen Helena, zu deren Heimholung die Griechen bei Homer schließlich nach Troja in den Krieg ziehen.

Die Hochzeitsreise ist eine Bildungsreise durch die Antike. Schliemann erlaubt keine Lücken, also studiert die 17-jährige Sophia in Rom das Kapitol, die Via Appia, das Forum Romanum, das Kolosseum, den Circus Maximus, das Grabmal der Caecilia Metella, die Märkte des Trajan, die Thermen des Caracalla, die Domus Aurea, das Mausoleum des Augustus, das Pantheon, die Cestius-Pyramide und die Katakomben. Danach Petersdom und Vatikanische Museen.[363] Eine Tour de force, wo immer sie ankommen. Seine junge Frau, teilt Heinrich Schliemann stolz seiner Mecklenburger Familie mit, »ist ein herrliches Weib, das jeden Mann glücklich machen kann; denn wie fast alle griechischen Frauen hat sie eine Art göttlicher Verehrung für ihren Mann. Sie liebt mich wie eine Griechin, mit ungeheurer Leidenschaft, und ich liebe sie nicht weniger.«[364]

Nach der Ankunft in Paris, das künftig das Zuhause der Schliemanns sein soll, steht für die junge Frau neben Theater, Oper und Museen vor allem die sprachliche Ausbildung auf dem Plan: vier

Stunden täglich Französisch an der Sorbonne und rund um die Uhr ein verfügbarer Deutschlehrer. Mochte Schliemann in seinen Briefen auch schwärmen, man spräche »immer nur Griechisch«, denn dies sei »die Sprache der Götter«, so erwartet er von seinem Eheweib doch, dass sie die Muttersprache ihres Mannes beherrscht.[365] Weihnachten 1869 dann der Nervenzusammenbruch der jungen Frau – die Ärzte empfehlen die baldige Heimkehr nach Griechenland. »Melancholie« diagnostiziert Heinrich Schliemann, ihre Sehnsucht nach der wärmeren, sonnigeren Heimat und ihre Abscheu vor dem ewig fahlen, nassen Pariser Wetter mochten dazu beigetragen haben.

Oder stimmte Schliemanns Verdacht, und Sophias stumme Abwendung von ihm stellte sich immer dann ein, wenn Briefe von der Familie aus Griechenland eintrafen und ihn um Geld angingen? Schluchzte, weinte, schrie Sophia nicht vor allem in jenen Situationen, in denen er finanzielle Hilfe für die zahlreiche Familie seiner Frau ablehnte? Da war er nun einmal konsequent, konnte sich lautstark empören, donnern, ja toben.

Die Rebellion ihres Körpers – häufige Magenkrämpfe, Depression, Migräne – ringen Schliemann schließlich die Zusage ab, mit Sophia nach Athen zurückzukehren. Nach der Erledigung wichtiger Termine, versteht sich, mit denen Schliemann die Abreise um Monate verzögert. Im Dezember 1869 muss er sich eingestehen, dass sein »eheliches und Lebensglück auf dem Spiele« steht.[366] Doch fürchtet er noch mehr, in Griechenland könnte heimlich ein junger Landsmann auf Sophia warten. Auch deshalb versucht er, seine junge Frau fern der Heimat nach den eigenen Vorstellungen zu formen. Doch der »Rohling« widersetzt sich.

Endlich, am 19. Februar 1870, trifft das Paar in Athen ein. Dass die Schliemanns im Hôtel d'Angleterre im Zentrum Athens absteigen und nicht, wie in griechischen Familien üblich, bei den

Eltern in Kolonos, sorgt für irritierende Distanz. Umso sicherer
führt das erste Zusammentreffen der Familie zum Eklat. Warum
trägt Sophia, die Millionärsgattin, billige Korallen statt Diamanten? Warum gibt es keine wertvollen Geschenke als Respektbe-
zeugung für Eltern und Geschwister, wie es die Sitte verlangt?
Vielleicht verrät Sophia der Familie sogar, wie sehr der Deutsche
bei Trinkgeldern in Hotels, auf dem Schiff oder in der Oper knau-
sert.[367] Offenbar hat Heinrich Schliemann seine bitteren Lehr-
jahre in Amsterdam nie vergessen können, als er selbst an der
Unterwäsche sparen musste. Sophia beklagt nun öffentlich seinen Geiz. »Lieber will ich sterben als an der Seite dieses Mannes
leben«, erklärt die temperamentvolle Griechin vor Eltern, Ge-
schwistern, Onkeln und Tanten.[368]

Die Spannungen mit dem »herrlichen Wesen« wachsen weiter
an, als finanzielle Forderungen der Familie an den Millionär lauter werden. Plötzlich heißt es, der Deutsche habe sich Erzbischof
Vimpos gegenüber verpflichtet, für die Hand Sophias 150.000
Francs in Form von Diamanten zu entrichten, dem Tuchge-
schäft seines Schwiegervaters mit 40.000 Francs aufzuhelfen
und die 20.000 Francs Aussteuer für Sophias jüngere Schwester zu übernehmen.[369] Schliemann müssen diese monatelangen
Auseinandersetzungen wie ein Déjà-vu aus seiner ersten Ehe in
Sankt Petersburg vorgekommen sein: Soll sein Schwiegervater
doch selber zusehen, wie er seinen Teppichladen über Wasser
hält.

Am Ende bietet Heinrich Schliemann Konstaninos Engastromenos dann aber doch die Hand – wenn auch kein Bargeld, so
doch Bürgschaften für einen Kredit zur Ladenrettung und einen
geldwerten Posten für den Schwiegervater als Athener Agent in
Schliemanns Firma. Unter allen Umständen möchte er den Eindruck vermeiden, er habe seine junge Frau gekauft. Mit dem Satz
»Nur Türken verschachern ihre Töchter« packt er Sophias Eltern

schließlich auch beim Nationalstolz und kann die hohen Wellen glätten.[370] Doch hat Heinrich Schliemann im Frühjahr 1870 noch ein langes Jahr heftiger Auseinandersetzungen vor sich, bis ihm die »Zähmung des Rohlings«, die Formung seiner Galionsfigur für Troja, halbwegs gelingt, als die er Sophia auserkoren hat.

Zwischenzeitlich geht er immer wieder allein auf Reisen, die wie ratlose Fluchten wirken. Nachdem ihn Sophia vor versammelter Familie bloßgestellt hat, fährt er erst einmal für drei Wochen auf die Kykladen. Von Syros, Naxos und Paros treffen nun Briefe bei Sophia in Kolonos ein, die Vorwürfe erheben, aber auch Verzweiflung spüren lassen. Selbst sein Schwiegervater schaltet sich in den Briefwechsel ein. Mit einigen bronzezeitlichen Scherben, kleinen Vasen, der Gemme eines Goldschmieds und diversen Münzen von der Insel Thera (Santorin) kehrt Schliemann schließlich von dieser »Recherchefahrt« nach Athen zurück.[371] Doch der heiß erwartete Ferman aus Konstantinopel für die Grabung in Hissarlik ist immer noch nicht eingetroffen.

Mit einer Versöhnungsreise nach Marathon, Korinth und Delphi versucht Schliemann nunmehr, Sophias neugieriges, auch patriotisch gefärbtes Interesse am antiken Kulturerbe Griechenlands in eine intensivere Begeisterung für eigene Ausgrabungen zu verwandeln. Könnte sie sich vorstellen – irgendwann musste diese Frage ja gestellt werden –, mit ihm in die Troas zu reisen und Homers Ilion gemeinsam auszugraben, das Troja der *Ilias*, den Burghügel von König Priamos? Sophias Antwort fällt sehr klar aus: Sie wolle ihre geliebte Heimat nach wenigen Wochen nicht schon wieder verlassen. Woraufhin Heinrich Schliemann in einen seiner gefürchteten Wutausbrüche verfällt.[372] Sollte sein großer Traum wirklich an den Launen dieser widerspenstigen Göre scheitern?

Erneut geht Schliemann auf Reisen. Wieder allein, sogar nach Troja. Anfang April 1870 trifft er in Konstantinopel ein, um wegen seines Fermans nachzuhaken. Schon Mitte Februar hatte er Frank Calvert aus Marseille geschrieben, er möge die Grabungserlaubnis für April arrangieren. Doch bislang konnte der Brite ihm nicht melden, dass eine Erlaubnis vorlag.[373] Daran hatte sich, wie Schliemann nun auf Nachfrage am Bosporus erfuhr, nichts geändert. Mehr Geduld aber mochte Heinrich Schliemann, durch die privaten Querelen ohnehin etwas angespannt, nicht mehr aufbringen.

Also geht es gleich weiter in die Dardanellen. Er will endlich in Troja beginnen. Jetzt, im April, wie er Calvert gegenüber schon im Jahr zuvor angekündigt hatte. Für den 9. April 1870 weist sein Tagebuch den ersten Spatenstich auf dem Hügel von Hissarlik aus. Zufällig trifft er in der Troas auf einen deutschen Landsmann, Justizrat Plato aus Kolberg, den er über seine ersten Schritte auf dem Grabungshügel von Hissarlik auf dem Laufenden hält. Schon bald meldet er begeistert:»Ich habe auf obigem Hügel mehrere tiefe, sehr breite Gräben gezogen und Trümmer von Palästen und Tempeln auf Mauern viel älterer Gebäude dieser Art gefunden.« Darunter in 15 Fuß Tiefe riesige Mauern »herrlichster Bauart« von 6 Fuß Dicke. »Dies sind jedenfalls die Mauern des Palastes von Priamos' oder des Tempels der Minerva.«[374]

Erwartungsgemäß wird Heinrich Schliemann einmal mehr von den eigenen Wunschvorstellungen überwältigt. Ob nun zu Recht oder aus blindem Zweckoptimismus: Die Grabungen bestärken ihn jedenfalls in der Überzeugung, in Hissarlik das alte Troja gefunden zu haben. Dem Präsidenten des *Institut de France* in Paris teilt er mit, er habe eine Mauer des von Homer so oft genannten Athenatempels, Brandspuren des homerischen Troja, eine Urne mit Menschenasche und ein »Bildnis der schönen Helena« gefunden.[375] Letztes war recht kühn gedeutet. Von Priamos' Palast war dann aber keine Rede mehr. An Frank Calvert schrieb er: »Ich gebe mich keinen Illusionen hin, was die vollständige Ausgrabung von Priamos' Palast kosten wird.«[376] Dass er das Allerheiligste finden würde, stand für Schliemann fest. Ohne Zweifel.

Die zwei Meter dicken Mauern, auf die er im April 1870 in fünf Metern Tiefe an der »Nordwestecke« des Burghügels von Hissarlik stößt, wird er vier Jahre später in seinem Buch *Trojanische Alterthümer* nicht mehr mit einem »Palast des Priamos« in Verbindung bringen, sondern mitteilen, dass diese Mauern, »wie sich jetzt herausgestellt hat, zu einem Bollwerk aus der Zeit des Lisymachus« (360–281 v. Chr.) gehören, also aus der Epoche eines Nachfolgers Alexander des Großen und Königs von Mazedonien, Thrakien und Kleinasien.[377] Was wohl Frank Calvert von den ersten marktschreierischen Interpretationen des enthusiastischen Deutschen hielt? Immerhin hatte der Brite eine »Wall of Lisymachus« schon fünf Jahre vor Schliemann im Londoner *Archaeological Journal* als eigenen Grabungsfund gemeldet. Und ebenso einen Tempel der Athene. Nur ein Zufall? Oder ermöglichte Frank Calvert es Heinrich Schliemann 1870, rasche »Grabungserfolge« zu erzielen, die der dann in deutschen Zeitungen als epochale Funde ausgeben kann? Wird hier gemeinsam getrickst und doppelt vermarktet – oder »füttert« Frank Calvert den Millionär insgeheim nur an, damit der nicht wieder von der Fahne geht?

In einem Kostenüberschlag für Calvert schätzt Heinrich Schliemann den Gesamtaufwand nach dieser ersten Grabung jedenfalls auf »100.000 Francs mit 100 Arbeitern in 5 mal 3 Monaten« und unter Zuziehung eines »Pioniers des Ausgrabens aus Rom oder Pompei« auf etwa fünf Jahre.[378] Ein Großprojekt und eine gewaltige Summe, selbst wenn der letztgenannte Grabungsingenieur aus Italien nie in der Skamander-Ebene eintreffen wird.

Glaubt man Heinrich Schliemann, so schaffte er es in knapp zwei Wochen mit einem Dutzend Bauern aus der Umgebung einen 20 Meter langen und fast 15 Meter breiten Graben in den Hügel zu schneiden, der bis zu drei Metern tief war. Dabei bekam er wohl eine erste Ahnung davon, dass sein »Troja«, also Zeugnisse der »homerischen« Zeitepoche, nicht einfach nur unter einer oberen Schicht der Siedlungsperiode von Ilium Novum zu finden waren, sondern dass mit einer größeren Anzahl von Kulturschichten zu rechnen war. Vermutlich hatte er vom Prinzip der Stratigrafie in seinen zwei Semestern an der Pariser Sorbonne schon gehört, sich als fleißiger Student womöglich genauer mit der Schichtenlehre und der Bedeutsamkeit von Kulturschichten für die Altersbestimmung archäologischer Funde beschäftigt. Sehr weit kam er jetzt in der Troas mit der praktischen Anwendung indes nicht.

Schon nach 13 Tagen, am 22. April 1870, konnten die beiden türkischen Grundeigentümer von Hissarlik mithilfe des US-Botschafters in der Türkei dafür sorgen, dass der Eindringling mit dem frischen amerikanischen Pass damit aufhören musste, die Erde auf ihren Schafweiden umzukrempeln. Schliemann kam nicht umhin, die Gräben wieder zuzuschütten und die Türkei so rasch wie möglich zu verlassen. Seine erste eigene Grabung in der Troas wird wegen ihres Abbruchs fortan »Probegrabung« heißen.

»Ich werde mir aber alle Mühe geben, den Hügel zu kaufen«, schreibt Schliemann an Plato, seinen Kolberger Bekannten, »und dann nicht ruhen, bis ich die ganze Pergamos ausgegraben habe.«[379] Was den Kauf von Hissarlik angeht, so kommt ihm indes die türkische Regierung im Januar 1871 zuvor. Sie nötigt die beiden Landeigentümer aus Kumkalé für einen »Taxpreis von 3000 Piastern« zum Zwangsverkauf der westlichen Areale des Burgbergs.[380] Gerüchte besagen, der zuständige Bildungsminister habe sich eine goldene Nase verdient, indem er die Bauern mit nur 600 Francs abgefunden und dann das große Geschäft selber gemacht habe.[381] Das kleine Plateau von 300 mal 215 Metern, das im Schnitt nicht mehr als 24 Meter über der Skamander-Ebene aufragt, wird Heinrich Schliemann noch viele Nerven und viel Geld kosten.

Für den Publizisten Schliemann sollte sich der Auftakt der Grabungen in der Troas indes auszahlen. Während seine beiden ersten Bücher weithin ignoriert wurden, meldete sich nach einem Grabungsbericht aus Troja, den Schliemann für die *Augsburger Allgemeine* verfasst hatte, am 17. Juni 1870 auch die in deutschen Landen weitverbreitete, auflagenstarke *Gartenlaube* bei ihm. Neben dem Wunsch nach eingängigen Bildern lag der illustrierten Wochenschrift eine populäre Behandlung des durch Homer »in allen Schulbänken« bekannten Gegenstandes am Herzen, »die ihn auch für das große und gemischte Publikum der *Gartenlaube* zu einer angenehm anregenden Belehrung machen könnte«.[382] Wie Schliemann intuitiv richtig vermutet hatte, waren archäologische Funde, die als Beweis der »Faktizität« Homers fungieren konnten, eine gefragte Ware auf dem deutschen Zeitungs- und Buchmarkt. Je entschiedener seine Expeditionen ins Reich der Mythen und zu ihren Schauplätzen führten, desto bekannter wurde Heinrich Schliemann als Schriftsteller – allerdings auch umstrittener.

Da der Deutsche überall ausposaunte, dass er eine Grabung ohne offizielle türkische Genehmigung, ohne den Ferman durchgeführt hatte, blieb indes auch in Konstantinopel nicht unbemerkt, was vor allem den amerikanischen Botschafter Wayne MacVeagh verärgerte, der sich bei der Hohen Pforte für Schliemanns Grabungslizenz eingesetzt hatte. »Wir müssen die Konsequenzen tragen und den Ferman beschaffen, wenn die Regierung bei bester Laune ist«, ließ der eher zu *understatement* neigende

Frank Calvert seinen ungeduldigen Partner wissen.[383] Das würde nun allerdings dauern. Die leidige Ehekrise der Schliemanns aber war im Frühsommer 1870 noch immer nicht ausgestanden. Doch blieb Sophia Schliemann nach wochenlangem Aufenthalt im Schoß ihrer Familie in Kolonos kaum ein Argument, sich einer Reise an der Seite ihres Ehemannes zu widersetzen. Die finanziellen Unstimmigkeiten zwischen Schliemann und Sophias Familie waren beigelegt. Fünf Tage brauchte der Troja-Heimkehrer, um in Athen die Koffer zu packen, dann setzte das junge Paar am 27. April 1870 erneut die Segel Richtung Norden – über Konstantinopel und das Schwarze Meer die Donau hinauf. Diesmal brachte der Ehemann seine Gattin, deren »Melancholie« partout nicht weichen wollte, zunächst in ein Sanatorium ins sächsische Bielatal.[384] Die Ärzteschaft der Schweizermühle, bekannte Koryphäen für Gemütsleiden, arbeiteten mit »Regenbädern« als probatem Mittel gegen die »weibliche Nervenschwäche«. Ihr Befund Sophia betreffend war besorgniserregend, wie Schliemann seinem Halbbruder Ernst anvertraute: »Sie ist hysterisch und weist bereits die ersten Symptome von Spasmen oder von Tuberkulose auf.«[385] Doch scheint sich Sophias Zustand innerhalb der zehn Tage bis zum 19. Mai allmählich verbessert zu haben.

Es geht zurück nach Athen, dann wieder nach Paris, es geht viel hin und her in diesem Sommer 1870. Nur die Beziehung zwischen dem reifen Herrn und der jungen Frau, ihr Leiden aneinander, wird nicht besser. Im Gegenteil, die »Hysterie« scheint schlimmer denn je. Sind Sophias Selbstmord-Drohungen ernst zu nehmen? »Wer garantiert mir, daß Du nicht Deinem schrecklichen Beschluss, Deinem Leben ein Ende zu setzen, wieder erliegen wirst?«, insistiert Schliemann verzweifelt. »Unser Haus in Paris hat viele Fenster. Solltest Du Dich umbringen wollen, wie könnte ich dann einen solchen Skandal verhindern?«[386]

Tatsächlich erwägt er schließlich, sich wieder von Sophia zu trennen, die zweite Ehescheidung seines Lebens: »Ja, seit dem 18. Februar ist kein einziger Tag vergangen, ohne daß Du mich erzürnt hättest und ich den Tag verflucht hätte, an dem ich, Deinen falschen Schwüren vertrauend, beschloß, Dich zu meiner Frau zu machen«, lautet seine bittere Bilanz. Nach einem guten halben Jahr scheint Sophia ihm so wenig zur aufopferungsvollen Ehefrau wie zur Galionsfigur seines großen Troja-Projekts zu taugen.

»Ich habe keinen Augenblick aufgehört, mich um Dich zu kümmern, wie eine zärtliche Mutter ihr geliebtes Kind«, wirft er ihr in seiner selbstgerechten Abrechnung vor. »Dir zum Gefallen habe ich all meine wichtigen Angelegenheiten in Paris zurückgelassen und all die Vorteile, die ich dort genieße, aufgegeben, um mit Dir zusammen in Deine Heimat zu eilen. Dir zum Gefallen habe ich dort viereinhalb Monate geopfert, obwohl jeder Augenblick für mich wertvoll gewesen wäre. Ich habe geglaubt, daß Du mir dafür unendlich dankbar sein würdest. Doch kaum waren wir wieder bei Deiner Familie, ergriff Dich, als wärest Du von einem bösen Dämon besessen, die Wut gegen mich.« Immerhin hält er ihr zugute, dass dieser Zustand nicht durch böse Absicht, sondern durch Erkrankung entstanden sei. Gibt es noch einen Ausweg? »Der Arzt behauptet, Du würdest wieder gesund, wenn Du schwanger würdest«, lässt Heinrich Schliemann Sophia wissen. »Aber wie soll das geschehen, wenn Du mich von früh bis abends ärgerst? Ein Mann zeugt Kinder, wenn er verliebt ist, nicht wenn er wütend gemacht wird.«[387]

Und dann scheint es, als habe sich fundamental etwas verändert. Hatte Freund Vimpos, Sophias Onkel, mit seiner Versöhnungs-Predigt an die Adresse Schliemanns Erfolg?[388] Als Erzbischof hatte der umso vieles Jüngere immerhin das *Gametón*, ein Kirchenbuch zur Ehestiftung, verfasst und an Schliemann geschrieben: »Was Sophia anbetrifft, so halte ich es für meine

Pflicht (denn ich trage vor Gott die ganze Verantwortung) Ihnen vorzuhalten, daß Sie, wenn Sie mit Sophia glücklich zusammenleben wollen, ihr gegenüber Nachsicht walten lassen müssen und nicht von ihr etwas verlangen, was sie nicht leisten kann, sonst können Sie nicht behaupten, Sie würden sie lieben; darüber hinaus müssen Sie sich von dem Anspruch verabschieden, daß alles, was Sie tun oder was Sie denken, richtig ist.«[389] Mehr Nachsicht und weniger Schulmeisterei – wollte Schliemann das versuchen? Oder wurde schlicht die Ehe vollzogen?

Plötzlich wollen Heinrich und Sophia Schliemann – er spricht sie nunmehr altgriechisch mit *Sophídion* an, sie nennt ihn zärtlich *Errikáki* – es noch einmal miteinander versuchen, gemeinsam nach Troja aufbrechen, als könne die Aura des mythischen Ortes alle Wunden heilen. Am 2. Juli 1870 will er mit dem Schiff von Marseille aufbrechen und hat in Frankreich schon Spaten, Kochgeschirr, Kaffee und reichlich Cognac gekauft. Auch einen Damensattel, um mit Sophia gemeinsam durch die Ebene zum Skamander zu reiten. Sie soll am 6. Juli in Piräus zu ihm an Bord kommen, so der große Plan.[390] Doch der geht am Ende wieder nicht auf. Es soll Krieg geben.

Als intensiver Leser deutscher und französischer Blätter entgeht Heinrich Schliemann im Sommer 1870 nicht, dass ein Waffengang zwischen Frankreich und Deutschland immer wahrscheinlicher wird. Frankreichs Kaiser Napoleon III. beharrt im spanischen Erbfolge-Konflikt darauf, dass keiner der erbberechtigten Anwärter aus dem Hause Hohenzollern den vakanten Thron in Madrid besteigen darf. Er will sein Land nicht eingekeilt sehen zwischen Preußen an allen Flanken. Der preußische König Wilhelm wiederum kann sich solcherlei Vorschriften aus Paris kaum gefallen lassen und Bismarck, sein Kanzler in Berlin, spielt die »impertinente« französische Forderung, die dem Monarchen auf seiner Kur in Bad Ems vom französischen Botschafter übermittelt wurde, gekürzt und zugespitzt der deutschen Presse zu. Den patriotischen Aufschrei, den Bismarcks Emser Depesche in deutschen Landen auslöst, beantwortet Frankreich am 19. Juli 1870 hitzig mit einer Kriegserklärung. Eine Steilvorlage für den preußischen Regierungschef, um alle Deutschen unter der Fahne Preußens zu versammeln. Kein halbes Jahr später wird in Paris, im Spiegelsaal von Versailles, mit Hochrufen auf Kaiser Wilhelm die deutsche »Reichseinigung durch Blut und Eisen« vollendet.

Bei Kriegsausbruch, im Sommer 1870, hat Heinrich Schliemann in Paris zunächst einmal das Glück, im anschwellenden Chauvinismus beider Seiten »neutral« zu sein. Er ist Amerikaner. Als langjähriger Geschäftsmann aber weiß er nur zu gut, dass Krieg wirtschaftlich ein hohes Risiko bedeutet. Als Kriegslieferant im Krimkrieg hatte er zwar Glück, wie er immer wieder betont. Doch jetzt ist er im Besitz von vier großen Pariser Wohnhäusern mit 270 Mietsparteien, über Nacht ist die sichere Wertanlage von mehreren Millionen Francs verletzlich geworden, durch Feuer und Kanonen, ausfallende Mieteinnahmen und Inflation, Aufstände und Plünderei.[391] Unsichere Zeiten brechen an, sodass er vorerst Paris nicht verlassen will.

Stattdessen kommt Sophia nach Frankreich, Schliemanns Hausärzte verschreiben ihr Seebäder an der Küste. Im August und September pendelt Heinrich Schliemann drei Wochen lang zwischen der französischen Hauptstadt und Boulogne-sur-Mer, wo er seine junge Frau – wohl nicht zufällig – nah an der Grenze zu Holland und zu den Küstenstädten Dieppe und Calais, den Fährhäfen nach England, untergebracht hat. Nur für den Fall, dass der deutsch-französische Krieg sie doch irgendwo einholt. Tatsächlich ist Heinrich Schliemann jetzt mehr denn je um Sophia besorgt. Sie solle sich nicht anstrengen, mäßig essen und langsam gehen, um nicht hinzufallen, rät er ihr Anfang Oktober in einem Brief, »damit das wertvolle kleine Ding, was du in dir trägst, nicht

aufgeregt oder verletzt wird«.[392] Am 7. Mai 1871 bringt Sophia
Schliemann das vierte Kind Heinrich Schliemanns zur Welt, ein
Mädchen, ihre Erstgeborene. Natürlich wird sie auf einen trojanischen Namen getauft – Andromache, die Frau des Heroen Hektor – und mit einer goldenen Mitgift reich bedacht, für Griechen
Symbolgestalt der bedingungslosen Liebe. Heinrich Schliemann
hatte niemals Scheu vor großem Pathos. Nomen est omen.

Kapitel 6 | Osmanische Mühlen

Troja, ohne Zweifel: der illegale Grabungsbeginn
und seine Folgen

»Meine liebe Frau, eine Athenienserin, die für Homer schwärmt
und die *Ilias* fast ganz auswendig weiß, wohnt den Ausgrabungen
von früh bis spät bei«, schreibt Heinrich Schliemann in seinen
Trojanischen Alterthümern über seine erste genehmigte Grabung in
der Troas, die am 11. Oktober 1871 endlich beginnen kann.[393] Später würde der Biograf Emil Ludwig, der von Sophia Schliemann
mit einem großen Erinnerungswerk über ihren verstorbenen
Mann beauftragt wurde, sogar behaupten, die Mutter hätte ihre
Tochter Andromache nach drei Monaten Troja-Grabung nicht
mehr wiedererkannt.[394] Was für Leser der *Gartenlaube* ebenso er-
baulich wie romantisch klingen mag, ist indes frei erfunden. Fest
steht, dass Sophia Schliemann die Skamander-Ebene bis Mai
1872 weder gesehen noch beritten hat, trotz des von ihrem Ehemann eigens für sie erworbenen Damensattels aus Marseille. Die
glückliche Mutter blieb lieber in Athen.[395] Dorthin schreibt Heinrich Schliemann ihr im Oktober 1871: »Das Leben hier ist gräß-
lich, alles starrt vor Dreck, und die Entbehrungen sind unerträglich. Ich bin froh, daß Du nicht bei mir bist. Nicht einmal jetzt,
im Sommer, sind die Ausgrabungen von Troja etwas für Dich.«[396]
Seine Frau aber wird auch künftig, selbst in entscheidenden Au-
genblicken, eher imaginiert als real an seiner Seite auf dem Grabungsplatz erscheinen, was immer Schliemann auch in seinen
Schriften behaupten mag.

Das Ringen um die Grabungsgenehmigung der türkischen
Behörden für Hissarlik hatte ihn weit mehr als ein Jahr gekostet.

Auch die »ausgezeichnete Provision«, die er dem in der Türkei bestens vernetzten Frank Calvert im Falle der Ausstellung des Fermans als Zielprämie in Aussicht stellte, konnte die Dinge bei der Hohen Pforte nicht beschleunigen.

In der Zwischenzeit war Heinrich Schliemann so verzweifelt, dass er ernsthaft Alternativen zur Grabung in der Troas überdachte. Seine Spurensuche nach Homer wollte er indes nicht aufgeben, also fragte er 1871 bei der griechischen Regierung um eine offizielle Grabungslizenz für Mykene nach. Doch in Athen hatte man keine Absicht, einem Amateur, dessen Namen man in der Altertumsbehörde nie zuvor gehört hatte, einen so exklusiven Grabungsort wie Mykene zu überlassen, und lehnte das Gesuch – ziemlich durchsichtig – mit Hinweis auf die schlechte Sicherheitslage auf dem Peloponnes ab.[397]

Während Heinrich Schliemann über weitere Alternativen brütet, dem realen Homer endlich nachzugraben, erreichen deutsche Truppen, ganz gegen seine Erwartung, die französische Hauptstadt. Auf einer zweimonatigen Tour, die er zur Verkürzung der Wartezeit durch England und Schottland unternimmt, kommen ihm bald ernst zu nehmende Gerüchte zu Ohren, wonach die Deutschen Paris in Schutt und Asche legen wollen. Und so pendelt der beunruhigte Immobilienbesitzer mehrfach an die Seine, um nach dem Rechten zu sehen.

Als Paris dann vollständig eingeschlossen und belagert wird, wendet sich Schliemann an verschiedene preußische Militärbehörden, um eine Genehmigung zur Inspektion seiner Mietshäuser im Pariser Stadtzentrum zu erhalten. Doch vergeblich.[398]

Glaubt man Heinrich Schliemann, so griff er in dieser Situation zu einer »Kriegslist« und staffierte sich »für fünf Francs« mit dem Passierschein und der Uniform des nicht ganz unbestechlichen Postmeisters Charles Klein aus Lagny aus. Obgleich er wesentlich älter aussah als der 30-jährige Postillion, hätten ihn die

Deutschen regelmäßig passieren lassen, da er »jeden Leutnant mit ›Mon Général‹ und jeden Soldaten mit ›Monsieur Oberst‹ betitelte«, wie er seinem Vetter Adolph in Schwerin schreibt.[399] Dass er, hätte man die Verkleidung entdeckt, tatsächlich »arretiert und erschossen« worden wäre, mag zu den Schliemann'schen »Ausschmückungen« zählen. Doch glaubt man ihm die »Freudentränen«, als er seine Wohnung an der Place St. Michel inmitten vieler zerstörter Straßenzüge unversehrt findet. »Ich gab meinen Büchern so viele Küsse«, schreibt er, »wie ich einem dem Tod entrissenen Kinde gegeben hätte.«[400]

Fest steht, dass Heinrich Schliemann inmitten dieser Kriegswirren Arrangements zu treffen versteht, die seinen Besitz auch in Abwesenheit schützen – selbst in den Monaten der Pariser Commune ab Mitte März 1871, die wenig Respekt vor großbourgeoisem Eigentum hat, und dies trotz des deutschen Dauerbombardements der Stadt über viele Monate. Einmal mehr wird sich Heinrich Schliemann nach diesem Krieg als Glückspilz sehen.[401]

Gleichzeitig aber beginnt er ohne Hast und Aufsehen, sich nach Grundstücken in Athen umzusehen. Auch vermeintlich sichere Wertanlagen wie Immobilien – so offenbar sein Schluss aus der gerade überstandenen Gefährdung seiner Pariser Häuser – sollten nicht konzentriert, sondern breit gestreut werden. Der Geschäftsmann Schliemann bleibt jederzeit auf seinem Posten, beobachtet das weltweit hohe Zinsniveau und die europaweit sinkenden Grundstückspreise.[402]

Was die Grabungslizenz für Troja angeht, so versucht Heinrich Schliemann, seinen Fauxpas an den Dardanellen mit doppelter Energie wiedergutzumachen. Drei Mal macht er sich nach seiner illegalen »Probegrabung« zwischen April 1870 und August 1871 mit nur einem Ziel auf nach Konstantinopel: Er will im Gespräch mit hohen Beamten und Diplomaten, mit Bakschisch und untertänigen Demarchen doch noch die erhoffte Erlaubnis erhalten. Doch die türkischen Behörden stellen sich taub, auch deswegen, weil ausgerechnet an der Stelle seiner »Versuchsgrabung« schon einmal 1200 große Silbermünzen aus der Zeit Antiochus III. (241–187 v. Chr.), eines der Nachfolger Alexanders, gefunden worden waren.[403] Also versprach Schliemann den türkischen Behörden, alle Objekte aus Edelmetall, auf die er in Hissarlik stoßen würde, an das neu eingerichtete Museum für Altertümer in Konstantinopel abzugeben.[404] Doch auch diese weitreichenden materiellen Zusagen führen nicht zum erhofften Ziel. Andererseits wollte Heinrich Schliemann den für ihn »heiligen« Boden Trojas nach Möglichkeit selbst besitzen. »Ich bin bereit, für die Ausgrabung Jahre meines Lebens zu opfern und eine hohe Summe Geld«, ließ er Frank Calvert wissen, »aber der Grund und Boden muss mir gehören, und solange das nicht der Fall ist, werde ich nicht mit dem Graben beginnen, denn wenn ich auf dem Boden der Regierung grabe, dann wäre ich ewigem Ärger und Kummer ausgesetzt.«[405] Schwebte ihm womöglich mehr vor als die bloße Freilegung Trojas? Wollte er dort mit seiner schönen Frau den Traum der *Ilias* ausleben, der Paris und der schönen Helena verwehrt blieb? Über genügend Fantasie dafür verfügte er.

Schließlich aber konzentriert sich Schliemann auf die Grabungserlaubnis und setzt, vermutlich auf Anraten Frank Calverts, ein Schreiben an den zuständigen osmanischen Minister für Volksaufklärung Savfed-Pascha auf, wie es untertäniger und reuevoller kaum sein konnte: »Voll Bewunderung und Enthusiasmus für die immensen Reformen, die Sie auf geniale Weise zur Förderung der Humanität eingeführt haben«, formulierte Schliemann huldvoll, »nehme ich mir die Freiheit, mich an Exzellenz zu wenden mit der Bitte, mein beiliegendes Buch (*Ithaka* – d. V.) als Zeichen meiner Verehrung anzunehmen. Dieses Buch handelt unter anderem von meinen archäologischen Forschungen in der Troas … Der Zufall führte mich im letzten April erneut zu dem Hügel von Troja, und die göttlichen Verse Homers und meine Liebe zur Archäologie brachten mich dazu, in jenen Tagen auf dem Plateau des Hügels eine kleine Versuchsgrabung auszuführen, und ich bin dabei auf den Palast des Priamos und den Tempel der Minerva gestoßen … Zu meinem Bedauern habe ich von Herrn Calvert von den Dardanellen erfahren, daß Ihre Exzellenz böse auf mich ist, weil ich diese kleinen Ausgrabungen ohne Erlaubnis gemacht habe. Aber als ich den Hügel vor mir sah, der den Palast des Priamos in sich birgt, jenen Palast, den die Gelehrten aller Länder seit zwanzig Jahrhunderten vergeblich suchen, da verführten mich mein Enthusiasmus für die Wissenschaft und mein Fanatismus für die Archäologie. Ich arbeitete bei strömendem Regen, als herrschte strahlender Sommer; ich glaubte zu Mittag und Abend gegessen zu haben, obwohl ich den ganzen Tag nichts zu mir nahm; – jede Tonscherbe, die ich ans Tageslicht brachte, war für mich ein neues Blatt der Geschichte. Ich bitte um Vergebung im Namen unserer gemeinsamen Mutter, der Wissenschaft, der Sie wie ich unser Leben geweiht haben; im Namen der Wissenschaft, für die wir beide die gleiche Wertschätzung haben, den gleichen Enthusiasmus; im Namen der Wissenschaft, die sie unter Ihren nachdrücklichen Schutz gestellt haben!«[406]

Doch auch dieser pathetisch-blumige Kniefall bringt den erhofften Durchbruch nicht. Also putzt Heinrich Schliemann im Dezember 1870 drei Wochen lang persönlich die Klinken am Bosporus, bis endlich Verhandlungen über die Grabungsbedingungen in Hissarlik aufgenommen werden, die sich dann noch einmal über ein halbes Jahr hinziehen.[407] Der einzige Vorteil, den Schliemann dieser vertrackten Situation abgewinnen kann: Sein türkischer Wortschatz vermehrt sich auf rund 6000 Vokabeln. Im Frühjahr wechseln schließlich der zuständige Minister und der amerikanische Gesandte, was die festgefahrene Sache offenbar erleichtert. Doch erst am 12. August 1871 erreicht Heinrich Schliemann in London die Nachricht, dass ihm der Ferman für die Grabung in Hissarlik erteilt wurde. Allerdings unter der Auflage, dem neuen archäologischen Museum in Konstantinopel die Hälfte aller Fundstücke zu überlassen, die ausgegrabenen Mauerreste im Zustand ihrer Freilegung zu erhalten und alle Kosten selbst zu tragen.[408] Die für Schliemann wohl bitterste Pille dieser endlosen Verhandlungen, die er eigentlich für einen formalen Akt jenseits der Grabungspraxis an den Dardanellen hielt: Die Hohe Pforte beordert nunmehr einen türkischen Beamten zur Aufsicht nach Hissarlik, um seine Grabung zu überwachen. So frei und unkontrolliert wie erhofft wird er nicht mehr agieren können.

Wie sehr er durch seine »Probegrabung« auch vor Ort in Ungnade gefallen war, wird Schliemann klar, als er am 27. September 1871 in Çanakkale eintrifft und nun so rasch wie möglich mit der Grabung beginnen möchte.[409] Diesmal stellt sich ihm der Provinzgouverneur an den Dardanellen in den Weg. Die Grabungslizenz, so Achmed-Paschas Einwand, gebe keine klare Auskunft darüber, ob Schliemann auf dem Land von Frank Calvert, auf den Parzellen der Regierung oder auf dem gesamten Burgberg graben dürfe.[410] Hissarlik sei groß und er benötige eine Klarstellung. Noch einmal vergehen ganze zwei Wochen, bis Heinrich Schliemann endlich beginnen kann.

»Die Schwierigkeiten vermehren nur mein Verlangen«, schreibt Heinrich Schliemann Anfang November 1871 während seiner ersten großen Grabungskampagne, »das jetzt endlich vor mir liegende Ziel zu erreichen und zu beweisen, dass die *Ilias* auf Thatsachen beruht und dass der grossen griechischen Nation diese Krone ihres Ruhmes nicht genommen werden darf.«[411] Es klingt ein wenig Trotz in der Botschaft, die er da formuliert –

eine Kampfansage an die behäbigen türkischen Behörden natürlich, mehr noch aber an einen gewichtigeren Gegenspieler, der ihm gerade den Fehdehandschuh hingeworfen hat.

Ende Juli 1871 hatte sich Heinrich Schliemann nach Berlin, in die Hauptstadt des neuen Deutschen Kaiserreichs aufgemacht, um Ernst Curtius als einen der berühmtesten Archäologen seiner Heimat kennenzulernen.[412] Die unruhige Aufbruchstimmung in Berlin entsprach seiner eigenen Gemütslage, vermutlich könnte er tatsächlich bald mit der Freilegung Trojas beginnen. Doch in Deutschland blickte man mit Skepsis auf sein Grabungsprojekt in Hissarlik und würde wohl auch die archäologischen Ergebnisse in Zweifel ziehen, bevor er überhaupt richtig losgelegt hatte. Die Audienz, die Curtius als Direktor des Alten Museums in Berlin, dem Preußen zudem die prestigeträchtige Ausgrabung des antiken Olympia in Aussicht gestellt hatte, dem Autodidakten Schliemann in seinem Stadtpalais an der Berliner Matthäikirchstraße einräumte, war sicherlich als Zeichen der Offenheit zu verstehen. Man konnte die wachsende Zahl engagierter Unternehmer, die sich neuerdings in großer Zahl dafür interessierten, was der Erdboden an Kulturzeugnissen barg, nicht ohne Zeichen der Ermutigung lassen, selbst wenn gar nicht so wenige von ihnen vor allem auf kaiserliche Orden schielten. Jedenfalls war der Papst der deutschen Altertumskunde bereit, dem Mecklenburger Autodidakten Gehör zu schenken, der in Zeitungen von seinen Troja-Ausgrabungen berichtete. Heinrich Schliemann seinerseits ging es vor allem darum, dem einflussreichen Professor die entscheidenden Argumente vorzutragen, die mittlerweile gegen die gängige These sprechen konnten, Troja in Bunarbaschi zu verorten. Und andererseits mit einem bewanderten Experten wie Ernst Curtius seine recht optimistisch stimmenden Grabungsergebnisse in Hissarlik zu diskutieren – seine vermeintlichen Hinweise auf den Tempel der Athene der *Ilias* und die großen Mauersteine, die gleichfalls auf die »homerische Epoche« hindeuteten.[413] Curtius machte während seiner Unterredung mit Schliemann kein Hehl aus seinem Zweifel an Hektor und Achill und daran, dass die Epen Homers überhaupt ein reales historisches Geschehen nachzeichneten. Andererseits hatte es die mächtige Feste oder Königsburg Troja sicherlich irgendwo an der Küste Kleinasiens gegeben, wie Curtius einräumte. Mochte er auch ein wenig irritiert sein von Schliemanns recht blauäugig erscheinendem Enthusiasmus, so versprach er doch, bei seiner bald anstehenden Forschungsexpedition in die Türkei an den Dardanellen Station zu machen. Demnächst sollten in Berlin ohnehin seine *Beiträge zur Geschichte und Topographie Kleinasiens* erscheinen und nach seinen Visiten in Ephesos, Sardes, Pergamon und Smyrna konnte eine abschließende Inspektion der Troas sicherlich nicht schaden.[414]

Als Heinrich Schliemann sich mit einem festen Händedruck von Ernst Curtius verabschiedete und sich aus dessen »Blauem Salon« empfahl, hatte er das Gefühl, sein Möglichstes getan zu haben, um den bevorstehenden Ausgrabungen in Hissarlik den nötigen Respekt auch der deutschen Wissenschaft verschaffen zu können. Für den Erfolg seines Unternehmens, das wusste Heinrich Schliemann aus Dutzenden Bank-und-Börsen-Spekulationen, waren handfeste Tatsachen das eine, deren Interpretation aber die andere, vielleicht sogar entscheidendere Sache. Insofern musste er für sein Projekt Priamos Grabungsfortschritte erzielen und Objekte liefern, die von sich reden machten. Für die Ausdeutung seiner Funde aber, ihre Interpretation als »homerische Stücke«, konnte er nicht ganz allein sorgen. Die Deutungshoheit darüber lag in den Händen solcher Männer wie Ernst Curtius. Sie für sich zu gewinnen war daher von höchster Priorität.

Tatsächlich traf Ernst Curtius, begleitet von fünf hochkarätigen Experten der Altertumskunde, der Baugeschichte und der

Topografie, schon am 3. September 1871 in Çanakkale ein, wo ihn
Frank Calvert – vermittelt durch Schliemann, der sich selbst gerade mit der eben eingetroffenen Grabungslizenz in der Tasche
von London aus zu den Dardanellen aufmachte – freundlich in
Empfang nahm.[415] Vor Ort zog es die sechs Deutschen dann allerdings nicht so sehr nach Hissarlik, wie Schliemann gehofft
hatte. Vielmehr nahmen sie ein Segelboot nach Kumkalé und
zogen von dort mit einer Eselskarawane weiter Richtung Bunarbaschi, das sie eingehend inspizierten. Der dortige Mauerring erschien ihnen als Beleg für Troja indes ebenfalls recht dünn. Auf
Drängen des Berliner Bauhistorikers Adler setzte sich die Kara-
wane am Folgetag schließlich doch Richtung Hissarlik in Marsch,
um beide Ruinenplätze vergleichen zu können.[416] Dort stimmte
die Curtius-Delegation nach eingehender Besichtigung des Grabungshügels darin überein, dass es sich hier zunächst um Alexanders Neu-Ilium, also die Ruinen der hellenistisch-make-
donischen und römischen Stadt, handelte. Auf Frank Calverts
Nachfragen, ob sich ihrer Meinung nach nicht unter dem Burgberg von Hissarlik auch Homers Troja verbergen könne, hielten
sich die Herren indes sehr bedeckt. Aufgrund des Landbesitzes
des Briten in Hissarlik wollte man ein geschäftliches Interesse
Calverts an einer solchen Expertenaussage nicht ausschließen.
Doch für Heinrich Schliemanns Projekt Priamos kam es noch
weit schlimmer.

Sobald die Deutschen wieder abgereist waren, fasste Frank
Calvert die Visite der Delegation in einem Brief an Heinrich
Schliemann zusammen: »Alles, was ich nach der Rückkehr aus
der Troas vermelden kann«, so der Brite, »ist folgendes: Curtius
und seine Männer haben die Bunarbaschi-These übernommen,
ungeachtet all meiner Versuche, sie vom Gegenteil zu überzeugen. Mister Hirschfeld, der in Athen studiert, vertritt die Ansicht,
daß die Mauern, die sie entdeckt haben (und ebenso die, welche

ich ausgegraben habe) aus jüngerer Zeit stammen und nicht von dem alten Troja.«[417]

Mit diesem Befund der deutschen Experten, noch dazu aktuell, vor Ort und nach Augenschein erhoben, waren die nunmehr anstehenden Ausgrabungen Schliemanns mit einer schweren Hypothek belastet.

Als besonders verhängnisvoll hatte sich Schliemanns zweckoptimistische Behauptung erwiesen, er sei auf Mauern der »homerischen Epoche« gestoßen, die ein professioneller Altertumskundler wie Hirschfeld umstandslos ad absurdum führen konnte. Frank Calvert hatte Schliemann zur Vorsicht gemahnt – umsonst. Kein bekannter Archäologe stand nun auf seiner Seite. Demzufolge würde sich auch keine staatliche Altertumsbehörde oder archäologische Gesellschaft an den Mühen oder Kosten seiner Ausgrabungen des Homer'schen Troja in Hissarlik beteiligen. Selbst wenn sich Ernst Curtius einfach nur in Schweigen gehüllt hätte, wäre das hilfreicher gewesen als dessen nunmehr offizielle Expertise, das alte Troja liege, wenn überhaupt in der Troas, dann unter Bunarbaschi begraben.

Mit der sturen Entschlossenheit, die man seinen Landsleuten aus Mecklenburg gern nachsagt, macht sich Heinrich Schliemann am 11. Oktober 1871 unverdrossen an die Arbeit. »Keine Mühe will ich sparen, keine Kosten will ich scheuen«, postuliert er pathetisch, gerade »nach so vielen Täuschungen«.[418] Wie mühsam das Ganze tatsächlich werden wird, merkt er schon auf der Suche nach einem geeigneten Quartier. Im Dorf Çıblak, ein paar Kilometer östlich von Hissarlik, findet er schließlich eines der wenigen Lehmhäuschen mit Glasfenstern und Ziegeldach, im Innern ein Eisenbett, ein Tisch, ein Stuhl.[419] Doch im Nachhall der Sommerhitze in der Troas zieht er das Übernachten im Freien unter klarem Sternenhimmel vor. Nur das Zirpen der Zikaden behindert hier den Schlaf und lässt die Ohren schmerzen.

Für die erste Grabungswoche heuert er zunächst im griechischen Dorf Renköy acht Bauern an, die von Montag bis Samstag in Hissarlik schaufeln sollen, und für den christlichen Sonntag acht Türken aus dem Nachbardorf – eine Zahl, die sich schon nach wenigen Tagen verzehnfachen wird. Einen der Griechen, den aufgeweckten Nikolaos Zaphyros, verpflichtet er zum Vorarbeiter – ein Vertrauensvorschuss, der sich noch Jahre später auszahlen wird, als es gilt, das Gold aus Troja heimlich außer Landes zu schaffen.[420]

Was seinen Grabungsplan betrifft, so verlässt sich Schliemann auf Homer und richtet die gesamte Grabung an dem aus, was der antike Dichter von Troja überliefert. Laut der *Ilias* hatten die Götter Poseidon und Apollo die Ringmauer der Stadt geschaffen und Dardanos, der erste König von Troja, war mit seinem Volk, das ursprünglich am Fuße des quellenreichen Idagebirges wohnte, in die Ebene umgesiedelt, wo sie die neue Stadt Dardania erbauten, die schließlich den Namen Troja erhielt.[421] Dieser Überlieferung folgend geht Heinrich Schliemann von einer Stadtgründung um etwa 1250 v. Chr. auf unbesiedeltem Gebiet aus, deren Überreste folgerichtig am tiefsten liegen und sich in der ältesten Kulturschicht finden mussten. Er ahnt nicht, dass die »homerische Epoche« viel jünger ist als die ältesten Relikte der »Urscholle« von Hissarlik, dass er sein Troja also nicht direkt über dem Felsen, sondern inmitten vieler anderer Schichten suchen müsste. Stattdessen fokussiert er sich aber auf die tiefste Siedlungsschicht und fahndet dort nach dem Tempel der Athene, den Homer in Troja als herausragendes Heiligtum beschreibt.

Entgegen dem Rat von Frank Calvert, der Schliemann die Beachtung der tatsächlichen Stratifikation des Hügels ans Herz legt und ihm empfiehlt, Schicht für Schicht freizulegen, zumal sich in der »späten« Kulturschicht von Ilium Novum Antiquitäten von erheblichem musealen und finanziellen Wert finden könnten, ist Heinrich Schliemann fest entschlossen, den Angaben Homers zu folgen, ohne viel Rücksicht auf anderes, was seine Ausgrabung zutage fördern könnte. Für ihn zählt Troja, der Beweis der realen Geschichtlichkeit der Königsburg, vor allem der Athenatempel. »Ich vermuthe, dass dieser Tempel, der Stolz der Ilier, auf dem höchsten Punkte des Berges gestanden haben muss«, notiert er in seinem Grabungsbericht, »und entschloss mich daher, diese Stelle bis zum Urboden auszugraben. Um nun gleichzeitig die urältesten Festungsmauern der Pergamos zum Vorschein zu bringen und auch genau bestimmen zu können, um wieviel der Berg seit Errichtung jener Mauern durch den hinuntergeworfenen Schutt an Breite zugenommen hat, legte ich ... von der steilen Nordseite genau nach Süden und bis über die höchste Bergfläche hinausgehend einen ungeheuern Einschnitt an, welcher so breit ist, dass er das ganze Gebäude umfasst, dessen Fundamente von grossen behauenen Steinen ich schon im vergangenen Jahr blossgelegt hatte.«[422]

Mit acht Schiebekarren und 52 Körben sorgen seine Arbeiter – den Griechen gibt er Homer'sche Namen wie Agamemnon, Aeneas, Laomedon oder Hektor, die Türken ruft er Derwisch, Doktor, Pilgrim oder Korporal – in den sechs Grabungswochen im Oktober und November 1871 vor allem für den Abtransport von Schutt, der beim Vordringen in die Tiefe des Hügels von Hissarlik in großen Mengen anfällt.[423] Heinrich Schliemann ahnt nicht, dass er mit diesem Aushub auch jene Kulturschicht entsorgt, die zeitlich tatsächlich mit der »homerischen Epoche« korrespondiert und nach der er mit so viel Dringlichkeit fahndet – »Schutt« aus rund 150 Jahren, in denen auf dem Hügel von Hissarlik gleich zweimal eine Stadt unterging und denen Archäologen später die Bezeichnung »Troja VI« (ab 1300 v. Chr.) und »Troja VII« (ab 1200 v. Chr.) geben.

Doch auch so bereiten ihm die Objekte, die nun Tag für Tag ans Licht befördert werden, ziemliches Kopfzerbrechen. Zunächst stößt er in einer Tiefe von zwei Metern auf einen römischen Brunnen und Münzen aus der Epoche von Ilium Novum und Alexandria-Troas, in drei Metern dann auf Scherben von blauem Stein und griechische Inschriften aus dem 1. Jahrhundert v. Chr.[424] Alles erwartungsgemäß, bis Ende Oktober plötzlich eine Schicht Schutt erscheint,»in der ich eine ungeheure Menge von Werkzeugen aus sehr hartem schwarzen Stein (Diorit), aber primitiver Form fand«.[425] Das ist Schliemann unerklärlich. Wie war es möglich,»dass an der höchsten Stelle des Berges, wo die vornehmsten Gebäude des Berges gestanden haben«, Kulturzeugnisse auftauchten, die »Jahrtausende älter als der Trojanische Krieg« sein mussten, also nicht der Bronzezeit, sondern der »Steinperiode« zuzuordnen waren? Dabei handelte es sich um »ausgezeichnet gearbeitete irdene Gefäße und runde Stücke mit Loch in der Mitte«, seltsame »Brummkreisel« und »Caroussels«. Statt König Priamos fand er »mehrfach den *Priapus*«, den Schliemann als Kind einer Zeit, die in der Kunst selbst Penisse jenseits der Erektion sorgsam versteckte, für den Ausweis einer ausgemacht »primitiven« Kultur halten musste.[426] Zeitweise ist der ungeduldige Ausgräber von den vielen schwarzen Relikten so irritiert, dass er in seinem Tagebuch schon über die Folgen eines »negativen Ergebnisses« seiner Troja-Grabung nachdachte. Da er der Erste sei, der das Troja-Problem nicht theoretisch, sondern praktisch angehe und dabei weder Kosten noch Mühen gespart habe, so seine Hoffnung, müsse die Gelehrtenwelt in diesem Falle zumindest sein Verdienst anerkennen, Troja in Hissarlik ausgeschlossen zu haben.[427]

Doch dann tauchen, sehr zu seiner Erleichterung, kupferne Nägel, Messer, Lanzen und Streitäxte auf, die für eine »höhere Civilisation« sprachen, in über sieben Metern Tiefe auch kleine Scheiben, die »zierlich gearbeitet« und mit Inschriften versehen waren, die Schliemann anfangs für phönizisch hält.[428] Also würde seine Grabung wohl doch nicht in der Steinzeit versacken. Andererseits ist er überzeugt, wie er am 6. November 1871 notiert,»dass ich noch nicht zum Zeitalter des Trojanischen Krieges vorgedrungen bin«.[429] Dann aber glaubt er»häufig den Kopf der Eule auf irdenen Gefässen« erkennen zu können – ein Symbol der»ilischen Minerva«, der trojanischen Schutzgöttin Athene?[430] Auch fallen ihm zwischen»Handmühlen von Lava« und diversen Tonzylindern bis zur Grabungstiefe von zehn Metern Tongefäße auf, die wie»feuerrothe Champagnergläser mit zwei großen Henkeln« aussehen. Erinnerte die Glockenform nicht an Trinkgefäße, die bei Gelagen in der *Ilias* beschrieben wurden?[431] Besonders erfreut ist Schliemann, als er unter den Terracotta-Funden ein»sonderbares Töpfchen« auf drei Beinen und mit einer neun Millimeter großen Öffnung ausmachen kann, das mit Dreiecken und Sternen verziert ist.»Dieses kleine wunderbare trojanische Gefäß«, meint Schliemann,»hat den Damen als Behälter für wohlriechendes Oel gedient, welches bekanntlich beim Bad angewandt wurde.« Dass es sich bei diesem Töpfchen auch um eine Lampe handeln könnte, will er hingegen ausschließen,»denn Homer, der ja 200 Jahre nach der Zerstörung von Troja lebte, kennt noch keine Lampen«.[432]

Fast nebenbei installiert Schliemann so den antiken Dichter Homer – jenseits stratigrafischer Zuordnungen von Objekten zu ihrer jeweiligen Kulturschicht – auch als Eichmaß für die zeitliche Einordnung seiner Funde. Erst später würde Schliemann die Zeitspanne zwischen dem Ereignis des Trojanischen Krieges und der Niederschrift durch Homer auf weit mehr als 200 Jahre ausdehnen, ohne seine früheren»Befunde« zu revidieren.

Mit Homer als Kompass in der Hand fällt es Heinrich Schliemann naturgemäß auch leichter, die in den Ruinen freigelegten Mauern und Hauswände, die andere Archäologen für ihre zeitliche und räumliche Orientierung besonders wertschätzen würden, ohne viel Federlesens abzubrechen, »deren Trümmer ich täglich wegschaffen lasse«, wie er schreibt. Das Entsorgen der Mauern in dem Nord-Süd-Graben, den er immer tiefer in den Burghügel von Hissarlik hineintreiben lässt, verstößt eigentlich gegen die Vereinbarung mit den türkischen Behörden, doch Konstantinopel ist weit und sein osmanischer Aufseher wohl vor allem an Edelmetallen interessiert. Und so kommen in der Tiefe nach und nach die »Fundamente und Thürschwellen von Ziegelhäusern« ans Licht, die sich als »große behauene und unbehaune Steine« herausstellen. Handelt es sich um »cyklopische« Quader wie in Mykene oder Tiryns? Tatsächlich sind »gewaltige Blöcke« darunter, wie Schliemann zufrieden vermerkt. An einem der letzten Grabungstage brauchen 65 Arbeiter drei Stunden lang, um »eine einzige Thürschwelle mittels Tauen und Rollen fortzuschaffen«.[433]

Die »gänzliche Abwesenheit von Malerei«, die Schliemann bei seinen Funden in Tiefen zwischen zwei bis zehn Metern konstatieren muss, bedauert er zwar, doch spricht immerhin auch nichts gegen seine These, hier Homers Troja zu finden.[434]

Der unerbittliche Regen, der im Spätherbst 1871 über der Troas niedergeht, erschwert nicht nur die Ausgrabungen, sondern sorgt für heftige Fieberschübe. In den Sümpfen ringsum gibt es Myriaden von Stechmücken, die sich kaum vom Blutsaugen abhalten lassen, selbst in Schliemanns Moskitonetz dringen sie irgendwie vor. Schliemann versucht die kräftezehrende Erkrankung auch vieler seiner Arbeiter mithilfe von Chinin zu kurieren – »4 Gran in 4 Dosen täglich« –, wie er es schon vor 30 Jahren in Panama gelernt und auf seiner Fernostreise in Jakarta selbst gegen die Malaria anwenden musste.[435] Die »pestilenzialischen Miasmen« der Sümpfe in der Skamander-Ebene hatte er schon bei seiner ersten Reise an die Dardanellen im Jahr zuvor wahrgenommen, also bestückte er seine Reiseapotheke für den Herbst 1871 in weiser

Voraussicht mit großen Mengen der Rinde des Chinin-Baums. Mit Chinin, notiert er in seinem Grabungsbericht, habe er »bisher noch alle Fieberkranken geheilt«. Die Bauern der Umgebung bringen selbst ihre Kamele in Dr. Schliemanns Sprechstunde, leider »ohne jede Dankbarkeit« für den *Megálo jatró*, den großen Arzt, wie er beklagt.[436]

Am 24. November schließlich prasseln die Regengüsse derart sintflutartig herab, dass er die Kampagne des Jahres 1871 abbrechen muss – natürlich nur, »um sie am 1. April 1872 fortzusetzen«. Offiziell ist er mit den letzten Funden recht zufrieden, wie er in seinem Grabungsbericht vermerkt, »da ich jetzt ganz bestimmt glaube, an den Ruinen von Troja zu sein«.[437] In einem Brief an den amerikanischen Botschafter aber hatte er keine zwei Wochen zuvor geschrieben: »Ich weiß nicht mehr, was ich von all dem halten soll. Ich bin völlig fertig, in sieben Metern Tiefe finde ich den Schutt von Menschen, die 1500 Jahre vor Christus lebten, während ich der Ansicht war, hier auf das Jahr 3000 vor Christus zu stoßen. Wer weiß, vielleicht habe ich noch nicht einmal die Schicht erreicht, auf der sich der Trojanische Krieg abspielte. Aber dann diese primitiven Steinmassen, drei Meter dick! Wo Homer doch keine Steinwerkzeuge kennt und nur Bronze und Eisen erwähnt!«[438]

Tatsächlich stammten von den über 1000 Fundstücken, die Schliemann 1871 bergen konnte, rund 950 aus prähistorischer Zeit. Von diesen aber korrespondierte kein einziges mit dem Homer'schen Troja. Er hatte buchstäblich nichts von dem gefunden, was er suchte. »Aber all dieser Wirrwarr entmutigt mich nicht!«, ließ er seinen amerikanischen Fürsprecher in Konstantinopel trotzig wissen.[439]

Die Grabung von 1871 geht mit einem seltsamen Schlussakt zu Ende: Heinrich Schliemann überprüft höchstpersönlich die Wassertemperatur der beiden Quellen, die Frederick Calvert Jahre zuvor auf seinem Landgut Akça Köy im Briefwechsel mit London als die von Homer in der *Ilias* beschriebenen Quellen nahe Troja ausgegeben hatte. So schreibt es Heinrich Schliemann jedenfalls nieder, oder war er gar nicht selbst mit dem Thermometer unterwegs und Frank Calvert hatte ihm das trickreiche Manöver seines in Haft sitzenden Bruders nur erzählt? In seinem Grabungsbericht jedenfalls stellt Heinrich Schliemann fest, er habe »weder im stehenden noch im fliessenden Wasser den geringsten Temperaturunterschied« zwischen den beiden Quellen feststellen können.[440] Gut möglich, dass er aus Neugier oder Gründlichkeit neben der Bunarbaschi-These auch diesen anderen Ort, der kurzzeitig als irrlichternde Idee des Homer'schen Troja aufgeflackert war, durch eigene Nachprüfung ausschließen wollte. Oder aber die bisherigen Grabungsergebnisse verunsicherten ihn so sehr, dass er klammheimlich doch noch über Troja-Alternativen jenseits von Hissarlik nachgrübelte.

Seine Leser lässt Heinrich Schliemann wissen, er sei »überzeugt, daß im alten Troja die Buchstabenschrift bekannt war«, weswegen er nunmehr hoffe, »im nächsten Frühjahr durch Inschriften und durch andere Monumente zu beweisen, daß ich begonnen habe, die Trümmer des lange gesuchten Troja aufzudecken«.[441] Er nimmt sich damit für 1872 das Unmögliche vor. Denn dass in den 15.693 Versen der *Ilias* und den 12.110 Versen der *Odyssee* das griechische Wort *graphein* nur ganze zwei Mal auftaucht, womit Homer eher »einritzen« als »schreiben« meinte, ist ihm durchaus bewusst. Schliemann weiß, dass er kaum Inschriften aus der »homerischen Epoche« erwarten darf. Doch er spekuliert weiter auf die Neugier seines Publikums am jahrtausendealten Mythos.

Abb. 01 | *Der 25-jährige Heinrich Schliemann als erfolgreicher Geschäftsmann im russischen Sankt Petersburg.*

Abb. 02 | *Der Bergrücken von Hissarlik zu Beginn der ersten Grabungen (1773),*
im Vordergrund eine Brücke über den alten Skamander.

Abb. 03 | *Das Museum für Völkerkunde in der Prinz-Albrecht-Straße in*
Berlin vor seiner Zerstörung im Zweiten Weltkrieg: Bis 1939 wurden hier der
»Schatz des Priamos« und die Schliemann-Sammlung präsentiert.

Abb. 04 | Heinrich und Sophia Schliemann 1880 beim
Aufbau der Troja-Ausstellung im Berliner Kunstgewerbemuseum
(heute Martin-Gropius-Bau).

Abb. 05 (nächste Doppelseite) | Der »Schliemanngraben« auf einer Fotografie
Heinrich Schliemanns in seinem Atlas trojanischer Alterthümer. Tafel 109
»zeigt meinen großen durch den ganzen Berg gegrabenen Kanal von der Südseite;
im Vordergrund ist Iliums großer Turm«.

Taf. 109.
...t Hiums Thurm im Vordergrund

Abb. 06 | *Rekonstruktion von Troja VI auf Grundlage der Interpretation der Grabungen von ...*

... *Manfred Korfmann in Hissarlik: Die Burg mit ihren Palasthäusern und Teile der Unterstadt.*

Sophie Schliemann (signature)

Abb. 07 | *Sophia Schliemann als »Schöne Helena« mit dem Goldschmuck aus dem »Schatz des Priamos« (Athen 1873/1874).*

Abb. 08 | *Objekte aus dem »Schatz des Priamos« in einer Nachbildung von W. Kuckenberg in* Schliemanns Welten *im Neuen Museum Berlin (2021).*

Abb. 09 | *Das Athener* Schliemannhaus Iliou Melathron *in einer Aquarellskizze von Ernst Ziller (Athen, 1878).*

Abb. 10 | *Die sogenannte »Maske des Agamamnon«, eine der Totenmasken aus dem Gräberrund A von Mykene.*

Abb. 11 | Am Löwentor von Mykene (1898): Wilhelm Dörpfeld (links stehend), Assistent und späterer Grabungsnachfolger Heinrich Schliemanns in Troja und Mykene mit Besuchern.

Abb. 12 | *Der von Heinrich Schliemann aus Alexandria geschmuggelte Kopf der Kleopatra VII., eine Marmorbüste aus der römischen Epoche (50–30 v. Chr.).*

Abb. 13 | »Helios mit Vierergespann«: Heinrich Schliemanns erster
bedeutender Fund in Hissarlik/Troja – sein »Phoebus Apollon«.
Die Helios-Metope bildete in hellenistischer Zeit (nach 300 v. Chr.) den
Eckblock eines Frieses auf der Nordseite des Athenatempels von Ilion.

Abb. 14 | *Bundeskanzlerin Angela Merkel, der russische Präsident Wladimir Putin, der Direktor der Eremitage St. Petersburg Michail Piotrowski und der Präsident der Stiftung Preußischer Kulturbesitz Hermann Parzinger in der deutsch-russischen Ausstellung* Europe ohne Grenzen – Bronzezeit *(2013) mit Schliemanns Schätzen in der Eremitage.*

Abb. 15 | *Irina Antonowa, die Hüterin des Schliemann-Goldes, mit Autor Frank Vorpahl in ihrem Arbeitszimmer im Puschkin-Museum (2008).*

Abb. 16 | *Das vom Architekten Ernst Ziller entworfene Mausoleum Heinrich Schliemanns in Athen.*

Abb. 17 | *Das futuristische Troja-Museum des türkischen Architekten-teams um Ömer Selçuk Baz in der Skamanderebene bildet in seiner Höhe den Burghügel von Hissarlik nach. Mächtige Rampen führen zum Eingang unter die Erde – zu den archäologischen Funden der »Urscholle«, der Heinrich Schliemann so fieberhaft nachgrub.*

Kapitel 7 | Das Dach von Ilion

Schliemanns Palast und die Fahndung nach dem
Tempel der Athene

Als Heinrich Schliemann im Dezember 1871 nach Athen zu-
rückkehrt, dauert die Heimreise ungewöhnlich lange. Eigentlich braucht das Dampfboot von den Dardanellen nach Piräus
nur einen Tag, doch diesmal muss der Ausgräber erst einmal für
elf Tage in Quarantäne auf die Insel Salamis. Das junge stolze
Griechenland möchte sich nicht irgendwelche Krankheiten ein-
schleppen lassen aus dem Land der früheren Besatzer. Schliemann nimmt es gelassen, kann seinen Schriftkram sortieren,
Briefe schreiben, die Gedanken ordnen. Als er zwei Wochen vor
Weihnachten 1871 in Athen eintrifft, ist seine Tochter Andromache schon sieben Monate alt. Es ist an der Zeit, über ein neues
Heim für die Familie nachzudenken – nicht in Paris, sondern in
Athen.

Unter dem Dutzend Grundstücken, die Heinrich Schliemann
in der griechischen Hauptstadt erworben hat, findet sich auch
ein 5000 Quadratmeter großes Filetstück nahe der Staatsbibliothek im Zentrum Athens. Beste Lage, mit Raum für einen schönen Garten – zum Preis von nur 68.000 Drachmen. Mit Ernst
Ziller, dem Athener Baumeister, ist Schliemann zwar uneins in
der Bunarbaschi-These, aber der »beste deutsche Architekt« soll
ihm dennoch ein repräsentatives Haus bauen.[442] Dieser Auftrag
wird die sächsischen Architekten-Brüder Ziller noch berühmter machen als ihr Haus für den Erfolgsschriftsteller Karl May,
dem sie in Radebeul die »Villa Shatterhand« und – wie für Schliemann – ein Grabmal errichten.

Auch das Wohnpalais Heinrich Schliemanns soll einen vielsa-
genden Namen tragen: *Iliou Melathron* soll es heißen, altgriechisch
für das »Dach von Ilion« oder sinngemäß »Palast von Troja«. Eigentlich ist es eine typisch deutsche Bürgervilla, die Ziller da ent-
wirft, nur dass sich die Räume in jedem der drei Stockwerke um
eine geräumige zentrale Halle gruppieren, was den Bau überaus
repräsentativ macht, sodass hier später selbst der griechische Ministerpräsident amtieren wird.[443]

Schliemanns Palast liegt nicht nur in Bezug auf die Baukosten,
sondern auch betreffs der Raumgröße deutlich über dem Durch-
schnitt der Athener Bourgeoisie.[444] »Da ich zeitlebens in kleinen
Häusern wohnte«, so Schliemanns Forderung an den Architekten, »möchte ich die restlichen Jahre meines Lebens in einem
großen Bau verbringen. Ich möchte Weiträumigkeit und nichts
mehr.« Ernst Ziller stuft das Repräsentations-Bedürfnis seines
Auftraggebers aber wohl höher ein. Er kannte Schliemanns Bewunderung für Gottfried Sempers »Villa Rosa« in Dresden und
kreiert für die Hauptfassade hin zur Athener Universitätsstraße
eine doppelte Arkaden-Bogenfolge aus fünf ionischen Marmor-
säulen auf zwei Etagen, wie er sie ganz ähnlich schon für das Theater in Patras entworfen hatte. Der Neorenaissance-Palast kann
trotz seiner einfachen kubischen Grundform von 26 mal 24 Metern durch die großen dominierenden Loggien im Haupt- und
Obergeschoss, die flankierenden Pariser Fenster mit Rundbogen,
weiße toskanische Pilaster und Gesimse im Kontrast zu gelben
Wandflächen, die doppelläufig geschwungene Marmortreppe
zum Haupteingang, vor allem aber durch seine krönende Dach-
brüstung brillieren. Auf der 16 Meter hohen Balustrade wurden –
wie auf dem Archäologischen Nationalmuseum von Athen – 24
lebensgroße Terrakottafiguren griechischer Götter aufgestellt,
die vom Dach in alle Richtungen blickten.[445] Wie diese Abgüsse
antiker Meisterwerke sollte auch der »prächtige Garten« be-

rühmte Kopien aus den Vatikanischen Museen wie den *Meleagros*
und die *Amazone Mattei* des Skopas versammeln, dazu antike
Springbrunnen und attische Grabstelen zwischen Granatapfel-
und Orangenbäumen, Rosen- und Pfeffersträuchern, Zypressen
und Dattelpalmen.[446]

Für das Innere des Stadthauses konzipierte Ernst Ziller im Erdgeschoss zwei Museumssäle für Schliemanns Grabungsfunde,
im ersten Obergeschoss den »Hesperiden-Saal« – einen großen
Ball- und Versammlungssaal – und weitere größere Empfangs-
räume; im zweiten Obergeschoss Schliemanns Arbeitsräume,
die Bibliothek mit Büro und die Wohnräume der Familie.[447] Fast
ein Jahrzehnt lang zog sich die Umsetzung dieser 1871 vereinbarten architektonischen Inszenierung hin.

Heinrich Schliemann scheint dieses repräsentative Haus im
Zentrum Athens jedoch von Anfang an als eine Chance zu begrei-
fen, sein Troja zu propagieren. Je mehr die Hoffnung schwand,
die Stadt von König Priamos mit archäologischen Mitteln direkt
nachweisen zu können, desto aufwendiger der Versuch, die Öffentlichkeit mit anderen Mitteln zu überzeugen.

So werden aus kleinteiligen Grabungsfunden große Theorien – und diese wiederum übersetzt Schliemann in eine Bild-
sprache, die als Manifestation trojanischen Designs das ganze
Haus prägt. Ein Symbol spielt dabei eine besondere Rolle: Das
Zeichen der »ilischen Minerva« – so nennt Schliemann das »Eu-
lengesicht« der Athene, Homers Schutzgöttin von Ilion –, das
Schliemann bei seinen Grabungen in der Troas auf Tonkrügen,
Schmuckstücken und auf einer »grossen Menge kleiner Götzen-
bilder« zu erkennen glaubt.[448] Das Signet besteht aus zwei Krei-
sen und einem Dreieck, die Schliemann als die kugelrunden
Augen und den Schnabel einer Eule und daher als Sinnbild der
Athene (Minerva) deutet.

Das Eulen-Signet findet sich denn auch als häufigstes Symbol in Schliemanns Athener Villa wieder. Im Erdgeschoss reihen sich vor den Fenstern Bronzegitter aneinander, die mit Eulenfigurinen verziert sind.[449] Der Gitterzaun aus bronziertem Gusseisen rund um seine *Iliou Melathron* wird durch Zaunpfosten unterbrochen, die mit Eulen gekrönt sind. Die Zaunelemente selbst bestehen aus Eulen mit ausgebreiteten Flügeln. Im Innern der Schliemann-Villa dienen Köpfe der »eulengesichtigen« Athene mit korinthischem Helm als Agraffe.[450] Auch die Lehnen von Schliemanns Arbeitssessel sind mit Eulen bestückt.

Korrespondierend mit diesem Symbol der »eulengesichtigen« Athene versucht Schliemann sich an einer Theorie, die seine Grabungsfundstücke durch geschickte Interpretation in indirekte Beweise des »Tempels der Athene«, und damit des Homer'schen Troja, verwandelt.

»Die wichtige Frage drängt sich nun auf, *welche* die Göttin sei, die hier so vielfältig, aber ganz allein auf den Idolen, Trinkbechern und Vasen vorkommt?«, schreibt er in seinen Grabungsbericht. »Die Antwort ist: sie muss nothwendigerweise die Schutzgöttin von Troja, sie muss die ilische Minerva sein, und dies stimmt ja vollkommen mit der Angabe Homer's, welcher sie fortwährend ›θεὰ γλαυκῶπις Ἀθήνη‹, die Göttin Athene mit dem Eulengesicht, nennt.«[451]

Ausgehend von der vermeintlichen Übereinstimmung zwischen Homer'scher Überlieferung und seinen Funden, konstruiert er eine ebenso verblüffende wie verworrene These:»Die natürliche Schlussfolgerung ist, dass, als bei fortschreitender Civilisation Minerva ein menschliches Gesicht erhielt, aus ihrem frühern Eulenkopf ihr Lieblingsvogel, die Eule, wurde, welche als solcher dem Homer unbekannt ist. Die fernere Schlussfolgerung ist, dass der Cultus der Minerva als Schutzgöttin von Troja dem Homer wohlbekannt war, dass folglich ein Troja existierte und dass es auf der heiligen Stätte lag, deren Tiefen ich erforsche.«⁴⁵² Aus diesen willkürlichen Behauptungen jenseits der Logik schließt Schliemann, dass das Symbol des Eulenkopfes in Troja »eine Ur-Urgrossmutter des athenischen Vogels der Pallas Athene« sei. Vor allem aber, »dass die alten Trojaner die Vorfahren des großen hellenischen Volkes sind«.⁴⁵³

Zudem meint Schliemann, anhand seiner Grabungsfunde das Götterstandbild, das die Trojaner einst in Homers »Tempel der Athene« anbeteten, erahnen zu können. Da fast alle Vasen mit Eulengesichtern über Griffe verfügten, die wie »zwei hoch emporstehende Arme« anmuteten, so seine These, stellten sie wohl »Nachahmungen« des Tempel-Idols dar, »welches also Eulengesicht, im übrigen Frauengestalt, und zwei neben dem Kopf hoch emporgehobene Arme gehabt haben muss«.⁴⁵⁴

Ähnlich gewagt interpretiert Schliemann ein viergeflügeltes Hakenkreuz-Symbol, das Zeichen der »Swastika«, das bei seinen Ausgrabungen in Hissarlik als Verzierung diverser »Terracottas in der Form von Vulkanen und Carrouselen« anfällt.⁴⁵⁵ Da sich »dieses Zeichen des Kreuzes« innerhalb des Grabungshügels in verschiedenen Kulturschichten über einen Zeitraum von fast 1000 Jahren finde, schreibt Schliemann, sei es »von höchster Wichtigkeit für die Wissenschaft«.⁴⁵⁶

In seiner theoretischen Abhandlung zu den Swastika-Funden von Hissarlik stellt Schliemann diese in einen größeren menschheitsgeschichtlichen Kontext und wertet sie auf, indem er herausstellt, dass die Swastika »seit den urältesten Zeiten« zu den »allerheiligsten religiösen Symbolen unserer arischen Vorväter« zähle.⁴⁵⁷ Es ist ein weiter Bogen, den Schliemann da spannt: »Ich sehe eine ganze Reihe solcher Svastikas rings um die berühmte Kanzel des heiligen Ambrosius in Mailand und tausendmal in den Katakomben in Rom«, schreibt er, »auf einer uralten keltischen Begräbnisurne« im British Museum und auf korinthischen Vasen seiner eigenen Sammlung, auf »attischen Vasen« und den

»Münzen von Leukas«, im »grossen Mosaik« des Athener Schloss-
gartens und »unzähligemal« in den ältesten Hindutempeln, den
indischen Vedas, und selbst »auf der Bischofsinsel von Königs-
walde am rechten Ufer der Oder«.[458]

Mit seiner Interpretation der Swastika-Funde versucht Heinrich Schliemann die Trojaner der *Ilias* in eine große indogerma-
nische Abstammungslinie zu stellen, die von Ariern und Brah-
manen über Griechen und Römer bis zu Briten und Deutschen
reicht. Auch diese Idee wird in seiner Athener Stadtvilla symbo-
lisch manifest. Neben den Eulen der »ilischen Minerva« häufen
sich hier die Hakenkreuze: Ein Band aus Swastika-Medaillons
zieht sich über Zäune und Tore, Hunderte Swastika-Schei-
ben verzieren die bronzierten Fenstergitter und im Innern von
Schliemanns Palais dienen großflächige Swastika-Mosaike als
Fußböden.[459]

Doch so dick Heinrich Schliemann auch aufträgt – ob in seinen Schriften oder mit seinem *Iliou Melathron* –, alles Theoreti-
sieren und Manifestieren hat letztlich nur Aussicht auf Erfolg,
wenn es von Autoritäten der Altertumskunde anerkannt und
abgesegnet wird. Er braucht hochkarätigen archäologischen
Beistand.

Wie schwer fällt es dem selbstbewussten Selfmademan Schliemann, sich erneut an Ernst Curtius zu wenden? An den Mann,
der ihm mit der Bestätigung der Bunarbaschi-These so gescha-
det hat? Schliemann jedenfalls lässt nichts unversucht, um den
bekannten Altertumsforscher doch noch auf seine Seite zu ziehen. In der Sache nachgeben, von seiner Hissarlik-These abwei-
chen, kann Schliemann naturgemäß nicht. Also schickt er einen
höchst ambivalenten Brief nach Berlin, in dem sich ein lukratives
Angebot verbirgt.

»Ich bin äußerst gespannt, was ich in und unter jenen kolossa-
len Ruinen finde, die ich in zehn Metern Tiefe aufdeckte und in

welchen ich zum ersten Mal seit fünf Fuß Tiefe eine große Masse behauener Steine sah«, hebt Schliemann selbstbewusst an. »Ich glaube bestimmt, das sind die Ruinen der Pergamos des Priamos, denn, wenn dieselbe je existiert hat, so kann sie nur auf jenem Berge, wo ich grabe, gewesen sein, und ich bin fest überzeugt, daß sie existiert hat.«[460] Diesem seinem Glaubensbekenntnis lässt Schliemann eine Skizze dessen folgen, was er in der nächsten Jahren vorhat: »Die Steinblöcke jener Ruinen sind von so ungeheurer Größe, daß ich nicht imstande bin weiterzuarbeiten, ehe ich nicht meinen jetzt 60 Meter langen Einschnitt bedeutend breiter gemacht habe. … Das ist aber eine riesenmäßige Arbeit, für die ich eine Feldbahn bauen muß.« Schließlich räumt Schliemann – zum ersten Mal seit seinem Aufbruch nach Troja – ein, dass er sich auch »getäuscht« haben könne. In diesem Fall aber habe er »große Lust, die Akropolis von Mykene aufzugraben«, so eine wohl verzichtbare Nebenbemerkung. Oder im Gegenteil: eine Art Trojanisches Pferd? Ernst Curtius drängt seit Jahren auf Ausgrabungen in Griechenland, er träumt von Mykene oder Olympia. Doch fehlt es ihm an Geld. Insofern könnte der Millionär Schliemann hier einspringen, um Mykene in einer Art *joined venture* auszugraben. Bei einer solchen gemeinsamen Grabung aber würde man sich besser kennenlernen …

»Ich bitte recht sehr«, so schließt Schliemanns Brief, »meine Berichte von Troja zu lesen und mir darauf Ihre aufrichtige Meinung zu sagen.« Darauf aber lässt sich Ernst Curtius nicht ein. Schliemanns verworrene Theorien, falls er sie denn gelesen hat, dürften das Vertrauen in den »Mythenjäger« von Troja nicht erhöht haben. Der Gegenwind bleibt. Und die Gefahr einer Blamage ist groß, als sich Heinrich Schliemann im Frühjahr 1872 wieder in die Troas aufmacht.

Unter dem Datum des 1. April 1872 notiert Heinrich Schliemann in seinem Grabungsbericht, er habe »in Gesellschaft meiner

Frau, 6 Uhr morgens, bei herrlichem Wetter mit 100 griechischen Arbeitern aus den benachbarten Dörfern Renkoï, Kalifatli und Jenischahir die Ausgrabungen fortgesetzt«.[461] Tatsächlich ist Sophia Schliemann wieder nur »imaginiert« anwesend, doch sechs Wochen später, am 24. Mai, reist sie tatsächlich erstmals an die Dardanellen und wird für gut vier Wochen bei ihrem Mann bleiben.[462] Für Schliemann aber beginnt Anfang April 1872 ein ungewöhnlicher Lebensabschnitt. In den letzten Jahren, den letzten Jahrzehnten, war er pausenlos unterwegs. Jetzt wird er mehr als viereinhalb Monate in der Troas ausharren, die brütende Sommerhitze und die Trockenheit aushalten, die nervtötenden Grillen am Tage und den Lärm der Zikaden bei Nacht, den beständigen Nordsturm, der den Staub fortwährend in die Augen treibt, die Giftschlangen, die sich noch in zehn, elf Metern Tiefe in den Grabungslöchern verbergen.

Dr. Schliemann hat wieder reichlich Chinin und Arnika-Tinktur für die Behandlung der Dörfler mitgebracht, es gilt Arbeitsunfähigkeit zu vermeiden. Schlimm genug, dass die Griechen so oft wegen ihrer christlichen Feiertage ausfallen. Allein zum Osterfest wieder für sechs Tage.[463]

Doch diesmal lernt der »Medizinmann der Troas« umgekehrt auch von den Einheimischen: etwa »ein Decoct von dem in hiesiger Gegend wachsenden Schlangenkraut, welcher den Biss der giftigen Schlangen unwirksam macht«. Besonders gefährlich sind die kleinen braunen Bergvipern, die von den griechischen Arbeitern *Antelion* genannt werden, »die ihren Namen davon haben, dass der von ihnen Gebissene nur bis zum Sonnenuntergang lebt«.[464]

Die zehn Tage seiner ersten »Probegrabung« im Frühjahr 1869, die sechs Wochen im Herbst 1871, all das kann als lächerliches Vorspiel gelten zu dem, was er jetzt vorhat: eine Art Entscheidungsschlacht, bis er diesen Berg restlos durchsiebt hat. Vor allem muss man gesund bleiben. Jeden Morgen reitet er an die Küste, nimmt vor Sonnenaufgang gegen vier Uhr ein Bad im Meer. Eiserne Disziplin.

Industriemäßig wäre wohl der passende Begriff für die Kampagne von 1872, für die sich Heinrich Schliemann vorgenommen hat, »nun auf all und jeden Fall die trojanische Frage gründlich zu lösen«.[465] Dafür hat ihm John Latham, der Direktor der Eisenbahn Piräus–Athen, »als Unteraufseher seine beiden besten Arbeiter« mitgegeben. Und Herr Piat, der Bauleiter der Eisenbahn Piräus–Lamia, »seinen Ingenieur Adolphe Laurent auf einen Monat überlassen«.[466] Als dritten »Unteraufseher« kann er den »Minen-, Tunnel- und Brunnenbauer« Georgios Photidas aus Paxos gewinnen, der sieben Jahre als Bergmann in Australien gearbeitet hat.[467]

Dass Schliemann für eine archäologische Ausgrabung Eisenbahnbauer und Bergleute engagierte, war ungewöhnlich. Allerdings hatte er zwei Jahre zuvor im antiken Pompeji den Einsatz der Schienenbahn zum Abtransport der Lavamassen bewundert. An Lokomotiven war auf dem steilen Grabungshügel von Hissarlik, vermutlich zu seinem Bedauern, nicht zu denken, doch sah sich Schliemann mit einer erheblichen ingenieurtechnischen Herausforderung konfrontiert. Um das verwirrende Schichtgefüge rasch sichtbar zu machen und zum »Urboden« des Burghügels vorzudringen, geht er – wie in seinem Brief an Curtius angekündigt – nunmehr daran, »eine ungeheure, horizontal durch den ganzen Berg laufende Plateforme zu graben«, einen Einschnitt »in einer senkrechten Tiefe von 14 Metern«, der am Ende »eine Breite von 70 Metern« erreichen soll.

Jetzt soll geklotzt, nicht mehr gekleckert werden. Dafür hat er noch einmal in Grabungstechnik investiert und »die besten englischen Hacken und Schaufeln« an die Dardanellen schaffen lassen, zudem »60 ausgezeichnete englische Schiebkarren mit eisernen Rädern zur Fortschaffung des Schutts«.[468] Doch die Größe des Unternehmens zwingt ihn dazu, ständig weiter aufzurüsten. Im Sommer arbeitet er nie »mit weniger als 120 Mann«, zur effizienteren »Schutt«-Entsorgung kann er »10 man-carts« anschaffen, »die von zwei Mann gezogen und von einem dritten geschoben werden«. Die Zahl der Schiebekarren beläuft sich nunmehr auf 88, hinzu kommen »sechs Schuttwagen mit Pferden«.[469] Es scheint, als verwandle er den Ausgrabungshügel von Hissarlik in einen gigantischen Steinbruch. »Ausser Böcken, Ketten und Winden bestehen meine Werkzeuge aus 24 grossen eisernen Hebeln, 108 Spaten und 103 Hacken, alle besten englischen Fabrikats. Es wird von Sonnenaufgang bis Sonnenuntergang eifrig gearbeitet«, kann er schließlich vermelden.[470] Fast scheint ein Berliner Gründerzeit-Lüftchen durch die Troas zu wehen. »Herr Laurent berechnet die abzugrabende Schuttmasse auf 78545 Kubikmeter«, vermerkt er in seinem Grabungsbericht und fügt an, man könne durch den 50°-Neigungswinkel des gewaltigen Einschnitts »dreimal schneller« vorankommen.[471] Regelmäßig überprüft er Tempo und Schuttabbau und bilanziert schon nach 17 Tagen »500 Kubikmeter auf jeden Tag und etwas über 4 Kubikmeter täglich auf jeden Arbeiter«.[472]

Unter diesen industriellen »Abbau«-Bedingungen wird das Grabungsumfeld nur noch grob wahrgenommen, einzelne Grabungsfunde erfahren weniger Aufmerksamkeit. Was Schliemann »hinter Mauerresten« oder in »Haustrümmern« als Beifang bei seinem Vordringen zur »Urscholle« ins Netz geht, gibt er selbst seinen Lesern in der *Augsburger Allgemeinen* nur noch in grober Aufzählung an: »Beile aus Diorit, Schleudern aus Magneteisenstein, viele Messer von Flintstein, unzählige Handmühlsteine von Lava, eine grosse Menge kleiner Götzenbilder aus sehr feinem Marmor mit oder ohne Eulenkopf und Frauengürtel, Gewichte aus Thon in pyramidalischer Gestalt und mit

einem Loch an der Spitze, oder aus Stein und in der Form von
Kugeln, und endlich sehr viele jener vielbesprochenen kleinen
Terracottas in der Form von Vulkanen und Carrouselen«.[473] Ein
Sammelsurium, das Schliemann kaum mehr überblickt. Und
auch später nicht mehr systematisch ordnen wird – denn dazu
braucht es Jahre –, was ihm schärfste Kritik von Archäologen
einbringt, als er 1874 seinen *Atlas Trojanischer Alterthümer* mit 218
Tafeln herausbringt, auf denen sein Fundmaterial für die Heraus-
gabe kaum geordnet und fotografisch schlecht reproduziert ist.
Ob in diesem *Atlas* für jeden Gegenstand tatsächlich »ganz genau die Tiefe in Metern« angegeben werden konnte, in dem er
gefunden wurde, erscheint angesichts der Grabungsumstände
eher zweifelhaft.[474] Andererseits zeigt sich auch in der Nutzung
des neuen Mediums Fotografie Schliemanns Bemühen, eine in-
dustrielle Revolution der Ausgrabung einzuleiten. Doch dieser
Pioniergeist hat seinen Preis.

Seine »Unteraufseher«, die Männer der Eisenbahn ohne archäologische Kenntnisse, leiten die einzelnen »Vortriebe«, er
selbst trifft natürlich die Anordnungen, doch kann er mit eigenen Augen und seinem inzwischen erworbenen archäologischen Wissen, das er hier als Einziger mitbringt, nicht überall
sein. Vieles erfährt Schliemann aus zweiter Hand durch Nikolaos Zaphyros, der ihm wie schon im Vorjahr als treuer »Kassirer,
Aufwärter und Koch« dient. Als Sophia Schliemann im Mai 1872
am Grabungsplatz eintrifft, sieht Nikolaos sich im Auftrag seines
Chefs nach einer einheimischen Zugehfrau und Gesellschafterin
um und heiratet die von ihm als geeignet befundene Polyxene
auch gleich. Die Schliemanns übernehmen später die Paten-
schaft für den Nachwuchs der beiden.[475] Umgekehrt wird Nikolaos Zaphyros jetzt noch stärker zur grauen Eminenz in Hissarlik. Der Grieche sei »durch seine Localkenntnisse« von großem
Nutzen, wie Heinrich Schliemann immer wieder betont, doch

Zaphyros bekommt natürlich auch mit, wenn beim Graben hier eine Münze oder da ein Ohrring in die Hosentaschen der Einheimischen wandert.[476] Ganz zufrieden ist Schliemann mit seinen Arbeitern ohnehin nicht. Vieles geht ihm zu schleppend voran, auch bemerkt er, »dass die Cigarretten das Arbeiten erschweren«. Also verbietet er das Rauchen auf seiner »Baustelle« und droht bei Zuwiderhandlung mit sofortiger Entlassung. Doch tritt daraufhin ein, was er am meisten fürchtet: Die Arbeiter aus dem Dorf Renkoï – »ungefähr 70 an Zahl«, wie Schliemann in seinem Grabungsbericht mitteilt – treten in den Streik. Sie schreien »erzürnt« herum, verlassen die »Plateforme« und hindern »durch Steinwürfe« die Arbeiter aus den übrigen Dörfern daran, weiterzuarbeiten.[477]

Doch Schliemann will nicht nachgeben, und es gelingt ihm mithilfe seiner Getreuen Ersatz für die 70 Rebellen zu finden. Bei dieser Gelegenheit verlängert er die tägliche Arbeitszeit um eine Stunde. »Anstatt wie früher von 5½ Uhr morgens bis 5½ Uhr abends lasse ich jetzt stets von 5 Uhr morgens bis 6 Uhr abends arbeiten«, stellt Schliemann fest. »Ich gebe aber um 9 Uhr morgens eine halbe und nachmittags eine Stunde zum Essen und Rauchen.«[478]

Mit einem solchen Ausgang des trojanischen Kleinkriegs dürfte Schliemann hochzufrieden gewesen sein. Zwar hat er durch den »Aufstand« einen Grabungstag verloren, aber unter dem Strich Hunderte Arbeitsstunden gewonnen.[479]

Das Graben im Akkord aber beschwört ungeahnte Gefahren herauf. Schliemanns Männer bewegen sich mittlerweile innerhalb eines »Hügels«, dessen Mauern zum Teil über »53½ Fuss senkrechter Tiefe« einnehmen, also über 15 Meter hoch aufragen. Als Schliemann Ende Mai 1872 im Osten und Westen seines tiefen Grabens zwei weitere »Terrassen« vorantreiben und zusätzliche Stützmauern einziehen lassen will, stürzen die hohen Mauern »plötzlich mit donnerndem Krachen« ein. »Mein Schreck war entsetzlich, unbeschreiblich«, hält Schliemann in seinem Grabungsbericht fest, »denn ich glaubte, die sechs Menschen wären unter der Steinmasse begraben«.[480] Wie durch ein Wunder, Schliemann kann es selbst kaum fassen, ist keiner der Bauern ernsthaft verletzt.

Doch es bleibt nicht bei diesem einen Unfall. Die riskantesten Arbeiten in einem immer gewaltiger werdenden Schlund aus Mauern, Erde und Schutt übernimmt Georgios Photidas, der Bergmann. So auch Mitte Juli, als Heinrich Schliemann die unteren Erdwände mit riesigen eisernen Hebeln und Winden losbrechen will. Doch immer wieder reißen die dicken Ketten, plötzlich kippt, wie von selbst, eine Erdwand um und begräbt den Bergmann und seinen Gehilfen unter sich. »Wir alle glaubten natürlich, die beiden wären zermalmt unter der gewaltigen Stein- und Erdmasse«, schreibt Schliemann. »Aber ohne einen Augenblick zu verlieren, gingen wir an die Arbeit, die Unglücklichen herauszuholen. Kaum hatten wir damit angefangen, so hörten wir das Ächzen beider unter der Erdlast.« Trotz einer Luftwölbung unter der Erdmasse, die den Verschütteten das Atmen ermöglicht, droht die Rettung beinahe zu scheitern, da die Erdwand »in mehrere grosse Scheiben gespalten« wie ein Damoklesschwert über der Unfallstelle schwebt. Schließlich gelingt es »unter größter Gefahr«, die Männer vorsichtig mit Messern aus der Erde zu schneiden.[481]

Eine Verlangsamung des riskanten Unternehmens zugunsten der Sicherheit aber, gar ein Abbruch der Ausgrabung, kommt für Heinrich Schliemann nicht infrage. Einmal mehr verlässt er sich auf sein Glück und dringt mit Höchstgeschwindigkeit in den Berg vor. Doch zumindest nicht mehr ganz angstfrei: »Ich kann noch immer nicht ohne Entsetzen daran denken«, notiert er am 18. Juni in Hissarlik, »was aus der Aufdeckung Iliums und was aus mir geworden wäre, wenn die Männer von der fallenden Mauer zermalmt worden wären; kein Geld und keine Versprechungen hätten mich dann retten können; die armen Witwen hätten mich in ihrer Verzweiflung zerrissen.«[482]

Viele Schritte Heinrich Schliemanns bis zum Ende der Kampagne im August 1872 erscheinen in der Retrospektive als Irrsinn. Irrsinn im wortwörtlichen Sinn, denn Schliemann irrt mit seinem Vordringen zur »Urscholle« in seiner Grundvoraussetzung. Und drängt, seinen Irrtum nicht ahnend, mit Hochdruck weiter, um seiner Suche Sinn zu geben.

Dreh- und Angelpunkt seiner Fahndung nach dem Troja Homers bleibt lange der »Tempel der Athene«, genauer: »der von Alexander dem Grossen hier vorgefundene winzige Tempel«, in dem Priamos' Gattin Hekabe – laut *Ilias* – der Pallas Athene ein kostbares Gewand zum Opfer brachte.[483] Schliemann glaubt, er werde die Ruinen dieses Tempels, der sein Schlüsselbeleg für das reale Troja sein soll, unter dem größeren Athenatempel von Neu-Ilium finden.[484] Zumindest von Letzterem kann er eindeutige Wandfries-Relikte identifizieren, später glaubt er einige Meter darunter »Holz- und Thierasche« zu erkennen und ist sich angesichts dieser Brandopfer »für die ilische Minerva« sicher, »dass ich bei weiterm Vordringen auf die Baustelle des uralten Tempels dieser Göttin stossen werde«.[485]

Doch so viel »Abraum« Schliemann auch wegräumen lässt, er findet den Tempel nicht. Also dehnt er seinen Suchradius weiter aus. »Die Baustelle des uralten Tempels«, glaubt er im Sommer 1872, könnte etwas westlicher vom Athenatempel Neu-Iliums gelegen haben, man müsste vielleicht »am westlichen Ende desselben« weitergraben. Und wieder muss viel »Schutt« abgefahren werden.[486]

Manchmal, so teilt er den Lesern der *Augsburger Allgemeinen* mit, ist ihm traurig zumute, ein gut erhaltenes Haus, »welches

1000 Jahre vor Christo errichtet sein mag, gleichsam in der Luft schweben zu sehen. Aber zu meinem Leidwesen muss es auf jeden Fall weggebrochen werden, um tiefer graben zu können.«[487] Und ab und an stößt er auf Schätze, die anderswo für Aufregung sorgen würden, wie die bis zu 2 Meter hohen und fast einen Meter dicken »irdenen Behälter« der hellenistischen Epoche. Oder menschengroße *Pithoi* aus acht Meter tiefen Trümmerschichten, die in vorgriechischer Zeit für die Aufbewahrung von Wein, Öl und Getreide dienten. Doch diese Funde liegen jenseits seiner Troja-Agenda. Wenigstens kann er sie in das neue Museum in Konstantinopel abgeben.[488]

Andererseits braucht er etwas Vorzeigbares, denn Tausende Leser der *Augsburger Allgemeinen* und der englischen *Times* verfolgen den Fortgang seiner Grabungen, Monat für Monat muss Schliemann liefern.[489] Fortsetzungsromane feiern in Zeitungen und Wochenblättern immer neue Erfolge und entscheiden nicht selten über die Auflage – Schliemann schreibt zwischen November 1871 und Mai 1873 immerhin 22 Episoden seiner »Schlacht um Troja«, nicht als Fiktion, sondern höchst real. Erst aus dieser andauernden Teilnahme des Lesepublikums, das erfahren möchte, ob der Selfemademan aus Mecklenburg am Ende triumphiert oder untergeht, entsteht ein dramatischer Spannungsbogen. Und für Schliemann jene Popularität, die seinen atemberaubenden archäologischen Goldrausch im Frühjahr 1873 erst möglich macht. Ohne den Reiseschriftsteller und seine Schatzsuche im Orient wäre der Archäologe Schliemann vermutlich nie berühmt geworden.

Im Sommer 1872 ahnt Schliemann noch nichts von alldem. Mitte Juni gelingt ihm indes ein ungewöhnlicher Fund. Beim Vortreiben einer neuen, dritten »Plattform« in den Nordhang des Burghügels von Hissarlik stößt Georgios Photidas, der Bergmann, auf einen zwei Meter langen Marmorblock »von parischem Marmor« mit einem eindrucksvollen, fast quadratischen Relief. »Die Sonnengöttin auf dem Wagen sitzend wird von vier Pferden gezogen; die Arbeit ist ausgezeichnet; die Göttin hat eine Sonne ums Haupt«, trägt Heinrich Schliemann am 13. Juni 1872 in sein Tagebuch ein.[490] Fünf Tage darauf korrigiert er sich und erkennt nun den Gott Helios – alias »Phoebus Apollon«, wie er notiert –, der »auf vier unsterbliche, das Weltall durcheilende Rennpferde gelehnt ist«.[491] Das Relief stammt zwar vom Tempelfries des Athenatempels der hellenistischen Epoche um 300 v. Chr. und verfehlt damit Schliemanns Troja-Erwartungen, doch schwärmt er dennoch vom »herrlichen, wallenden Haupthaar« des jugendlichen Quadriga-Lenkers vor dem Nimbus eines doppelten Strahlenkranzes. »Das Gesicht des Gottes ist sehr ausdrucksvoll und die Falten seines langen Gewandes sind so ausgezeichnet gearbeitet, dass sie lebhaft an die Meisterwerke ... der Akropolis von Athen erinnern. Was aber besonders meine Bewunderung erregt, sind die vier Hengste, die wild vor sich hinblickend mit unendlicher Kraft das Weltall durchschnauben und deren Anatomie so genau beobachtet ist, dass ich aufrichtig bekenne, noch nie ein solches Meisterwerk gesehen zu haben.«[492]

Sofort setzt Schliemanns Nachdenken darüber ein, ob diese großartige Helios-Metope, selbst wenn sie nicht »seiner« Troja-Epoche entstammt, am Ende nicht doch zur »Faktizierung« Homers beitragen könnte. Auf Anraten Frank Calverts lässt er den schweren Marmorblock zunächst einmal nach Athen bringen – für einen Moment erwägt er sogar ein Zersägen, um den Transport des Ungetüms zu erleichtern. Doch Nikolaos Zaphyros kann schließlich ein Ochsengespann auftreiben, das die schwere Last unauffällig in die Bucht von Karanli bringt, wo der Segler *Taxiarches* die antike Schmuggelware übernimmt.[493] Zwei Tage darauf landet die Helios-Metope in Piräus und erstrahlt wenig später öffentlichkeitswirksam in Schliemanns Garten. Überall ist vom »unschätzbaren Wert« dieser hellenistischen Preziose aus Troja die Rede.[494]

Für Schliemann ist damit der Augenblick gekommen, Kapital aus dem Fund zu schlagen. Erneut wendet er sich an seinen kritischen Landsmann Curtius: »Aus Ihrem Briefe vom 17ten ersehe ich mit Freude, daß Ihnen mein Triglyphenblock gefällt und auf Ihren Wunsch habe ich bereits Ordre gegeben, einen Gypsabdruck davon zu machen, den ich Ihrem Museum schenke«, teilt Schliemann dem Berliner Archäologie-Papst großzügig mit.[495] Und weiter: »Aufrichtig gesagt brauche ich dieses Meisterwerk als moralische Waffe gegen die hellenische Regierung, welcher ich mich verpflichte dasselbe zu vermachen, falls sie mir die Erlaubnis giebt, wo und wie ich will in Mykenai … zu graben.«

Schliemanns Offenherzigkeit Ernst Curtius gegenüber verfolgt natürlich einen Zweck. Nicht zufällig nennt er erneut Mykene und bringt so seinen Wunsch nach einer gemeinsamen Ausgrabung in Erinnerung. Mit Mykene und der Burg Agamemnons, des Anführers der Achäer im Trojanischen Krieg, ließe sich die Historizität Homers vermutlich auch belegen, selbst wenn er in Troja scheitern sollte, so Schliemanns Kalkül. Was mag Curtius gedacht haben? *Timeo Danaos et dona ferentes* – ich fürchte die Danaer, selbst wenn sie Geschenke bringen?

Während Schliemann die Welt mit Gipsabformungen seiner Helios-Metope beliefert – im Londoner *British Museum* wird das »Relief aus Troja« schließlich direkt neben die *Elgin Marbles* vom Parthenon der Athener Akropolis platziert, auch die Universität in Rostock freut sich über ein so schmückendes Geschenk ihres ehemaligen Doktoranden –, bahnt sich an den Dardanellen ein Zerwürfnis an.

Frank Calvert hat erstaunt davon gehört, wie hoch das Apollo-Relief inzwischen in Europa gehandelt wird. Heinrich Schliemann hat das Original unter anderem Émile Burnouf, dem

Direktor der École Française in Athen, zum Preis von 100.000 Francs für Museen in Frankreich angeboten, für rund 4000 britische Pfund.[496] Frank Calvert hingegen, auf dessen Landstück in Hissarlik Schliemann die Helios-Metope ausgraben durfte und dem daher eine Fundteilung zustand, war von dem Deutschen mit nur 50 Pfund abgefunden worden, obwohl er auf Drängen seines Bruders Frederick anfangs 500 Pfund, später dann 125 Pfund verlangt hatte.[497] Frank Calvert hielt eine Ausgleichszahlung für dringend geboten und drohte andernfalls mit der Veröffentlichung ihrer Korrespondenz.[498] Schliemann hingegen schrieb die enorme Wertsteigerung um nahezu das Hundertfache des Calvert'schen Gewinns allein seinen Aktivitäten zu: Er hatte die Metope ausgegraben, effektvoll präsentiert, durch Zeitungsartikel, intensive Korrespondenz und diverse Abgüsse beworben. Er hatte Calvert heruntergehandelt und den Preis anschließend nach oben getrieben. *Business as usual* während seiner gesamten »carrière commerciale«, wie er Frank Calvert in einem französisch verfassten Brief wissen ließ. »L'affaire faite est sacrée«, so Schliemann – ein geschlossener Handel ist heilig –, sie waren doch beide Kaufleute![499]

Frank Calvert rächte sich publizistisch, indem er später zu Protokoll gab, Schliemann habe sich bis zu seinem ersten Besuch an den Dardanellen mit der Lage Trojas nicht einmal beschäftigt. Langfristig aber fand er sich offensichtlich mit der »Macht des Stärkeren« ab. Zudem ließ Schliemann ab Juni 1872 im Norden des Burghügels von Hissarlik auf Frank Calverts Land graben, was Geld in dessen Kasse spülte.[500] Heinrich Schliemann gab zehn Jahre später in einem Brief an den Direktor der Berliner Museen unumwunden zu, dass er in Sachen Helios-Metope einen finanziellen Engpass des Briten ausgenutzt habe – ohne Gewissensbisse.[501]

Und die »Lösung der Troja-Frage«? Was findet Schliemann 1872
aus der Epoche Homers? In zehn Metern Tiefe stößt er auf zwei
Bleikugeln, »jede wohl zwei Pfund wiegend«, ein paar kupferne
Münzen und Messer und »eine Lanze von Kupfer«. In einer fünf
Meter hohen Wand, die immerhin 70 Meter Länge misst, nur eine
einzige »Haar- oder Tuchnadel«.[502] Viel ist das nicht. »Von Malerei
auf Terracottas noch immer keine Spur« – auch das eher enttäu-
schend.[503] Als er endlich den »Urboden« erreicht, keimt Hoffnung
auf. Hier muss er Troja finden. Was er tatsächlich herausklaubt
aus dem Boden, sind große Mengen Scherben »geschmück-
ter Töpferarbeit von ausgezeichneter Qualität«, rot, braun und
schwarz glänzende Bruchstücke, wie sie ihm »unter den Trümmern aus griechischer Zeit noch nie vorgekommen sind«.[504] Leider haben die »furchtbaren Steinlasten« in den untersten Schichten alle Terrakottas »zerschlagen und zerdrückt«.[505]

Dann plötzlich eine Art »Doppelbecher«, wie ihn Homer in
seinen Epen beschreibt, leider nicht aus Gold und Silber, sondern
aus Ton.[506] Ist das Homers Epoche, sind das »ilische« Stücke? Die
Sache hat einen entscheidenden Haken: »Kupferne Waffen und
Werkzeuge müssen dagewesen sein, ich habe aber bis jetzt noch
nichts davon gefunden«, schreibt er in seinem Grabungsbericht.
Und dabei wird es bleiben. In einem erstaunlich hellen Moment,
einem seiner besten in der Troas, scheint er seinem Irrtum zu
entkommen: »Wären nicht die herrlichen Terracottas, die ich auf
dem Urboden und bis 2 Meter über demselben finde«, notiert er
nachdenklich, »dann würde ich beschwören, dass ich in 8 und
genau bis 10 Meter Tiefe in den Trümmerschichten des Homerischen Troja bin.«[507] Chapeau! Heinrich Schliemann lässt Homer
Homer sein und liest, wie ein moderner Archäologe, die tatsächliche Stratifikation.

Doch nur für einen Augenblick. Dann verstrickt er sich wieder in seine Fantasmen. Und so deutet er alles auf der Urscholle

Gefundene »homerisch« aus, spricht von der »ausgezeichneten Töpferarbeit des Volkes von Priamos« und ihren »Häusern und Palästen«, die groß und geräumig waren, aber auch sehr leicht zerstörbar und daher nicht auffindbar. »In den Schuttschichten der alten Trojaner, in 14 bis 16 Meter Tiefe, habe ich auch nur das eine Bruchstück einer Vase mit wirklicher Malerei gefunden« – eine magere Ausbeute, das muss er gestehen.[508] Und ebenso begründen, warum er, von einer Ausnahme abgesehen, »keine einzige Mauer des alten Troja aufzuweisen« hat. Schliemanns Erklärung: »Die vom alten Troja übriggebliebenen Mauerreste mussten natürlich von den neuen Ansiedlern niedergebrochen werden.«[509] Doch auch wenn er der Wissenschaft »nur wenige herrliche Urnen, Vasen, Töpfe, Teller, Schüsseln und nur einen Mischkrug« vorlegen könne, taugten doch die vielen Bruchstücke »als trauernde Denkmäler eines Volkes, dessen Ruhm unsterblich ist«.[510] Wo ein sichtbares Ergebnis fehlt, hilft Pathos.

Die Augustwochen des Jahres 1872 in der Troas werden schließlich zur Hölle. Erst grassiert das »Sumpffieber« unter den Arbeitern, dann fallen auch die Vorarbeiter und der treue Nikolaos Zyphyros dem Fieber zum Opfer, schließlich kann sich auch Heinrich Schliemann kaum noch auf den Beinen halten. Jeder Gang über seine »Baustelle« in gleißender Sonne kostet unendlich viel Überwindung, er fürchtet, sein Kopf könne explodieren. Wäre seine Frau noch da, könnte sie ihm jetzt wohl mit kalten Umschlägen die Stirn kühlen. Doch Sophia hat die Sorge um die kleine Andromache schon am 26. Juni wieder zurück nach Athen gerufen, kaum dass sich das Paar nach sechs Wochen in das neue Domizil mit drei Zimmern, Magazin und Küche »eingelebt« hatte, das Schliemann auf dem Burghügel von Hissarlik neben seinem großen Einschnitt errichten ließ.[511] Ab August wurde Schliemanns Haus dann zur Krankenstation. Und da hier das Mittagessen für alle Arbeiter ausgegeben wurde, konnte der

Fiebernde von seinem Eisenbett aus wahrnehmen, wie sehr die Zahl seiner Leute täglich schrumpfte. Dabei hatte er sein Ziel noch immer nicht erreicht. Würde er es überhaupt schaffen? Im Januar war er 50 Jahre alt geworden. Die Zeit von Sacramento, als er Tod und Krankheit mühelos widerstehen und mit einem Koffer Gold heimwärts ziehen konnte, lag lange zurück. Schon auf seiner letzten Weltreise, während der Recherchen für seine beiden Reisebücher, war er an seine physischen Grenzen gekommen: In Ägypten laborierte er wochenlang an überaus heftigen Ohrenschmerzen, die ihn kaum einen klaren Gedanken fassen ließen und schließlich in Deutschland operiert werden mussten. Auf Java wurde er derart heftig von Malariaschüben durchgeschüttelt, dass er fast erstaunt war, die Tortur zu überleben. In der Troas gesellte sich zur Fieberhitze der Höllenlärm Tausender Frösche und sorgte für schlaflose Nächte: Knallgeräusche und Sägen, ein ständiges An- und Abschwellen. Gegen unerwünschte Geräusche, wie den Gesang der Sirenen, hatte Homer in der *Odyssee* das Verstopfen der Ohren empfohlen. In Hissarlik half nicht einmal das.[512]

In letzter Minute dann erneut ein Hoffnungszeichen: Unweit seines Holzhauses wird am »Urboden« ein quadratisches Mauergeviert von zwölf mal zwölf Metern freigelegt und plötzlich erkennbar, dass die vielen Steine mit gleicher Oberfläche ringsum vermutlich einmal die Mauern dieses jetzt nur noch sechs Meter hohen Gebäudes gebildet haben müssen. Schliemann vermutet einen Turm, »der einst viel höher war«.[513] Von diesem »großen Turm« an der Westseite der Akropolis aber war dann nicht nur die ganze trojanische Ebene, sondern auch das Meer mit den Inseln Tenedos, Imbros und Samothrake zu überblicken. »Es gab und gibt auf Trojas Baustelle keine erhabenere Lage als diese«, vermerkt Schliemann in seinem Grabungsbericht, »und ich vermuthe daher, dass er Iliums grosser Thurm war, auf welchen

Andromache stieg, weil sie gehört hatte, die Trojaner seien bedrängt.«⁵¹⁴ Endlich ein Lichtblick. Nachdem Homers Tempel der Athene, die kleine Opferstätte der ilischen Minerva, trotz unendlicher Anstrengungen verborgen geblieben war, tauchte dieser große Turm auf.»Möge dies heilige, erhabene Denkmal von Griechenlands Heldenruhm fortan auf ewige Zeiten die Blicke der durch den Hellespont Fahrenden fesseln«, gab Schliemann in seinem Grabungsbericht einmal mehr seinem Hang zum Pathos nach. Um dann einen Satz anzufügen, der aufhorchen ließ: »Möge es die Veranlassung werden zur baldigen vollständigen Aufdeckung von Trojas Ringmauern, die nothwendigerweise mit diesem Thurme in Verbindung stehen müssen und deren Aufdeckung jetzt sehr leicht ist.«⁵¹⁵

Das war ein ganz neuer Schliemann'scher Ton, das klang fast nach dem Abschluss eigener Grabungsarbeiten, nach Beendigung seiner Entscheidungsschlacht und einer fernen Zielvorstellung für irgendwelche künftigen Ausgräber, aber nicht nach seinem *Selfmade*-Motto: »Weder Mühen noch Kosten will ich sparen …« Will Schliemann nicht weitermachen? Kann er nicht mehr? »Ich bin müde«, gesteht er Ernst Curtius ein, zu dem ihm nach und nach die Anbahnung eines regelmäßigen Briefwechsels geglückt ist.⁵¹⁶ Dabei wolle er doch, schreibt er nach Berlin, in den wenigen Jahren, die ihm vielleicht noch bleiben, »die Akropolis in Mykene und das Grab der Klytemnästra ausgraben«. Noch einmal wiederholt er den Wunsch, zusammen mit Curtius die Stadt Agamemnons auszugraben, vielleicht auch Delphi oder Delos. Und kommt zugleich auf mögliche Nachfolger zu sprechen, die die Sache in Troja an seiner Stelle übernehmen könnten. Tatsächlich geht Schliemann so weit, in seiner Korrespondenz mit Curtius der deutschen Regierung im Falle einer Übernahme der Grabung in Hissarlik alle Transportfahrzeuge, Werkzeuge und Maschinen als Geschenk anzubieten. Die Ausgrabungen machten sich bestimmt »reichlich bezahlt«, wirbt Schliemann, »durch die vorhistorischen Gegenstände, die man findet, ganz abgesehen von dem ungeheuren Interesse für die Wissenschaft, die Ringmauer des wirklichen Troja ans Licht gebracht zu haben«.[517] Seine offizielle Vereinbarung mit der türkischen Regierung, bei voller Kostenübernahme nur die Hälfte der Funde für sich selbst reklamieren zu können, lässt er wohlweislich unerwähnt. Schon ahnend, dass ihn in Hissarlik wohl niemand ersetzen würde. Denn dafür hätte er wohl etwas von Homers schön gefügten Mauern, den hohen Palästen und Ehrfurcht gebietenden Tempeln Trojas ans Licht bringen müssen. Diesen Köder aber hält er nicht in Händen. »Findet sich aber niemand anderes für Troja«, lässt er Curtius daher abschließend wissen, »bin ich gezwungen, meine Ausgrabungen dort am 1. März 1872 fortzusetzen.«[518] So viel entschlossene Zuversicht musste schon sein, wollte er seinen Grabungsplatz in Hissarlik nicht entwerten.

Diesem Zweck dient ebenfalls eine seiner letzten Recherchen in der Troas im August 1872, um die berühmten Quellen des Homer doch noch nahe Hissarlik auszuweisen. Hatte Schliemann in den Jahren zuvor zunächst die Quellen von Bunarbaschi, dann die Wasserläufe auf dem Landgut von Frederick Calvert in Akça Köy als heiß-kalte Doppelquelle ausgeschlossen, so unterbreitete er jetzt seinen eigenen Vorschlag. Genau »945 Meter von meinen Ausgrabungen entfernt« fänden sich »zwei nebeneinanderliegende steinerne Röhren«, die in einer Kaskade aus »sechs steinernen Trögen« ausliefen. »Höchst wahrscheinlich sind dies die beiden von Homer erwähnten Quellen, bei denen Hektor getödtet wurde«, vermerkt Schliemann in seinem Grabungsbericht, »und wenn der Dichter die eine derselben als siedend heiss, die andere als eiskalt beschreibt, so kann dies wohl nur metaphorisch zu verstehen sein.«[519] Dass sein Thermometer in beiden Röhren gleichermaßen »17 Grad Celsius oder 13³/₅ Grad Réaumur« anzeigte, erklärt er so zur marginalen Nebensache. Ein schlagender Beweis des Homer'schen Troja war das nicht. Von Inschriften, die Schliemann als Beweismittel wohl am sehnsüchtigsten erhofft und am ehesten im Tempel der Athena vermutet hatte, ganz zu schweigen. Trotz einiger Funde und dünner Indizien: Schliemanns fünfmonatige kräftezehrende Offensive hatte auch im Jahre 1872 keine Entscheidung gebracht. Ob der »Tempel der Minerva«, Ilions »großer Turm« oder Homers Doppelquelle: Heinrich Schliemanns Troja blieb vage Spekulation.

Kapitel 8 | Der Glanz des Goldes

Schliemanns späte große Stunde:
der »Schatz des Priamos«

Applaus und Zuspruch von allen Seiten: Zurück in Athen, genießt Heinrich Schliemann im Spätsommer 1872 das Echo auf seine Helios-Metope. Sein *Phoebus Apollon* aus Ilium Novum scheint ihm endlich die lang erhoffte Anerkennung als Archäologe zu verschaffen. Und nach den Enttäuschungen der letzten Monate sah er jetzt auch all die Chancen, die ihm eine clevere publizistische Auswertung des letzten halben Jahres eröffnen konnte. Umsorgt von Frau und Kind, erholt sich Heinrich Schliemann erstaunlich schnell und kann schon bald wieder Berichte für deutsche und englische Zeitungen verfassen, in denen er seinen entbehrungsreichen Kampf um Troja recht heldenhaft ins Licht rückt. Erstmals ist er aber auch mit einem hochkarätigen deutschen Verlag, F. A. Brockhaus in Leipzig, im Gespräch. War Troja nicht ein Thema, das ein breiteres Publikum zu elektrisieren versprach? Zumal er die Finanzierung des Buches wieder selbst übernahm. Was Georgios Nicolaïdes 1868 in Paris mit seiner *Topographie de l'Iliade* geglückt war, schien für Heinrich Schliemann nun auch in Deutschland möglich, nur dass er Troja nicht mit Bunarbaschi, sondern mit Hissarlik verknüpfte. Mochte die Argumentation des Griechen ebenso hinken wie die Beweislage des Deutschen, so beflügelten beide doch die Fantasie der Menschen, sorgten für Vermutungen, Gespräche, eine immer größer werdende Neugier. Ein kleines Duell der beiden Kombattanten in diesem Sinne konnte sicherlich nicht schaden. Also griff Heinrich Schliemann den Griechen in seinen Zeitungsartikeln mehrfach an. Zunächst degradierte er Nicolaïdes' *Bounarbachi* zum menschenleeren Fels:»Überall wo nur irgend Erde ist, habe ich im August 1868 bis zum Skamander ... in Abständen von 100 Meter zu 100 Meter eine lange Reihe von Löchern gegraben, aber überall sogleich den Urboden und in ganz geringfügiger Tiefe den Fels gefunden, und nirgends eine Spur von Topfscherben oder andern Anzeichen, dass der Ort jemals von Menschen bewohnt gewesen sein könnte.«[520] Auf die topografischen Abhandlungen, die der Grieche dem Deutschen entgegenhielt, reagierte Schliemann in einer Weise, die er auch später immer wieder gern praktizierte. Er forderte den »Stubengelehrten« auf, mit ihm nach Troja – respektive Hissarlik – zu kommen, um sich dort mit eigenen Augen von der Richtigkeit seiner Ansichten zu überzeugen.

»Begreiflicherweise habe ich bei meinen übermenschlichen Arbeiten nie einen Augenblick freie Zeit und kann unmöglich meine theuere Zeit mit eiteln Schwätzereien verlieren«, hielt er dem Topografen aus Athen in recht herablassendem Ton entgegen. »Ich bitte daher Herrn Nikolaïdes nach Troja zu kommen, um sich mit eigenen Augen zu überzeugen, dass ich in der Widerlegung seiner falschen Angaben alles der reinsten Wahrheit gemäss so geschildert habe, wie ich es hier vor mir sehe.[521] Auch wenn Georgios Nicolaïdes dieses hemdsärmelige Angebot nie annahm, dem Publikum musste Schliemanns Vorschlag zumindest als fair erscheinen. Und Schliemann, das bezeugen solche publizistischen Attacken, hielt sich mittlerweile für satisfaktionsfähig, auch Philologen und Altertumskundlern gegenüber.

Anfang 1873 ging der Schliemann'sche Enthusiasmus schon wieder so weit, dass er seinem Leipziger Verleger gegenüber ankündigte:»Ich werde mein ganzes Leben lang ausgraben und jedenfalls alljährlich ein Werk publizieren.«[522]

Was seine erste Rückkehr in die Troas nach dem abrupten Abbruch der Grabungen von 1872 betrifft, so erfolgte sie, um die

Grabungsergebnisse zu dokumentieren und für die beabsichtigte Veröffentlichung aufzubereiten. Also bringt Schliemann am 15. September 1872 einen griechischen Landvermesser und den Fotografen Siebrecht mit auf den Burghügel, wo an zwei Tagen nicht nur die Grabungsfunde, sondern auch alle bislang freigelegten Mauern sorgfältig abgelichtet werden, damit Schliemann sie später mit den Angaben Homers vergleichen kann.

Vor allem aber erkennt Schliemann gerade noch rechtzeitig, wie schlecht er seinen Grabungsplatz gesichert hatte:»Mit Schrecken sah ich bei meiner Ankunft, daß der von mir zurückgelassene Pächter treulos gewesen und eine ungeheure Menge großer, aus meinen Ausgrabungen stammender Steine weggeschleppt war«, schreibt er in seinen Grabungsbericht.»Ich hatte an verschiedenen Stellen Mauern errichtet, um zu verhindern, daß der Winterregen den ausgeworfenen Schutt wegschwemme. Er entschuldigte sich damit, die Steine seien zu guten Zwecken verwendet worden, nämlich zum Bau eines Glockenturms im christlichen Dorf Yenischahir und zur Errichtung von Wohnhäusern im türkischen Dorf Ciblak. Ich jagte ihn weg und nahm an seiner Stelle einen mit einer Flinte bewaffneten Wächter ...«[523]

Doch als traute Schliemann dem Frieden nicht so ganz, brach er schon bald nach dem orthodoxen Weihnachtsfest am 31. Januar 1873 erneut zur Grabung auf –»mit meiner Frau«, wie sein Grabungsbericht behauptet, was einmal mehr erfunden ist.[524] Um seine Leserschar mit größerer Dramatik zu fesseln, wird er in der *Augsburger Allgemeinen* sogar behaupten, es hätte Ende März 1873 »sehr wenig daran gefehlt, so wären meine Frau und ich ... lebendig verbrannt«. Tatsächlich war sein Holzhaus auf dem Grabungsplatz durch einen Holzscheit aus dem Kamin in Brand und Schliemann zusammen mit seinem Aufseher Georgios Photidas in Lebensgefahr geraten, doch Sophia Schliemann weilte zu diesem Zeitpunkt noch immer in Athen. In seiner Pointe jedenfalls löscht Heinrich Schliemann die lodernde Feuersbrunst ohne viel Umstände: »Ich goß den Badeeimer auf die brennende Nordwand«, schreibt er.[525] Tatsächlich sind die Wetterverhältnisse in der Troas im Winter rau: »Der eisige Nordsturm blies mit Ungestüm durch die Fugen unserer Bretterwände, sodass wir nicht einmal im Stande waren, des Abends Licht anzuzünden; und obgleich wir Feuer im Kamin hatten, so zeigte dennoch das Thermometer 4 Grad Réaumur Kälte in den Stuben, und das Wasser gefror zu Klumpen neben dem Kamin.«[526] Auch die nächtliche Lautstärke schwillt bald wieder unerträglich an, diesmal durch das »entsetzliche Geschrei der in den Löchern der Wände meiner Ausgrabungen nistenden unzähligen Eulen«.[527]

Schliemanns frühe Rückkehr ist aber auch für die Anwerbung von Grabungsarbeitern nicht eben günstig, »denn ein hier anwesender Kaufmann aus Smyrna beschäftigt 150 Mann zum Aufsuchen einer medicinischen Wurzel, aus welcher der Lakritzensaft bereitet wird«, wie er schreibt. Erst im März ist er die lästige Konkurrenz wieder los und kann die Zahl seiner Arbeiter auf 158 steigern.[528] Nie war das geschäftige Treiben auf seiner »Baustelle« größer, bis Ende Mai 1873 wird er mit 160 Leuten weitermachen, um seinen Troja-Beweis zu erbringen. Schliemann wirkt entschlossener denn je.

Nach seinem 14 Meter tiefen Nordsüd-Durchstich durch den Burghügel von Hissarlik – den »Schliemanngraben« – widmet er sich nun punktuell seiner Agenda zur »Faktizierung« Homers und macht sich wieder auf die Suche nach der »Baustelle des uralten Minervatempels« auf der Nordseite des Berges.[529] Im »Schutt« finden sich »viele herrlich skulptierte Marmorblöcke dorischen Stils«, die oft mehr als 2000 Kilogramm wiegen und die »Fortschaffung dieser Blöcke« fast unmöglich machen. Sein Grabungsbericht spricht immer wieder von »Vasen mit Eulengesicht« und dem »Eulenkopf der ilischen Schutzgöttin«.[530] Schließlich belegen drei Inschriften, »dass dies der Tempel der ilischen Minerva« in hellenistischer Zeit war.[531] Doch von den hier aufgestellten Statuen kann er nur eine »Masse von Bruchstücken« finden.[532] Unter den Terrakottastücken fällt ihm ein rötlicher »Hippopotamus« besonders auf, ansonsten viele »kupferne Münzen von Augustus bis Konstantin dem Großen«.[533]

Mit dem Eintreffen seiner Ehefrau in der Troas Ende März 1873 sieht Heinrich Schliemann auch die Möglichkeit, einen der Tumuli in der Skamander-Ebene, in dem der Homer-Gläubige die Gräber der achäischen Helden Achill und Patroklos vermutet, von seiner jungen Frau erforschen zu lassen. Sophia Schliemann erhält so die Möglichkeit, mit einer selbstständigen Grabung erste eigene Meriten im archäologischen Fach, vielleicht sogar einigen Ruhm zu erwerben. Andererseits möchte Schliemann die Öffnung der vermeintlichen Grabstätte so großer Heroen der *Ilias* wohl in absolut vertrauenswürdiger Hand wissen. Offenbar führen diese Ausgrabungen der alleinstehenden jungen Frau etwas abseits des Grabungsplatzes ihres Mannes aber eine Situation herbei, in der Georgios Photidas ein »begieriges Auge« auf Sophia wirft.[534] In einem Brief an seinen Schwiegervater spricht Heinrich Schliemann sogar davon, dass Photidas »den Versuch unternommen hat, sie zu vergewaltigen«.[535] Nur inständige Bitten Sophias, die durch den Vorfall einen »Nervenzusammenbruch« erleidet, können verhindern, dass Schliemann den »Schuft« ins Gefängnis werfen lässt und sich damit zufriedengibt, Georgios Photidas zu feuern.[536] Sophia Schliemann erreicht kurz darauf, während sie ihre Ausgrabungen im näher am Burghügel von Hissarlik gelegenen Pascha Tepe fortsetzt, die Nachricht, dass ihr Vater verstorben sei, sodass sie sich auf den Rückweg nach Athen machen muss. Ihre Grabung in der Troas hat für Sophia Schliemann, nicht nur aufgrund der enttäuschenden

Ergebnisse der Tumuli-Öffnung, in der sich keinerlei Anzeichen auf Achill und Patroklos finden ließen, eher dunkle Seiten.

Größere Grabungserfolge können im Frühjahr 1873 die 22 Arbeiter an der Südostecke der Akropolis verzeichnen, die Schliemann hier eingesetzt hat, um »von dieser Seite den großen Turm weiter bloßzulegen«.[537] Dabei tauchen eine »ungeheure Menge sehr großer irdener Weinbehälter« und »eine Menge von Bruchstücken korinthischer Säulen« auf.[538] Ende März dann »Formsteine zum Gießen von Waffen, Messern und Werkzeugen« und Schmelztiegel für Kupfer. Schliemann meint so eine Erklärung dafür zu finden, warum er in Hissarlik so selten auf Relikte aus Kupfer stößt. Sicherlich wurde in Troja alles aus dem wertvollen Metall immer wieder »umgeschmolzen und umgegossen«.[539] Nur einmal kann er in einem freigelegten Haus die Skelette zweier Krieger »mit kupfernen Helmen auf den Köpfen« ausmachen – mit wohl erhaltenem Bügel für den »in der Ilias oft angeführten Helmbusch«, wie er schreibt.[540]

Was die Bauten seiner Homer'schen Burg, der »Pergamos des Priamos«, betrifft, glaubt Heinrich Schliemann im Frühjahr 1873 an einen wirklichen Durchbruch. Anfang April wird neben seinem Grabungshaus in rund 9 Metern Tiefe eine Ebene freigelegt, die mit »breiten Steinplatten gepflastert ist« und die Schliemann als »Straße der Pergamos« von Troja deutet.[541] Diese »herrliche Straße« müsse, so seine Vermutung, zu einem vornehmen Gebäude »in geringer Entfernung oberhalb« geführt haben. Und so konzentriert er in den nächsten Wochen einhundert seiner Arbeiter in der nordwestlichsten Ecke des Burghügels, um hier in zehn Metern Tiefe auf einer Fläche von 24 mal 24 Metern allen »Schutt« entfernen zu lassen. Das griechisch-orthodoxe Osterfest und das anschließende Fest des heiligen Georg kosten ihn, der nunmehr wie elektrisiert scheint, sechs »endlose« Feiertage. Immerhin weiß der pragmatische Mecklenburger Pfarrerssohn die tiefe Religiosität der griechischen Bauern für den Schutz seiner Grabungsfunde vor »Raub« zu nutzen. Auf seiner »Straße der Pergamos« lässt er ein »Jesusbild« aufstellen und das Gerücht streuen, Jesus Christus habe König Priamos in Troja besucht. Und unterhalb des hellenistischen Minerva-Tempels verhütet ein Bild der Gottesmutter, dass die alten Mauern »von frevelhafter Hand ruiniert« werden.[542]

Nach der österlichen Zwangspause arbeitet er umso intensiver weiter, mit 150 Leuten von 4.45 Uhr morgens bis 19.45 Uhr abends.[543] Mitte Mai dann das Ergebnis: »Meine Hoffnungen sind aber durch das Resultat weit übertroffen worden«, konstatiert er. Denn bei der Freilegung der Prachtstraße von Troja sei er nicht nur auf ein doppeltes Tor, sondern auch auf die beiden kupfernen Bolzen desselben gestoßen, sodass er nunmehr sicher sei, dass dies »notwendiger Weise das Skäische Tor sein muss« – das in der *Ilias* beschriebene trojanische Burgtor. »Dasselbe ist ausgezeichnet erhalten, und daran fehlt kein Stein«, schreibt Schliemann hochzufrieden in seinen Grabungsbericht.[544] Wie erhofft kann er schon bald »unmittelbar oberhalb des Tores auf einer künstlichen Anhöhe« ein uraltes großes Gebäude ausmachen. »Die solide Bauart desselben lassen keinen Zweifel, daß es das vornehmste Gebäude Trojas, ja daß es das Haus des Priamos gewesen sein muß« – das »Königshaus«, wie er es selbstbewusst nennt.[545] Er ahnt nicht, dass er sich um viele Jahrhunderte irrt, was die »homerische Epoche« angeht.

Also stellt er nunmehr das vermeintliche »Skäische Tor« – in der *Ilias* der Einlass für das Trojanische Pferd – ins Zentrum seiner Homer-Interpretation, zumal er hier zwei der bekanntesten Figuren des Trojanischen Krieges ins Spiel bringen kann: »Also neben diesem doppeltem Tor, auf Iliums großem Turm … saßen Priamos, die sieben Stadtältesten, und Helena, und hier fällt die herrlichste Szene der *Ilias* vor; von hier aus überschaute die

Gesellschaft die ganze Ebene und sah am Fuß der Pergamos die Heere der Trojaner und Achäer nebeneinander, um den Vertrag abzuschließen, den Krieg durch einen Zweikampf zwischen Paris und Menelaos entscheiden zu lassen«, wie Schliemann in seinem Grabungsbericht festhält.[546] Im Jubel über diesen vermeintlichen Beleg des Homer'schen Troja aber verfälscht Schliemann zugleich das »Evangelium«, als das er Homer nach eigenem Bekunden ansieht. Tatsächlich heißt es in der *Ilias*, Priamos und die Ältesten hätten »auf einem Turm«, nämlich »auf dem skäischen Tore«, gesessen.[547] Und nicht »neben diesem doppeltem Tor, auf Iliums großem Turm«, wie Schliemann den Lesern der *Augsburger Allgemeinen* weismacht – als hätte es für Homer »neben« dem Tor einen weiteren Turm gegeben, der den Mächtigen Trojas als Tribüne diente. Warum dieser Schwindel?

Tatsächlich hatte Schliemanns episodische Publikationsform, seine sehr aktuelle, nahezu monatliche Veröffentlichung der Grabungsberichte, enorme Vorzüge, aber auch entscheidende Nachteile: Einerseits konnten seine Leser praktisch teilnehmen am Grabungsfortschritt und seine 23 Troja-Episoden verstärkten dabei mit jeder neuen Folge Schliemanns Bekanntheitsgrad. Schliemann machte so viel Reklame für seine Grabung, seine Schriften und seine Person. Die Kehrseite: Er posaunte auch halb gare Vermutungen, Zwischenstände und Irrtümer aus, die er mit einem »ohne Zweifel« zu absoluten Wahrheiten aufzuwerten hoffte. Doch im Fortgang der Grabungen musste er, wie jeder professionelle Archäologe, manche Hypothese korrigieren. Wäre Schliemann erst nach seriöser Reflexion seiner Grabung und ihrer Funde mit einem Abschlussbericht an die Öffentlichkeit gegangen – über Troja lieferte er eine retrospektive Betrachtung erst 1881 mit seinem Buch *Ilios. Stadt und Land der Trojaner* –, hätte er seine aus dem Grabungsfortschritt resultierenden Widersprüche stillschweigend korrigieren und vieles »glätten« können. Da er aber aus Werbegründen regelmäßig in kurzen Abständen publizierte, geriet er in eine Zwickmühle: Sollte er, der als Amateur belächelte Newcomer im archäologischen Fach, in aller Öffentlichkeit widerrufen, was er eben noch als sichere Erkenntnis ausgegeben hatte? Oder konnte er das Dilemma irgendwie kaschieren?

Im August 1872 hatte Schliemann »Iliums großen Turm« für die Leser der *Augsburger Allgemeinen* als das »heilige, erhabene Denkmal von Griechenlands Heldenruhm« mit viel Pathos aufgeladen. Später gestand er dann ein, dass seine weiteren Grabungen ergeben hätten, dass der »Turm« höchstens sechs Meter hoch, also nie ein »großer Turm« gewesen war. Von hier aus konnte Andromache wohl nicht auf die Helden Trojas geblickt haben.

Bis er sich aber zur öffentlichen Korrektur durchringt, vergeht viel Zeit. Ein Interregnum, in dem er mit dem »Skäischen Tor« und »Iliums großem Turm« gleich zwei Gemäuer – statt ein einziges wie Homer – als trojanische Tribüne der Mächtigen ausgibt. Notfalls kaschiert er die Sache, indem er Homer falsch zitiert und so wiedergibt, als hätte der antike Dichter Turm und Tor für zwei unterschiedliche Bauwerke gehalten. Vielleicht trickst Schliemann aber auch, weil er sich nicht entscheiden mag, welche seiner beiden Optionen, das »Skäische Tor« oder »Iliums großer Turm«, am Ende die aussichtsreichere Spekulation auf Homers »reales« Troja sein würden. So kann er beide Eisen im Feuer halten.

Natürlich gibt es auch wissenschaftlich seriöse Erkenntnisse. So gelangt Heinrich Schliemann durch die Grabung von 1873 von einer ersten Annahme zweier tiefer Schichten der Bronzezeit in Hissarlik zu einer größeren Differenzierung und resümiert schließlich 1874 fünf verschiedene Schichten: von der Urscholle aufsteigend »vier uralte Nationen« und darüber die Kulturperiode der »griechischen Kolonie«. Die »verbrannte

Stadt« von König Priamos meinte er nunmehr anhand des »Gepräges großer Glut« am Schutt der zweiten Schicht in sieben bis zehn Metern Tiefe festmachen zu können.[548] Sein »Skäisches Tor«, die »trojanische Ringmauer« und sein »Palast des Priamos«, die allesamt in dieser Schicht unter »roter Holzasche« zum Vorschein gekommen waren, deutete er als Beweise des realen Trojas Homers.[549] Eine kühne These. Tatsächlich aber war ihm die Bloßlegung und Ordnung von Baustrukturen derselben Epoche gelungen. Bemerkenswert war auch Schliemanns Schlussfolgerung, dass Hissarlik nur bis zum 4. Jahrhundert bewohnt gewesen sei – und nicht bis ins byzantinische 14. Jahrhundert hinein, wie Frank Calvert bis dahin behauptet hatte.[550] Dass der Name des Briten in Schliemanns Grabungsbericht überhaupt auftauchte, hatte indes mit dem öffentlichen Schlagabtausch zu tun, den sich Calvert und Schliemann vor dem Hintergrund ihres finanziellen Tauziehens um die Helios-Metope lieferten. Zu diesem »Abwatschen« zählte, dass der Brite dem Deutschen in der Presse die Fixierung auf den »Urboden« und die »cyklopischen Mauern« als Irrtum vorwarf, bevor sich Schliemann selbst korrigieren konnte.[551] Ein anderer Streit entzündete sich daran, dass Schliemann »entschieden die Behauptung« aufstellte, dass die großen roten unten abgerundeten Becher mit zwei gewaltigen Henkeln, die er gefunden hatte, »notwendiger Weise die homerischen sein müssen«.[552] Ironischerweise lagen beide »Amateure« aber ausgerechnet mit ihren gegenseitigen Anfechtungen archäologisch ziemlich richtig.

In seinem letzten Artikel vom Grabungsplatz, den er auf den 17. Juni 1873 datierte und der am 7. August 1873 in der *Augsburger Allgemeinen* erschien, präsentierte Heinrich Schliemann seinen Lesern eine »vom Skäischen Tor weitergehende Trojanische Ringmauer« – ein weiterer Beleg für das Homer'sche Troja? Eine Sensation?

Beim Weitergraben stieß er – teilt Schliemann seinen Lesern
mit – »auf dieser Mauer und unmittelbar neben dem Haus des
Priamos auf einen großen kupfernen Gegenstand höchst merkwürdiger Form, der umso mehr meine Aufmerksamkeit auf sich
zog, als ich hinter demselben Gold zu bemerken glaubte«.[553]

Nüchterner konnte Heinrich Schliemann seinen »Schatz
des Priamos« kaum präsentieren. Wo er sonst pathetisch ju-
belte, zählte er jetzt einfach nur eine schier endlose Liste auf:
eine 403 Gramm wiegende kugelrunde Flasche von reinstem
Gold mit »Zickzackverzierung« am Hals, ein 226 Gramm schwerer Becher, »ebenfalls von reinstem Gold«, ein 600 Gramm wie-
gender Becher, von reinstem Gold »in Form eines Schiffes mit
zwei großen Henkeln«, ein 8 Zentimeter hoher Becher »aus mit
20 % Silber versetztem Gold«, drei große silberne Vasen, eine
silberne Schale von 14 Zentimetern Durchmesser und zwei
kleine »prachtvolle« silberne Vasen sowie sieben große kupferne Dolchmesser. Am Boden der größten silbernen Vase »zwei
prachtvolle goldene Diademe, ein Stirnband und vier herrliche,
höchst kunstvoll gefertigte Ohrgehänge aus Gold«, 56 goldene
Ohrringe »höchst merkwürdiger Form« und 8750 kleine goldene Ringe, »durchbohrte Prismen, Würfel und goldene Knöpfe«
sowie sechs goldene Armbänder und obenauf »die beiden kleineren goldenen Becher«.[554]

Viele seiner spektakulären Preziosen sucht Schliemann als Belege der *Ilias* zu deuten, wie den Fund von sechs großen Klingen
»allerreinsten Silbers«, in denen er »die Homerischen Talente«,
ein trojanisches Preisgeld, erkennen will.[555] Am großen goldenen
Diadem, dem goldenen Stirnband und den großen Ohrgehängen fallen ihm zahlreiche Idole »mit dem Eulenkopf der ilischen
Schutzgöttin« auf.[556] Am Fuß einer kugelrunden Vase aus Silber
sei »viel Kupfer festgeschmolzen«, bemerkt Schliemann, »welches
in der Feuersbrunst von den kupfernen Sachen des Schatzes ab-

geträufelt sein muß«. Auch anhand von »vier in der Feuersbrunst zusammengeschmolzenen Lanzen und Streitäxten« und zwei ineinandergeschmolzenen Silbervasen meint Schliemann das Niederbrennen der Burg des Priamos durch die Griechen im Finale des Trojanischen Krieges zu erkennen. Da er all diese Schätze »ineinander verpackt« in einem »viereckigen Haufen« gefunden habe, glaube er, so Schliemann, dass ursprünglich alle Stücke »in einer hölzernen Kiste« lagen, wie sie die *Ilias* im Palast des Priamos erwähnt, zumal er einen »kupfernen Schlüssel« gefunden habe.[557] Auch für den Transport der Schätze aus dem Palast zur Ringmauer bietet Heinrich Schliemann eine ebenso plausible wie dramatische Erklärung im Rahmen der *Ilias* an: »Vermutlich hat jemand aus der Familie des Priamos den Schatz in aller Eile in die Kiste gepackt«, schreibt er, »bei furchtbarer Lebensgefahr, in zitternder Angst.« Dann aber wurde der Fliehende »auf der Mauer von Feindes Hand oder vom Feuer erreicht und hat die Kiste im Stich lassen müssen«, die wenig später »mit der roten Asche und den Steinen des daneben stehenden königlichen Hauses überschüttet wurde«.[558]

Da, wo der zusammenbrechende *Palast* des Priamos das königliche Gold im finalen Akt des Trojanischen Krieges verschüttet hat – so Heinrich Schliemanns Diktion –, konnte er die Schatztruhe Jahrtausende später wieder aufspüren. Mit insgesamt 8830 Einzelstücken ging Schliemanns Gold aus Troja als einer der größten Schatzfunde in die Geschichte der Menschheit ein. Für den Ausgräber aber schien die tatsächliche Existenz des Homer'schen Troja damit auf glänzende Weise bewiesen.

»Die Fortschaffung dieses Schatzes wäre mir aber unmöglich geworden ohne die Hülfe meiner liebe Frau, die immer bereit stand, die von mir herausgeschnittenen Gegenstände in ihren Shawl zu packen und fortzutragen«, schildert Heinrich Schliemann die genaueren Umstände der Fundbergung.[559] Nach der

Augsburger Allgemeinen und der *Times* in London wird Heinrich Schliemanns spektakulärer Schatzfund in allen großen Blättern gefeiert – und mit ihm die schöne Schatzsucherin an seiner Seite.[560] Tatsächlich war es ein ikonenhaftes Bild, das Schliemanns weltweiten Triumph ermöglichte und zugleich besiegelte: die schöne Sophia Schliemann als Covergirl der internationalen Illustrierten, Wochenblätter und Tageszeitungen, eine stolze Griechin mit Ehrfurcht gebietendem Blick, die hohe Stirn und das Dekolleté, Ohren, Hals und Steckfrisur dekoriert mit dem unfassbar reichen Goldschmuck, der wohl nur einer Helena zukam, der schönsten Frau von Troja und in Homers Universum.

Suggestiver als mit dieser Fotografie der Sophia Schliemann mit dem Schatz aus Troja konnte Heinrich Schliemann Homer als Zeugen eines höchst realen Geschehens nicht im Bewusstsein seiner Zeitgenossen verankern. Nichts war besser geeignet, alle kleinlichen Zweifel zu überstrahlen, als das funkelnde Gold aus Troja.

Indes steht fest, dass Schliemanns Ehefrau zwar als Galionsfigur für diese sorgsame fotografische Inszenierung in Athen zur Verfügung stand, als Beteiligte an der Entdeckung des Schatzes in Hissarlik jedoch wiederum nur imaginiert war. Dass Heinrich Schliemann in der Presse die Unwahrheit verbreitet und die Hilfe seiner Frau bei der Bergung des Schatzes nur erfunden hatte, kam Charles Newton, dem Antikendirektor des British Museum, irgendwann in Athen zu Ohren, als man ihm erzählte, dass Schliemanns Frau wegen der Beerdigung ihres Vaters schon drei Wochen vor dem Schatzfund aus der Troas abreisen musste. Darauf angesprochen, teilte Heinrich Schliemann dem Briten unumwunden mit:»Der Schatz wurde Ende Mai gefunden, und da ich schon lange bemüht bin, aus ihr eine Archäologin zu machen, habe ich in meinem Buch geschrieben, daß sie am Ort war und mir bei der Bergung des Schatzes half.«[561]

Manipulationen dieser Art sorgten dafür, dass Schliemanns Glaubwürdigkeit umstritten war. So tauchen mit dem »Schatz des Priamos« bis heute viele Fragen auf. Über die genauen Umstände am Tag der »Entdeckung« berichtet Heinrich Schliemann in seinem Grabungsbericht: »Um den Schatz der Habsucht meiner Arbeiter zu entziehen und ihn für die Wissenschaft zu retten, war die allergrösste Eile nöthig, und, obgleich es noch nicht Frühstückszeit war, so liess ich doch sogleich »païdos« (… Ruhezeit …) ausrufen, und während meine Arbeiter assen und ausruhten, schnitt ich den Schatz mit einem grossen Messer heraus, was nicht ohne die allergrösste Kraftanstrengung und die furchtbarste Lebensgefahr möglich war, denn die grosse Festungsmauer, welche ich zu untergraben hatte, drohte jeden Augenblick auf mich einzustürzen.«[562] Tatsächlich kann sich alles genau so zugetragen haben, wie es Heinrich Schliemann hier schildert. Da er aber seine Ehefrau als einzige Zeugin anführt, ihre Präsenz in der Troas jedoch erfunden hat, kann nur Schliemann selbst die Entdeckung des Goldes – nach seinen Angaben am 31. Mai 1873 – tatsächlich beglaubigen. Dessen pragmatischer Umgang mit der Wahrheit aber lässt rasch die Frage aufkommen, ob Schliemann den Schatz überhaupt im Burghügel von Hissarlik gefunden hat. Könnte er das strahlende Glanzstück seiner Troja-Theorie nicht auch dahinplatziert haben, indem er über Jahre Einzelstücke auf dem Antikenmarkt zusammenkaufte und dann in der »Ringmauer Trojas« versteckte, um sie dort »aufspüren« zu können? Musste er seine 160 Arbeiter tatsächlich in die Pause schicken, weil er deren Habgier fürchtete? Oder um seinen Coup unbeobachtet vorzubereiten? Rätselhaft auch, dass der sonst so mitteilsame Schliemann in den drei Jahren seiner intensiven Grabungen in Hissarlik nie einen bemerkenswerten Schmuck- oder Goldfund angezeigt hatte, dann aber plötzlich über 8000 Stücke vermeldet – im Wert von einer Million Francs, wie er verkündet.[563] Oder hatte Schliemann, um sich bei seinen Grabungen die goldhungrigen türkischen Behörden vom Hals zu halten und die vereinbarte Fundteilung zu umgehen, das Gold und Silber aus seinen Grabungen jahrelang gehortet, um dann den überraschenden Fund eines einzigen großen Schatzes zu inszenieren, den er sofort außer Landes brachte? Am weitesten in seinen Verdächtigungen gegen Schliemann ging der verärgerte Frank Calvert. In einem Zeitungsartikel für den *Levant Herald* behauptete er, der Deutsche hätte in Hissarlik zwar Ornamente und einzelne Schmuckstücke bergen können, die goldenen Becher und Schalen jedoch bei einem Goldschmied in Athen herstellen lassen. Belege für seine Anschuldigungen allerdings brachte Frank Calvert nicht bei.[564]

Tatsächlich war aber nicht einmal ganz auszuschließen, dass der Goldschatz, der Ende Juni 1873 in Athen öffentlich präsentiert wurde, niemals in der Troas gewesen war.[565] Denn auch den Schmuggelweg des Goldes von Hissarlik nach Athen konnte am Ende nur Heinrich Schliemann selbst bezeugen. Nach seinen eigenen Angaben hatte Schliemann im Juni 1873 Kontakt zu Frederick Calvert aufgenommen, der seit seiner Entlassung aus dem Gefängnis wieder auf dem Familienlandgut Thymbria unweit von Bunarbaschi lebte. »Leider muss ich Sie davon in Kenntnis setzen, dass ich scharf überwacht werde und gefaßt sein muß, dass der türkische Aufsichtsbeamte, ... morgen bei mir eine Hausdurchsuchung vornimmt«, lässt Schliemann den Briten wissen. Und weiter: »Ich nehme mir daher die Freiheit, bei Ihnen sechs Körbe und einen Sack zu deponieren und bitte Sie, diese freundlicher Weise einzuschließen und auf keinen Fall zuzulassen, daß die Türken sie anrühren ...«[566] Nach eigenen Angaben übernahm Frederick Calvert die mit der Aufschrift »Obst und Gemüse« versehenen Körbe und sandte sie mit dem nächsten Linienschiff an Sophia Schliemann nach Athen.[567] Mit eigenen

Augen gesehen allerdings hatte Frederick Calvert den »Schatz des Priamos« nicht, da er die Körbe unangetastet ließ. Insofern gibt es außer Schliemann keinen weiteren Zeugen dafür, dass seine Körbe tatsächlich das berühmte Gold aus Troja enthielten. Indes ist kaum glaubhaft, dass Heinrich Schliemann für seinen überaus wertvollen »Schatz des Priamos« einen so unsicheren Weg wie das Linienschiff nach Athen gewählt haben soll.

Die genauen Umstände der »Entdeckung« des Goldschatzes und seines Transports nach Athen liegen bis heute im Dunkeln, die Glaubwürdigkeit der Beteiligten aber ist gering: Heinrich Schliemann manipulierte die Wahrheit, wo er es für nützlich hielt, Frederick Calvert war wegen schweren Betrugs im Gefängnis gewesen, und Nikolaos Zaphyros, der sich schließlich als Kronzeuge des Schatzfundes meldete, galt als besonders treuer und loyaler Diener seines Herrn.[568] Die türkischen Behörden vermuteten, dass Heinrich Schliemann nicht nur Frederick Calvert, sondern auch Amin-Efendi, den Aufsichtsbeamten seiner Grabungen in der Troas, mit großen Geldsummen bestochen hatte.[569] Auch Sophia Schliemann, die wohl genauer wusste, unter welchen Umständen das Gold in ihr Haus gelangte, entschied sich, darüber ein Leben lang zu schweigen.

Den besten Beleg dafür, dass zumindest Teile des Schliemann'schen Goldes tatsächlich aus Hissarlik stammten, lieferte die türkische Polizeibehörde von Kumkalé. Sie konfiszierte im Dezember 1873 »bei zweien meiner Arbeiter eine Menge goldener Schmuckgegenstände«, wie Heinrich Schliemann in seinem Troja-Bericht *Ilios. Stadt und Land der Trojaner* 1878 angab, »die sie im März, als sie in den Gräben von Hissarlik für mich gearbeitet, an drei verschiedenen Stellen in einer Tiefe von fast 30 Fuss unter der Oberfläche des Berges gefunden hatten. Der grösste Theil derselben war in einer Vase mit Eulenkopf ...«[570] Diese beschlagnahmten Stücke, die ins Kaiserliche Museum von

Konstantinopel gelangten, zeigten große Ähnlichkeit mit Stücken des »von mir entdeckten grossen Schatzes«, wie Schliemann schrieb, »einen Typus nämlich, den man sonst noch nirgends gefunden hat«.[571] Fest steht, dass Heinrich Schliemann seine Grabungen in Hissarlik zwischen dem 15. und 17. Juni 1873 beendete und auf dem Rückweg am 19. Juni in Saloniki Station machte.[572] Am 25. Juni traf er in Athen ein, wo der »Schatz des Priamos« in den nächsten Monaten einer drängenden Menschenmasse und der staunenden Weltöffentlichkeit präsentiert wurde.

Der weltberühmte »Entdecker von Troja« aber fühlte sich angesichts des überwältigenden öffentlichen Beifalls souverän genug, eine Bilanz der dreijährigen Ausgrabungen in der Troas zu ziehen, die seine Enttäuschungen und Irrtümer nicht ganz verhehlte. Und so meißelt er Sätze wie Hammerschläge in seinen Grabungsbericht, die man so nicht von ihm gewohnt ist: Es tue ihm »ungemein leid«, schreibt er, einen »so kleinen Plan der mythischen Stadt« geben zu müssen, ja, er hätte gewünscht, ihn »tausendmal größer« machen zu können. Aber Troja sei nicht groß. Vielmehr erkläre er »jetzt aufs entschiedenste, daß sich die Stadt des Priamos unmöglich nach irgendeiner Seite hin über die uralte Bergfläche dieser Festung hinaus ausgedehnt haben kann«. Nie hätte die mythenumwebte Stadt über 5000 Einwohner besessen, wohl kaum mehr als 500 Soldaten gestellt.[573] Dabei hatte er auf dem Schlachtfeld des Trojanischen Krieges Hunderttausende vermutet. Doch die Bilanz seiner dreijährigen Grabung spräche dagegen: Eine Akropolis, wie sie für die »großen Taten« der *Ilias* »nötig« sei, habe er trotz aller Bemühungen nicht entdecken können, sie müsse »von Homer hinzugedichtet« worden sein. Auch das Wort »Pergamos«, eine Bezeichnung, mit der Schliemann seine Presseberichte der letzten drei Jahre überschrieben hatte, sei eine Erfindung Homers gewesen und zudem

»ein Wort ganz unbekannter Abstammung«.[574] Auch was den Tempel der Minerva der *Ilias* betrifft, »so ist es doch sehr zu bezweifeln, ob wirklich einer vorhanden war«.[575]

Für seine Kritiker, die ihn so oft einen blinden Homer-Gläubigen nannten, besteht wohl die größte Überraschung darin, dass Schliemann den antiken Dichter ein Stück weit aus der Überforderung als minutiösem Überlieferer historischer Realität entlässt: »Homer kann *nie* Iliums großen Turm, die Ringmauer des Neptun und Apollo, das Skäische Tor oder Priamos Palast gesehen haben«, schreibt Schliemann jetzt, »denn alle diese Monumente waren tief unter Schutt begraben, und er stellte keine Ausgrabungen an, um sie ans Licht zu bringen. Er kannte diese Denkmäler unsterblichen Ruhmes nur vom Hörensagen, denn des alten Troja tragisches Ende war noch in frischem Andenken und bereits seit Jahrhunderten im Munde aller Sänger.«[576]

Tatsächlich geht Heinrich Schliemann auch in seiner Selbstkritik als Ausgräber ungewöhnlich weit: »Infolge meiner früheren irrigen Idee, dass Troja nur auf dem Urboden und ganz nahe darüber zu suchen sei«, bekennt er resümierend, »ist leider 1871 und 1872 ein großer Teil der Stadt von mir zerstört worden.« Zudem gesteht er die Vernichtung antiker Fundstücke ein: »Seitdem ich zu der Einsicht gekommen bin, daß die Idole (der »ilischen Minerva« mit dem Eulenkopf – d. V.) die Trojanische Schutzgöttin darstellen, habe ich sie sorgfältig gesammelt, 1871 und 1872 müssen mir aber sieben Achtel aller marmornen Idole verlorengegangen sein, da ich damals noch keine Idee von ihrer Bedeutung hatte.« Den entscheidenden Punkt aber, die Faktizität der *Ilias*, reklamiert Heinrich Schliemann bei allen Abstrichen für sich. Man müsse trotz aller Täuschungen »eine hohe Genugthuung in der nunmehr erlangten Gewissheit empfinden, dass es wirklich ein Troja gab, dass dies Troja dem grössten Theile nach von mir ans Licht gebracht ist«, wie er zufrieden konstatiert.[577]

Ironischerweise aber verfehlt die von Schliemann in Hissarlik freigelegte Burg nahezu alle Anforderungen, die er ursprünglich einmal für sein Troja aus den Versen der *Ilias* ermittelt hatte. Demnach musste sich die Bevölkerung Trojas auf »mindestens 50.000 Seelen belaufen« und der Palast des Priamos über »fünfzig Zimmer für seine Söhne und zwölf Zimmer … für seine Töchter« verfügen.[578] Die Zitadelle aber sollte nicht nur die Tempel der Minerva (Athene), des Apollo und des Jupiter (Zeus), sondern neben dem Palast des Priamos auch »die Paläste und den Hof des Hektor und des Paris« umfassen.[579]

Als Heinrich Schliemann 1868 erstmals zur Exkursion in die Troas reiste, verwarf er das von Curtius favorisierte Bunarbaschi nach zwei Tagen Grabung, weil ihm die Dimension der dortigen Zitadelle für Homers Stadt des Priamos viel zu gering erschien.[580] Ganz anders 1873, nach drei mühsamen Grabungsjahren. Auch die Burganlage in Hissarlik genügte der Vorgabe der *Ilias* nicht, doch nunmehr verfährt Heinrich Schliemann erstaunlich großzügig und erkennt in der Burg trotz allem das Troja Homers. Wie so oft hat er keinerlei Zweifel, »dass die Ilias – wenn auch in übertriebenem Massstabe – diese Stadt und die Thatsache ihres tragischen Endes besingt«. Denn diesmal – so seine verwirrende Logik – ist es nicht die Burg, die gemessen an der *Ilias* zu klein ist, sondern umgekehrt: Die Größenvorgaben der *Ilias* erscheinen ihm übertrieben. In den Worten Schliemanns: »Homer ist aber nun einmal kein Historiker, sondern ein epischer Dichter, und so muss man ihm die Uebertreibungen zugute halten.«[581]

Den Mut für seine kühnen Behauptungen aber schöpft Schliemann aus dem enthusiastischen Jubel über das »Gold aus Troja«. Wochenlang drängen sich in Athen Menschenmassen zur Schliemann-Villa in der *Odos Moussón*, um das Gold zu bewundern und die antike Kultur ihrer griechischen Heimat zu feiern, bis

Schliemann den Trubel nach einigen Wochen nicht mehr aus-
hält und das endlose patriotische Defilee unterbindet.

Der »Schatz des Priamos«, wie er das Gold ohne irgendei-
nen Hinweis auf den tatsächlichen Besitzer des Schatzes werbewirksam tauft, bildet nunmehr den Dreh- und Angelpunkt seiner Indizienkette für das »reale« Troja: »Ich kann natürlich nicht
beweisen, dass der Name des Königs, des Besitzer des Schatzes,
wirklich Priamos war«, räumt er ein, »ich nenne ihn aber so, weil
er mit diesem Namen von Homer und von der ganzen Tradition genannt wurde. Alles was ich beweisen kann, ist, dass der
Palast dieses Besitzers des Schatzes, dieses letzten trojanischen
Königs, gleichzeitig mit dem Skaeischen Thor, der grossen Ringmauer und dem grossen Thurm in der grossen Katastrophe untergegangen ist, welche die ganze Stadt verheerte. Ich beweise es
durch jene 1 ½ und 3 Meter hohen rothen und gelben calcinirten
trojanischen Trümmermassen, womit alle diese Bauten bedeckt
wurden und eingehüllt blieben … Eine Stadt, deren König einen
solchen Schatz besass, war für damalige Verhältnisse unermesslich reich, und weil Troja reich war, so war es mächtig, hatte viele
Unterthanen und erhielt Hilfstruppen von allen Seiten.«[582]

Das Publikum ist Heinrich Schliemann angesichts des überall für Furore sorgenden Goldschatzes sehr geneigt, und er nutzt
die Gunst der Stunde: »Ich freue mich«, schreibt er in seinen *Trojanischen Alterthümern*, »durch meine dreijährigen Ausgrabungen,
wenn auch nur in verkleinertem Maßstab, das homerische Troja
aufgedeckt und bewiesen zu haben, daß die Ilias auf wirklichen
Tatsachen basiert ist.«[583]

Kapitel 9 | Einzug in den Tempel

Schmuggel-Prozess und die »Maske des Agamemnon«

Das Gold aus Troja: Heinrich Schliemann mochte es ausgegraben, mythisch aufgeladen und werbewirksam präsentiert haben – doch es gehörte ihm nicht. Das Osmanische Reich, mit England und Frankreich im Bunde gegen Russland, ließ sich nicht folgenlos bestehlen. Und ebenso wenig wäre es für ein großes europäisches Museum ratsam gewesen, ein derart bekanntes und so offensichtlich geschmuggeltes Diebesgut auszustellen oder gar in seinen Bestand aufzunehmen. Der stolze Entdecker aber wollte genau das. Erst die Kanonisierung seines Fundes, die offizielle Anerkennung durch eine bedeutende Kulturinstitution, sicherte seinem »Schatz des Priamos« einen Platz in den Annalen der Menschheitsgeschichte und damit seinen ewigen Entdeckerruhm.

Heinrich Schliemann hatte das Problem bereits erkannt und angepackt, bevor sein Gold aus Troja überhaupt auf der Bildfläche erschien. Natürlich kannte er Philipp A. Déthier (1803–1881), den deutschstämmigen Direktor des Kaiserlichen Museums von Konstantinopel, und hatte ihm einen Deal vorgeschlagen: Sollte die Türkei Schliemanns bisherige Funde aus Hissarlik als dessen Eigentum anerkennen, so würde er die weiteren Funde seiner Grabungen in Troja dem Museum in Konstantinopel überlassen.[584] Der Museumsdirektor aus Konstantinopel verzichtete darauf, einen Anspruch der Türkei geltend zu machen, und erbat sich von Schliemann lediglich einige schöne Fundstücke mit dem Eulengesicht der »ilischen Minerva«. Darauf aber ging

Schliemann nicht ein, sondern präzisierte sein Angebot: Er würde ein weiteres Vierteljahr mit bis zu 150 Männern in Troja graben und der türkischen Regierung alle Artefakte aushändigen, wenn dafür sein Eigentumsrecht an den bisherigen Funden anerkannt würde.[585] Doch trotz intensiver Bemühungen des US-Botschafters George K. Boker bei der Hohen Pforte und persönlichen Versuchen Schliemanns, den türkischen Minister für Volksaufklärung Savfed-Pascha für diese spekulative Wette auf künftige Grabungserfolge zu gewinnen – es kam zu keiner gütlichen Einigung.

»Mehr als hundert Firmans sind seit zehn Jahren für Ausgrabungen in der Türkei erteilt worden«, klagte Schliemann in einem Brief an seinen Verlegerfreund Brockhaus, »und in allen ohne Ausnahme ist die Bedingung gestellt worden, die Hälfte abzugeben; und doch bin ich bis jetzt der einzige gewesen, von dem die Türken wenigstens etwas gekriegt haben; denn ich habe sieben Pithoi, auch vier Säcke mit steinernen Werkzeugen geschickt, während sie sonst von niemandem je das Allergeringste erhalten haben …«[586]

Indes wurde das Gold aus Troja durch Schliemanns eifrige Werbetrommel immer berühmter, und so nahmen auch die Begehrlichkeiten am Bosporus zu. Schließlich reichte die Türkei im Frühjahr 1874 Klage auf Rückgabe des Schatzes oder einen Schadensersatz in Höhe von 625.000 Francs ein, mit der Folge, dass die türkische Regierung von den griechischen Behörden verlangte, das strittige Gold aus Hissarlik bis zur Klärung der Besitzverhältnisse zu beschlagnahmen. Konstantinopel forderte Athen zudem auf, Schliemanns Aktien in der Athener Nationalbank bis zu einem endgültigen Gerichtsurteil zu beschlagnahmen, was Griechenland tatsächlich zusagte.[587] Schliemann meinte schon, die osmanische Flotte werde in Piräus erscheinen, um militärisch Druck auszuüben, und fragte bei seiner Botschaft nach, ob man notfalls mit dem Eingreifen der US-Marine rechnen könne.[588] Aus Angst vor einer Konfiskation ließ er seinen »Schatz des Priamos« wieder verschwinden. Verpackt in sechs versiegelte Kisten, wurde das Gold bei diversen Verwandten Sophia Schliemanns untergebracht. Im Kampf gegen die türkischen Besatzer hatten die Engastromenos' gelernt, Familiengeheimnisse eisern zu hüten. Dem Pfändungsbeschluss der Hohen Pforte, der nun in Athen mit der Umstellung seines Hauses exekutiert wurde, fielen aber doch Schliemanns Helios-Metope und sein französisches Mobiliar zum Opfer, darunter das Ehebett, das Schliemann für 5000 Francs in Paris gekauft hatte. Im Verhör nach dem Gold von Troja befragt, antwortet Schliemann, vermutlich habe ihn Priamos des Nachts wieder abgeholt.[589]

Doch der griechische Patriotismus, den Heinrich Schliemann in vielfacher Weise auszunutzen verstand, hatte seine Grenzen. Eigentlich hatte er vermutet, in Hellas vor den Ansprüchen der Osmanen sicher zu sein, und ebenso damit gerechnet, dass man ihm für den »Nachweis«, dass die jahrtausendealten Homer'- schen Heldengesänge nicht nur schön, sondern auch wahr seien, mit tiefer Dankbarkeit begegnen würde. Schon seit Januar 1873 hatte er sich in Athen im Vertrauen auf die Ausstrahlung seiner gefeierten Helios-Metope bemüht, eine Grabungsgenehmigung für Mykene und Olympia zu bekommen, und dies mit der Forderung verbunden, in diesem Fall von der Regel abzusehen, alle Funde auf griechischem Boden als staatliches Eigentum zu betrachten.[590] Nach seiner Rückkehr aus der Troas machte er Ende Juli 1873 angesichts der Menschentrauben, die sich um seinen »Schatz des Priamos« versammelten, einen weiter gehenden Vorschlag: Demnach würde er Griechenland seine unermesslichen Schätze aus Troja und seine Sammlung großzügig für ein neues Museum zum Geschenk machen, dessen Kosten er mit 200.000 Goldfrancs auch selbst aufbrächte, falls man es denn Heinrich-

Schliemann-Museum nennen würde.[591] Im Gegenzug verlangte er aber erneut die Grabungserlaubnis für die antiken Stätten von Mykene und Olympia. Doch die griechischen Behörden reagierten anders als erhofft und vergaben die Lizenz für die Ausgrabungen in Olympia an Preußen. Damit würde nicht Heinrich Schliemann, sondern Ernst Curtius derjenige sein, der den Ruhm für die Freilegung der olympischen Stätten am Kronos-Hügel einheimsen konnte.[592] Schliemann war maßlos enttäuscht, auch weil sich damit die Chance zerschlug, mit Curtius gemeinsam auszugraben und so auf Augenhöhe mit dem renommierten alten Professor zu kommen. Für Curtius bedeutete die Ausgrabung in Olympia die Krönung seiner Laufbahn – hätte Schliemann über die Grabungsrechte auch für diesen »Claim« verfügt, wäre der Berliner Altertumskundler nicht an ihm vorbeigekommen.[593] So aber konnte Curtius, dem sich Schliemann in den letzten Jahren so geschmeidig angenähert hatte, weiter über den »Amateur« hinwegsehen. Und, wie Schliemann zugetragen wurde, tat Curtius mehr als das und steckte hinter den bösen Spottversen des *Kladderadatsch* über ihn.[594] Dr. Schliemann, hieß es im August 1873 in der Berliner Satirezeitschrift, habe seine Nachforschungen »jetzt auch auf den Platz des ehemaligen griechischen Lagers vor Troja ausgedehnt« und dabei eine Schachtel ägyptischer Streichhölzer gefunden, »mit denen *Achilles* den Scheiterhaufen des *Patroclus* entzündete«.[595]

Dass ihn Curtius auch nach dreijährigen Grabungen noch immer nicht ernst nahm, ließ Schliemann umso mehr darüber nachsinnen, ob er dem arroganten Akademiker die antiken olympischen Stätten nicht doch noch irgendwie entreißen könnte. Zumindest in seinen Briefen fantasierte er sich noch länger nach Olympia, wo er »genug Arbeit für mein Leben zu finden« erhoffte und die ganze Ebene »bis zum gewachsenen Boden weggraben« wollte, wie er seinem Verleger Brockhaus mitteilte.[596] Im

Spätsommer 1874, als er den Peloponnes bereiste, machte Schliemann ein letztes Mal in Olympia Station.[597] Der Abschied von einer fixen Idee, bevor hier Ernst Curtius bald darauf den Spaten ansetzen sollte.

Ganz ohne Erfolg jedoch blieb Schliemann mit seinen Bitten um eine Grabungslizenz aber nicht, vielmehr sagte der griechische Erziehungsminister Georgios Kaliphournas ihm die Grabungserlaubnis für Mykene zu, auch weil die Burg Agamemnons doch kulturgeschichtlich mit den Ausgrabungen in Hissarlik zu korrespondieren schien, wie Schliemann selbst immer wieder dargelegt hatte. Dass man aber in Athen sein Schliemann-Museum mit den Schätzen aus Troja nicht sofort einrichten wollte, sondern ihm für den Verbleib des Goldes in Griechenland lediglich einen Orden in Aussicht stellte, erzürnte ihn über alle Maßen. »Mein Vorschlag wurde im Parlament mit Jubel einstimmig angenommen«, beschwerte sich Schliemann bei seinem alten Freund Friedrich Schlie, dem Direktor des Museums von Schwerin, »aber das Ministerium ist gegen mich. Auch erzeugen meine Erfolge hier bei der archäologischen Gesellschaft furchtbaren Neid. … Man will mir nur Mykene geben, und dafür gebe ich die Kunstschätze nicht her, fühle mich auch gekränkt und will hier gar nicht graben …«[598]

Nur Mykene und einen Orden? Schliemann reagierte auf das, was er für eine griechische Unverschämtheit hielt, sehr schnell und bot seinen »Schatz des Priamos« für 50.000 Pfund dem Pariser Louvre und dem British Museum in London an.[599] Das undankbare Griechenland jedenfalls sollte seine Preziosen nicht bekommen, schließlich durfte er mit der Dankbarkeit der gesamten zivilisierten Welt rechnen. »Deshalb breche ich mit Griechenland«, ließ er den Charles Newton in London wissen, »und werde in Zukunft in Italien ausgraben, wo ich mit Sicherheit ein willkommener Gast sein werde …«[600] Freund Schlie in Schwerin ließ er wissen, er werde der Regierung Italiens vorschlagen, in Sizilien zu graben und »in Palermo oder Neapel ein großes Haus zu bauen und alles, was ich finde, dort zu lassen und der italienischen Nation zu vermachen«. Dafür würde er sogar seine trojanische Sammlung »dem italienischen Volk vermachen, wenn ich mich sonst dort einigen kann«.[601]

Doch der Rechtsstreit mit der Türkei um den »Schatz des Priamos« zieht sich bis zum April 1875 hin, wieder einmal mahlen die osmanischen Mühlen langsam, und was immer auch Schliemann in der Zwischenzeit versucht, um ein Museum für seinen Schatz zu finden, steht unter dem Verdikt der Ungewissheit. Athen, Paris, London, vielleicht Petersburg oder Neapel? Findet er einen glanzvollen Ort für das Gold aus Troja, einen Tempel für seine Lebensleistung und seinen Namen?

Heinrich Schliemann ist nicht der Mann für untätiges Warten. Anfang 1874 gibt er bei Brockhaus in Leipzig unter dem Titel *Trojanische Alterthümer* eine Zusammenschau jener Grabungsberichte aus Hissarlik heraus, die er in der *Augsburger Allgemeinen* als Fortsetzung veröffentlicht hatte. Alexander Rizos Rangabé, der griechische Gesandte in Berlin, fertigt zeitgleich eine französische Übersetzung an und im Jahr darauf erscheint das Buch im Verlag von John Murray in London in englischer Sprache.[602] Vor allem aber hält Schliemann nach neuen Möglichkeiten für spektakuläre Grabungen Ausschau. In der letzten Februarwoche 1874 zieht es ihn auf den Peloponnes. Während er seinen Bruch mit Griechenland verkündet, kann er *doch* nicht anders und muss zumindest eine Probegrabung in Mykene unternehmen.[603] Nur ein rascher Grabungserfolg, ein sensationeller Grabfund – und die Karten müssten neu gemischt werden, dann stünden womöglich auch sein Athener Schliemann-Museum und die Olympia-Entscheidung für Curtius noch einmal zur Debatte. Eine Grabungserlaubnis für Mykene hat er indes nicht, sondern behauptet nur, dass sie sich in Athen schon in der Ausfertigung befände und bald eintreffen werde. Man glaubt ihm in der Argolis.[604] Und so lässt er nicht nur 36 Sondierungsschächte in die Akropolis von Mykene einbringen, sondern konzentriert sich aber vor allem auf das *Schatzhaus des Atreus* vierhundert Meter südwestlich der Oberstadt. Denn dieser unterirdische, fast elf Meter aufragende Tholos, ein gemauerter Dom in der Form eines »ungeheuren Bienenkorbs«, wie Schliemann es ausdrückt, gilt laut Pausanias als der Ort, an dem Mykenes König Atreus und seine Söhne ihre immensen Schätze verwahrten.[605] Doch nicht nur das. »Dieses Schatzhaus ist das einzige vollständige und das allerwichtigste Denkmal in Griechenland«, glaubt Heinrich Schliemann, »und das sich daran knüpfende Interesse ist umso grösser, als die Tradition es dem Atreus, dem Vater Agamemnons, des ›Königs der Männer‹, zuschreibt.«[606] Einmal mehr hat es Heinrich Schliemann auf goldene Mythen abgesehen. Und so legt er das um 1250 v. Chr. errichtete Kuppelgrab, von dem 1802 schon Lord Elgin einige Artefakte der Fassade mit nach England genommen hat, erstmals vollständig frei. Doch diesmal geht er zu seiner Enttäuschung leer aus. Da aber Pausanias »15 Stadien entfernt« von Mykene »noch ein anderes Schatzhaus nahe beim grossen Heraeon« erwähnt, versucht Schliemann sein Glück noch einmal in der Nachbarstadt Argos. Doch auch in diesem Schatzhaus kann er keinen überraschenden Grabungserfolg erzielen.[607]

Im Oktober 1874 meldet Wolfgang Helbig, der Sekretär des Deutschen Archäologischen Instituts in Rom, Schliemann wolle nunmehr »in Italien kolossale Ausgrabungen unternehmen«.[608] Und tatsächlich macht Heinrich Schliemann 1875 ernst. Nach seiner Ankunft in der italienischen Hauptstadt sondiert er wochenlang immer neue Grabungsplätze. Dabei hat er offensichtlich Troja im Hinterkopf und folgt in Italien den Spuren des

Aeneas, des einzigen Überlebenden des trojanischen Königsge-
schlechtes. Also wendet er sich zunächst nach Alba Longa, wo
laut Vergils Epos *Aeneis* die Flucht des Aeneas aus der brennenden Stadt des Priamos endet und der überlebende Trojaner in
Latium den Grundstein für den Aufstieg der Römer legt. Doch
was hofft Schliemann in Alba Longa zu finden? Der reich ver-
zierte Schild des Aeneas, der laut Vergil auf Wunsch der Venus
eigens von Feuergott Vulcanus für den Trojaner geschmiedet
wurde?[609] Nach nur einer Woche unergiebiger Grabungen fährt
Schliemann über Rom und Palermo weiter zur Insel Motye im
Osten Siziliens, wo er wiederum drei Tage lang Ausgrabungen
macht.[610] Das phönizische Motye ist für Schliemann besonders
interessant, weil die Ruinen dieser Stadt, die mit dem mächtigen
Karthago vis-à-vis einen phönizischen Bogen über das Mittelmeer spannte, besondere Grabungsfunde versprechen. Schätze,
die wiederum auf Aeneas und Dido verweisen könnten, auf die
tödliche Liebe der Königin Karthagos zu dem Flüchtenden aus
Troja.[611] Die antiken griechischen Kolonien in Italien – Schliemann sucht sie systematisch ab. Troja bleibt dabei offenbar immer sein Kompass: Nach Motye gräbt er in Segesta, das dem Mythos nach von einer Gruppe aus Aeneas' Gefolge mitbegründet
wurde, sondiert danach das Areal am Athenatempel des antiken
Kamarina und besucht schließlich *Himera*, die einzige alte griechische Kolonie an der Nordküste Siziliens.[612] Im sizilianischen
Trapani, dem einst griechischen *Drepanon*, verbringt er Tage im
Museum.[613] Hier hat Vergil in seiner *Aeneis* den Ort angesiedelt,
in dem Aeneas den greisen Anchises, den auf seinen Schultern
aus dem untergehenden Troja geretteten Vater, zu Grabe tragen
musste. Hier ließe sich wohl, hält man Vergils Epos für ebenso
»faktisch« wie die Epen Homers, auch ein Grabmahl des Anchises finden. Doch offenbar bleiben inspirierende Entdeckungen
aus. Mitte November 1875 reist Schliemann weiter nach Kampa-

nien, besucht Neapel, dann Paestum, wo die Griechen 600 v. Chr.
ihre »Pflanzstadt« Poseidonia errichteten. Will er die Gründung
der griechischen Kolonien in Italien am Untergang Trojas festmachen? Mythos und Realität noch radikaler verschweißen?
Oder sucht er vor allem nach einer einleuchtenden Anbindung
seiner trojanischen Schätze an Italien? Sicherlich würde es den
Italienern, die nach der Wiedergeburt ihrer Nation nicht weniger patriotisch gestimmt sind als die Griechen, leichter fallen, in
ein Schliemann-Museum mit dem Gold aus Troja zu investieren, wenn es um die Wurzeln ihrer eigenen Nation ginge: zurück zu den Römern, zurück zu Stammvater Aeneas. Doch das
Auffinden von Artefakten, die als augenscheinliches Bindeglied
zu Troja und dem »Schatz des Priamos« hätten dienen können,
hält Heinrich Schliemann nach zwei Monaten fieberhafter Suche offenbar für gescheitert. Als er Weihnachten 1875 seinen
Italien-Aufenthalt beendet, zieht er eine ernüchternde Bilanz: Es
seien keine Funde »vor der klassischen Zeit« zu erwarten, man
könne in Italien nur ausgraben, was sich ohnehin schon in Museen befinde. Daher ziehe es ihn, wie er Freund Burnouf in Athen
schreibt, zurück nach Kleinasien, in die Vorgeschichte.[614] Das
heißt: nach Troja.

   Doch noch immer hat er mit seinem »Schatz des Priamos«
den Einzug in die heiligen Hallen eines großen Museums nicht
geschafft. Stattdessen überall Streit: Seine Frau Sophia verlangt,
dass der Schatz in jedem Fall Griechenland gehören müsse, dabei
hat Frankreich endlich sein Interesse betont, Schliemanns Freund
Burnouf und die Athener École Française haben hart daran gearbeitet.[615] Es geht wohl auch um die Eifersucht zweier Damen,
die Schliemann gleichermaßen bezirzt: Seine Gattin kämpft für
Hellas, Émile Burnoufs Tochter Louise für La France.[616] Vor allem
aber ist es der Streit mit der Türkei, der so vieles blockiert. Um
hier voranzukommen, verfällt Schliemann für einen Moment

sogar auf einen halsbrecherischen Plan und verfolgt ernsthaft
die Idee, den »Schatz des Priamos« fälschen zu lassen. An seinen Geschäftsfreund Paulynice Beaurain, der als Bankier und
Wohnungsmakler seine Interessen in Paris wahrnimmt, schreibt
Schliemann in dieser delikaten Angelegenheit: »Jetzt bin ich sehr
besorgt und bitte Sie, teilen Sie mir mit, ob es in Paris einen Goldschmied gibt, dem man absolut vertrauen kann. So sehr, daß ich
ihm den Auftrag erteilen kann, alle Objekte zu kopieren. ... Sie
sollen echt antik aussehen und natürlich keine Goldschmiede-
marke tragen. Aber es ist absolut notwendig, daß er mich nicht
verrät ...«[617] Dass Schliemann es auch vor Gericht mit der Wahrheit nicht so genau nimmt, ist seit der Scheidung seiner russischen Ehe in Indianapolis aktenkundig. Jetzt, vier Jahre später, denkt er – vielleicht auch durch den Erfolg seiner Anwälte
in den USA »ermutigt« – erneut über eine Falschaussage vor Gericht nach, um die Türkei von der Fundbeteiligung auszuschließen: »Ich bin in der Lage, mich vor einem griechischen Gericht
selbst zu verteidigen«, lässt er Beaurain wissen. »Ich werde erklären, daß ich den Schatz gekauft und, nur um berühmt zu werden, verbreitet habe, ich hätte ihn im Palast des Priamos gefunden.«[618] Es ist ein bizarrer Plan, den Schliemann da verfolgt. Will
er den Fund behalten und das Osmanische Reich mit einer Kopie
täuschen? Oder sich wirklich vor aller Welt, nur um den Schatz
nicht teilen zu müssen, als ruhmsüchtiger Betrüger bekennen?
Und damit für immer die Chance verspielen, jemals wieder irgendwo eine Grabungslizenz zu erhalten?

Sein Pariser Agent Beaurain, gewohnt, die eigenwilligsten
Wünsche seiner Auftraggeber zu erfüllen, kann auch diesmal
helfen. »Ich glaube«, schreibt er aus Paris, »Monsieur Froment-
Meurice, Goldschmied und Juwelier von Weltruf, sollte die Ga-
rantie und diskrete Sicherheit bieten, die Sie suchen. Ich habe
mich mit ihm getroffen, ohne ihm genauere Informationen zu

geben, und er meinte, er könne jedes Objekt zu einem annehm-
baren Preis kopieren.«[619] Doch fühlt sich Beaurain offensichtlich
nicht ganz wohl bei diesem riskanten Vorhaben, das sich zum
internationalen Skandal ausweiten und auch seinen Ruf in Mit-
leidenschaft ziehen könnte. »Ich muß nicht betonen«, lässt er
Schliemann dann doch sehr entschieden wissen, »daß man Re-
produktionen niemals für Originale halten wird.«[620]

Vermutlich schreckt Schliemann auch infolge dieser Warnung
nach einigen Wochen des Echauffierens vor der Umsetzung dieses dummdreisten Vorhabens zurück. In jedem Fall hat der Um-
stand, dass diese heikle Pariser Korrespondenz unter den rund
80.000 Briefen Schliemanns erst ein Jahrhundert nach seinem
Tod öffentlich wurde, sicherlich dazu beigetragen, Schliemanns
Ruf nicht schon früher und nachhaltiger zu lädieren.[621]

Was den Streit um den »Schatz des Priamos« anging, so zeich-
nete sich im April 1875 vor Gericht eine entscheidende Wende ab.
Schliemanns Anwälten gelingt es endlich, einen Vergleich mit
der Türkei auszuhandeln, der dem Ausgräber in Zukunft freie
Hand für seine Goldfunde aus Hissarlik lässt. Konstantinopel erhält mit 10.000 Francs schließlich eine eher moderate Entschädi-
gung, die Heinrich Schliemann generös auf 50.000 Francs »zur
Verwendung für das kaiserliche Museum« aufstockt. Schließlich
möchte er eines Tages in der Troas weitergraben.[622]

Wie sehr die juristischen Auseinandersetzungen, das Verstecken der Grabungsfunde und das Einfrieren seiner Aktien Heinrich Schliemann aus der Bahn geworfen haben müssen – selbst
die Idee der Fälschung der antiken Funde zeugt wohl vor allem
von der panischen Angst, den »Schatz des Priamos« wieder zu
verlieren –, lässt sich daran ablesen, dass der Weltenbummler,
der seit seinem 14. Lebensjahr ununterbrochen auf Reisen war,
Griechenland zwischen Juni 1873 und April 1875 nicht mehr verlässt.[623] Für fast zwei Jahre schrumpft sein Bewegungsradius auf

ein, zwei Tagesritte zusammen. Also erkundet er antike Stätten, die eine rasche Rückkehr nach Athen erlauben. Im Frühjahr 1874 besucht er die Thermopylen, durchquert den Peloponnes und gräbt probeweise in Mykene, im Sommer macht er einen Bogen durch Attika und klappert dann bis Ende September Salamis, Sikyon, Korinth, den See Stymphalia und den Wasserfall Styx in Arkadien, die antike Stadt Phigalia, Olympia und Nestors Palast in Pylos, die Bergfestung Ithome, den Berg Taygetos, das antike Pherai bei Kalamata, schließlich Nemea und Sparta ab.[624] Die Unruhe bleibt. Oder gibt es einen neuen Plan – womöglich nach Spuren des Peloponnesischen Krieges zu graben?[625] In seinem Athener Wohnhaus hat er eine Werkstatt eingerichtet, in der Scherben und Artefakte aus Hissarlik konservatorisch durchgesehen, geordnet und beschrieben werden – auch zeichnerisch, woran sich Sophia Schliemann ebenso wie die junge Louise Burnouf beteiligen.[626]

Der glückliche Ausgang des Gerichtsprozesses im Frühjahr 1875 weitet den Horizont schlagartig. Endlich gehört ihm der Schatz, jetzt kann Heinrich Schliemann, dessen Troja-Bericht im Vorjahr dreisprachig ausgeliefert wurde, auf Lesereise gehen: zunächst für zehn Tage nach Frankreich, dann für fast drei Wochen nach England und weiter nach Leyden, Den Haag, Kopenhagen, Stockholm, Lübeck, Schwerin, Rostock, Berlin, Danzig, Budapest, Wien, Zürich und Mainz.[627] Er hätte wohl gern seine Frau an seiner Seite, doch bleibt Sophia – sie ist erneut schwanger –, behütet von ihrem Bruder Spiros, mit der Tochter Andromache in Paris zurück.[628] Überall auf seiner Vortrags- und Museumsreise Applaus, ein neugieriges, wohlwollendes Publikum. Doch die Fachkritik, auch die Rezensenten vieler Zeitungen, finden wenig Positives an seinen *Trojanischen Alterthümern* und werfen ihm Unwissenschaftlichkeit und Ruhmsucht vor. In Deutschland hat Schliemann es besonders schwer. Der *Kladderadatsch* ist nicht zimperlich. Doch schwerer als die Satire wiegt die Ablehnung durch die Archäologenzunft. Das Urteil von Ernst Curtius schlug wieder heftiger gegen Schliemann aus, seitdem der »Schatz des Priamos« in der Welt war. Hinzu kamen die Versuche des Amateurs aus Mecklenburg, dem Archäologiepapst Olympia streitig zu machen, die anmaßenden Aufforderungen zu gemeinsamen Grabungen in Mykene. Schliemann sei ein »Flickschuster, ein Pfuscher und Schwindler«, ist von Curtius noch 1877 zu hören.[629] Auch der junge, schon recht renommierte Archäologe Adolf Furtwängler (1853–1907) verweigert Schliemann den Respekt und macht in seiner Privatkorrespondenz kurzen Prozess mit ihm: »Schliemann ist und bleibt ein halbverrückter und verwirrter Mensch, der keine Ahnung hat, was er überhaupt ausgräbt«, schreibt Furtwängler an seine Mutter. »Trotz seiner Liebe zu Homer, in seinem Herzen ist er ein Spekulant und Geschäftsmann. Davon kann er sich nie befreien.«[630]

Der aufstrebende Altphilologe Ulrich von Wilamowitz-Moellendorf (1848–1931) parodiert zur Weihnachtsfeier des Deutschen Archäologischen Instituts in Rom im Dezember 1873 Schliemanns Ehefrau Sophia und spielt das Wegtragen der Goldschätze von Troja in einem Umschlagtuch nach.[631] »Anstatt den Quatsch der Journalisten zu glauben«, schreibt er seinen Eltern, »ist es gut, daß Ihr die Wahrheit hört. Denn das Reich des Königs Priamos liegt in demselben Land wie das himmlische Jerusalem …«[632] Griechenland, Schliemanns Wahlheimat, verweigert ihm ein Museum, in seiner deutschen Heimat wird er vielfach als Witzfigur abgestempelt, trotz des Goldes, trotz seines Schatzes, trotz seiner Mühen. Sollen seine Museumspläne wirklich scheitern?

Amelia Edwards (1831–1892), in England als Romanautorin, Journalistin, Reiseschriftstellerin und Amateur-Archäologin berühmt, hat Sinn für erhabene Inszenierungen und verliebt sich

sofort in das Foto der Sophia Schliemann mit dem jahrtausendealten Goldschmuck aus Troja, das Heinrich Schliemann ihr
schenkt. Auf der Rückreise von ihren Recherchen durch Ägypten 1873/74 für ihr berühmtes Reisebuch *Tausend Meilen auf dem
Nil* macht sie auch in Athen Station und besucht die Villa Schliemann. »Kein Mensch, der in der *Times* den letzten Bericht von
Dr. Schliemann gelesen hat, in dem er von den mühseligen und
eifrigen Bemühungen berichtet, welche Frau Schliemann ihm
zu Hilfe mit ihren zarten Händen unternahm, kann dieses Porträt ohne Interesse und Bewunderung betrachten«, teilt sie ihren Leserinnen und Lesern mit.[633] Es ist eine gut meinende Ge-
nerosität, eine britische *kindness,* die dem Amateur-Archäologen
Schliemann und seiner wunderbaren Gattin in der englischen
Hemisphäre begegnet.[634] Der Aufstieg des Deutschen aus ar-
mer Kindheit zum Millionär, der sich nach harten Geschäften
in Russland und Amerika in der zweiten Lebenshälfte für das
Ausgraben mythenumwehter antiker Schätze entschieden hat,
imponiert den Briten. Seine spleenige Homer-Gläubigkeit hat
etwas Liebenswertes. Und führt sie nicht zu wunderbaren Schätzen? Charles Newton, der Antikenchef des *British Museum,* erweist sich als Gentleman und weiß das kleine Geheimnis um Sophias Abwesenheit beim Goldfund in Hissarlik zu wahren.

Vor allem William Gladstone (1809–1898), der einflussreiche
Führer der liberalen Whigs und mehrfache britische Premierminister, der sich nach der Wahlniederlage der Liberalen 1874
wieder stärker seinen Homer-Forschungen zuwenden kann,
wirkt für Heinrich Schliemann in London als Türöffner. Als
Spross einer reichen Kaufmannsfamilie, der in Oxford Theologie
studiert, aber ähnlich wie Schliemann keine akademische Karriere in der Altertumskunde gemacht hat, führt Gladstone den
»Entdecker von Troja« in die Londoner *Society of Antiquaries* ein.[635]
Am 24. Juni 1875 ereignet sich am Piccadilly in London so etwas

wie der gesellschaftliche Ritterschlag für den in Deutschland so gedemütigten Ausgräber. Der Amateur-Archäologe darf im *New Burlington House* vor den *fellows* der *Society of Antiquaries* die Ergebnisse seiner Forschungen in der Troas vorstellen.[636] Anfang 1876 wird er sogar zum Ehrenmitglied der Gesellschaft der Altertumsforscher ernannt. Im British Empire ist Heinrich Schliemann als *fellow* der *Society of Antiquaries* damit im vornehmsten Zirkel britischer Gelehrsamkeit angekommen. »In der Tat finden meine Arbeiten und Opfer außer in Deutschland überall da höchste Anerkennung«, schreibt Schliemann 1876 dem Herausgeber der *Frankfurter Zeitung.* Man habe ihn in London »aufgenommen, als ob ich einen neuen Weltteil für England erobert hätte«.[637]

Es war wohl ein glücklicher Zufall, dass sich William Gladstone, der frühere und künftige Premierminister Großbritanniens, nicht nur für Troja, sondern ebenso intensiv für Mykene interessierte. Schon bei seinen ersten Begegnungen mit Heinrich Schliemann hatte er sich nach den Grabungsaussichten in der Stadt Agamemnons erkundigt. Und Schliemann konnte – dank mehrfacher Besuche in Mykene und der Probegrabung vom Februar 1874 – bereitwillig Auskunft geben. Das große konische Schatzhaus in der Nähe des Löwentors müsste freigelegt werden, teilte Schliemann dem Briten mit, schätzungsweise 1000 Kubikmeter Schutt seien abzuräumen.[638]

Eigentlich hatte Schliemann sein Glück gar nicht in Mykene, sondern wieder in Troja versuchen wollen, war im Dezember 1875/Frühjahr 1876 wochenlang in Konstantinopel gewesen, um nach dem Streit um den »Schatz des Priamos« gut Wetter zu machen und von der Hohen Pforte eine neue Grabungsgenehmigung für Hissarlik zu erhalten.[639] Am 4. Mai 1876 trifft er in Çanakkale ein, tags darauf wird in Konstantinopel der Ferman ausgestellt, der ihm für zwei Jahre ein Weitergraben in der Troas erlaubt.[640]

Heinrich Schliemann aber betätigt sich im Frühsommer 1876
zunächst einmal als Bauherr auf dem Grabungshügel und lässt
»hölzerne Wohnhäuser« für künftige Troja-Besucher errichten,
wie er seinem Sohn Sergej vermeldet, der ihn in den Sommer-
ferien besuchen möchte.[641] »Viele gelehrte Gäste werden zu uns
kommen«, berichtet Schliemann stolz, »unter ihnen auch der
große W. E. Gladstone, der in diesem Jahr bestimmt wieder Premierminister in England werden wird.«[642] Seine Vortrags-Reise
durch halb Europa hat für zahlreiche neue Kontakte gesorgt.
Vielleicht wird auch sein Landsmann Rudolf Virchow kommen,
den er in den letzten Augusttagen 1875 in Berlin kennengelernt
hat – die einzige deutsche Autorität, wie Schliemann meint, die
nicht auf ihn herabblickt, sondern mit Neugier und Offenheit
auf ihn zugegangen war.[643] Vielleicht meinte es der berühmte
Arzt und Pathologe der Berliner Charité, der offenbar auch ein
Faible für Anthropologie und die Vor- und Frühgeschichte besaß, tatsächlich ernst mit einem möglichen Besuch an den Dardanellen. Auch die holländische Königin Sophie, der Schliemann
von Çanakkale aus Pakete mit antiken Figurinen aus Theben zu-
schickt, weil die Ausfuhr antiker Objekte aus Griechenland ver-
boten ist, gehört zu denjenigen, die von Schliemanns Troja faszi-
niert sind.[644]

Tatsächlich begrüßt er in Hissarlik aber nur einen gekrönten
Gast, mit dem er nicht einmal gerechnet hat: Dom Pedro II. de
Alcántara (1825–1891), der ebenso griechisch wie deutsch parlie-
rende Kaiser Brasiliens, von seinen Untertanen gern als »Ober-
lehrer der Nation« tituliert, will sich im Oktober 1876 gern selbst
ein Bild von Schliemanns Grabungen auf den Spuren Homers
machen.[645] Doch der Troja-Entdecker ist längst nicht mehr in
der Türkei, sondern gräbt Hunderte Kilometer entfernt im griechischen Mykene. Schon Anfang Juli hatte er »sein Troja« ent-
nervt verlassen, wegen der »tausend Schwierigkeiten«, die ihm

der Gouverneur der Dardanellen machte. Vor allem waren seine Ausgrabungen nach dem langen Prozess um den »Schatz des Priamos« unter strengste Aufsicht gestellt worden, die ihn nun überall behinderte, wie Schliemann den Museumsdirektor von Konstantinopel wissen ließ.[646] Für eine Führung des brasilianischen Kaisers über den Burghügel von Hissarlik aber wurde Heinrich Schliemann nun von der türkischen Regierung in freundlichster Weise an die Dardanellen zurückgerufen.

Heinrich Schliemann genießt seine Weltberühmtheit und zögert keinen Augenblick, der Bitte der Hohen Pforte zu entsprechen und die prestigeträchtige Führung des brasilianischen Staatsoberhauptes zu übernehmen. Doch nutzt er seine kurze Rückkehr in die Troas im Oktober 1876, um die Aufmerksamkeit des äußerst belesenen Monarchen aus Rio de Janeiro auf seine neuen Ausgrabungen in Mykene zu lenken. So kann Heinrich Schliemann sich zugleich der frisch gewählten griechischen Regierung empfehlen, die ihm nach drei Jahren Wartezeit endlich die Grabungsgenehmigung für Tiryns, Mykene und Orchemenos erteilt hat.[647] Tatsächlich erscheint der brasilianische Kaiser am 29. Oktober 1876 auf dem Schauplatz der peloponnesischen Grabung. Und Heinrich Schliemann organisiert pressewirksam ein Picknick im blumengeschmückten und von Kerzen erleuchteten Kuppelgrab, das er dem Kaiser als »Schatzhaus der Klytemnästra« bezeichnet.[648]

Die Bedingungen für Schliemanns Ausgrabungen aber sind – wie im Osmanischen Reich – auch in Griechenland sehr viel härter geworden. Beide Länder trauen ihm nicht mehr und sorgen für eine strengere Überwachung, um am Ende nicht leer auszugehen.

Als Heinrich Schliemann am 1. August 1876 mit einwöchigen Grabungen in der argolischen Burg von Tiryns mit ihren eindrucksvollen »cyklopischen« Mauern beginnt, blickt ihm vom

ersten Spatenstich an schon der Aufseher Panagiotis Stamatakis (1840–1885) über die Schulter, der ihn auch in Mykene als
ständige Kontrollinstanz begleiten wird. Dass der Mittdreißiger schon als klassischer Archäologe selbst Grabungen geleitet
hatte, macht die Sache in Mykene für Schliemann fast noch kom-
plizierter als zuletzt in der Troas. Tatsächlich besaß Stamatakis
weit größere Vollmachten als die Aufseher in der Türkei, denn
er agierte nicht nur als Mann der Regierung, sondern auch im
Namen der Griechischen Archäologischen Gesellschaft, in deren
Auftrag Schliemann offiziell gräbt. Der Deutsche darf zwar den
Ruhm einheimsen, falls er denn etwas in Mykene findet, alle Gra-
bungsstücke aber gehören Griechenland, dafür muss Stamatakis
geradestehen.[649] An dieser Konstellation können auch die Visiten
kaiserlicher Majestäten nichts ändern.

Der Aufpasser aber nimmt sein Amt als Wächter des nationalen Erbes, als *Ephoros* der Argolis, sehr ernst.[650] So ernst, dass
Sophia Schliemann die mittlerweile sechsjährige Tochter groß-
mütterlicher Obhut überantworten und für Monate an der Seite
ihres Mannes bleiben muss. In Mykene wird die so häufig nur
imaginierte Mitakteurin der Schliemann'schen Grabungen real,
ihr Mann ernennt sie zur zweiten Grabungsleiterin, ihre Aufgabe aber besteht auch darin, *Ephoros* Stamatakis zu beschäftigen
und zu besänftigen, im Notfall zu vermitteln. Dem aufmerksa-
men Wächter entgeht nicht, dass der Deutsche versucht, auch in
Mykene ohne Schichtenbeobachtung vorzugehen und alles, was
jünger ist als seine »homerische Epoche«, rasch abzutragen und
zu entsorgen.[651]

Tatsächlich fokussiert sich Schliemann ganz auf seine Agenda.
Kann er in Mykene Homers Heroen Agamemnon als reale Gestalt
nachweisen – den Heerführer der Achäer, den Befehlshaber der
griechischen Streitmacht im Trojanischen Krieg –, ist auch dessen Gegenspieler Priamos, ist auch Troja, ist die *Ilias* historisch be-

glaubigt. Insofern stellt Mykene für ihn eine weitere, vielleicht die letzte Chance dar, Homer zu »faktizieren«. Doch anders als das Ithaka des Odysseus oder die Stadt von Köng Priamos musste das »ewige« Mykene, die Königsresidenz des Agamemnons in der *Ilias*, nicht erst mithilfe antiker Quellen »wiederentdeckt« werden.

Der Name Mykene war in Jahrtausenden nie verschwunden und das mehr als 3000 Jahre alte Mykenische Löwentor am Fuße der Festungsanlage mitsamt der kyklopischen Mauern lange vor Schliemann freigelegt worden. Nichts hatte sich ereignet, wie Schliemann in seinem Grabungsbericht *Mykenae* schreibt, »was den Gang der Überlieferung von Mythologie oder Geschichte Griechenlands, wie die Griechen ihn von ihren Vorfahren erhielten, gestört hätte«.[652] Hier gab es keinen Streit um die Topografie wie an den Dardanellen, Mykene war Mykene.

Die ganze Aufmerksamkeit des 54-Jährigen richtet sich nun auf Grabstellen. Gräber, die in antiken Quellen, allen voran bei Pausanias, als Ruhestätten von Agamemnon und seiner Geisel Kassandra, der Tochter des trojanischen Königs Priamos, bezeichnet wurden. Auch eindeutige Funde aus den Gräbern von Agamemnons Ehefrau Klytämnestra oder ihres Geliebten Aigisthos, die den aus dem Trojanischen Krieg heimkehrenden Agamemnon und seine Gefährten getötet hatten, konnten Schliemann als Beweise für seine Theorie des »realen« Homer dienen. Schliemanns Tagebuchnotiz, er sei in Mykene am 7. August »auf demselben Wege, den Pausanias beschreibt«, angekommen, ist auch metaphorisch zu verstehen.[653] Pausanias, für Schliemann der beste Kenner der literarischen Überlieferung und zuverlässigste antike Geograf, war sein Kompass in Mykene, nicht der zweitklassige junge Archäologe Stamatakis.[654]

Und so entspinnt sich bald ein nervenaufreibendes Duell, in dem Heinrich Schliemann – als gefeierter Troja-Entdecker selbstbewusster denn je – mit herrischer Barschheit und der mehr-

fachen lauten Drohung agiert, er werde alles hinschmeißen und
den Saboteur vor aller Welt vorführen. Was der Regierungsbe-
amte mit einer umso größeren Gründlichkeit und Dienst nach
Vorschrift pariert. »Wir säubern die Funde an Ort und Stelle«, berichtete er nach Athen, »damit Herr Schliemann sie am Nachmit-
tag in Ordnung vorfindet und seine Notizen machen kann.«[655]
Bis tief in die Nacht verzeichnen der *Ephoros* und seine Gehilfen
im Nachbardorf Charvati (heute Mikinis) alle Grabungsfunde
und heften jedem Objekt akkurat Nummern an. Will Heinrich Schliemann einzelne Grabungsfunde von einem Zeichner
im nahen Argos zu Papier bringen lassen, so achtet der Aufseher streng auf das Ein- und Austragen der »entliehenen« Stücke:
»Wir schreiben die Nummern der Objekte auf, bis er sie zurück-
gebracht hat.«[656] Und Schliemann, so die Vertragslage, trägt alle
Kosten der Unternehmung. Ist es Sarkasmus, wenn er notiert,
jede Scherbe sei eine neue Seite der Geschichte?[657]

Und doch verschieben sich die Dinge, vermutlich durch das
hartnäckige, geduldige Vermitteln seiner Frau, zu seinen Guns-
ten: Fünfzig Arbeiter darf Schliemann in Mykene einsetzen,
doch er stellt 63 ein, später 130, die ihr Geld nach abgeräumten
Kubikmetern verdienen. Und wie in Hissarlik sind es erst zwei,
dann vier Stellen, an denen gleichzeitig ausgegraben wird. Trojanische Grabungsverhältnisse: Schliemann will hinunter zum
Fels, beim Freilegen der »Schwelle« des Löwentors aber kommt
das Mykene der klassischen und hellenistischen Zeit ans Licht –
Beifang, den er rasch hinter sich lassen will.[658] Während Stamatakis um jede Mauer kämpft, die er für griechisch oder römisch
hält. Auch die zweite Grabungsleiterin verliert mitunter die Contenance: Er solle aufhören, Schliemann ständig zu behindern, be-
lehrt Sophia Schliemann ihren widerständigen Landsmann, er
verstünde nichts von den Dingen und ihr Mann werde leicht auf-
gebracht.[659] Auf dem Höhepunkt der Auseinandersetzung aber

ist es Sophia Schliemann, die sich im diplomatischen Einsatz bewährt. Schliemann hat ein Telegramm an den griechischen Kulturminister verfasst:»stelle Grabungen ein – stop – reise mit meiner Frau nach Amerika«.[660] Statt die explosive Depesche zum Telegrafenamt in Nafplio zu befördern, fährt Sophia Schliemann allerdings weiter nach Athen und versteht es, einen Kompromiss auszuhandeln, der ihren resolut zur Abreise entschlossenen Mann zum Weitergraben bewegt. Für den Ärger und die kritischen Berichte, die sein *Ephoros* nach Athen geschickt hat, rächt sich Heinrich Schliemann später und lässt seinen unbequemen Widerpart von den Grabungsfotos verschwinden, die er werbewirksam veröffentlicht. Auf dem Titel seines Grabungsberichts *Mykenae* stellt er seine Frau heraus:»Das Schatzhaus neben dem Löwentor. Ausgegraben von Frau Schliemann«, heißt es da.[661] Auch ein Foto von Sophia Schliemann vor dem»Schatzhaus der Klytämnestra« mit Hinweis auf die Ausgräberin des Kuppelgrabs bringt seine Galionsfigur in Stellung.[662] Die faire Geste ist zugleich klug kalkuliert: Das Gesicht seines Schatzfundes in Troja soll nun auch in Mykene aufscheinen und die Fortsetzung der Erfolgsgeschichte suggerieren. In diesem Sinne erscheint auch der Grabungsbericht aus Mykene wiederum in acht Fortsetzungen in der *Times*.[663]

Tatsächlich hat der Jäger der mythischen Schätze noch einmal erstaunliches Glück: Trotz der unzähligen Raubgrabungen, die sich auf einem der prominentesten Hügel des Peloponnes in Jahrtausenden ereignet haben, gelingt ihm nach einer enorm kräftezehrenden»Schlammschlacht« im Dauerregen des November 1876 noch einmal die Freilegung atemberaubender Schätze. Doch nicht in den Kuppelgräbern außerhalb der Burg, wie er vermutet hatte, sondern oben auf der Zitadelle von Mykene, nur 20 Meter rechts nach dem Eintritt durch das Löwentor. Ein doppelter Ring aus großen Steinplatten, den Schliemann hier

bloßlegen kann, umschließt hier wie die Altersringe eines Bau-
mes eine kreisrunde Fläche, die bei der Ausgrabung drei Stein-
stelen freigibt, die einige Spiralmuster zeigen, aber keine Schrift
aufweisen. Sind sie prähistorisch? Funde aus dem Palast von Mykene? Oder Stelen eines Grabes? Doch abgesehen vom Karyati-
denbau in Athen kennt er »kein Beispiel in der Geschichte, daß
eine Akropolis jemals als Begräbnisplatz gedient hatte«, notiert
er grüblerisch in sein Grabungstagebuch.[664] Ende November
kommen mit einer vierten Stele goldene Knöpfe zum Vorschein,
dann ein steinernes Viereck »von sieben mal drei Metern«, wie
Schliemann notiert, darin eine Kiesschicht.[665]

Tatsächlich stößt er in diesem in den Fels geschlagenen Schacht
auf menschliche Knochen. Endlich hat er in der Agora von Mykene ein Grab entdeckt.[666] Bald zeichnen sich auf jedem der drei
Skelette schimmernde Diademe ab. Stimmten die Angaben des
Pausanias, dann musste diese kreisrunde Fläche nicht nur ein,
sondern fünf Gräber enthalten, dann war dieses erste Grab nur
ein Anfang und es war noch ganz anderes zu erwarten. Hatte er
es gefunden: das Grab des Agamemnon? Diesmal ist Panagiotis Stamatakis bereit, dem Wunsch des Deutschen zu folgen und
unverzüglich eine dreiköpfige Polizeitruppe aus Nafplio zur Be-
wachung des Grabungsplatzes anzufordern. In sein Tagebuch
schreibt Schliemann: »Zum ersten Mal seit ihrer Eroberung durch
die Argiver im Jahre 468 v. Chr., also zum ersten Mal seit 2344 Jahren, hat die Akropolis von Mykene wieder eine Garnison, deren
Wachtfeuer bei Nachtzeit in der ganzen Ebene von Argos sichtbar
sind, uns an jene Wachtposten erinnernd, die unterhalten wurden, um Agamemnons Rückkehr von Troja zu verkünden, und
an jenes Signal, welches Klytämnestra und ihren Geliebten vor
dem Herannahen warnte …«[667] Den Mythomanen Schliemann
beschleicht die Ahnung, dass er jetzt alles finden könnte. Dass
sich endlich alle Puzzleteile so zusammenfügen würden, wie es

Homer in seinen Epen besungen und wie er es immer geglaubt hatte. Für einen Moment fließt unter dem Sternenhimmel der Argolis alles zusammen: Weihnachten in Ankershagen und das »Wunder von Memel«, sein Traum von Minna Meincke und das Bild von Sophia mit dem funkelnden Gold aus Troja, Erfindung und Wahrheit, die *Ilias* und Mykene. Alles ist möglich, verborgen im Kies unter der kreisrunden Fläche der Agora. Er hatte sich nicht geirrt, er würde recht behalten.

Mit zwölf Arbeitern macht sich Heinrich Schliemann in den nächsten Tagen an die Freilegung des Areals und bald tauchen zwei weitere Gräber auf, dann ein viertes, das mit sieben mal sechs Metern die größten Ausmaße hat. Inzwischen ist Spyridon Phendikles aus Athen eingetroffen, der Vizepräsident der Archäologischen Gesellschaft. Diesmal will Schliemann hochkarätige Zeugen dabeihaben, die den Fund zweifelsfrei beglaubigen.

Sophia Schliemann vergisst das Fieber, das sie in den letzten Tagen ans Bett gefesselt hat, und kauert sich in sechs Metern Tiefe neben ihren Mann in den Kies. Kratzend und schabend arbeitet das Paar im strömenden Regen, wieder werden fahle Knochen sichtbar, die in den Händen zerstieben wie Staub. Sie hält irgendwann einen silbernen Stierkopf mit goldenen Hörnern in ihren Händen, er stutzt beim Fund einer flachen Scheibe, unter der beim vorsichtigen Ablösen ein Totenschädel zum Vorschein kommt. Erst dann erkennt er das Gold, das er in Händen hält und das beim Abwischen matt leuchtet. Eine goldene Maske mit dem Gesicht eines Mannes. Die Maske des Agamemnon? Ohne Zweifel.[668]

Am 28. November 1876 telegrafiert Schliemann direkt an Georg I., den König der Hellenen:

»Mit äußerster Freude kündige ich Eurer Majestät an, daß ich die Gräber entdeckt habe, welche von der Überlieferung, deren

Widerhall Pausanias ist, als die Bestattungsstätte von Agamemnon, von Kassandra, von Eurymedon und ihren Gefährten bezeichnet wurden ...«[669] Der Enthusiast Schliemann scheint selbst überwältigt, tatsächlich kann der Schatz von Mykene den von Troja wohl noch übertrumpfen. »Die fünf Körper dieses Vierten Grabes waren buchstäblich mit Juwelen überladen«, notiert er am 6. Dezember 1876 in sein Tagebuch. Insgesamt stößt er in den folgenden Tagen auf über 13 Kilogramm Gold, eine Vielzahl von Diademen, Trinkgefäßen, Gürteln, Siegelringen und Brustpanzern, auf hochwertige Keramikstücke und brillante Schmuckstücke, einmalige Waffen und Geräte aus Bronze und Kupfer.[670]

Ein unglaublicher Fund – doch schwinden die einfachen Gewissheiten mit jedem weiteren Spatenstich. Beim weiteren Vordringen in das »Schachtgrab IV« werden unter der ersten Maske aus Gold weitere Goldmasken aus dem Kies geborgen. Offenbar gab es mehr als nur die eine Maske des Agamemnon. Die dritte Maske bedeckt das Gesicht »eines Mannes von vorgerücktem Alter« und ist »von viel dickerem Goldblech«, stellt Schliemann fest.[671] Entspricht diese Physiognomie womöglich eher der eines Herrschers von Mykene? Am 1. Dezember 1876 macht er in »Grab I« seinen spektakulärsten Fund: Noch einmal kann er mit dem Taschenmesser eine Goldmaske aus dem Kies lösen, die dem Schädel eines groß gewachsenen Mannes aufliegt.[672] Diese Maske ist noch schwerer, feiner ziseliert, eindrucksvoller als alle bisher geborgenen. Jetzt revidiert Schliemann offiziell: Dieses zuletzt gefundene, in Gold verewigte Gesicht eines gealterten Mannes mit Bart, gestutzten Brauen und dünnem Nasenrücken scheint ihm eine außergewöhnliche aristokratische Autorität auszustrahlen.[673] Diese Goldmaske musste die des mächtigsten Königs aus dem Geschlecht der Atriden, die Maske des Agamemnon, sein.

In einer jubelnden Depesche an den griechischen Kulturminister teilt Heinrich Schliemann mit, dass er das mumifizierte
Gesicht des Toten – vor dem bedauerlichen Zerfall des Schädels
bei der Bergung – studiert habe. Es hätte seiner Vorstellung von
den Gesichtszügen Agamemnons vollkommen entsprochen.[674]
Ein sehr Schliemann'scher Beweis.

»Ich habe nicht das allergeringste Bedenken zuzugeben«, telegrafiert er an eine Athener Zeitung, »daß die Tradition, welche die Gräber in der Akropolis dem Agamemnon und seinen
Gefährten zuschreibt, die bei ihrer Rückkehr von Ilium durch
Klytemnaestra oder ihren Buhlen Aegisthus meuchlerisch um-
gebracht wurden, vollkommen richtig und wahr sein mag.«[675]
Weiß er, wie anfechtbar diese maßlos überzogene Deutung ist?
Vertraut er auf die blendende Macht des Goldes? Oder ist er selbst
geblendet?

Tatsächlich wird es ihm bald darauf gelingen, einen Mann wie
William Gladstone, der in England auf dem Weg zur Wiederwahl
als Premierminister ist, für ein Vorwort zur englischen Ausgabe
seines Grabungsbericht *Mykenae* zu gewinnen. Und Gladstone,
immerhin einer der einflussreichsten Männer Europas, beschei-
nigt Heinrich Schliemann, nach dem Gold von Troja nunmehr
in Mykene »die Gräber Agamemnons und Kassandras entdeckt«
zu haben.[676] Der Schatzsucher muss nicht einmal selbst von einer »Maske des Agamemnon« sprechen.[677] Es ist die Presse, die
dem sensationellen Schatzfund das magische Etikett anheftet,
allen voran die Londoner *Times*, die Schliemanns Grabungen
vom 27. September bis zum 12. Januar 1877 fortlaufend begleitete.
Schliemann hat in England nicht nur das Gold und mächtige
Männer, sondern auch die öffentliche Meinung auf seiner Seite.

In der griechischen Hauptstadt verkündet am 9. Dezember
1876 die Zeitung *Neologos Athenon* das offizielle Ende der Grabungen von Heinrich und Sophia Schliemann in Mykene.[678] Von nun

an werden sich der *Epheros* Stamatakis und die Archäologische Gesellschaft um die Schätze aus Mykene und ihre Präsentation im Archäologischen Nationalmuseum von Athen kümmern, die der erfolgreiche Ausgräber »mit lebhafter Genugtuung vollständig an Griechenland übergibt«, wie er dem griechischen König telegrafiert.[679] Heinrich Schliemann, der zwei Tage nach seiner Frau am frühen Morgen des 5. Dezember 1876 das Dampfboot von Nafplio nach Athen besteigt, wird nicht mehr nach Mykene zurückkehren.

Kapitel 10 | Der Zeremonienmeister

London–Berlin:
dem deutschen Volk zu ewigem Besitz

Heinrich Schliemann ist viel unterwegs im Jahr 1877, aber nicht auf Grabungsplätzen. Mit dem Dampfboot und per Eisenbahn pendelt er zwischen Athen, Paris und London. Die publizistische Auswertung seines jüngsten Schatzfundes bedarf seiner vollständigen Aufmerksamkeit. Die über 500 Fotos der Grabungen in Mykene sind ideales Futter für die Zeitungen und Wochenblätter, die nach Illustrationen gieren. Auch der Grabungsbericht, den er im Frühjahr 1877 unter Hochdruck in acht Wochen verfasst hat, soll mit vielen Zeichnungen erscheinen, die nach diesen Fotos angefertigt werden. In gewisser Weise entspricht Heinrich Schliemann jetzt dem Bild des Reiseschriftstellers, das er zehn Jahre zuvor in Paris von sich entworfen hat. Damals war der Grieche Georgios Nicolaïdes – ein anderer Reisender in die »homerische« Vergangenheit – in aller Munde. Jetzt war er »der Löwe der Saison«, wie er seiner Frau in Athen übermütig mitteilt.[680] Empfänge und Galadinners, Lords und Prinzessinnen – London gibt sich die Ehre. Zum ersten Mal muss er sein Buch nicht selbst finanzieren, sondern lässt sich von bedeutenden Verlegern wie Murray in London umgarnen. Ende 1877 erscheint zeitgleich die englische, deutsche und amerikanische Ausgabe von *Mykenae,* kurz darauf die französische Edition. An seinen Förderer Gladstone meldet Schliemann, sein Buch verzeichne wohl einen größeren Absatz als jedes andere jemals veröffentlichte archäologische Werk.[681] In New York wird *Mykenae* zum Buch des Jahres 1878 gekürt.[682] Der Name Schliemann wird zu einer Art

Markenzeichen, sein funkelnder Schatzfund ist das Staunen der Welt. Das *Royal Archeological Institute* und die *British Archeological Association*, das *Royal Institute of Architects* und die *Royal Historical Society* beeilen sich mit Einladungen und Ehrenmitgliedschaften. Auch Sophia Schliemann wird in der englischen Hauptstadt gefeiert, als sie am 8. Juni 1877 vor dem *Archeological Institute* mit einer geschliffenen Rede auftritt, die Schliemann entworfen und sein Freund, der in Oxford lehrende Indologe und Mythenforscher Max Müller, redigiert hat.[683] Ihr Redetext lässt die Diktion ihres Ehemanns durchscheinen, doch weiß Sophia Schliemann mehr noch als Griechin zu beeindrucken und reißt zu *standing ovations* hin, als sie den Briten den Dank ihres Vaterlandes für die Hilfe im Unabhängigkeitskampf gegen die Osmanen abstattet.[684] Die Melange aus griechischem Patriotismus und den philohellenischen Gefühlen der Gastgeber wird in der *Times* als sensationelle Schliemann-Parade gefeiert und sorgt für einen breiten öffentlichen Zuspruch für das schillernde Paar aus Athen. Heinrich Schliemann begreift dieses Momentum sofort und handelt ohne Zögern. Seit der Einigung mit der Hohen Pforte befindet sich das Gold aus Troja in seinem Privatbesitz, er kann frei über den »Schatz des Priamos« verfügen. Wann, wenn nicht jetzt, konnte dieses Kapital gewinnbringender eingesetzt werden? Am 16. August 1877 verkündet Heinrich Schliemann in der *Times*, dass er seine trojanische Sammlung inklusive der goldenen Grabungsfunde nach England bringen und hier ausstellen wolle.[685] Er nutzt die günstige Gelegenheit der sensationellen Ankündigung, seinen Glauben an Homer und die Grabungsfunde als Beweis der Faktizität der *Ilias* herauszustreichen, trommelt so für die Ausstellung, aber ebenso für die eigene umstrittene Deutung. Noch einmal intensiviert sich der Pendelverkehr zwischen Piräus und London, bis Ende Oktober müssen die Objekte aus der Troas in Athen noch einmal durchgesehen und in Kisten verpackt werden, zur Weihnachtszeit 1877 erstrahlen sie dann in 24 Vitrinen im Londoner *South Kensington Museum*. Das Highlight: der »Schatz des Priamos«. Glänzender als mit immer neuen Besucherrekorden, noch dazu in der Metropole des *British Empire*, konnte Schliemann nicht in ein Museum einziehen. Schliemanns Troja in London, Schliemanns Mykene in Athen, im Frühjahr 1878 dann ein Sohn. Der stolze Vater nennt ihn Agamemnon.

Doch die schillernde Präsentation seiner Grabungserfolge erzeugt eine wachsende Schar von Kritikern, die Schliemann nun umso lautstärker Scharlatanerie vorwerfen. Dass er in Deutschland keine Hausmacht besitzt, ist sattsam bekannt. Doch jetzt bildet sich eine Phalanx der Altertumskundler, die dem Treiben des »Möchtegern-Archäologen« aus Mecklenburg ein Ende bereiten will. Allen voran Ernst Curtius. Schon im Frühjahr 1877 hatte der seine Ausgrabungen in Olympia für einen Besuch in Mykene und in der Athener Nationalbank unterbrochen, um Schliemanns Funde unter die Lupe zu nehmen. Sein Urteil war verheerend: Mit der »homerischen« Epoche hatte all das, was Schliemann aus dem Gräberrund der Agora von Mykene geborgen hatte, aus seiner Sicht nicht das Geringste zu tun, vielmehr wollte er in einer der Goldmasken einen »Christuskopf aus byzantinischer Zeit« erkennen.[686] Auch wenn Curtius damit ebenso falschlag wie der von ihm so heftig Angegriffene – Schliemanns mykenische Königsgräber konnten erst 1939 mit Carl Blegens Erstfund von Tontafeln der Linear-B-Schrift auf das 13. Jahrhundert v. Chr. datiert werden und waren damit 800 Jahre älter als das Griechisch Homers –, so urteilte Curtius doch als führender Kopf der deutschen Archäologenzunft.[687] Zudem erhielt Schliemann eine verstörende Mitteilung aus Athen: Der gründliche Panagiotis Stamatakis hatte ein sechstes goldreiches Königsgrab in der Agora von Mykene entdeckt.[688] Damit aber geriet Schliemanns Behauptung, er habe die von Pausanias bezeugten fünf Gräber gefunden, die auf Agamemnon und seine Gefährten schließen ließen, ins Wanken. Ein sechstes Grab war ein Grab zu viel.

Während Heinrich Schliemann durch seine Grabungsfunde, Museumsschätze und Publikationen inzwischen weltweit als Archäologe par exellence gilt, sieht er sich doch überall von böswilligen Neidern und Konkurrenten umzingelt – und reagiert mit einer doppelten Offensive, um sein Lebenswerk nicht wie ein Kartenhaus einstürzen zu sehen. Wehrt er sich einerseits nach Kräften in der Presse, um die gegen ihn erhobenen Anwürfe zu kontern, bricht er nach mehr als einem Jahr als »Salonlöwe« wieder zu einer Vielzahl von Grabungen auf, um Stützpfeiler für die Homer'sche Welt zu finden, auf deren reale Existenz er weiterhin setzt.

Das Grabungsfieber, das ihn jetzt erfasst, richtet sich zuallererst auf Troja. Durch die Ausstellung seiner bisherigen Funde in London hatte er nicht nur den »Schatz des Priamos«, sondern auch die Frage ins Rampenlicht gestellt, warum das bei Homer so mächtige Ilion bei der Schliemann'schen Freilegung so klein erschien. Diese »Existenzfrage« für die von ihm behauptete Korrespondenz zwischen Homers *Ilias* und dem Burghügel von Hissarlik sollte ihn weitere zehn Jahre beschäftigen und bis zu seinem Tod nicht mehr loslassen. Im Oktober und November 1878 ist er, ausgerüstet mit einem neuen Ferman der Hohen Pforte, wieder in der Troas und mit seinem »Palast des Priamos« beschäftigt, den er nun ein wenig bescheidener in »Haus des Königs« umtauft.[689] Jetzt rückt – wohl in Reaktion auf seine Kritiker – die Schichtenbeobachtung stärker in seinen Fokus, Schliemann beginnt archäologisch nachzurüsten. Die Mühen der Ebene vermindern indes die Chance auf spektakuläre Funde. Doch kann ein Schliemann ohne Gold heimkehren? Sein Publikum enttäuschen? Also meldet er Ende November 1878 routiniert: »Wieder drei kleinere und einen großen Schatz von goldenen Schmucksachen entdeckt.«[690] Doch das Muster nutzt sich ab, mit kleineren Preziosen, das ist unübersehbar, lassen sich keine Begeisterungsstürme mehr auslösen. Dafür findet Heinrich Schliemann jetzt Verbündete, die dem Zeremonienmeister des Ruhms noch einmal kräftig aufhelfen.

»Nach längerem Aufenthalt in Europa kehrte ich gegen Ende Februar 1879 nach den Dardanellen zurück«, schreibt Heinrich Schliemann in seiner Troja-Bilanz *Ilios – Stadt und Land der Trojaner*. »Bis um die Mitte des März hatte ich unter dem heftigen Nordwinde viel zu leiden; derselbe war so eiskalt, dass man in den hölzernen Baracken weder lesen noch schreiben, und sich nur durch angestrengte Thätigkeit bei den Grabungen warm erhalten konnte. Um Erkältungen möglichst zu entgehen, ritt ich, wie ich schon früher stets gethan, jeden Morgen ganz frühe nach dem kleinen, Karanlik genannten Hafen im Hellespont, wo ich ein Seebad nahm; war aber noch vor Sonnenaufgang und vor dem Beginn der Arbeit regelmässig wieder in Hissarlik.«[691]

Mit dem März kehren die Störche in die Skamander-Ebene zurück und Ende des Monats trifft wichtiger Besuch zu dieser fünften Troja-Grabung ein;[692] »meine Mitarbeiter in Hissarlik«, wie Schliemann sie nennt: »meine Freunde Professor Rudolf Virchow aus Berlin und Émile Burnouf aus Paris, Ehrendirector der École française in Athen«. Während der Franzose seine offizielle Visite nach Troja im Regierungsauftrag macht, »als Ingenieur und Maler Vorzügliches leistet«, vor allem Pläne und Karten für Schliemanns neues Werk *Ilios* zeichnet, ist Rudolf Virchow auf eigene Faust an die Dardanellen gereist. Drei Jahre zuvor hatte der berühmte Deutsche eine Einladung Schliemanns nach Troja noch ausgeschlagen, als sei ihm der windige Schatzgräber trotz der ersten freundlichen Begegnung 1875 nicht ganz geheuer. Immerhin hatte Virchow im September 1877 Schliemanns Ehrenmitgliedschaft in der von ihm begründeten *Deutschen Gesellschaft für Anthropologie, Ethnologie und Urgeschichte* durchgesetzt – die erste bedeutsame wissenschaftliche Anerkennung, die Schliemann in Deutschland erfuhr.[693] Und an Schliemann geschrieben:»Sie können sicher sein, daß die allgemeine Teilnahme Ihnen zugewendet ist. Wir, die wir selbst forschen, sind glücklich, daß endlich einmal ein Forscher auf diesem so viel durchwühlten Boden ganz glücklich ist, und wir beglückwünschen Sie zu Ihren Ergebnissen von Herzen.«[694]

Was Virchow für Schliemann bedeutete, brachte Theoder Fontane als scharfsichtiger literarischer Beobachter in seinem Roman *Frau Jenny Treibel* auf den Punkt. Da streiten nach dem Abendessen zwei Herren im Rauchzimmer über den Troja-Entdecker. Und der liberale Herr Schmidt meint:»Du kannst Dir nicht vorstellen, daß jemand, der Tüten geklebt und Rosinen verkauft hat, den alten Priamus ausbuddelt … Aber lies nur, was Virchow von ihm sagt. Und Virchow wirst du ja wohl gelten lassen.«[695]

Dass ein viel beschäftigter Mann wie Virchow schließlich wochenlang zu Schliemann an die Dardanellen fuhr, durfte, wenn nicht als Ritterschlag – denn Virchow war Mitbegründer der liberalen Deutschen Fortschrittspartei und als Reichstagsabgeordneter ein Gegner des Fürsten Bismarck –, so doch als große Geste der Wertschätzung gelten. Dass beide nahezu gleichaltrig waren und mit Mecklenburg und Hinterpommern gleichermaßen aus dem flachen Norden Deutschlands stammten, sich zudem aus einfachen Verhältnissen»nach oben« gekämpft hatten und die Liebe zu Fremdsprachen teilten, trug sicherlich zur wechselseitigen Affinität bei. Was Virchow an Schliemann schätzte, war die Größe der Vision, der hartnäckige Einsatz für die»mindestens zulässige Idee«, dass Homers Epen mehr waren als bloße Fantasie. Selbst wenn der Mediziner bei seinem»verehrten Freund« zugleich einen»Fehler des Gemüths« diagnostizierte, der diesen ruhelos machte und zu irrwitzigen Verkennungen trieb.[696] Heinrich Schliemann, dieses so widersprüchliche Genie, war sicherlich auch für den Hirn-

und Denkforscher Virchow von Interesse und in Hissarlik konnte man dieses Phänomen aus der Nähe betrachten.

»Professor Virchow beschäftigte sich mit Erforschung der botanischen, zoologischen und geologischen Verhältnisse der Ebene von Troja, sowie der Beschaffenheit der im Verlauf meiner Ausgrabungen in den verschiedenen Tiefen zu Tage geförderten Trümmer- und Schuttmasse«, beschreibt Schliemann Virchows Arbeit an seiner Seite.[697] Gut einen Monat lang, bis 3. Mai 1879, bleibt Virchow im Skamander-Tal und nimmt an der »Exploration der Tumuli« ringsum teil. Sollte Schliemann gehofft haben, er würde in diesen Grabhügeln auf neue Schätze und Virchow zugleich auf menschliche Überreste aus der »homerischen« Epoche stoßen, womöglich einen Hektor oder Achill bestätigen, sah er sich getäuscht und musste sich 1879 mit wenigen Ohrgehängen, Armbändern und Ketten aus Gold und Silber abfinden.[698] Und doch ist ihm Rudolf Virchow »von ungeheurem Nutzen«, wie Schliemann seinem Freund Rust mitteilt, da der Berliner »viele wichtige Entdeckungen hier gemacht hat«.[699] Dazu zählt er, dass Virchow aus »Süßwasserdepositen« schließt, die Ebene der Troas sei einmal ein großer See gewesen.[700] Schliemann erkennt darin sofort eine Chance, die Behauptung der Anhänger der Bunarbaschi-These zu kontern, das Areal um den Burghügel von Hissarlik sei für den Krieg um Troja zu nah an der Küste und insgesamt zu klein gewesen. Dank Virchow kann Schliemann nun argumentieren, dass die Fläche eines großen ausgetrockneten Sees wohl groß genug für den Kampf zwischen Trojanern und Achäern gewesen sein dürfte. »Folglich fällt jetzt die alte und neue Theorie zu Boden, daß Hissarlik nicht mit Troia identisch sein kann, weil es einst zu nah am Meere lag und für die großen Thaten der Ilias keinen Raum war«, schreibt er begeistert.[701]

Auch zwischenmenschlich scheint der Berliner Geheimrat hilfreich gewesen zu sein, sorgt er doch für eine Aussöhnung mit

Frank Calvert, der auch Virchow als lokaler Experte in der Troas dient. Die Zeit der Anwürfe in der Presse scheint vorüber, sodass Schliemann sich bei Virchow in besonderer Weise für den Briten verwendet. »Dem Freunde Calvert müssen Sie so gütig sein, einen kleinen Orden zu erwirken«, schreibt Schliemann, »denn für ihn hat ein solcher Putz einen riesigen Wert, und er kann ja immer nützlich sein.«[702]

Es entbehrt nicht einer gewissen Ironie, dass Schliemann diesen »nützlichen Putz« wenig später in einer »flehentlichen Bitte« an Virchow selbst einfordert. Dabei schwebt ihm allerdings kein kleiner Orden, sondern Bedeutsameres wie die Aufnahme in die Berliner Akademie oder höchste Auszeichnungen wie der Orden *Pour le mérite* vor.

Tatsächlich war Heinrich Schliemann damit bei Virchow an der richtigen Adresse. Nicht nur weil der Mediziner über gute Beziehungen zum kaiserlichen Hof verfügte und Ordensverleihungen an höchster Stelle in die Wege leiten konnte, sondern auch, weil Schliemann dem geschickten Werben Rudolf Virchows nachgegeben hatte, seinen »Schatz des Priamos« von London nach Berlin zu verfrachten.

Auf einem Tagesausflug während der gemeinsamen Grabung im Frühjahr 1879 waren die beiden alten Herren zu Pferde ins nahe Idagebirge an die Quellen des Skamander geritten und bei einer Rast auch auf das Gold von Troja zu sprechen gekommen. Der blühende Schlehdorn auf dem Ida erinnerte beide an die Heimat im deutschen Norden, an erste Blüten im Frühjahr. Vielleicht dachte Schliemann auch wehmütig an Ankershagen und Minna Meincke zurück. »Noch an demselben Tage«, berichtete Virchow später, »warf er die Frage auf, ob es nicht am richtigsten sei, seine Sammlung nach Berlin zu bringen und dann kam eins zum anderen und das Ende war, daß Schliemann zu Weihnachten seine Sammlung in London einpackte und nach Berlin überführte.«[703]

Rudolf Virchow kann so für sich in Anspruch nehmen, der deutschen Hauptstadt Schliemanns berühmtesten Schatz zugeführt zu haben. Er war damit aber – vermutlich unwissentlich – auch Heinrich Schliemann zu Hilfe gekommen. Denn das *South Kensington Museum* in London war auf neue Sensationen aus und musste den sonst so gefeierten Ausgräber ohnehin diplomatisch um Räumung seiner Troja-Säle bitten.[704]

Am 9. September 1879 nimmt Heinrich Schliemann die entscheidende Testamentsänderung zugunsten Berlins vor.[705] »Sie haben mich wieder mit Deutschland versöhnt«, schreibt er an Virchow und vermacht seine Troja-Sammlung »zu ewigem Besitz und ungetrennter Aufbewahrung« dem deutschen Volk.[706] Der deutsche Kaiser dankt ihm in einem persönlichen Schreiben und verspricht, dafür zu sorgen, dass die Berliner Ausstellungsräume »für immer Ihren Namen tragen«.[707] Seit 1873 hat Schliemann in Frankreich und England, Russland und in den USA nach diesem »ewigen« Ort gesucht und das goldene Erbe schließlich Griechenland in Aussicht gestellt. Dass es nunmehr nach Spree-Athen gehen soll, düpiert vor allem seine griechische Familie. Nicht nur der Ehemann, auch Virchow muss der tief verletzten Sophia Schliemann lange Briefe schreiben, um das für sie Unfassbare zu erklären.[708] Insofern sollten höchste deutsche Orden für Trost sorgen. »Veranlassen Sie doch«, schreibt Schliemann im Januar 1881 an Rudolf Virchow, »daß die Stadt Berlin meine Frau und mich zu Ehrenbürgern ernennt, und tun Sie sonst, was nur irgend von anderen Auszeichnungen erreichbar ist. ... Wir haben ja unsern schönsten Besitz an die deutsche Nation abgetreten; suchen Sie daher zu bewirken, daß unsere Schenkung die allgemeinste und höchste Anerkennung findet.«[709] Das mochte wohl einleuchten – und Virchow tat sein Bestes.

Am Ende musste sich Schliemann zwar mit dem »Kronenorden zweiter Klasse«, bestätigt durch Bismarck und Kulturminister von Puttkamer, zufriedengeben.[710] Doch gelang es Rudolf Virchow, die sehr viel skeptischeren 126 Berliner Stadtverordneten –»Querköpfe«, wie Virchow Schliemann wissen ließ – mehrheitlich zu überzeugen. Nicht jeder wollte einen Amerikaner in einer Reihe mit den Reichsgründern Otto von Bismarck und Generalfeldmarschall von Moltke unter den Berliner Ehrenbürgern sehen. Zudem war Alexander von Humboldt bislang der einzige Mann der Wissenschaft unter den 40 Ehrenbürgern Berlins gewesen. Doch am 7. Juli 1881 rückt Heinrich Schliemann – zehn Jahre vor Virchow – in diese Ehrenliste ein. An der Spitze einer Deputation überbrachte Berlins Oberbürgermeister im »Tiergarten-Hotel«, wo Heinrich und Sophia Schliemann abgestiegen waren, die Ehren-Urkunde. Sie bescheinigte dem 59-Jährigen, dass er »durch scharfsinnig geplante und beharrlich ausgeführte Ausgrabungen neue Grundlagen für die homerische Archäologie gewonnen habe« und so »mit idealem Streben dem deutschen Bürgertume ein Vorbild geworden« sei.[711] Schliemann war in Deutschland angekommen.

Die 40 Kisten mit dem Gold aus Troja aus dem *South Kensington Museum* waren schon zuvor in aller Stille in Berlin eingetroffen. »Goldsachen auf Reichsbank deponiert. Ganze Angelegenheit erwünschter Erledigung nahe«, konnte Museumsdirektor Richard Schöne dem um seine Schätze besorgten Schliemann nach Athen telegrafieren.[712] Doch wie sich bald herausstellte, schwächelte die neue deutsche Hauptstadt in Sachen Großbaustellen. Das neue Ethnologische Museum mit den versprochenen Schliemann-Sälen wurde nicht rechtzeitig fertig und so musste die große Eröffnung im Berliner Kunstgewerbemuseum stattfinden. Eine Woche vor dem Großereignis geben sich Wilhelm I. und die kaiserliche Familie die Ehre, am 7. Februar 1882 wird die Schliemann-Ausstellung dann für das Publikum geöffnet. Eine große Menschentraube drängt sich nun staunend an den Glasvitrinen mit den jahrtausendealten goldenen Diademen, die sie bislang nur vom Schwarz-Weiß-Porträt der Sophia Schliemann kannten. Daneben hat Heinrich Schliemann auf sechs Pulten werbewirksam seine druckfrische Troja-Bilanz *Ilios* platziert, die er im Sommer 1880 abgeschlossen hatte und die in Deutschland – ganz ungewohnt für Schliemann – auf recht positive Resonanz gestoßen war.[713] Von Dienstag bis Sonntag, 10 bis 3 Uhr nachmittags, defilieren von nun an täglich Tausende an den Grabungsfunden aus Hissarlik vorbei. »Kolossaler Andrang«, heißt es in der Presse. Realer konnte Homers Troja, konnte der »Schatz des Priamos« nicht werden.

Im Laufe von Schliemanns weiteren Troja-Grabungen und durch Rückkäufe von Schliemann-Objekten aus der Türkei wuchs die Berliner Sammlung schließlich auf die gewaltige Zahl von 8455 Objekten, zog 1886 ins Völkerkundemuseum mit seinen Schliemann-Sälen in die Königgrätzer Straße um und konnte schließlich 1922 wieder ihren Platz im Gropiusbau einnehmen, als das Kunstgewerbemuseum dort auszog. Von nun an war Schliemanns »Schatz des Priamos« das Herzstück des Berliner Museums für Vor- und Frühgeschichte.[714]

Dankbarkeit empfand Heinrich Schliemann indes selten – auch dem so hilfreichen Virchow gegenüber nicht, dem er wegen einer Petitesse in der Sitzordnung bei einem Festessen in Karlsruhe die Freundschaft kündigte.[715]

Virchow erwidert das abrupte Adieu, indem er Schliemann versichert, er werde ihm »gerne wieder dienen«, sobald dieser aufhöre, aus einer »Mücke einen Elephanten« zu machen. Tatsächlich wird sich das freundschaftliche Verhältnis zwischen den beiden Männern nach zweijähriger Krise wieder erholen. Doch dem 63-Jährigen sagt Virchow auf den Kopf zu, dass dessen Bedürfnis, einem Freund zu dienen, »immer kleiner wird, je mehr die Welt Sie schätzen lernt«.[716] Sprach Virchow von Größenwahn?

Das diplomatische Corps in Athen hatte gelegentlich diesen Eindruck, wenn es in Schliemanns *Iliou Melathron* geladen wurde, seinen überaus repräsentativen »Palast von Troja«, den Ernst Ziller 1881 vollendet hatte. Die weit geschwungene Marmortreppe und die griechischen Götter auf dem Dach, die das Athener Nationalmuseum zu duplizieren schienen, mochten ihren Anteil daran haben. Nachdem die Museumssäle im Erdgeschoss viel von ihrem trojanischen Glanz an Berlin abgegeben hatten, trumpfte der Hausherr im *Hesperiden-Saal* im Obergeschoss seiner Athener Villa umso mehr auf. Bei glanzvollen Konzerten und Bällen, Empfängen und Diners erwartete die illustren Gäste nicht selten ein »rhetorischer Überfall«, wie Joseph Maria von Radowitz, der deutsche Gesandte in Athen, in seinen Erinnerungen an Schliemann bemerkt.[717] »Dabei sprach er sich über die verschiedenen von ihnen vertretenen Länder aus in einem merkwürdigen Französisch, mit noch viel merkwürdigeren Bemerkungen, die oft, wenn auch sicherlich nicht beabsichtigt, an Insulte streiften und auf den Antlitzen meiner Herren Kollegen alle Schattierungen von Verblüffung und Verlegenheit hervorriefen«, wie von Radowitz berichtet.[718]

Die Speisen im Hause Schliemann wurden zu langen Homer-Rezitationen durch Ödipus, den Diener des Hausherrn, gereicht, zumeist Verse aus Odysseus' Bewirtung durch den König der Phäaken. Doch schienen viele Gerichte »mehr dem Geschmack, der im alten Troja geherrscht haben mag, angepaßt, als den Bedürfnissen des modernen Magens«, wie von Radowitz spöttisch festhält. Vor allem aber monologisiert Schliemann auf Altgriechisch, sagt minutenlang Verse aus der *Ilias* auf und spricht seine Gäste auch im Small Talk gern auf Altgriechisch an. Selbst höchste Gäste, wie den aus Schleswig stammenden König der Hellenen Georg I., den Heinrich Schliemann in der »toten« Sprache fragt, ob er »seine Schokolade schon getrunken« habe.[719]

Mochte man den nur 1,57 Meter großen Schliemann, der sich

für Banketts in seiner Villa einen Stuhl mit unauffällig erhöh-
ter Sitzfläche bauen ließ, während seine Tischgäste etwas tiefer Platz nehmen mussten, nun für größenwahnsinnig oder ein
wenig spleenig halten – er wurde in einer Weise hofiert, wie es
sich der Krämergeselle in Fürstenberg an der Havel 50 Jahre zuvor wohl niemals hätte vorstellen können. Und doch scheint es,
als bräuchte er immer neue Rückmeldungen der eigenen Bedeutsamkeit. Genügte es ihm nicht, mit Otto von Bismarck, dem
deutschen Reichskanzler, in Bad Kissingen familial zu tafeln?[720]
Oder in Potsdam zum Abendessen mit Kronprinz und Kron-
prinzessin geladen zu werden?[721] Als er 1883 einen Sommermo-
nat mit Frau und Kindern in seinem Heimatort Ankershagen
verbringt, reißt das Defilee von Bewunderern nicht ab, obwohl
Schliemann »Verwandte, Freunde und Bekannte« per Inserat in
der *Neustrelitzer Zeitung* darum gebeten hatte, »auf allen und jeg-
lichen Besuch verzichten zu wollen«.[722] Die University of Oxford
ernennt ihn im Juni 1883 zum Ehrendoktor und macht ihn zum
Ehrenmitglied des Queen's College. Zwei Jahre später verleiht
ihm Queen Victoria die »große goldene königliche Medaille für
Kunst und Wissenschaft«. Doch Schliemann, das bemerken viele
seiner Besucher, wird nicht gelassener mit den Jahren, sondern
strahlt eine immense innere und äußere Rastlosigkeit aus.

Schon im August 1878 begibt er sich noch einmal für zwei
Wochen nach Ithaka. Er gräbt – nunmehr als erfahrener Schatz-
jäger – in der Grotte der Nymphen und auf dem Berg Aëtos.[723] Er
will unbedingt beweisen, dass es die Burg des Odysseus ebenso
gegeben hat wie den sagenhaften Schatz der Phäaken. Er fahndet also weiter auf Homers Spuren nach goldenen Mythen und
erinnert dabei, nicht nur, weil er immer wieder über schlechte
Gäule klagt, die er Rosinante nennt, an den gegen Windmühlen
kämpfenden Don Quichotte. Dazwischen macht er in der Troas
weiter, 1882 mit einer sechsten und 1889 mit einer siebten Troja-

Grabung.[724] Auch die Spuren seiner weiteren Pläne belegen eine erstaunlich ausufernde Suchbewegung.

Als er dem wiederversöhnten Rudolf Virchow vorschlägt, der solle alles hinschmeißen und – auf Schliemanns Kosten – zur gemeinsamen Ausgrabung von Tiryns, Sparta und Delphi mit ihm aufbrechen, was der Anatomie-Papst rundweg ablehnt, war seine nächste Grabung Ende November 1880 schon geplant. Im böotischen Orchomenos interessierte sich Schliemann für den mythischen Herrschersitz von König Minyas, dem Homer »das Epitheton goldstrotzend gibt oder großen Reichtum zuschreibt«.[725] Um das eingefallene »Schatzhaus des Minyas« am Rand des Dorfes Skripu zu finden, folgt Schliemann wiederum dem antiken Geografen Pausanias. Diesmal nimmt Schliemann den britischen Assyriologen Henry Sayce aus Oxford und seinen Hausarchitekten Ernst Ziller aus Athen mit, um das Kuppelgrab freizulegen. Doch auch mit dieser Hilfe und zwei weiteren Grabungen im Frühjahr 1881 und im Mai 1886 lässt sich in Orchomenos zwar archäologisches Wissen gewinnen, aber kein grandioser Goldschatz finden.

Die Donquichotterie auf den Spuren antiker Quellen geht immer weiter: Schliemann gräbt im Frühjahr 1883 in Marathon, um Zeugnisse des Miltiades, des legendären Siegers von Marathon, und seiner heldenhaften Athener zu finden, die 490 v. Chr. die Perser schlugen, und setzt den Spaten kurz darauf im berühmten Engpass der Thermopylen an. Hier will er das Grab des »löwenhaften« Königs Leonidas und der tapferen 300 Spartaner finden, die sich 480 v. Chr. im Kampf gegen Xerxes opferten.[726] Sein inzwischen weltweiter Ruhm trägt dazu bei, dass Griechenland ihm kaum eine Grabungslizenz abschlägt. Und so hetzt er 1886 nach Levadeia, dem reichen Hauptort des antiken Böotien, in dem Pausanias ein wundersames Orakel überliefert hat, und gräbt 1887 auf der Insel Kythera, wo Herodot den phönizischen Tempel der Aphrodite Urania verortet hat. Natürlich hat er auch seine Homer-

Ausgabe dabei: Odysseus hat sich laut *Ilias* im Hafen Skandeia auf Kythera mit Helm, Bogen und Köcher für den Trojanischen Krieg ausgerüstet.[727] Gleichzeitig bemüht sich Heinrich Schliemann um eine Grabungslizenz in Russland für das goldreiche Kolchis im Kaukasus, woher der Argonauten-Sage zufolge das Goldene Vlies stammt. Auf dem Peloponnes sucht er derweil in Pylos, Sparta und Kalamata nach prähistorischen Palästen, »wie ich einen solchen in Tiryns ausgrub«.[728] Doch ist er ebenso »fest entschlossen«, wie er 1886 nach Berlin meldet, »die ganze Atridenburg in Mykene sorgfältig auszugraben, was wohl vier Jahre dauern und die letzte Arbeit meines Lebens sein wird«.[729] Auch eine Grabungslizenz für Delphi fragt er in Athen an. Es scheint, als nähme die Vielzahl seiner Pläne mit jedem weiteren Lebensjahr zu. Dazwischen kurt er in Marienbad oder Boulogne-sur-Mer, in Biarritz und im Engadin. Allmählich machen sich das Alter und die Folgen der Malaria bemerkbar, die er sich in den Sümpfen der Troas trotz des Chinins zugezogen hatte.

Was ihn nicht abhält, Anfang 1886 noch einmal nach Kuba zu reisen. Die Eisenbahnaktien, die er auf der Zuckerinsel hält, »35000 Pfund Sterling in ersten Hypotheken zweier dortiger Eisenbahnen«, machen ihn angesichts der Zuspitzung des Unabhängigkeitskrieges der Kubaner »sehr besorgt«, wie er Virchow wissen lässt.[730] Es wird seine letzte Amerika-Reise, in der das erste Leben Heinrich Schliemanns als clever kalkulierender Geschäftsmann noch einmal aufscheint. Wieder disponiert er seine Finanzen um und erwirbt Immobilien. Diesmal aber auch zugunsten seines Faches: Auf einem seiner Grundstücke in Athen entsteht 1888 ein spätklassizistisches Gebäude in der Phidiasstraße 1, das er auf 25 Jahre an das Deutsche Archäologische Institut vermietet.[731] Der Entwurf stammt einmal mehr vom Athener Palastbaumeister Ernst Ziller. Doch hat sich hier auch ein jüngerer Archäologe und Bauforscher verdient gemacht: Wilhelm Dörpfeld.

Der 30 Jahre jüngere Rheinländer (1853–1940) sorgt indes nicht nur dafür, dass sich Schliemann durch das Institutsgebäude in der griechischen Hauptstadt stärker mit der deutschen Archäologenzunft liiert, sondern vor allem für ein seriöses wissenschaftliches Gerüst der Schliemann'schen Grabungen. Das gewaltige Kapital, das Heinrich Schliemann in seiner schwärmerischen Homer-Gläubigkeit in 20 Jahren angesammelt hat – Dörpfeld gibt ihm in den folgenden Jahren seinen stabilen Wert. Dass sich Heinrich Schliemann neben Rudolf Virchow einen zweiten so außerordentlich hilfreichen Mann an die Seite holen und ihn bis zu seinem Lebensende halten kann, spricht sehr für seine Menschenkenntnis. Oder hatte Schliemann klug spekuliert? Wenn sein Gegenspieler Ernst Curtius Dörpfeld mit zur »Grabung seines Lebens« nach Olympia genommen hatte, der nur 25-Jährige 1878 sogar die technische Grabungsleitung in Olympia übernehmen durfte, musste er dann nicht ein Ausnahmetalent sein? Dass ein renommierter Verlag wie *Baedeker* Dörpfeld zudem ab 1882 mit der Beschreibung der antiken Stätten Olympias für seinen Griechenland-Führer beauftragte, sprach für sich. Jedenfalls begann der schlaksige junge Mann, dem Schliemann erstmals im März 1881 in Olympia begegnete, mit der ersten gemeinsamen Grabung in Troja 1882 Schliemanns oft krude Theorien vom Kopf auf die Füße zu stellen.[732] Dazu brachte Dörpfeld mit drei neuen griechischen Aufsehern Fachpersonal aus Olympia mit an die Dardanellen.

Die Großbaustelle, in die Heinrich Schliemann den Burghügel bei seinen Grabungen bislang verwandelt hat, wird nun noch größer. Ab März 1882 legen Schliemann und Dörpfeld in Hissarlik 250 Gräben und Schächte an, um innerhalb der nächsten Monate endlich Klarheit in Trojas Schichtenfolge – Dörpfelds Spezialgebiet – zu bringen. Heinrich Schliemann hat die Hoffnung, das für Homers Angaben viel zu winzige Troja, das er in seiner

großen Grabungsbilanz *Ilion* eingestanden und zugleich bemän-
telt hatte, am Ende dieser Grabung mithilfe Dörpfelds durch eine
größere, bedeutendere Stadt ersetzt zu sehen.

»Ich habe noch nie einen so tätigen Menschen gesehen wie
Herrn Schliemann«, schreibt Wilhelm Dörpfeld seinem Vater
aus der Troas. Aber ebenso, dass sein Grabungsleiter viel zu un-
ruhig sei, »um die Arbeiter an den einmal in Angriff genomme-
nen Plätzen ruhig arbeiten zu lassen«.[733] Doch Dörpfeld kommt
mit Schliemann zurecht, flößt dem flattrigen Älteren Ruhe ein
und gewinnt dessen Vertrauen. Um nach einem Monat gemein-
samer Arbeit im Staub von Hissarlik Schliemanns größten Stolz,
die Basis seines Ruhms, zu zerstören.

Schliemanns Gold aus Troja, so teilt Wilhelm Dörpfeld ruhig,
sachlich, wissenschaftlich mit, habe mit Homers Stadt des Priamos in der *Ilias* nicht das Geringste zu tun. Der »Schatz des Priamos« – reine Fantasie. Denn Schliemann habe sich in der Schicht
der »homerischen« Epoche komplett vertan, sich fälschlicher-
weise auf die Kulturperiode der winzigen »dritten Stadt« statt der
größeren »zweiten Stadt mit Unterstadt« festgelegt. So kann sich
Schliemann jetzt zumindest erklären, warum sein Troja so klein
und unbedeutend erscheinen musste. Das leuchtete ein.

Vielleicht aber wäre Schliemann lieber an der Malaria gestorben, die im Frühjahr 1882 so sehr in der Troas wütet, dass er seine
Frau und die Tochter Andromache nach zwei Wochen wieder
heimwärts nach Athen schicken musste, als sich die neue Schichtenlehre anzuhören. Alles falsch, alles ein großer Irrtum, alles auf
Anfang. Schliemann akzeptiert. Und bittet seinen Assistenten
um Stillschweigen. Jetzt braucht er dringend eine Strategie, um
der Welt seinen Irrtum einzugestehen. An Virchow schreibt er:
»Noch nie ist Ihre Gegenwart irgendwo auf der Welt so notwendig gewesen als jetzt hier.« Und bittet den Berliner nicht nur um
Geheimhaltung, sondern um einen dringenden Rat, »wie ich am

besten *Ilios* modifiziere, wovon ich jetzt die französische Fassung ausarbeite«.[734] Modifizieren? Das hieß: sein großes Troja-Buch geschickt umschreiben, um vom Glanz des Goldes zu retten, was zu retten war.

Tatsächlich erlebt Schliemanns Lebenswerk durch Wilhelm Dörpfeld beides: Kreuzigung und Auferstehung. Der »Schatz des Priamos« war als Beleg für das Troja der *Ilias* hinüber. Doch die »Faktizität« von Homers Stadt des Priamos dank Dörpfeld befestigter, beglaubigter denn je. Schliemann hatte sich ja nur in der Schicht geirrt. »Die große zweite Stadt, die eine Unterstadt und eine Burg mit zwei prächtigen Tempeln hat«, teilt Heinrich Schliemann schließlich Museumsdirektor Richard Schöne mit, der in Berlin täglich Tausende am Gold aus Troja verbeiziehen sieht, »sprechen wir jetzt unbedenklich für das berühmte Ilion an, da sie vollkommen dem Ilion Homers gleicht.«[735]

Dass Schliemann und Dörpfeld – aus türkischer Sicht ein Amerikaner und sein deutscher Assistent – nun ständig in der Troas Karten zeichneten, sogar wochenlang einen Fotografen beschäftigten, der die Landschaft ablichtete, ruft völlig unerwartet die türkischen Sicherheitsbehörden auf den Plan. Es kriselt an den Dardanellen, dem schmalen Meereszugang Richtung Smyrna und Konstantinopel, und plötzlich zeigte sich der Provinz-Gouverneur sehr besorgt um die Festung Kumkalé nahe Hissarlik.[736] Nach drei Monaten hat Schliemann genug von den türkischen Schikanen, die den begabten Zeichner Dörpfeld dazu zwingen, die neuen Karten der Troja-Grabung ausschließlich aus dem Gedächtnis statt vor Ort zu zeichnen, und beendet das Unternehmen. Doch schmiedet das die beiden Ausgräber umso mehr zusammen. Und so folgen weitere gemeinsame Ausgrabungen anderswo.

Zwei Jahre später, Mitte März 1884, sehen sich Heinrich Schliemann und Wilhelm Dörpfeld auf dem Peloponnes wieder, um –

Homer und Pausanias folgend – die wuchtige Burganlage von Tiryns nahe Nafplio auszugraben. Die »kyklopischen Mauern« sind hier 20 Meter hoch und sieben Meter dick und erinnern Schliemann an Troja und Mykene.

Für den jungen Dörpfeld ergeben sich durch die rasch in die Wege geleiteten, unbürokratischen Unternehmungen des Millionärs an exklusiven Grabungsorten Chancen, die kaum ein anderer junger Archäologe hat. Und er nutzt sie. Umgekehrt führt Schliemann den jungen Rheinländer in seine Gedankengebäude ein, infiziert ihn mit seinen Ideen vom Zusammenfallen der Homer'schen Epen mit den Ruinen realer Schauplätze. Vor allem liefert Dörpfeld jetzt mehr und mehr den Stoff, über den Schliemann dann schreibt. Nach seinen Büchern über Troja von 1874 und 1881 sowie Mykene 1878 wirft der alte Mann noch immer überraschend viele große archäologische Veröffentlichungen fast zeitgleich mit dem Grabungsende auf den Markt: Sein Bericht über Orchomenos erscheint 1881, dann wieder Troja 1884, gefolgt von Tiryns 1886. Kurz nach seinem Tod folgt posthum 1891 die letzte Troja-Bilanz. Hinzu kommen kleinere Publikationen, etwa über seine Grabung in Alexandria, und unzählige Artikel für Wochenblätter und Zeitungen. Mit dem Schreiben ist Schliemann fast noch schneller als mit dem Spaten.

Dafür ist er aber auch immer müder und erschöpfter, sodass er bei der zweiten Grabungskampagne in Tiryns im Frühjahr 1885 seinem Assistenten Dörpfeld zweiweise die Grabungsleitung überlassen muss.[737] Bis Ende Mai 1885 hat das Team Schliemann-Dörpfeld auf der Oberburg von Tiryns erstmals einen riesigen Palast freigelegt, der Schliemann an Homers Beschreibungen von Odysseus' Heimkehr in der Odyssee erinnert: »Wie klar«, schreibt Schliemann in seinem Grabungsbericht, »tritt uns jetzt aus den Funden von Tiryns das Bild eines uralten Königshauses entgegen. Wir sehen die mächtigen Mauern mit ihren Türmen und Toren, können durch säulengeschmückte Propyläen das Innere des Palastes betreten, erkennen den mit Säulenhallen umgebenen Männerhof mit dem großen Altar, sehen weiter das stattliche Megaron mit seinem Vorsaal und seiner Vorhalle, besuchen sogar das Badezimmer und gewahren schließlich noch die Frauenwohnung mit einem besonderen Hof und zahlreichen Zimmern.«[738]

Der Palast von Tiryns offenbart vor allem Parallelen zu Troja und Mykene und weist in das späte 13. Jahrhundert v. Chr. Für seine Leser folgt Schliemann weiter Homer, ohne Gold und Mythen verkauft sich Archäologie schlecht an ein breites Publikum. Sein Instinkt aber, das mittlerweile tiefe Eingebettetsein in sein Fach, auch die praktischen Vergleiche aus diversen Grabungen, die in dieser Vielzahl keiner seiner Kollegen vorweisen kann, sein ständiges Lesen, seine Gespräche und die Korrespondenz mit Altertumskundlern aus aller Welt, all das läuft irgendwann auf einen Punkt zu, als schlüge die Quantität in eine neue Qualität um. Schliemann erlebt einen seiner luziden Momente: »Meine Tage sind gezählt und ich möchte so gerne nach Kreta explorieren, ehe es zu Ende geht«, schreibt er seinem alten Freund Wilhelm Rust.[739] Es scheint, als wisse er längst, dass es eine Matrix gibt, die sich in Troja, Mykene, Tiryns abbildet und in Knossos ihren Ursprung hat. Der 64-Jährige spürt, dass sich dort der Schlüssel finden könnte, der seinem Verständnis von jener Epoche, der er schon so lange nachgräbt, zum Durchbruch verhelfen würde. Es hat etwas zutiefst Tragisches, dass Heinrich Schliemann diesem Punkt sehr nahe kommt und sein Heureka dennoch verpasst: Am 18. Mai 1886 bricht er auf nach Kreta, Dörpfeld ist wieder dabei.[740] Am 22. Mai wandeln die beiden auf dem Olivenhain am Dorfrand von Makryteichi, unter dem sich die Palastruinen von Knossos verbergen.[741] Der türkische Gouverneur hat sein Einverständnis zu Grabungen erteilt, nun ist

Schliemann entschlossen, das Areal zu kaufen. Doch der Oliven-
hain-Besitzer verlangt die unverschämte Summe von 100.000
Goldfrancs.[742] Hätte Schliemann jetzt in den Handel eingeschlagen, hätte er den Palast des Minos freilegen, vielleicht sogar die
mykenischen Schriftzeugnisse der Linear-B-Tafeln als Zeugnisse
der Mykener auf Kreta entdecken können, die die erste Hochkultur im Mittelmeerraum in der späten Bronzezeit bezeichnen.
Doch kommt ihm jetzt der Krämergeselle aus Fürstenberg in die
Quere. Und so beauftragt er Dr. Chatzidakis, den Gründer des
Museums im nahen Heraklion, mit dem Feilschen um Knossos,
das kein Ende nehmen wird.[743] Drei weitere Jahre verfolgt er die
Sache und schreibt noch Ende 1888 an Virchow: »Ich möchte die
Arbeiten meines Lebens mit einem großen Werke schließen, …
nämlich mit der Ausgrabung des uralten, prähistorischen Palastes der Könige von Knossos in Kreta.«[744] Doch aus diesem Genie-
streich wird nichts mehr.

Stattdessen will der 65-Jährige noch einmal auf zu gänzlich
neuen Ufern. Zum ersten Mal weitet er seinen archäologischen
Radius nach Ägypten aus. Im Frühjahr 1887 sondiert er drei Monate lang am Nil, besucht die Ruinen von Luxor, Theben und
das Tal der Könige, Assuan, Assiut und die Felsentempel Ram-
ses II. in Abu Simbel. Könnte er noch einmal von vorn anfangen,
würde er den Pharaonen nachgraben.

Ab 1. Februar 1888 ist er dann erneut für zwei Monate am Nil
unterwegs, doch nichts interessiert ihn mehr als Alexandria.
Diesmal soll auch Rudolf Virchow dabei sein. In seinen ersten drei
ägyptischen Wochen ist der Ausgräber jedoch noch allein unterwegs und kann dem Berliner am 6. Februar vermelden, er habe
endlich »die Ausgrabungen mit 36 Mann und 2 Aufsehern« angefangen.[745] Heinrich Schliemanns heimliche Hoffnungen sind so
hoch gesteckt wie lange nicht. Denn in Alexandria vermutet er
nicht weniger als das Grabmal Alexander des Großen, dem hier

im Jahrhundert vor und nach Christi Geburt die römischen Kaiser
Caesar, Augustus, Septimius Severus und Caracalla ihre Reverenz
erwiesen haben sollen. Anders als Homers trojanische Heroen ist
der makedonische König Alexander (356–323 v. Chr.) vielfach historisch überliefert – allerdings ist der Ort seiner Bestattung nach
dem ominösen Tod des 33-Jährigen in Babylon umstritten. Hier
Klarheit zu schaffen, das Grab des Alexander zu finden, könnte
für Schliemann einen letzten großen Triumph bedeuten, zumal
ihn in den letzten Monaten ernste Lungenbeschwerden plagen
und immer wieder Todesahnungen heimsuchen.[746]

Das Auffinden des *Soma*, des Mausoleums Alexanders, verspricht indes nicht nur unzweifelhaften archäologischen Ruhm,
sondern auch das, wonach Schliemann immer schon sucht: Die
Kaiser Roms sollen sich vor dem großen Makedonier an einem
goldenen Sarg verneigt haben. Mythische Heroen und Gold, ein
gigantischer Held und ein ganzer Sarkophag aus Gold: Heinrich
Schliemann wollte es noch einmal wissen. Hochzufrieden stellt
er fest, dass ihn ein Arbeiter in Ägypten nur ein Viertel von dem
kostet, was er in Troja an Löhnen zu zahlen hat.[747] Seine Grabungserlaubnis für Alexandria gilt für einen Platz in der Nähe der
Bahnhofstation Ramleh, wo seit 1865 Dampfloks mit angehäng-
ten Passagier-Coupés verkehren. In den nächsten zwei Wochen
gräbt er bis zwölf Meter in die Tiefe und muss den Grabungsplatz
immer weiter ausdehnen. Dabei erreicht er das Fundament einer
Kirche, sodass Gläubige und die Behörden fürchten, die Grabung
könne das Gotteshaus gefährden.[748] Von Alexanders Mausoleum
aber hat Schliemann, von einigen Mauerstücken abgesehen, bis
dahin keine Spur finden können. Umso mehr besteht er aufs
Weitergraben und so kommt es zum Konflikt, den die ägyptischen Behörden mit der Zuweisung eines neuen Grabungsplatzes am Stadtrand zu entschärfen suchen. Dort befände sich immerhin der »Palast der Ptolomäer«.

Als Rudolf Virchow am 22. Februar 1888 in Alexandria eintrifft, unterrichtet Heinrich Schliemann den erschöpften Ankömmling erst einmal davon, dass er die »Baustelle« unfreiwillig wechseln musste. Doch kann er, zum großen Erstaunen des Freundes, auch einen »Sensationsfund« melden. Bei seinen Grabungen »im Megaron der Ptolomäer«, erklärt Heinrich Schliemann voller Stolz, sei er auf einen »hervorragenden weiblichen Marmorkopf« gestoßen – eine Büste jener berühmten letzten Pharaonin des Ptolomäer-Reiches, die sich mit den römischen Kaisern Gajus Julius Caesar und Marcus Antonius vermählt hatte: Kleopatra VII. Das Meisterwerk sei so entzückend, dass er sich regelrecht in diesen Kopf verliebt habe.[749] Alles Weitere ist ein Déjà-vu: Wie in Troja war Schliemann allein, als er das Stück im Grabungsschacht entdeckte, wieder werden Zweifel laut, ob Schliemann die Büste der Kleopatra nicht irgendwo eingehandelt haben und am Fundort versteckt haben könnte. Erneut wird Schliemanns letzter großer Fund zur Glaubensfrage.

Heinrich Schliemann aber ist nicht unzufrieden, als er es sich mit Rudolf Virchow auf dem Hausboot mit 16 Mann Besatzung bequem machen kann, das er für die Nilfahrt Richtung Sudan angemietet hat. Angesichts der Fülle möglicher Grabungsorte in Ägypten macht er sich auf dieser letzten Nilreise endgültig klar, dass er sein »Operationsfeld« nicht in pharaonische Gefilde ausdehnen, sondern den Rest seines Lebens der »homerischen Geografie« widmen mochte. Während Rudolf Virchow in frisch entdeckten Felsgräbern in Luxor und Assuan vor allem nach neuen Exponaten für seine Berliner Schädelsammlung Ausschau hält. In der Presse sorgt eine ganz andere Nachricht für Aufregung: Am 2. März 1888, so übernimmt es die *Neustrelitzer Zeitung* aus Berliner Blättern, seien die beiden berühmten Männer der Wissenschaft fast ums Leben gekommen, als sie mit ihrem Boot auf dem Nil in die Schusslinie aufständischer Berber geraten, die die

Festung nahe Gebel Alagi angriffen. »Was hast du viel in Afrika ausgestanden«, schreibt Schliemanns Schwester besorgt nach Athen, »Dein und Virchows Leben war ernstlich bedroht durch die wilden Horden …«[750] Tatsächlich sind es keine äußeren Gefahren, die Schliemanns Leben bedrohen, sondern zunehmende Krankheitssymptome. Heinrich Schliemann braucht Rudolf Virchow nun zunehmend als Arzt, nicht nur wegen der Lungenprobleme, die sich auch in der trockenen Wüstenluft Ägyptens nicht verflüchtigen wollen. Auf seiner Grabung in Troja mit Dörpfeld im Spätherbst 1889 suchen Schliemann wieder die Ohrenschmerzen heim, an denen er schon so oft und lange herumlaborierte. Der ewige Sturmwind hoch oben auf dem Burghügel von Hissarlik machte die Sache nicht besser.

Dem gesundheitlich angeschlagenen Schliemann setzt aber auch eine andere Attacke zu – nicht auf sein Leben, sondern auf sein Lebenswerk. Sein Gegenspieler ist diesmal kein Archäologe vom Format eines Ernst Curtius, sondern ein pensionierter preußischer Artillerie-Hauptmann namens Ernst Boetticher (1842–1930), der Hissarlik, Schliemanns Troja, als »Feuernekropole« abtut, als einen Friedhof, auf dem nie eine Burg gestanden hat, schon gar nicht die des Priamos.[751] Das Erstaunliche an der sich seit 1883 hochschaukelnden Boetticher-Affäre war nicht etwa die völlige Unhaltbarkeit der Behauptungen des Hauptmanns, der Troja nie gesehen hatte, sondern das stetig anwachsende Echo in der Presse, das der ignorante Artillerist zu entfachen verstand. Während Virchow dazu riet, den Mann einfach links liegen zu lassen, begriff keiner besser als Heinrich Schliemann, welche enorme Wirkung skandalträchtige Nachrichten entfalten konnten. Zwei Jahrzehnte zuvor hatte er selbst als unbekannter Autor in Paris damit begonnen, die Thesen des Georgios Nicolaïdes zu torpedieren. Der Grieche hatte damals, 1867, mit seiner Bunarbaschi-

These die gängige Ansicht zur Lage Trojas vertreten. Zwanzig Jahre später war davon nichts geblieben, jetzt schaute die ganze Welt nach Hissarlik, auf Schliemanns Troja. Mit Boetticher war nun ein neuer Unbekannter aufgetaucht. Es war ein wenig, als ob Schliemann in einen Spiegel schaute.

Im Sommer 1889 reisen Schliemann und Virchow als Ehrengäste des Internationalen Anthropologisch-Archäologischen Kongresses nach Paris. Sie wollen vor allem die Weltausstellung und den eben eröffneten Eiffelturm bewundern und natürlich würde man den beiden berühmten fast 70-Jährigen die Honneurs machen. Da platzte Boetticher mit einem Buch – zudem noch in französischer Sprache – dazwischen, einem Pamphlet, in dem er seine scharf formulierten Behauptungen weiter zuspitzt.[752] Heinrich Schliemann verstand intuitiv, dass der sonst so tumbe Preuße in der Lage war, sich der Presse strategisch zu bedienen. Dass er selbst bei der Deutung seiner Grabungsfunde so oft über das Ziel hinausgeschossen war, »modifizieren« musste, weil sich Widersprüche auftaten und er nicht selten Belege schuldig geblieben war, lieferte dem preußischen Hauptmann hinreichend Munition. Dass selbst Fachblätter und große Zeitungen dem »unermüdlichen Schmähschreiber« immer wieder Platz einräumen, stürzt ihn »in tiefen Schmerz«, wie er Virchow von nun an regelmäßig wissen lässt. Die sensationslüsterne Haltung der Presse, die ihm so oft genutzt hatte, hält er jetzt für den »größeren Schimpf«.[753] Doch trotz des publizistischen Abwehrkampfs, für den Schliemann in seinen letzten beiden Lebensjahren viel Zeit aufwendet, ist der böse Geist aus der Flasche nicht mehr so einfach zurückzustopfen. Vielmehr greift Boetticher in seinen Artikeln auch Schliemanns Getreue Dörpfeld und Virchow an und weitet die Kampfzone beständig aus.

Den Befreiungsschlag sieht Schliemann schließlich in zwei Troja-Konferenzen, um »den Kerl auf ewig zum Schweigen zu

bringen«, wie er Freund Virchow schreibt. Schliemann folgt damit einer Idee Dörpfelds, sich am Grabungsort »mit einem Gene-
ralstabe von Naturforschern, Architekten und Archäologen zu
umgeben und Bötticher, als Kollaborateur, zur Teilnahme aufzu-
fordern«.[754] Tatsächlich sagt der Kontrahent für den Dezember
1889 zu und feilscht lediglich um die Summe seiner Spesen für
die Reise an die Dardanellen, die Schliemann trägt.[755] Doch die
Hoffnung, die fünf Protokollanten der Konferenz könnten eine
Entschuldigung Boettichers festhalten, geht nicht auf. Die eindeutig gegen seinen »Ascheplatz« sprechenden Strukturen des
Grabungsplatzes schaut der Hauptmann a. D. auf der Führung
über die »Baustelle« kaum an, nimmt aber immerhin die »Feuernekropole« zurück. Doch beginnt Boetticher unmittelbar nach
der Abreise von den Dardanellen mit neuer Munition zu schie-
ßen. Jetzt bestreitet er die Unterstadt Trojas, die Schliemann und
Dörpfeld mit viel Aufwand – jetzt sind auch Eisenbahnen am
Grabungshügel von Hissarlik im Einsatz – aufzudecken versuchen.[756] Für den März 1890 lädt Schliemann noch einmal nach
Hissarlik ein, für seine zweite Troja-Konferenz fährt er auch internationale Geschütze auf. Jetzt unterschreiben Fachleute und
Museumsdirektoren aus England, den USA und Konstantinopel
ein Protokoll, das Ernst Boettichers Ideen ad absurdum führt.[757]
Eigentlich hat Schliemann damit sein wichtigstes Ziel erreicht,
doch will er dieses hochkarätige Forum auch nutzen, um sich
das Troja Heinrich Schliemanns und die Entdeckungen der letzten Jahre beglaubigen zu lassen. Doch davon, dass die Ruinen
von Hissarlik als historischer Schauplatz der *Ilias* anzusehen sind,
ist im Tagungsprotokoll nirgends die Rede. Wollte Schliemann
hier noch einmal einen Pflock einschlagen, um seine Idee vom
realen Troja Homers zu befestigen und vor Angriffen künftiger
Skeptiker zu schützen, sieht er seine Hoffnungen enttäuscht.[758]
    Unmittelbar nach dem Ende der Konferenz machen sich

Schliemann und Dörpfeld wieder an die Arbeit. In dieser letzten Grabungskampagne Schliemanns in der Troas geht es seinem Assistenten Dörpfeld vor allem darum, die Kulturperioden auf dem Burghügel weiter zu differenzieren, die »zweite Stadt« in drei Bauabschnitte zu unterteilen, die Bezüge zu Mykene und Tiryns klarer herauszuarbeiten. Dörpfeld ist dabei, mit Steigbügelgefäßen das »Leitgestein« der mykenischen Kulturschichten zu finden, die »homerische« Epoche wandert auf der Zeitschiene weiter nach oben, auch wenn Schliemann bremst und an den falschen Mauern hängen bleibt. Dafür rückt »Trojas Unterstadt« stärker in sein Blickfeld.[759] Frank Calvert, der ebenfalls in Schliemanns Auftrag gräbt, hat dort einen römischen Friedhof entdeckt. Es gibt vielversprechende Funde, jetzt könnte die archäologische Entdeckungsreise noch einmal mächtig an Fahrt aufnehmen. Und Schliemann plant schon für das Frühjahr 1891 die nächste Kampagne.[760]

Im April 1890 hat sich Rudolf Virchow noch einmal für eine Woche in der Troas angesagt. Wieder geht der Ritt der beiden Alten zu den Quellen des Skamander, hoch ins Idagebirge. Dorthin, wo sich laut Homer der Jüngling Paris gegen die mächtige Hera und die kluge Athene zugunsten der schönen Aphrodite entscheidet und der Untergang Trojas seinen Anfang nimmt. Doch statt die Göttinnen der *Ilias* treffen die beiden alten Herren auf Sturm und Hagel. Schliemanns Ohrenleiden verschlimmert sich dabei so eklatant, dass sein »Leibarzt« dringend zur Konsultation eines Spezialisten rät, vermutlich müsse operiert werden. Doch Schliemann ist kein guter Patient. Den von Virchow angeratenen Arztbesuch verschleppt er, halb taub, von pochenden Schmerzen malträtiert, um mehr als zwei Monate. Auch das morgendliche Schwimmen am Strand von Phalikó in Athen will er nicht lassen. Als er am 13. November 1890 endlich von Deutschlands renommiertestem Ohrenarzt in Halle an der Saale operiert wird, kann

Dr. Schwartze die verknöcherten Wucherungen im linken Ohr nur entfernen, indem er die Ohrmuschel abtrennt und nach dem Eingriff wieder annäht. Zum Glück unter Chloroform, er habe »nichts gesehen oder gefühlt«, wie Schliemann Virchow wissen lässt.[761] Hören kann er jetzt nur noch auf einem Ohr, unbändige Schmerzen hat er in beiden. Doch Schliemann hetzt selbst nach der komplizierten Ohrenoperation im Expresstempo weiter: nach Leipzig zu seinem Verleger Brockhaus wegen der geplanten Biografie, nach Berlin zur Abnahme seiner jüngst erweiterten Troja-Ausstellung im Ethnologischen Museum, dann nach Paris wegen Querelen mit seinen Mietern, schließlich nach Italien, um in Neapel den Dampfer Richtung Athen zu nehmen. Es ist Weihnachtszeit, Sophia und die Kinder warten. Andromache ist schon 19, Agamemnon bald 14 Jahre alt, viel Zeit hat er nie mit ihnen verbracht, wenigstens zum Fest will er da sein. Im Weihnachtsgruß an Virchow dann die bange Frage, ob er wohl auf dem linken Ohr taub bleiben werde.[762] Sophia Schliemann erreicht ein letztes Telegramm aus Neapel: »ärztliche Hilfe erforderlich – keine Sorge – Henry«.[763] Am ersten Weihnachtsfeiertag macht sich Heinrich Schliemann noch einmal aus dem *Grand Hôtel Neapel* auf zu einem Arzt, doch bricht er dann nahe der Piazza della Santa Carità ohnmächtig zusammen. Die Polizei muss den Unbekannten ohne Papiere und Geld erst identifizieren, Stunden später beugt sich ein Konsilium aus acht Ärzten über den berühmten Mann und diagnostiziert eine Vereiterung beider Ohren, die aufs Hirn übergegriffen hat.[764] Während die Ärzte über eine Schädelöffnung beraten, stirbt der Patient am 26. Dezember 1890 um 15.30 Uhr.

Noch bevor sich Wilhelm Dörpfeld nach Neapel aufmachen kann, um den toten Heinrich Schliemann auf seiner letzten Reise nach Athen zu begleiten, tickern die Telegrafen die Todesnachricht durch die Welt. Viele gekrönte Häupter verneigen sich in

den nächsten Tagen. »Mit welcher Spannung ist die ganze gebil-
dete Welt diesseits und jenseits des Ozeans den Schritten Schliemanns gefolgt«, würdigt Ernst Curtius die enorme öffentliche
Aufmerksamkeit, die sein Gegenspieler der Archäologie ver-
schafft hat.[765] Das letzte Wort am Grab auf dem Athener Friedhof hat Snowden, der Geschäftsträger der Vereinigten Staaten.
Er nennt seinen Landsmann Henry Schliemann »ein leuchtendes
Beispiel für den typisch amerikanischen Pioniergeist«. Als her-
ausragender Bahnbrecher der Archäologie wird Schliemann indes nur von wenigen gefeiert. Dazu hat er, der Mann schneller
Antworten, zu viele Fragen aufgeworfen, die anderen bis heute
weite Forschungsfelder öffnen.

Ernst Ziller braucht noch zwei Jahre, um das Athener Mausoleum für Heinrich Schliemann mit Blick auf die Akropolis fertig-
zustellen. Der Auftraggeber hatte sehr dezidierte Vorstellungen
von seinem Grabmonument, die er schon 1888 mit seinem Hausarchitekten durchgesprochen hatte. Auf der Westseite des hohen weißen Tempels findet sich die Inschrift »Dem Heros Schliemann«.

Auch Sophia Schliemann hatte viel zu tun nach dem unerwar-
teten Tod ihres Mannes: Als Witwe musste sie die große neue
Schliemann-Biografie auf den Weg bringen, Dörpfelds reibungs-
lose Fortsetzung der Grabung in Troja ermöglichen und heiklere
letzte Wünsche erfüllen. Da ist zum Beispiel die Marmorbüste
der Kleopatra. Seit der Nilreise mit Virchow hatte sie einen schönen Platz in Schliemanns Schreibstube im *Iliou Melathron* gefunden und blickte ihm beim Lesen über die Schulter. Nun aber ist
das heimlich aus Ägypten geschmuggelte »Meisterwerk« nach
Berlin abzugeben, wie Heinrich Schliemann mit Reichskanzler
von Bismarck verabredet und testamentarisch festgelegt hatte.[766]
Auch sein jüngster Schatzfund aus der »Unterstadt von Troja«
sollte nach Berlin gehen, doch stand dieser wohlweislich nicht

im offiziellen Bericht seiner letzten Troja-Grabung. Schliemann
hatte lediglich den preußischen Kulturminister und den Generaldirektor der Königlichen Preußischen Museen in Berlin durch
»Geheimberichte« ins Vertrauen gezogen, um die türkische Seite
außen vor zu lassen. Demnach war er in Troja am 8. Juli 1890
kurz vor Abschluss der Kampagne in Anwesenheit von Wilhelm Dörpfeld und einem Arbeiter auf vier makellos gemeißelte
und polierte, bis zu fünf Kilogramm schwere Prunkbeile gestoßen, »deren drei von herrlichstem grünem Nephrit sind« und ein
viertes »aus veilchenblauem Stein«.[767] Tatsächlich grenzt es an ein
Wunder, dass ihm in seinem letzten Lebensjahr noch einmal so
großartige Grabungsfunde in die Hände fallen konnten – Zere-
monialäxte, die mit ihren Ornamenten »von Rosetten und Fisch-
rücken« nicht nur brillant aussahen und über 4000 Jahre alt sein
mochten, sondern auch aus einem so seltenen Material wie Lapislazuli hergestellt worden waren, das nur im westlichen Hin-
dukusch vorkam. Wie bei seinem großen Goldfund in Troja
war Heinrich Schliemann fest entschlossen, diese wunderschö-
nen Trophäen nicht wieder herzugeben. Seinem Freund Rudolf
Virchow kann er diesen spektakulären Fund, den er anfangs sogar seiner Frau verheimlichte, natürlich unmöglich vorenthal-
ten. Und so schreibt der fast 69-Jährige noch schwärmerischer
als zu Beginn seiner Troja-Grabungen: »Als ich am 8. des Monats … einen Schatz von unermeßlichem Wert fand, der selbst
über die mykenischen Schätze weit erhaben ist, da warf ich mich
voll tiefer Rührung aufs Antlitz und küßte demütig die Fersen
der Göttin, sie inbrünstig um ihre fernere Gnade anflehend und
herzlich für die bisherige dankend.« Die sonst in seinen letzten
Briefen an Virchow üblich gewordene Formel »Hoch lebe die
Pallas Athene!« vergaß er diesmal. Stattdessen lautete sein letzter Satz: »Sollte ich aber die Königsgräber finden, bleiben wir bis
Ende des Jahres hier.«[768]

Kapitel 11 | Troja und kein Ende

Schliemanns Gold als Beutekunst und neuer Streit um Troja

Nachruhm ist eine unstete Größe, schwankend in der Rückschau der Nachgeborenen, fragil auch in seinen materiellen Hervorbringungen. Doch Heinrich Schliemann ist immer noch da. Im Jahre 2011 wurde die 64 Kilogramm schwere Bronzebüste Schliemanns in der Landeshauptstadt von Mecklenburg-Vorpommern gestohlen und zerstückelt. Doch schon ein Jahr später nahm ein Nachguss des Porträts wieder den angestammten Platz am Ufer des Schweriner Pfaffenteichs ein, wo dem blanken Schliemann-Kopf seitdem wieder die Möwen mit reichlich Harnsäure zusetzen.[769]

Nicht umsonst hatte der berühmte Ausgräber seinen Einzug unter das schützende Dach eines musealen Tempels mit so viel Hartnäckigkeit betrieben. Als Heinrich Schliemann seine Grabungsfunde 1881 »dem deutschen Volk zum ewigen Besitz« schenkte, durfte er mit einer sicheren Bleibe in den kaiserlichen Museen Berlins rechnen. Tatsächlich aber waren es gleich zwei Weltkriege im Abstand von nur 30 Jahren, die sein berühmtes Erbe gefährdeten. Anfang 1945 ging das Völkerkundemuseum in der Berliner Prinz-Albrecht-Straße, wo der »Schatz des Priamos« in unmittelbarer Nähe der Gestapo-Zentrale und des Reichssicherheitshauptamts noch bis 1939 präsentiert wurde, im Bombenhagel der Alliierten unter. Dennoch konnte der »Entdecker Trojas« nach dem Zweiten Weltkrieg wieder mit großer Selbstverständlichkeit seinen Platz in Berlin einnehmen. Doch was war nach der Nazizeit geblieben vom »ewigen Besitz« des deutschen Volkes?

Wer heute auf der *Berliner Museumsinsel* durch ein Spalier do-
rischer Säulen in das von David Chipperfield rekonstruierte
Neue Museum tritt, stößt gleich linker Hand im *Vaterländischen
Saal* auf den »hervorragenden« Marmorkopf, den Schliemann
aus Alexandria herausgeschmuggelt hat. An diese Inszenierung der Kleopatra-Büste schließen sich dann *Schliemanns Welten*
an – linker Hand vor der hohen Flügeltür Heinrich Schliemanns
Gipsbüste, gleich rechts dahinter Gaetano Rossis Kopf des greisen Dichters Homer, vis-à-vis eine anrührende Szene auf einer
attischen Trinkschale, in der der ungestüme Achilleus dem im
Kampf um Troja verwundeten Herzensfreund Patroklos be-
hutsam den Arm verbindet.[770] Die hohen Kuppeln des Ausstel-
lungssaals suggerieren effektvoll die Aura eines Tempels – im
Schummerlicht Gold und Mythen, im Zentrum der »Schatz des
Priamos«: Die großen und kleinen goldenen Diademe, die Sophia Schliemann so wirkungsvoll vor der Fotokamera zu präsentieren wusste, die filigranen Ohrgehänge, in deren fingerna-
gelgroßen Medaillons Schliemann die eulengesichtige Athene
erkennen wollte, der schillernde Kopfputz, die vielgliedrigen
Ketten, Dutzende Armreifen und strahlende Spiral-Ringe. Da-
vor die wuchtigen Prunkäxte aus poliertem Nephrit, die granat-
apfelrunde goldene Flasche und das an eine Sauciere erinnernde
Trink-Schiffchen mit zwei Ausgüssen aus massivem Gold. Alles
ist da. Und alles ist falsch – Nachbildung, Kopie. Fast scheint es,
als sollten die makellos strahlenden Stücke ohne Kratzer und
Patina in ihrer Eigenschaft als Replik, als schnöder Ersatz, erkannt werden. »Originale zur Zeit als Kriegsbeute im Puschkin-
Museum Moskau«, klärt ein kleines Vitrinen-Schild auf, »Nachbildungen: W. Kuckenburg.«[771]

Von den Originalen finden sich im *Neuen Museum* nur noch
einige von Schliemanns Silber-Artefakten aus Hissarlik, Becher,
Schalen und Doppelhenkelgefäße.[772] Darunter ein dunkelgrau

schimmernder Krug mit breitem Henkel. Es ist das bauchige Gefäß, in dem Schliemann sein »Gold aus Troja« versteckt fand. Die wertvolle Füllung aber, Schliemanns »Schatz des Priamos«, verschwand am 30. Juni 1945 nahezu unbemerkt in einer sowjetischen Sondermaschine Richtung Moskau.[773] Und blieb fast fünf Jahrzehnte lang verschwunden.

Nomen est omen: Wilhelm Unverzagt hieß der Letzte, der die Originalstücke von Schliemanns Gold im Frühsommer 1945 im zerbombten Berlin gesehen hatte – Professor Unverzagt, der von 1926 an bis kurz nach Kriegsende als Leiter des Berliner Museums für Vor- und Frühgeschichte fungierte und den »Schatz des Priamos« auf abenteuerliche Weise mit seinem persönlichen Schicksal verknüpft hatte.[774] Geradezu prophetisch hatte Wilhelm Unverzagt schon am 26. August 1939, also fünf Tage vor dem deutschen Einmarsch in Polen – dem Beginn des Zweiten Weltkriegs –, die goldenen Preziosen des Schliemann-Schatzes aus den Ausstellungsvitrinen seines Museums entfernt und in drei Holzkisten mit der Aufschrift »MVF« verfrachtet. Zunächst brachte er das Gold im Tresorraum seines Museumskellers in der Prinz-Albrecht-Straße unter, dann wurden die Kisten 1941 vernagelt, verschnürt und versiegelt und weiter in die robuster erscheinende Preußische Staatsbank gebracht. Doch nach den verheerenden Luftangriffen der Alliierten Anfang Februar 1945 auf das Zentrum Berlins wurde ein weiterer Umzug unumgänglich. Diesmal ging es weiter in den für den »totalen Krieg« errichteten Hochbunker am Zoo, der sieben Etagen über Tage aufragte und dessen Flachdach mit vier Flaktürmen gesichert wurde. Die fünf Meter dicken Mauern sollten selbst den Granaten russischer T-34-Panzer und schwerstem Beschuss standhalten, sodass nicht nur Museumsdirektor Unverzagt hier die Ikonen der Berliner Museumsinsel wie den zerlegten Pergamonaltar, den »Schatz von Eberswalde« – den größten frühzeitlichen Goldfund

Mitteleuropas –, antike Skulpturen, byzantinische Schätze, germanische Hortfunde und ethnologische Unikate aus aller Welt unbeschadet in den »Endsieg« zu retten hoffte.

Für den »Schatz des Priamos« hat er zwei Räume in der ersten Etage hinter den Türen 10 und 11 reservieren können und sich dort auch selbst seit dem 13. Februar 1945, dem Tag des Infernos der Kulturmetropole Dresden, mit seinem Koffer eingeigelt. Sein Tagebuch erinnert an einen Seismografen, dessen Kurven immer energischer ausschlagen: Am 27. April 1945 trägt er »Bomben auf Bahnhof Zoo« ein, zwölf Tage später stehen die T-34-Panzer im Tiergarten und er registriert »Beschuß des Turmes, große Spannung«. Am 30. April schließlich: »Starker Turmbeschuß«.[775] Inzwischen wissen die Insassen des Hochbunkers, darunter immer mehr Verletzte, die kaum noch von den Sanitätern versorgt werden können, dass die Tür- und Fenstersicherungen aus Stahlblech dem Beschuss der sowjetischen Panzer nicht widerstehen werden. Doch Unverzagt flüchtet nicht, er verlässt seine Holzkisten nicht, trotz der Schreie und des unerträglichen Gestanks im Innern der düsteren Festung, in der sich in den letzten Kriegstagen fast 30.000 Menschen drängen. Er bleibt bei Schliemanns Schätzen.

Endlich, am Morgen des 1. Mai 1945, kann sich im Bunker der leitende Sanitätsoffizier Dr. Werner Starfinger durchsetzen und signalisiert dem sowjetischen Panzerkommandeur, der eine endlose Nacht lang auf Sichtweite vor dem Hochbunker gelauert hat, dass die deutsche Besatzung bereit sei, kampflos aufzugeben. Wilhelm Unverzagt erlebt den Tag der Befreiung eine Woche vor der offiziellen bedingungslosen Kapitulation Deutschlands – und versetzt sich zugleich in innere Alarmbereitschaft. Er muss es schaffen, seine drei Kisten voller Gold über den Abgrund zu retten, der sich nun auftut.

Der Krieg hat seine eigenen Gesetze. Keine zehn Kilometer entfernt werden im Hochbunker Friedrichshain in der Grauzone zwischen Chaos und Siegesjubel in einer einzigen Brandnacht unermesslich wertvolle Berliner Meisterwerke aus Jahrhunderten vernichtet. Doch dem abgehärmten Museumsdirektor im schlotternden Anzug und mit der kleinen Nickelbrille gelingt es, zivile Autorität auszustrahlen. Oder glauben die sowjetischen Soldaten und Offiziere der 5. Armee tatsächlich an Majakowskis »Kultur ist jeder zweite Herzschlag unseres Lebens«? Inmitten der schweren letzten Gefechte um Berlin und schrecklicher Vergewaltigungen unterstellt der Nazi-Mitläufer Wilhelm Unverzagt den »Schatz des Priamos« am 2. Mai 1945 dem Schutz der sowjetischen Siegermacht. Und der mutigste Schritt seines Lebens gelingt. Zwei Tage danach kommt Generaloberst Bersarin, der erste sowjetische Stadtkommandant von Berlin, persönlich in den Bunker und nimmt den »Schatz des Priamos« offiziell in Gewahrsam.[776] Ihm folgt eine 17-köpfige Kommission aus Kunsthistorikern und Museumsfachleuten, Militärs und Diplomaten, um den genauen Inhalt der Holzkisten zu prüfen. Ahnt Wilhelm Unverzagt, dass diese »Trophäenbrigade« im Auftrag Stalins nach goldenen Kunstschätzen fahndet?[777] Am Ende werden seine Holzkisten, in denen insgesamt 1538 Goldteile sorgsam in Samttücher gehüllt sind, auf drei Lastwagen der Sowjetarmee geladen, deren grünbraune Abdeckplanen mit »MVF 1«, »MVF 2« und »MVF 3« beschriftet sind.[778] Prof. Unverzagt kann nicht wissen, dass sich die Laster ihren Weg durch die Trümmerwüste direkt zum Flughafen in Berlin-Karlshorst bahnen und die Militärmaschine geheime Order hat, erbeutete Schätze rechtzeitig vor dem Eintreffen der Amerikaner nach Moskau auszufliegen.[779] Der deutsche Museumsdirektor wähnt den »Schatz des Priamos« endlich wieder in sicheren Händen, das Nachkriegschaos wenigstens für sein Museum überstanden, Schliemanns Gold aus Troja gerettet, seine Mission erfüllt. Dass der Schatz danach für fast fünf Jahrzehnte als verschollen gelten wird, kann er nicht ahnen.

Und doch geschehen Wunder: Acht Jahre nach Kriegsende wird in Moskau ein neuer Chef der Kommunistischen Partei der Sowjetunion gewählt, der nach Stalins Tod von »Entstalinisierung« und »Tauwetter« spricht. Nikita Chruschtschow will neue Wege gehen, die sowjetische Besatzungszone im Osten Deutschlands, die sich seit 1949 *Deutsche Demokratische Republik* nennt, zum »Schaufenster des Sozialismus« machen, das »Aufblühen von Kunst und Kultur im ersten deutschen Staat der Arbeiter und Bauern« demonstrieren.[780] Die »Werktätigen im Westen«, besonders in der remilitarisierten BRD, sollen – so die Hoffnung der sowjetischen Propaganda – in der DDR sehen, dass es sich lohnt, Dividenden und Profite nicht den »Handlangern des Kapitals« zu überlassen, sondern produktiv »für den Aufbau der entwickelten sozialistischen Gesellschaft« einzusetzen. Auch wenn der reformfreudige Chruschtschow im Moskauer Kreml bald wieder von der poststalinistischen Nomenklatura seiner Partei gestoppt und abgesetzt wird, so leitet er doch eine radikale Kehrtwende in der sowjetischen Beutekunst-Politik ein. Ab Mitte der 50er-Jahre gibt er einen Großteil der von den »Trophäenbrigaden« der Roten Armee requirierten und abtransportierten Kunstschätze an das sozialistische »Bruderland« DDR zurück. Im Oktober 1958 rollen von Moskau und Leningrad 300 Eisenbahn-Waggons Richtung Westen und bald wird am Berliner Ostbahnhof die Rückkehr der verlorenen Schätze gefeiert. Plötzlich kann die Berliner Museumsinsel wieder den berühmten Fries seines hellenistischen Pergamonaltars präsentieren, unter den 1240 Bildern, die die Dresdener Gemäldegalerie zurückerhält, findet sich auch Raffaels *Sixtinische Madonna*. Das Leipziger Grassi-Museum erhält seine kostbaren Benin-Bronzen zurück und die Forschungsbibliothek Gotha die einmaligen Südsee-Blätter Georg Forsters von Captains Cook's zweiter Weltreise – zum Teil von sowjetischen Konservatoren pfleglich behandelt und oft sogar restauriert.[781]

Insgesamt sind es Kulturgüter aus 28 Schlössern und Museen zwischen Oder und Neiße, Elbe und Werra, die nun heimkehren. Bis heute stellt diese Rückführung von anderthalb Millionen Exponaten den größten Kunstgüter-Transfer der Geschichte dar. Einerseits füllte die generöse Geste die ostdeutschen Museumsbestände wieder auf, andererseits wurden nun endgültig die Lücken deutlich, die Krieg und Besatzung in die Sammlungen gerissen hatten. Trotz Chruschtschows fulminanter Rückgabeaktion verblieb rund ein Drittel der 1945 von der Sowjetunion requirierten Kunstwerke als Beutekunst in russischen Depots.[782] Was Heinrich Schliemanns Schätze betrifft, so wurden 1958 rund 4000 Fundobjekte an die DDR zurückgegeben. Nicht aber das Gold aus Troja, das Schliemann den Deutschen »zum ewigen Besitz« vermacht hatte. Der »Schatz des Priamos« blieb verschollen – und galt bald als verloren.

Als Wilhelm Unverzagt 1961 von einem Doktoranden der amerikanischen *Harvard University* um Auskunft darüber gebeten wurde, wie er als letzter Augenzeuge das Schicksal der Schliemann'schen Goldfunde einschätze, teilte der betagte Professor nun doch eher verzagt mit, »dass mit ihrem Verlust gerechnet werden muss«.[783] Glaubte er, Stalin habe das Schliemann-Gold einschmelzen lassen? Oder es sei nie in Moskau angekommen?

Nach Unverzagts Tod im März 1971 stieß seine Witwe in seinem Nachlass auf ein ihr unbekanntes Mikrofilm-Archiv. Bald stellte sich heraus, dass es sich dabei um eine vollständige Kopie der Inventarlisten von Schliemanns Schätzen im Berliner *Völkerkundemuseum* handelte. Unverzagt hatte die Listen wohl vor Kriegsbeginn kopiert und dann für bessere Zeiten – vielleicht nach einer deutschen Wiedervereinigung – aufbewahren wollen. Dank dieses Archivs konnte in der DDR zumindest exakt rekonstruiert werden, was vor dem Krieg von Schliemanns Grabungsfunden in Berlin gewesen war.[784] Doch fehlte von Schliemanns Gold weiter jede Spur. Noch 1990, nach dem Fall der Berliner Mauer, auf dem Höhepunkt der »Glasnost«-Direktive für Offenheit und Transparenz des letzten sowjetischen Präsidenten Michail Gorbatschow, ließ der damalige Direktor der Leningrader *Eremitage* Boris Piotrowski verlauten, nichts über den Verbleib des Schatzes sagen zu können.[785] Noch eiserner schwieg Irina Antonowa – die bekannteste Museumsdirektorin der alten Sowjetunion und bis zu ihrem Tod Ende November 2020 auch die *Grande Dame* der Museumswelt im neuen Russland.[786]

Die Moskauer Kunsthistorikerin, so kolportierte es ein deutsches Nachrichtenmagazin, war angeblich unmittelbar nach Ende des Zweiten Weltkriegs als »Majorin einer sowjetischen Trophäenkommission« durch besetzte deutsche Lande gezogen, um im Auftrag des Siegers Stalin Kunst zu requirieren – »als Ersatz für von den Nazis geraubtes und zerstörtes sowjetisches Kulturgut«.[787] Hatte sie im Juni 1945 noch mit dem Berliner Museumsdirektor Unverzagt gemeinsam Schliemanns Gold inspiziert? Oder dem »Vater aller Völker«, wie sich Stalin gern apostrophieren ließ, die Siegestrophäen in Moskau präsentiert? Bis zum Ende der Sowjetunion jedenfalls galt Irina Antonowa nicht nur als linientreue Kommunistin, sondern »nach wie vor vom KGB gesteuert«, wie das Hamburger Blatt meldete.[788]

»So ein Unsinn!«, wehrte Irina Antonowa diese »Hamburger Geschichtchen« mit schneidender Handbewegung und barscher Stimme ab, sobald man sie darauf ansprach.[789] »Alles Mythen und Legenden!« In Wahrheit hatte sie sich als 23-jährige Majorin im Sommer 1945 zwar auf einen Einsatz im besiegten Deutschland vorbereitet und schon die Kataloge der Dresdner Gemäldegalerie studiert, war dann aber als zu jung in der Heimat zurückgehalten worden. All das erzählte Irina Antonowa gern in nahezu akzentfreiem Deutsch, wie Besucher aus Bonn oder Berlin erstaunt feststellen konnten, sobald sie die geplosterten Doppeltüren zu ihrem Direktorenzimmer im Moskauer Puschkin-Museum hinter sich zugezogen hatte. Dann konnte sie für einen kurzen Augenblick sogar die strenge Maske der »Beutekunst-Lady« ablegen und sich mit melancholischem Blick an ihre Jugendjahre als sowjetisches Diplomatenkind im Berlin der Weimarer Republik erinnern. Von 1929 an bis zu Hitlers Machtergreifung hatte sie beim gestrengen »Fräulein Lotte« in der Ferienfreizeit das Turnen und vom »Genossen Erich« im Tiergarten das Schwimmen gelernt, Ernst Busch als Moritatensänger in der *Dreigroschenoper* im *Theater am Schiffbauerdamm* bewundert und sich von ihrem Vater vor dem berühmten Wandfries des Pergamonaltars fotografieren lassen. Nebenbei hatte sie heimlich die Rutschmöglichkeiten der Treppenläufe auf der Berliner Museumsinsel ausgenutzt. Zu ihren letzten Berliner Kindheitserinnerungen zählt die überraschende Aufforderung ihrer bildungsversessenen Mutter vom 28. Februar 1932, sie solle nicht zur Schule gehen. »Ihr bleibt heute zu Hause«, hatte sie ihren Kindern erklärt. »Der Reichstag brennt!«

Am 21. Juni 1942, einen Tag vor dem Überfall Hitlers auf die Sowjetunion, hatte Irina Antonowa gerade ihr erstes Studienjahr an der Moskauer Lomonossow-Universität als »Beststudentin« abgeschlossen. Mit Kriegsbeginn meldete sich die junge Komsomolzin zunächst für den Dienst als Verpackerin in einer Munitionsfabrik. »Drei Monate, dann ist Hitler kaputt«, so ihre Hoffnung. Doch dann musste sie sich als Krankenschwester in einem Militär-Lazarett verpflichten, in dem die nahe Moskau abgeschossenen jungen sowjetischen Piloten für den nächsten Abwehreinsatz zusammengeflickt wurden – oder häufiger noch ihren Verletzungen erlagen. In den fast zweieinhalb Jahren der erbarmungslosen Blockade Leningrads durch die deutschen Truppen kamen die beiden Brüder ihres Vaters und die ihr besonders nahestehenden Tanten Irina und Anna ums Leben. »Ob verhungert oder durch Bomben, wissen wir nicht«, wechselt sie

bei dieser Erinnerung intuitiv vom Deutschen in ihre Muttersprache. Um ihrem deutschen Gast eine Sekunde darauf in kris-
tallklarem Deutsch und mit durchdringendem Blick zu sagen:
»Das darf man nie vergessen!«

Niemals vergessen – das blieb das Leitmotiv Irina Antonowas
auch Jahrzehnte nach dem Krieg. Und so führten vorsichtig
tastende Gespräche mit ihr über das Verschweigen und Verstecken von Schliemanns Schätzen in dem von ihr seit 1961 geführ-
ten Puschkin-Museum stets zurück zu dem, was sie offiziell
»Trophäenkunst« nannte, zurück zur deutschen Aggression gegen ihre Heimat und die verbrannte Erde, die Hitler hinterließ.
Das schien ihr 1996 beim ersten deutschen Fernsehbericht zum
eben wieder aufgetauchten »Schatz des Priamos« die Chuzpe zu
geben, in die ZDF-Kameras hinein zu erklären: »Ihr Journalisten habt mich ja nie nach dem Schatz gefragt.«[790] Aus ihrer Sicht
schien gerechtfertigt, wie sie seit 1945 mit den Kunstbeständen
aus dem Land der Täter verfahren war, auch die Unterschlagung
von Schliemanns »Schatz des Priamos«. In diesem Geist der »ethi-
schen Kompensation für einen kulturellen Völkermord« – wie sie
es nannte – bestätigte Irina Antonowa am 10. Juli 1945 als frisch
eingestellte Studienabsolventin gemeinsam mit sechs weiteren Mitarbeitern des Moskauer Puschkin-Museums schriftlich
die Übernahme der Troja-Trophäen. Und packte in ihrem von
Blautannen flankierten Museumsbau in der Ulitsa Wolchonka
Nr. 12 nicht nur die Dresdner Gemälde von Rubens und Rem-
brandt, Raffael und Tizian aus, sondern auch die Goldkisten aus
dem Berliner Flakturm am Zoo. Die Sichtung der Trophäen, die
konservatorische Durchsicht, das Inventarisieren war jetzt ihre
Aufgabe. Eigentlich aber sollten die Ikonen aus Deutschland
nur einen Zwischenstopp im Puschkin-Museum einlegen, denn
Schliemanns Preziosen waren für das Moskauer »Supermuseum
der Weltkunst« vorgesehen, das Stalin schon Ende 1944 abgeseg-

net hatte. Dieses gigantische Museum sollte in den 415 Meter hohen »Palast der Sowjets«, das höchste Gebäude der Welt, integriert werden, für dessen Spitze eine 75 Meter hohe Lenin-Statue aus Aluminium und Chrom geplant war.[791] Der damalige Direktor des Puschkin-Museums, Sergej Merkurow, hatte dazu dem sowjetischen Außenminister Wjatscheslaw Molotow vorgeschlagen, »alle wertvollen Kunstgegenstände des Feindes« an einem Ort zusammenzuziehen, um als »ideelles Denkmal den Ruhm der Sowjetarmee zu verewigen«.[792] Doch die mit dem Ende des Zweiten Weltkriegs rasch einsetzende Frontstellung zwischen Ost und West setzte neue Prioritäten, sodass der Bau nicht über Fundamentarbeiten anstelle der 1931 gesprengten Moskauer Christerlöserkirche hinauskam und nach Stalins Tod 1953 ganz aufgegeben wurde.[793]

Und so versanken Wilhelm Unverzagts Schätze für Jahrzehnte in den Sonderdepots gleich rechts vom Eingang des Puschkin-Museums und im Keller der Leningrader Eremitage.

Erst der russische Präsident Boris Jelzin bekannte 1993 auf einer Sommerreise nach Griechenland – Spötter meinen: ein wenig angetrunken –, dass Schliemanns Goldschatz weder verschollen noch zerstört war, sondern sich tatsächlich in Moskau befand.[794] Aber konnte man Boris Jelzin trauen? Immerhin hatte er zu Beginn eines Staatsbesuchs im November 1991 auf dem Flughafen von Köln/Bonn auch schon einmal verschmitzt erklärt, er wisse genau, wo sich das verschollene Bernsteinzimmer befände, was sich sehr bald als falsch herausstellte.[795] Stimmte diesmal, was Beutekunst-Detektive aus russischen Staatsarchiven über den »Schatz des Priamos« meldeten und seit dem Zerfall der Sowjetunion durchgesickert war?[796] Immerhin stellte Jelzin den Griechen Schliemanns Gold höchst offiziell als Leihgabe für eine Ausstellung in Athen in Aussicht, was beunruhigte Nachfragen in Deutschland auslöste. Die Moskauer Museumschefin Antonowa geriet unter

Zugzwang: »Gebt uns das Bernsteinzimmer zurück, dann werden wir den Schatz des Priamos zu finden wissen«, wehrte sie die ersten deutschen Rückgabeforderungen in der Presse ab.[797] Tatsächlich aber sollte es noch zehn Jahre dauern, bis das 1941 von der Wehrmacht geraubte Bernsteinzimmer im Katharinenpalais nahe St. Petersburg mit deutscher Hilfe wenigstens als Replik wiederhergestellt werden konnte. Für den »Schatz des Priamos« aber löste sich Michail Gorbatschows geflügeltes Wort einmal mehr ein: »Wer zu spät kommt, den bestraft das Leben«.[798]

Die deutsche Politik habe in den 90er-Jahren, als Milliarden D-Mark nach Russland gepumpt wurden, total versagt, urteilte verbittert der Mann, der auf deutscher Seite wie kein anderer auf eine Rückkehr der Schliemann-Funde nach Berlin gehofft hatte. Durch Jelzins Athener Fauxpas war endlich klar: Schliemanns Schätze waren noch da. Mussten sie dann nicht auch ihren alten Platz wieder einnehmen? Davon war Wilfried Menghin, der Leiter des Berliner Museums für Vor- und Frühgeschichte, fest überzeugt.[799]

Es musste wie ein persönlicher Affront anmuten, dass seine russische Gegenspielerin nach jahrzehntelangem Schweigen und dem späten Eingeständnis ihres Präsidenten deutsche, amerikanische, türkische und englische Kollegen nach Moskau zur ersten Inspektion von Schliemanns »Schatz des Priamos« einlud, doch ausgerechnet sein Haus und die übergeordnete Berliner Stiftung Preußischer Kulturbesitz als rechtmäßige Eigentümerin der Schliemann-Funde »vergessen« hatte. Und das, obwohl Irina Antonowa in der gemeinsamen Kommission für Beutekunst-Fragen saß, in einem Gremium, das die im deutsch-russischen Nachbarschaftsabkommen von 1990 und im Kulturabkommen von 1992 vereinbarte Rückführung von Kulturgütern zwischen beiden Ländern im Detail klären sollte. Kam hier plötzlich wieder die alte Verzögerungstaktik zum Tragen?

Nach kurzem diplomatischen Geplänkel dürfen im Herbst 1994 vier Berliner Museumsleute, darunter Wilfried Menghin, sein Oberkustos Klaus Goldmann und der Chefrestaurator Hermann Born, schließlich auch der Tübinger Archäologe Manfred Korfmann – als Nachfolger Heinrich Schliemanns und Wilhelm Dörpfelds von 1988 bis 2005 Grabungsleiter in Hissarlik –, die so lang verloren geglaubten 260 goldenen Artefakte aus Troja in Augenschein nehmen, an denen neben den sowjetischen noch die vergilbten deutschen Vorkriegs-Inventarnummern kleben. Irina Antonowa hat für den Empfang der Berliner am 26. Oktober 1994 in ihrem Büro einige größere Schliemann-Stücke ausgewählt, die vor der Kamera des russischen Staatsfernsehens gut zur Geltung kommen sollten. Andere Fernsehkanäle bezahlten viel Geld für Bilder von Schliemanns Schätzen, der japanische Sender NHK soll 100.000 Dollar geboten haben, der Preis für die Fotorechte soll bei mindestens 20.000 Dollar gelegen haben. Was mag der betagten Museumsdirektorin durch den Kopf gegangen sein? Dass sie im neuen Russland, in dem renommierte Germanistik-Professoren der Lomonossow-Universität Touristen aus dem Westen für ein Trinkgeld auf die Lenin-Berge kutschieren und traditionsreiche Buchläden am Arbat McDonald's-Filialen wichen, bald selbst zusehen muss, wie sie das Budget ihres Museums bestreitet? Oder dass die 1945 Geschlagenen jetzt hereinspazieren wie die Sieger des Kalten Krieges, sich die Vorzeichen umkehren, Menghin und Co. ihr erscheinen wie eine deutsche Trophäenkommission?

Während Boris Jelzins neues Russland mit den Wirren nach dem Ende des sowjetischen Vielvölker-Imperiums kämpfte, die sowjetisch-russischen Streitkräfte aus Deutschland abzogen und die NATO nachsetzte, Ministerpräsident Jegor Gaidar seinen Landsleuten eine realkapitalistische Schocktherapie verordnete, die in eine dramatischen Rubelkrise mit der Vernichtung vieler Privatvermögen mündete und zugleich das Trugbild der stolzen Weltmacht erledigte, pochte das vereinte Deutschland, der große Gewinner der Gorbatschow-Ära, auf sein Recht. Irina Antonowa blickte mal streng in die Kameras, dann lächelte sie wieder.

Nach der offiziellen Audienz bei der Museumschefin führte Wladimir Tolstikow, der Leiter der archäologischen Abteilung des Puschkin-Museums, die Berliner Gäste unter das Museumsdach. Und bald machten gepolsterte Tabletts die Runde, auf denen lag, was an Schliemann-Funden 50 Jahre lang im *Puschkin* versteckt war. Es wurde wenig gesprochen in diesen Stunden. Klaus Goldmann hatte fast 20 Jahre nach diesen Preziosen gefahndet und die Hoffnung nie aufgeben wollen.[800] Jetzt konnte er sich kaum sattsehen. Als wollte er die 12.271 feinen Kettenglieder und 4066 hauchdünnen Goldblättchen nachzählen, aus denen Schliemanns »großes Diadem« besteht.

Seitdem Wilfried Menghin die Leitung des Berliner Museums für Vor- und Frühgeschichte übernommen hat, hängt über seinem wuchtigen Schreibtisch ein Gemälde Heinrich Schliemanns im dunklen Gehrock. Nicht weit vom Direktorenzimmer mit dem Blick auf die Charlottenburger Schlosskuppel ist ein Originalstück von Schliemanns Funden ausgestellt: ein abgebrochener »Pfannengriff« aus Troja in Berlin. Daneben die Zeichnung des »Tiegels«, der sich seit 1945 irgendwo in Russland befindet. Könnten die auseinandergerissenen Teile jetzt wieder zusammenkommen?

Beim Besuch der Berliner Museumsleute in Moskau füllte nach und nach ein »Elefant« den Raum unter dem Dach des Puschkin-Museums. Das Wort Rückgabe fiel nicht. Das stille Staunen der deutschen Museumsleute, die persönliche Begegnung mit der würdevollen »Hüterin« der Schätze, auch der spontane Dank der Berliner für die gute Aufbewahrung der Schliemann-Objekte in russischer Hand – einen Moment lang schien es, als könnte sich das Schicksal der verlorenen Schätze wenden.

Kaum waren die deutschen Museumsleute abgereist, meldet Eberhard Diepgen, der Regierende Bürgermeister von Berlin, bei einem Besuch in der Partnerstadt Moskau die Ansprüche seiner Stadt auf den »Schatz des Priamos« mit Hinweis auf das Völkerrecht und die Kunstraub verbietende Haager Konvention von 1907 an. Woraufhin Irina Antonowa öffentlich kontert, die Haager Konvention sei veraltet, man brauche einen anderen Mechanismus auf internationaler Ebene, »um das Weltkulturerbe zu schützen«. Für eine neue Konvention aber, so Antonowa, genüge ein einziger Satz: Ein Land hafte mit seinen eigenen Kulturschätzen für den Schaden, den es dem Kulturerbe einer anderen Nation zufüge.

Zwei Jahre später, im Frühjahr 1996, dann gleich zwei Schliemann-Ausstellungen: prächtig die eine im Saal Nummer 7 des Moskauer Puschkin-Museums, wo nun erstmals seit 1939 wieder Heinrich Schliemanns »Schatz des Priamos« präsentiert wurde. Die goldenen Diademe und silbernen Vasen, die Prunkäxte aus Nephrit und Lapislazuli lösten einen magischen Sog aus, der mehr als eine halbe Million Zuschauer aus dem In- und Ausland anzog.[801] Irina Antonowa strahlte an diesem 16. April 1996. Schon die Einnahmen durch Buchlizenzen, Fernseh- und Foto-Rechte für diese Beutekunst-Schau wurden auf mehrere Millionen Dollar geschätzt. »Ich habe unserer Führung schon früher mehrmals vorgeschlagen, diese Ausstellung zu genehmigen«, diktiert sie den zahlreichen Journalisten in den Schreibblock. »Damals lautete die Antwort stets: Njet. Doch ich war immer fest überzeugt, daß wir Schliemanns Troja-Funde hätten ohne Scham ausstellen dürfen und müssen. Ich halte die Sachen für unser rechtmäßiges Eigentum, Russland ist niemandem etwas schuldig.«[802]

In Berlin hingegen erklärte Wolf-Dieter Dube, der Generaldirektor der Museen in der Stiftung Preußischer Kulturbesitz,
Schliemanns Schatz sei »Eigentum des deutschen Volkes und
unersetzlicher Teil unserer Identität«, flankiert vom deutschen
Außenminister Klaus Kinkel, der Russland daran erinnerte,
dass Deutschland die Rückführung der Schliemann-Funde er-
warte.[803] Zur selben Zeit wurde im Charlottenburger Museum
für Vor- und Frühgeschichte eine Art Schattengalerie der russischen Beutekunst präsentiert: fast 500 Kopien der Schliemann'-
schen Originale, die sich durch ihren Hochglanz unverkennbar
als Nachbildungen bemerkbar machten, begleitet von einer Dokumentation der »kriegsbedingten« Verluste der Berliner Sammlungen. Der Beutekunst-Streit hatte die Phase seiner musealen
Materialisierung erreicht.

Zugleich sorgte der Medienrummel um die beiden Ausstellungen dafür, dass die Schliemann-Trophäen politisch enorm
aufgeladen wurden. Seitdem kreist die kulturpolitische Debatte zwischen ethisch-moralisch plädierenden Russen und ju-
ristisch argumentierenden Deutschen, zwischen Kompensati-
onsforderung und Rückgabeverlangen als deutsch-russischer
Beutekunst-Streit wie eine Endlosspirale um sich selbst. Nur die
Akteure wechseln. Boris Jelzin wollte seinem »Männerfreund«
Helmut Kohl mit dem Gold aus Troja wohl bei einem Staats-
besuch im Mai 1995 in Bonn überraschen, doch die russischen
Parlamentarier blockierten die Rückgabe in letzter Minute mit
einer bindenden Resolution. Vier Jahre später, am 20. Juli 1999,
bestätigte das Verfassungsgericht der Russischen Föderation das
sogenannte Beutekunst-Gesetz, das die Duma zweieinhalb Jahre
zuvor beschlossen hatte, das aber durch Jelzins präsidialen Widerstand blockiert war. Das Urteil erklärt Schliemanns Schätze
zu unveräußerlichem russischem Eigentum, das mit wenigen
Ausnahmen jede Rückgabe an die Deutschen ausschließt.

Mit dem Einzug Gerhard Schröders ins deutsche Kanzleramt 1998 bahnte sich eine neue deutsch-russische »Männerfreundschaft« an, diesmal mit Wladimir Putin, den der deutsche Kanzler als »lupenreinen Demokraten« umschmeichelt.[804] Doch im Beutekunst-Streit rückte auch der Chef der rot-grünen Koalition nicht von den Rückgabeforderungen ab, indes gingen jetzt deutlichere Signale kultureller Wiedergutmachung von Berlin aus.

Mit deutschen Sponsorengeldern wurde in Zarskoje Selo das Bernsteinzimmer wiederhergestellt, in Weliki Nowgorod Russlands ältester Sakralbau, die von deutschen Truppen zerstörte Sophien-Kathedrale, rekonstruiert, 2001 das deutsch-russische Dialogforum »Petersburger Dialog« ins Leben gerufen, in dem russische und deutsche Museumsleute regelmäßig zusammenkommen.[805] Umgekehrt wurden zwischen 2002 und 2008 die aus dem 14. Jahrhundert stammenden gotischen Bleifenster der Marienkirche von Frankfurt/Oder aus Moskau zurückgeschickt. Insgesamt wenige symbolische Gesten, von Schliemanns Schätzen nicht zu reden.

Die Berliner Museumsleute indes schienen sich mit dem zur Jahrtausendwende neuerlich festgezurrten Modus Vivendi in Sachen Beutekunst zwischen Deutschland und Russland verblüffend schnell zu arrangieren. Eine Stadt, die fast 30 Jahre lang mit der Berliner Mauer leben musste, hat bedingungslosen Pragmatismus in der DNA. Doch viele Museen der deutschen Hauptstadt kennen das Hinhalten und Verschleppen von Restitutionswünschen nicht nur aus der Bettler-Perspektive, sondern haben selbst jahrzehntelang »gemauert«, sobald sie selbst restituieren sollten.[806] Die Berliner Museums-Highlights, von der berühmten Nophretete über den Pergamonaltar bis zu den Benin-Bronzen, sind – zu Recht oder Unrecht – umstritten, die Berliner Stiftung Preußischer Kulturbesitz ist insofern nicht nur Opfer der verweigerten Rückgabe von Schliemanns

»Schatz des Priamos«, sondern mitunter auch Verweigerer in Restitutionsdingen.[807] Im zutiefst ambivalenten Museumsmetier gehören Geduld, Nachsichtigkeit und diplomatisches Geschick ebenso zum Tagesgeschäft wie abrupte Stellungswechsel, sobald sich vielversprechende Möglichkeiten ergeben. Und so rechnete Wilfried Menghin den Russen zwar noch 2003 öffentlich die 7574 Objekte vor, die allein sein Haus an Moskau und Sankt Petersburg verloren hatte, 60 Prozent seines Museumsbestands, hielt sich aber zugleich die »Win-win-Situation« vor Augen, die sich auftat, sobald man die seit dem Krieg nie gezeigte Beutekunst gemeinsam mit den russischen Kollegen ans Licht brachte. »Europa ohne Grenzen« heißt das Ausstellungsformat, in dem die Berliner Museen der Stiftung Preußischer Kulturbesitz seit 2007 gemeinsam mit dem *Puschkin*, dem Moskauer *Historischen Museum* und der Petersburger *Eremitage* Kulturgüter präsentieren, über deren Eigentumstitel und Standort ihre Länder im Dauerstreit liegen. Der größte Nachteil für die Deutschen: Die prunkvollen Ausstellungen aus Beutekunst und Leihgaben russischer und deutscher Museen – 2007: »Die Epoche der Merowinger«, 2013: die »Bronzezeit« mit Schliemanns Schätzen, 2020: »Europa ohne Grenzen – Eisenzeit« – sind immer nur in Russland, nie aber in Deutschland zu sehen. Eine ärgerliche Einbahnstraße, wie Wilfried Menghin 2007 schimpfte. Der Grund: Würden diese Expositionen nach Deutschland weiterziehen, müsste die deutsche Staatsanwaltschaft unverzüglich einschreiten, um die Beutekunst zu beschlagnahmen – ein Risiko, das Russland naturgemäß scheut. Und dennoch machen die deutschen Museumsleute begeistert mit bei diesem deutsch-russischen »Museumsdialog«. Kriminalpsychologen würden vielleicht das Stockholm-Syndrom vermuten, in dem sich ein positives emotionales Verhältnis zu den Entführern – hier des Schliemann-Goldes – aufbaut, sodass die Opfer mit den Tätern sympathisieren und kooperieren. Tatsächlich aber wurde diese enge deutsch-russische Zusammenarbeit von der Berliner Stiftung Preußischer Kulturbesitz vorangetrieben.[808] Denn nur durch die gemeinsame Vorbereitung von Beutekunst-Ausstellungen kommen die Berliner Museumsleute in die Depots in Moskau und Petersburg, können prüfen, was von ihren Vorkriegs-Beständen in Russland noch vorhanden ist oder tatsächlich im Zweiten Weltkrieg unterging, auch in welchem Zustand sich die Beutekunst-Objekte heute befinden. Umgekehrt fehlen auf russischer Seite nicht selten die zu den deutschen Trophäen und ihren Inventarnummern gehörenden Fund-Dokumentationen, Informationen zu den Artefakten und ihren Ausgräbern, die Orts- und Zeitangaben der Ausgrabung, nicht zuletzt die näheren Fundumstände. Ohne die deutschen Akten hätte man im heutigen Russland bei gar nicht so wenigen Objekten kaum eine Vorstellung davon, was man da eigentlich im Depot verwahrt oder in die Vitrine einer Ausstellung stellen möchte.

Erst das gemeinsame Erstellen von Objektlisten der Beutekunst-Stücke und das Abgleichen der Artefakte mit ihrem Kontext ermöglicht die Rückkehr der lang verborgenen Schätze in eine Ausstellung und – fast noch wichtiger – in den wissenschaftlichen Diskurs. Am Ende dieser geduldigen Puzzle-Arbeit von Museumsleuten beider Länder steht nicht nur eine prächtige Beutekunst-Schau in russischen Museen, sondern auch ein Katalog in deutscher, russischer und englischer Sprache, der die im Krieg verschollenen Artefakte nach heutigem Kenntnisstand wissenschaftlich verortet. Jenseits des Objektfetischismus sind Heinrich Schliemanns Grabungsschätze in russischen Geheimdepots so wieder für die internationale Forschung greifbar, kehren in dieser russisch-deutschen Kooperation seit Jahren ständig weitere »kriegsbedingt verlagerte« Stücke ganz unterschiedlicher Epochen in die Netzwerke der wissenschaftlichen Community zurück, obwohl es im Streit um den materiellen Besitz der Beutekunst immer wieder hakt.

Im Sinne dieser Kooperation übernahm 2008 der Archäologe Hermann Parzinger das Amt des Präsidenten der Stiftung Preußischer Kulturbesitz – ein Mann, der in Russland als Spezialist für die Skythen-Kultur der russisch-sibirischen Steppengebiete fast so sehr verehrt wird wie Heinrich Schliemann.[809] Zumal er den Mecklenburger als Goldsucher mit rund 9300 goldenen Objekten aus einem 2500 Jahre alten Fürstengrab bei Aržan in der Autonomen Republik Tuva übertrumpfen konnte.[810] Natürlich wünscht sich auch Hermann Parzinger die originalen Fundstücke für *Schliemanns Welten* in das Berliner *Neue Museum* seiner Stiftung zurück. Nur aus Nebensätzen kann man heraushören, dass er die physische Rückkehr der Troja-Schätze nach Deutschland in absehbarer Zeit für wenig realistisch hält. Gäbe es, dies vorausgesetzt, denkbare Nebengleise, um den »Schatz des Priamos« wenigstens für ein Gastspiel nach Berlin zu lotsen? Arbeitet er daran?

Was die »mentale« Crux der gescheiterten Verhandlungen in Sachen Beutekunst betrifft, die »psychologische Barriere« zwischen Deutschen und Russen, so konnte Berlin nach dem nassforschen Auftreten in den 90er-Jahren kaum einen besseren »inoffiziellen Unterhändler« finden: Parzinger kennt die Weiten Russlands, die Steppen, den Jenissej, hat in Grabungskampagnen mit Russen, Ukrainern, Tadschiken und Sibiriaken gelebt, mit ihnen gegessen, getrunken, über Grabungsplänen gegrübelt und 20 Kilo Skythen-Gold gefunden, die heute der Stolz der archäologischen Dauerausstellung in der Petersburger *Eremitage* sind. Nie würde der Münchener, dem das Rollen des »r« in seinem weich fließenden Russisch so leichtfällt, nur einen Moment lang vergessen, dass er aus Deutschland kommt. Was in Russland dasselbe bedeutet wie in Israel: keine großen Worte, aber eine Sensibilität, die Wissen um die Vergangenheit, Mitgefühl und Respekt ausdrückt.

Es ist eine ganz ähnliche Haltung, mit der Angela Merkel am Abend des 21. Juni 2013 in der Sankt Petersburger *Eremitage* auf Irina Antonowa zugeht – am Ende eines stressigen »Arbeitsbesuchs« in Putins Russland, nach ihrem Auftritt beim Petersburger Wirtschaftsforum. Schon am Morgen wurde die gemeinsame Visite der deutschen Kanzlerin mit dem russischen Präsidenten zur Eröffnung der russisch-deutschen »Bronzezeit«-Ausstellung offiziell abgesagt. Mittags fragen Journalisten in der Berliner Regierungs-Pressekonferenz nach, was sich da für ein Polit-Skandal anbahne, man kennt ja die gegenseitige Abneigung, die Putin und Merkel verbindet. Auch in Moskau und Petersburg schwirren die Gerüchte: Putin verbäte sich eine Rede Merkels zur Beutekunst, daher wolle die Kanzlerin den Termin ganz streichen. Auf der Pressekonferenz des Petersburger Forums versuchen Merkel und Putin dann den Eindruck eines Missverständnisses zu erwecken, er spricht von knappem »Timing«, sie über das erfreuliche Einverständnis, dass beide heute etwas zur Presse über diese Ausstellung sagen werden. Also doch?

Die Absperrungen vor dem Winterpalast und die Präsenz der OMON-Spezialtruppen des Innenministeriums um die Alexandersäule bleiben, auf der Newa patrouillieren Dutzende Polizeiboote, am frühen Abend beziehen Scharfschützen ihre Stellung auf den Dächern rund um das Generalstabsgebäude, in dessen Ostflügel der moderne Erweiterungsbau der *Eremitage* eingefügt wurde, der in seinem Innern an das New Yorker *Museum of Modern Art* erinnert. Alles wartet angespannt oben auf der großen Treppe: Stiftungspräsident Hermann Parzinger gemeinsam mit dem *Eremitage*-Direktor Michail Piotrowski, der jugendlich wirkende Matthias Wemhoff, seit 2008 Menghins Nachfolger als Direktor des Berliner Museums für Vor- und Frühgeschichte, an der

Seite der 91-jährigen Irina Antonowa und ihrer Amtsnachfolgerin Marina Loschak.[811] Es ist die zweite gemeinsame deutsch-russische Beutekunst-Ausstellung, ein Großereignis mit Staatsakt. Jetzt womöglich ein Eklat? Endlich klingelt Michail Piotrowskis Handy. »Dawaitje« – es geht los, lenkt der Hausherr nach einem kurzen Telefonat mit Putins Präsidialbüro das Empfangskommando mit knapper Kopfbewegung Richtung Ausstellung.

Wladimir Putin wirkt seltsam abwesend bei dieser EröffnungsFührung durch die Bronzezeit-Schau, die Kanzlerin erscheint routiniert interessiert. Piotrowski und Parzinger fachsimpeln für die hohen Gäste und die Fernsehkameras, die Sprachen wechseln, alle vier sprechen russisch und deutsch. Vor der Vitrine mit dem »Schatz des Priamos« verweilt man etwas länger, Angela Merkels Blick gleitet von Schliemanns goldenen Ohrgehängen zu einer blau schimmernden Prunkaxt aus Troja. Dem Petersburger Putin fällt ein, dass Heinrich Schliemann ja selbst lange in Sankt Petersburg gelebt habe, hier verheiratet war, Kinder hatte, ein echter Petersburger sozusagen. Ein knapper Einwurf. Worte für die Goldwaage? Angela Merkel antwortet fröhlich, dass die Museumsleute ja alles prima vorbereitet hätten und dass die Politik eine ganze Menge von ihnen lernen könne, nämlich wie man auch bei schwierigen Themen wirklich gut zusammenarbeite. Nun sei es an ihnen, den Politikern, die restlichen Fragen zu klären. Fast klingt das wie ein Vorgriff auf die Rede, die sie Wladimir Putin an diesem Tag offenbar abtrotzen musste: »Wir sind der Meinung, dass diese Ausstellungsstücke wieder zurück nach Deutschland kommen sollten«, hallt die Stimme der Kanzlerin vom Mikrofon in die geräumigen Säle des Generalstabs. »Wir werden darüber weiter sprechen. Aber ich sage auch: Wir freuen uns, dass sie heute erst einmal der Öffentlichkeit vorgestellt werden.« Merkels letzten Gedanken greift auch der russische Präsident in seiner kurzen Erwiderung auf.

Irina Antonowa, die frühere Direktorin, jetzt Ehrenpräsidentin des Puschkin-Museums, hält sich etwas abseits des großen Pulks, die Konkurrenz zwischen den großen Museen Moskaus und Sankt Petersburgs ist legendär, sie spielt nicht gern die zweite Geige, schon gar nicht in Piotrowskis heiligen Hallen. Als die deutsche Kanzlerin auf sie zukommt, hebt die kleine alte Dame erwartungsvoll, vielleicht auch in stolzer Reserviertheit, den Kopf. Angela Merkel spricht vom persönlichen Respekt, den sie dem Leben und der Arbeit Antonowas, auch ihrer Position entgegenbringe. Und nur die nah bei ihr Stehenden bemerken, was kaum eine Kamera einfängt: dass sich die Augen der eisernen Lady der Beutekunst mit Tränen füllen. Doch im bleiernen Streit um Schliemanns Schätze zählt auch diese anrührende Szene nichts. Politisch bahnt sich für viele Jahre eine neue Eiszeit im deutsch-russischen Verhältnis an. Die Beutekunst, deren schillerndes Zentrum Heinrich Schliemanns »Schatz des Priamos« bildet, ist in der deutsch-russischen Museumskooperation zu einer letzten kulturpolitischen Brücke des Austauschs zwischen Russland und Deutschland geworden.

Nach der Aufregung des Tages machen die Museumsleute noch einen Entspannungsrundgang durch die Bronzezeit-Ausstellung, für die ihre Leute in Berlin, Moskau und Petersburg sieben Jahre lang gearbeitet haben. Eigentlich nehmen sich die Schliemann-Funde hier neben dem wuchtigen Goldschatz aus Eberswalde, dem größten Goldfund in Mitteleuropa, fast bescheiden aus.

Doch die Blicke des Prähistorikers Parzinger wandern sehr schnell zu den filigranen Goldplättchen aus der Bronzezeit, die Heinrich Schliemann lange für »homerisch«, also für rund 2000 Jahre jünger hielt. Noch mehr interessieren Parzinger Schliemanns Keramikfunde. Denn Vergleichbares, das Ausgreifen der trojanischen Kultur der Frühen Bronzezeit auf den

Balkan, hatte er selbst in den 90er-Jahren als junger Archäologe
zusammen mit Prähistorikern der Universität Istanbul im türkischen Thrakien entdeckt.[812] Anatolische Keramik, die sich nahe
der bulgarischen Grenze in ganz ähnlichen palastartigen Mega-
tron-Häusern aus dem dritten vorchristlichen Jahrtausend fand,
wie sie Heinrich Schliemann auf dem Burghügel von Hissarlik
ausgegraben hat. Daher führte Parzingers Weg damals immer
wieder zu Schliemanns Grabungsort, in das gut vier Autostun-
den entfernte Troja. Die tiefe Verachtung, die Hermann Parzinger
als Student für den Schatzgräber Schliemann und dessen »häss-
lichen Graben« in Hissarlik in sich trug, wich im Pendelverkehr
über die Dardanellen einem etwas milderen Urteil. Immerhin
hatte Schliemann – rabiat und oft zerstörerisch – mit seinem ro-
busten Einschnitt für das Paradebeispiel vieler zeitlich aufeinan-
derfolgender Siedlungsschichten gesorgt, das Wilhelm Dörpfeld
zur ersten klaren Deutung der Schichtung des Grabungshügels
führte und das zum stratigrafischen Basiswissen der modernen
Archäologie avancierte.

Für einen etwas anderen Blick auf Heinrich Schliemann
sorgte auch Parzingers 17 Jahre älterer Landsmann Manfred
Korfmann, dem die Türkei ab 1988 in der Nachfolge Schliemanns und Dörpfelds die persönliche Grabungslizenz für Troja
erteilte. Das gemeinsame Fach, die Zusammenarbeit mit türkischen Kollegen, das Interesse an neuen Forschungsmetho-
den – der Münchener Parzinger und der Rheinländer Korfmann
tauschten sich gern aus. Der Jüngere sieht in Korfmann vor allem einen Grabungsleiter, der ganz für sein Projekt lebt und unglaublich viel aufbaut: türkische Archäologen ausbildet, sie mit
Deutschen zusammenbringt, das Ansehen der in die Europäische Union strebenden Türkei stärkt, die dem Tübinger Professor dafür sogar die türkische Staatsbürgerschaft anträgt. Doch
Hermann Parzinger, der gern gesehene Besucher aus Thrakien

in Hissarlik, ist nur einer unter vielen Kollegen, mit denen der Schliemann-Nachfolger sich austauscht. In den Grabungskampagnen hat er bis zu 370 hoch spezialisierte Wissenschaftler um sich, mit denen er das Troja-Areal der Skamander-Ebene erkundet. Zugleich wird Manfred Korfmann als Troja-Ausgräber 100 Jahre nach Schliemann immer stärker zu einer Art Medienstar innerhalb der deutschen Archäologenzunft. Und doch nimmt er sich die Zeit für den jungen Kollegen, hat lebhaftes Interesse an Parzingers anatolischen »Scherben«, die Spuren der trojanischen Kultur in einer 250 Kilometer entfernten, durch das Meer abgetrennten Region belegen, die nicht zu Kleinasien, sondern zum europäischen Teil der Türkei gehört. Das Ausgreifen Trojas von einem Kontinent zum anderen fügt sich in das größere Bild, das für Manfred Korfmann mit dem Fortgang seiner Ausgrabungen immer schärfere Konturen annimmt. Danach liegt Hissarlik, das er nun wie Heinrich Schliemann immer bewusster Troja nennt, an einer der wichtigsten Handelsstraßen zwischen Orient und Okzident. Doch gab es wirklich schon eine Art Fernhandel vor über 4000 Jahren? Und müsste Troja in seiner exklusiven Lage an den Dardanellen – der schmalen Passage, die vom 7. Jahrtausend v. Chr. bis in die Neuzeit eine ganz wichtige Drehscheibe war – dann nicht tatsächlich ausgedehnter und bedeutender gewesen sein, als Schliemann und Dörpfeld es mit den Grabungsmethoden ihrer Zeit nachweisen konnten? Tatsächlich eine blühende Handelsmetropole? War Heinrich Schliemann also mit seiner ursprünglichen »homerischen« Annahme eines großen und mächtigen Troja doch näher an der Wahrheit, als er selbst mit dem Spaten nachweisen konnte? Es sind die Fragestellungen des Mecklenburgers, die sich auch Manfred Korfmann 130 Jahre später nach und nach aufdrängen. Nur verfügt er über die Technologie des 21. Jahrhunderts, ein Freiburger Geophysiker-Team, das mit einem Cäsium-Magnetometer die gigantische Fläche durchleuchten kann. Zehn Messwerte pro Sekunde nimmt das Gerät und kann so einen Stadtplan aus Siedlungsstrukturen auf dem Laptop abbilden, der über die wahre Größe Trojas Auskunft gibt. Alles deutet auf eine sehr viel ausgedehntere Unterstadt Trojas hin, was mit einer ganzen Reihe punktueller Stichgrabungen verifiziert werden muss. Gegen Korfmanns Hightechbild von Troja nimmt sich Schliemanns Graben sehr bescheiden aus – und Korfmann richtet mit seiner »minimal-invasiven« Methode keinen archäologischen Kahlschlag an.

Zugleich erweitert der Tübinger den Horizont: Woher bekam Troja das notwendige Zinn zur Herstellung von Bronze für Waffen und Gerätschaften? Weder im Kaukasus noch in Kleinasien sind Zinnlagerstätten bekannt. Kam das Zinn aus Afghanistan? Die von Schliemann in Troja gefundenen blauen Prunkäxte weisen in dieselbe Richtung, nach Badachschan in Afghanistan, dem Ursprungsort von Lapislazuli. Auf halbem Wege dahin, an der Ostküste des Schwarzen Meeres, liegt Georgien. Ende der 90er-Jahre – Hermann Parzinger gräbt mittlerweile in Sibirien der Kultur der Skythen nach – bricht Manfred Korfmann in die Kaukasus-Region auf und bringt, parallel zu den Ausgrabungen in Hissarlik, das Projekt *Troja – Udabno* auf den Weg. Er will herausfinden, ob Troja von Zentralasien aus über Georgien und das Schwarze Meer mit den Rohstoffen versorgt wurde. Die georgische Udabno-Region ist für diesen Nachweis ideal: ein Nadelöhr, 40 Kilometer südöstlich von Tiflis gelegen, eingezwängt in die Flusstäler von Iori und Kura, durch das sich Händler, Waren und Rohstoffe immer schon ihren Weg zum Schwarzen Meer bahnen mussten. Also müssen diese »Handelskarawanen« auch Spuren hinterlassen haben, nach denen Korfmann mit seinem Team nun fahndet. Sein Kollege Konstantin Pizchelauri von der georgischen Akademie gräbt hier schon seit Jahrzehnten den kaukasischen Metallschmieden der Bronzezeit nach. Auch er möchte, wie das Archäologenteam aus Tübingen, die Brücke von Georgien nach Troja schlagen.

Eduard Schewardnadse, der ehemalige sowjetische Außenminister unter Gorbatschow, ist ein Freund der Deutschen seit der Perestroika.[813] Er hat offene Ohren für Korfmanns Ideen: Kooperation mit deutschen Archäologen und Universitäten, die Ausbildung junger Leute, Graben mit modernster Technik, vielleicht sogar spektakuläre neue Fundstücke für das Nationalmuseum der georgischen Hauptstadt. Heinrich Schliemann wollte hier einst das Goldene Vlies finden, erhielt aber vom Zarenreich keine Grabungserlaubnis für den Kaukasus. Das unabhängige Georgien macht es anders: Schliemanns Nachfolger bekommt sie.

Als Manfred Korfmann sich im Oktober 2001 zum offiziellen Handschlag mit Eduard Schewardnadse in den Präsidentenpalast von Tiflis aufmacht, verweigert das Kamerateam des georgischen Staatsfernsehens die Gefolgschaft. Wie ganz Georgien habe man den »mafiösen Dinosaurier« – wie Schewardnadse inzwischen genannt wird – satt, erklären die Fernsehleute den hilflos wirkenden Archäologen. Schließlich filmt der Kameramann, den Deutschen zuliebe, zähneknirschend doch die Umarmung des Troja-Ausgräbers mit dem ungeliebten Langzeit-Präsidenten: Er braucht den Job, Schewardnadse die Bilder, Korfmann sein Projekt *Troja – Udabno*.

Im selben Jahr präsentiert Manfred Korfmann im Forum der Landesbank Baden-Württemberg in Stuttgart erstmals nach 13 Jahren die Ergebnisse seiner Ausgrabungen in Hissarlik. *Troia – Traum und Wirklichkeit* heißt die bis dahin größte Troja-Ausstellung, für deren Entree man aus einem Stapel Holz in letzter Minute medienwirksam ein trojanisches Pferd zimmert.[814] Hunderttausende Besucher zieht es in diese spektakuläre Schau, die Ende 2001 in die Bonner Bundeskunsthalle weiterzieht.[815]

Für Manfred Korfmann aber wird seine große Troja-Schau zum Triumph und Albtraum zugleich. Dabei hat er in Troja 1995 etwas gefunden, wofür Schliemann alles gegeben hätte: kein Gold diesmal, keinen Palast, sondern ein bronzenes Siegel, nicht viel größer als eine Daumenkuppe: das erste trojanische Schriftzeugnis – eine Sensation. Schliemann hätte wohl enthusiastisch von der »Petschaft des Priamos« gesprochen. In jedem Fall ergaben sich gravierende Schlussfolgerungen: Von der Lösung eines alten Rätsels ist im Katalog der Troja-Ausstellung die Rede. Die Schlagzeile lautet: »Homer hat Troia nicht erfunden«.[816]

Schliemanns Troja ist wirklich Troja, so auch das Presseecho.[817]

Tatsächlich hatte Manfred Korfmann mit dem trojanischen Siegel eine Art Schlüssel gefunden, für dessen Schloss ein anderer hoch spezialisierter Tübinger Wissenschaftler sorgte. Der Altorientalist Frank Starke war bei seiner Erkundung hethitischer Schrifttafeln – vor rund 3200 Jahren bildete das Hethiterreich eines der mächtigsten Großreiche im anatolischen Hochland und hielt wichtige Ereignisse in Keilschrift auf Tontafeln fest – auf zweisprachige »Staatsverträge« gestoßen.[818] In diesen Abkommen wurden in Hattuscha, der Hauptstadt des Hethiterreiches, rund 200 Kilometer Kilometer östlich von Ankara, die Regeln einer Vasallenschaft mit kleineren Machtzentren ringsum festgeschrieben, darunter auch das Bündnis mit einem Herrscher namens Aleksandu aus Wilusa im 13. Jahrhundert v. Chr. Geografische Hinweise verorteten den Herrschaftsbereich des Fürsten Aleksandu im Westen Kleinasiens Richtung Dardanellen. Frank Starke schloss aus alldem, gestützt auf zahlreiche frühere Vorarbeiten anderer Hethitologen, dass dieses Wilusa mit dem (W)Ilios Homers, also Troja, identisch sein dürfte, und erhielt in den 90er-Jahren mit seiner These viel Zustimmung. Aus dem zweisprachigen Aleksandu-Vertrag zwischen Wilusa und den Hethitern ergab sich zudem, dass man in Wilusa die luwische Sprache benutzte.

In seiner großen Troja-Ausstellung präsentierte Manfred Korfmann nun mit seinem ersten Schriftfund, dem rund 3200 Jahre alten Bronzesiegel, einen wichtigen Beleg für Starkes Theorie. Denn die Schriftzeichen auf dem Siegel aus der Troas erwiesen sich als luwisch.[819] Sprachen Bronzezeit-Bewohner der Troas also luwisch? Die Gleichung Wilusa gleich Troja hatte deutlich an Plausibilität gewonnen – Schloss und Schlüssel passten erstaunlich gut zusammen, wie der Altphilologe Joachim Latacz als Dritter im Bunde mit Korfmann und Starke mit publizistischer Verve nicht nur im Katalog der Troja-Ausstellung erklärte.[820] Man konnte, so Latacz' Plädoyer, endlich eins und eins zusammenzählen und das alte Rätsel um Troja und Homer war gelöst: Der Name des Fürsten Alaksandu ließ sich mit dem griechischen Alexandros übersetzen – so aber wurde auch Paris, der Sohn des Priamos, gerufen. Die Feinde von Wilusa wiederum, die auf hethitischen Tontafeln mehrfach als »Achijawa« auftauchen, ließen sich als Homers »Achaier« identifizieren. Auch der deutschen Presse schien die Existenz Trojas »nun auch außerhalb der bis dahin einzigen Quelle, nämlich der Ilias-Dichtung, bewiesen«.[821] Was für ein Paukenschlag im Sinne Schliemanns.

Manfred Korfmann konnte bei seinen Grabungen zunächst klären, warum Schliemann und Dörpfeld bei ihrer »Archäologie mit dem Spaten« so oft an den Siedlungsschichten Trojas verzweifelt waren. Das so logisch erscheinende »Zwiebelschalen«-Modell, wonach die Umfassungsmauern in Hissarlik von »Troja I« vor fast 5000 Jahren bis zu »Troja VII b« bis 950 v. Chr. immer stärker nach außen verlagert wurden, traf nicht zu, wie Korfmann nachweisen konnte. Vielmehr gab es mehrfach auch Rückbauten der Ober- und Erweiterungen der Unterstadt, allein zwischen 1700 und 1300 v. Chr. im »Troja VI« der Späten Bronzezeit drei zeitlich und räumlich versetzte Mauerringe.

In der Interpretation seiner 13-jährigen Grabung beantwortete Korfmann die entscheidenden Fragen Heinrich Schliemanns ganz im Geiste seines berühmten Vorgängers. Ausgangspunkt war die Frage, auf welches Troja der Dichter Homer sich in seiner *Ilias* eigentlich bezog: auf eine Stadt, die er als Zeitgenosse im 7. Jahrhundert v. Chr. selbst erleben konnte, oder ein Troja, das Jahrhunderte zuvor untergegangen war und um 1200 v. Chr. existiert hatte. Eine Feuersbrunst konnte Korfmann für beide Epochen ausmachen, doch nur eine der beiden Brandschichten war durch Krieg verursacht, nämlich die am Ende von »Troja VII« um 1200 v. Chr. Manfred Korfmann kam zu dem Schluss, dass Homer vermutlich über kriegerische Ereignisse berichtet haben musste, die für den Dichter 500 Jahre zurückgelegen hatten, von denen aber die in der *Ilias* erwähnten Heiligtümer, wie die beiden Tempel der Athene und des Apollon, noch »als Ruinen, vielleicht auch realiter« gut sichtbar gewesen sein und den Epensänger als Kulissen inspirieren konnten.[822] Bei seinen Ausgrabungen nach dem »homerischen« Troja der Späten Bronzezeit stieß Korfmann in der Nähe des Burghügels von Hissarlik auf eine Quellhöhle und die Überreste eines Waschplatzes, den einmal die dampfend heißen und eiskalten Quellen gespeist haben könnten, »an welchen nach den Versen der Ilias die Frauen und schönen Töchter der Troer ihre glänzenden Gewänder wuschen«.[823] Die Homer'sche Kulisse für den Todeslauf des Hektors an den Quellen vorbei – so Korfmanns Plädoyer – »mag also ernst genommen werden«.[824] Vor allem aber befand er, dass Homer durchaus recht damit hatte, von Troja als einer großen Stadt zu sprechen, in der »sogar das Heer der Troer unterkommen konnte«, wie Korfmann meinte.[825] So wischte er Heinrich Schliemanns größte Krux, Troja sei für die *Ilias* viel zu klein, vom Tisch. Die Stadt, so Korfmanns Sicht, »war etwa zehnmal größer, als man bisher glaubte«, eine blühende

Handelsmetropole mit einer bewusst angelegten Unterstadt, die sich auf 270.000 Quadratmeter ausdehnte.[826] Selbst die für Schliemann so entscheidende dramatische Szene der *Ilias*, in der Achill den trojanischen Königssohn Hektor zu Tode hetzt, fand in Korfmanns Unterstadt Platz: »Er trieb ihn nicht durch die Stadt, sondern unterhalb von ihr herum«, wie er vermutete.[827] Das Lager der Achäer, der griechischen Flotte, machte er in der Beşikbucht nahe Hissarlik aus. Denn nur von hier aus – so Korfmann – kamen die Angreifer der Verteidigungslinie Trojas nahe genug, »sodass Helena sie zu identifizieren vermochte«.[828] Klang dieser Korfmann'sche Satz nicht ganz nach Heinrich Schliemann – Homer als Dreh- und Angelpunkt einer archäologischen Deutung?

Rund 130 Jahre nach dem Mecklenburger kam dessen Nachfolger zu einem Urteil, das die Annahmen seines berühmt-berüchtigten Vorgängers aufs Glänzendste bestätigt: »Man kann heute feststellen, dass alle derzeit für die Archäologie auswertbaren topografischen Angaben Homers in etwa zutreffen.«[829] Genau das hatte Schliemann einst erklärt. An der Historizität Homers, der *Ilias* und des Trojanischen Krieges konnten sich nun andere, die Altphilologen und Orientalisten, abarbeiten. Das Fundament dafür war aus der Perspektive des Archäologen Manfred Korfmann gegeben. Und seine Gewährsleute Starke und Latacz machten den Sack zu. Nie war Homer realer, der Schauplatz der *Ilias* historischer als im März 2001.

Doch ein daumenkuppengroßes Siegel ist kein ehernes Requisit, sondern qua definitionem ein mobiles Utensil, mobil, beweglich, transportabel. Boten oder Händler, Gefangene, Gäste oder Invasoren konnten Korfmanns Bronzesiegel mit nach Troja gebracht haben. Doch wo es nur ein einziges Schriftzeugnis gibt, bedeutete es alles oder nichts. Schrieben die Troer wirklich luwisch? Oder sprach ein einziger trojanischer Schriftfund nach

13 Jahren Grabung angesichts der vielen tönernen Schrifttafeln derselben Epoche, die Anfang des 20. Jahrhunderts in der hethitischen Haupstadt Hattuscha geborgen werden konnten, eher für das glatte Gegenteil der Korfmann'schen Annahme und die Troer hatten gar keine Schrift?[830]

Die große Troja-Schau Manfred Korfmanns löste naturgemäß Fragen aus, ja sie zielte mit ihren in der Wissenschaft ungewöhnlich klaren Botschaften auf Widerspruch, auf Diskussion. Doch bald erfolgten Gegenangriffe in einer Härte, die das gesamte Troja-Projekt Manfred Korfmanns infrage stellten. Die Schlacht, die nun mit missionarischem Eifer geführt wurde, der »neue Streit um Troja«, beschäftigte nahezu die gesamte deutsche Altertumswissenschaft drei Jahre lang. Als vehementester Kritiker Korfmanns brachte sich der Tübinger Althistoriker Frank Kolb in Stellung, der den Grabungsbefund seines Tübinger Kollegen als unerträgliche »Irreführung der Öffentlichkeit« brandmarkt.[831] Manfred Korfmann sei geradezu ein »Däniken der Archäologie«, wie er meinte.[832] Insbesondere das Modell Trojas als Handelsknotenpunkt zwischen Ägäis und Schwarzem Meer mit einer dicht besiedelten Unterstadt sei eine methodisch unzulässige Darstellung, da Korfmanns Grabung keine Hausgrundrisse freigelegt habe und zudem bei der Rekonstruktion der Unterstadt die Epochen durcheinanderwürfle.

Der Angegriffene räumt daraufhin ein, dass das Ausstellungs-Modell eine Rekonstruktion nach »partiellen Befunden vor Ort« darstelle, kontert aber zugleich vom Grabungsschauplatz in Hissarlik zurück, dass zurzeit in der Unterstadt von Troja »auf großer Fläche dicht an dicht gebaute Steinhäuser« freigelegt würden, »die der Zeit angehören, die man üblicherweise mit der des ›Troianischen Krieges‹ verbindet, also mit Troia VI und VIIa«. Jeder, so Korfmann, sei eingeladen, »sich die Wirklichkeit hier vor Ort anzuschauen«.[833]

Was anmutet wie ein Déjà-vu zu den Einladungen Heinrich Schliemanns zu seinen Troja-Konferenzen vor Ort von 1889/90, wiederholt sich mehr als ein Jahrhundert später: Der Rektor der Tübinger Universität lädt 2002 zum Disput, auch der Deutsche Historikertag richtet eine eigene Sektion zur Troja-Debatte ein, mal dominiert die eine Seite, mal versagt sich die andere.[834] Die Publikation zum Streit überlässt die Korfmann-Fraktion der Gegenseite, möge die Zweiflerseite doch in sich kreisen. »Jeder Klardenkende hat genug gesehen und gehört«, winkt Joachim Latacz ab.[835]

Wer Manfred Korfmann in dieser Zeit besucht, erlebt ihn ungewohnt dünnhäutig, angeschlagen. Auf dem Schlachtfeld der Wissenschaft geht es nicht nur um Positionen, sondern auch um die eigene Lebensleistung. Sicher musste er extrapolieren, von Stichgrabungen hochrechnen, wie denn anders in der Archäologie?, wirbt er um Verständnis. Aber warum ausgerechnet ein Angriff von Frank Kolb, rätselt man im Hause Korfmann. Man hatte sich doch jahrelang gut verstanden. Natürlich ist von Neid und Eifersüchteleien unter Kollegen die Rede, von Budgets, Forschungsmitteln, Fremdförderung, Sponsoren. Anders als für den Millionär Schliemann ging – und geht heute erst recht – bei jedem großen archäologischen Projekt ein immenser Zeit- und Kraftanteil für die Finanzierung dahin, der Olympia-Ausgräber Curtius konnte als Gegenspieler Schliemanns ein frühes Liedchen davon singen. Manfred Korfmann, der umgängliche, begeisternde Rheinländer, hatte unzweifelhaft ein Gespür dafür, Menschen für sich zu gewinnen, seine Mitarbeiter, aber auch Geldgeber, Politiker und Medien. Hatte er am Ende die eigenen Macher-Qualitäten überschätzt?

Sein Rückzug in die Türkei, sein früher Tod im August 2005 ließen ihm nicht die Zeit, die offenen Fragen zu beantworten, die sich mit dem »neuen Streit um Troja« stellten und die so vielfach

Schliemanns alte Fragen waren.[836] Hermann Parzinger, der Korfmanns Einladungen nach Troja so oft gefolgt war, meint in der
Rückschau auf diese erste »Trojan Battle« des 21. Jahrhunderts,
wie die Londoner *Times* die heftige Kontroverse apostrophierte,
Manfred Korfmann habe manchmal vielleicht ein bisschen viel
von der Fantasie gehabt, die es in der Archäologie so unbedingt
brauche, habe sich hinreißen lassen, Troja anhand der Compu-
terbilder als Megacity zu interpretieren. Die Unterstadt Trojas,
das umstrittenste Areal der Kontroverse, kam dem Münchener
eher locker bebaut vor. Darüber könnte man diskutieren. Aber
ein derart ins Persönliche gehender scharfer Disput, so Parzinger, habe der Wissenschaft nicht gutgetan. Tatsächlich kam die
Debatte um Troja nach den 17 Grabungskampagnen Manfred
Korfmanns nahezu zum Erliegen, als sei der »Schicksalshügel der
deutschen Archäologie« nun vermintes Gelände.

Nur der Österreicher Raoul Schrott wagte sich seitdem mit
einer radikalen neuen These vor und münzte Homers *Ilias* geografisch auf Kilikien, eine Landschaft 800 Kilometer südöstlich
der Dardanellen – ein kühner literarischer Ausflug, wie ihn der
Reiseschriftsteller Heinrich Schliemann nicht weniger wild entschlossen bei seinem ersten Aufbruch von Paris in die Troas unternommen hatte.[837] Auch der *Ilias*-Übersetzer Schrott glaubt –
auf subtilere Weise als der Mecklenburger damals –, dass der
Krieg um Troja nicht nur dichterische Fiktion war. Und er zwei-
felt ebenso wenig daran, dass dem Dichter Homer, bei Schrott
ein kastrierter Schreiber in assyrischen Diensten, die Heroen
Hektor und Achill als reale Krieger vorschwebten. Doch anders als bei Schliemanns Aufbruch 1869 genügt es heute nicht
mehr, mit einer raschen Grabung und einschlägiger britischer
Gelehrsamkeit die Bunarbaschi-These umzustoßen. Sein inno-
vativer Nachfolger hätte gut anderthalb Jahrhunderte der »Forschung mit dem Spaten« von Schliemann und Dörpfeld über den

Amerikaner Carl Blegen bis zu Manfred Korfmann und seinen
Nachfolgern inklusive des wissenschaftlichen Überbaus ad absurdum führen müssen, um einen breiten Mainstream umzu-
kehren, der Troja fest in Hissarlik verortet sieht.[838] Schrott ist zudem, wie Korfmanns Gewährsmann Joachim Latacz ein wenig
pikiert anmerkte, kein Fachgelehrter – »ein Liebhaber also, ita-
lienisch dilettante«.[839] Aber genau das war Heinrich Schliemann
auch. Vielleicht ging es Raoul Schrott vor allem darum, einen
immerhin denkbaren topografischen Aufhänger zu finden, um
seine faszinierenden Homer-Reflexionen an ein breiteres Publikum zu bringen. Worum sonst könnte es im Kern bei all dem
Abarbeiten an jahrtausendealten Epen gehen, wenn nicht um
immer neue Wege der – natürlich kritisch begleiteten und dis-
kutierten – Aneignung? Warum nicht fundiert, aber zugleich
mit ein wenig mehr *kindness*, also wohlwollender, kreativer und
gern auch poetischer mit dem großartigen Erbe umgehen, das
uns durch Schliemanns dilettantischen Enthusiasmus so viel bewusster wurde? Wie sagte Philostrat: »Für einen weisen Mann ist
Hellas überall.«[840]

Dieses freundliche Wohlwollen: Schliemann hat es in
Deutschland lange vermisst und ging mit seinem »Schatz des Priamos« erst einmal nach London. Korfmann zog es nach der großen Streiterei um Troja nach Istanbul – bloß weg aus Deutschland, diesem kalten Land, wie er meinte.

Die Türkische Republik brach 2005 offiziell in die Europäische Union auf, zwei Monate nach Korfmanns Tod. Vierzig Jahre
hatten so viele zwischen Edirne und Diyarbakir darauf gehofft –
und der Tübinger mit ihnen. Voller Sympathie hatte er die um-
fassenden Reformen der Türkei im Zivilrecht, die Stärkung der
Menschen- und Freiheitsrechte, die Abschaffung von Folter und
Todesstrafe und die Förderung der kulturellen Freiheiten der kur-
dischen Bevölkerung begleitet – nicht zuletzt, indem er für sein

Troja-Projekt zielgerichtet hoch motivierte junge Leute aus seinem Gastland an sich zog, das ihm schließlich zur Heimat wurde. Zwei Tage vor seinem Tod wurde ihm, der sich nun Manfred Osman Korfmann nannte, an den Dardanellen die Ehrenbürgerschaft der Stadt Çanakkale verliehen, dem Ausgangspunkt von Heinrich Schliemanns Troja-Verortung in Hissarlik.

Das Original von Schliemanns »Schatz des Priamos« durfte Manfred Korfmann erstmals Ende Oktober 1994 in Moskau in Augenschein nehmen, als einer der Ersten nach der Rückkehr des Troja-Goldes ans Licht der Öffentlichkeit. Gemeinsam mit dem Chefausgräber aus Troja hatte Irina Antonowa auch seinen britischen Mitausgräber Donald Easton aus Cambridge, den künftigen Chef des britischen Archäologischen Institut in Ankara, ins Puschkin-Museum eingeladen.[841] Eine Einladung mit Kalkül?

Bald nach ihrer Moskau-Visite meldeten sich die beiden Archäologen mit einem ungewöhnlichen Vorschlag zu Wort: Gehörten Schliemanns einmalige Funde nicht dahin, wo sie ausgegraben wurden, nach Troja?[842] Gerade hatte die Planung für den Bau eines großen Museums in Hissarlik Gestalt angenommen, das nicht nur die Funde aus den Grabungen des Korfmann-Teams seit 1988 aufnehmen, sondern den Bogen bis zu den Anfängen, bis zu Heinrich Schliemann, schlagen könnte. Wäre das internationale Bemühen, den »Schatz des Priamos« in Troja zu präsentieren, nicht einer UNESCO-Welterbestätte würdig? Könnten hier die Feinde von einst, Deutschland und Russland, nach dem Ende des Kalten Krieges und die nach Europa strebende Türkei und Griechenland als Wiege der europäischen Kultur in einem gemeinsamen Projekt unter einem Museumsdach zusammenfinden? Und wäre dies nicht auch eine salomonische Lösung für die »kriegsbedingt verlagerten« Trophäen, für den Beutekunst-Streit zwischen Russen und Deutschen? Moskau schwieg dazu. Und Wilfried Menghin, der Leiter des Berliner Museums für Vor- und

Frühgeschichte, winkte sehr schnell ab. Diese Lösung sei kontra-produktiv für die deutschen Absichten. Auch die Idee, in Troja nicht nur goldene Schätze, sondern Schliemanns Lebensleistung als Quantensprung in der Altertumswissenschaft deutlich zu ma-chen – das Aufbewahren so vieler seiner Fundstücke, die er bis zur kleinsten Scherbe für die Nachwelt gesichert, dokumentiert und als einer der Ersten fotografisch erfasst hat –, verfing nicht. Die nationalen Egoismen waren stärker.

Zwischen ehrwürdigen Olivenhainen und wogenden Feldern, Troja-Eichen und Klatschmohn erhebt sich der Burghügel von Hissarlik heute inmitten des Historischen Nationalparks Troja von der Ägäisküste bis zu den Dardanellen. 1996 wurde Troja zum Schutzgebiet erklärt, im Dezember 1998 tatsächlich in die Liste des UNESCO-Weltkulturerbes aufgenommen.

Schliemanns Grabungsstätte ist in einer guten Stunde zu durchwandern, vorbei an den Touristen, die sich durch die Fens-ternischen des Trojanischen Pferdes fotografieren, über das mä-andernde Labyrinth der freigelegten Mauern so vieler Trojas hin zur Aussichts-Plattform. Von hier blickt man in den offenen Schlund des Schliemann-Grabens, kann mit Mühe die Mauer-stelle am Feigenbaum erahnen, an dem Heinrich Schliemann den Fund seines Lebens machte. Nur ein paar Hundert Meter vom Burghügel entfernt, ragt seit 2018 ein rostig brauner Würfel 50 Meter hoch über die Skamander-Ebene. Das neue Troja-Mu-seum lädt die Besucher dazu ein, über eine tiefer gelegene Ein-gangsrampe im Innern des Kubus nach oben zu steigen, Etage für Etage, von Siedlungsschicht I vor fast 5000 Jahren über die Hochkultur der Bronzezeit von Troja IV bis VII a bis in die Hö-hen Ilions, das Troja der Griechen und Römer. Der Korfmann-Schüler Rüstem Aslan, seit 2013 der erste türkische Chefausgrä-ber in Hissarlik, hat die abstrakten römischen Ziffern von I bis X hinter dem Wort Troja in eine wunderbar plastische Fundstrecke verwandelt.[843] Vom »homerischen Troja« der Späten Bronzezeit zwischen 1300 und 1180 v. Chr. müsste man sich in diesem Raum abgrundtief hinabstürzen in die Epoche von Troja II, die Frühe Bronzezeit um 2500, die Heinrich Schliemann tatsächlich freigelegt hatte. Dort unten, in den Tiefen des Raums, wäre noch Platz für Schliemanns Gold aus Troja, seinen »Schatz des Priamos«.

Anmerkungen

1. Aufgrund der unterschiedlichen Schreibweisen Trojas im Laufe einer langen literarischen Überlieferung und der komplexen Literatur- und Forschungsgeschichte verwendet der Autor generell die Bezeichung »Troja«, behält in Zitaten aber naturgemäß die Schreibweise der Altertumswissenschaft »Troia« bei, die dem Altgriechischen entspricht. Gleiches gilt für die Verwendung der türkischen Ortsbezeichnung »Hissarlik« durch den Verfasser, die in Zitaten als »Hesarlik«, »Hisarlik« oder »Hisarlık« variiert. Auch der Begriff »Achäer«, den der Verfasser durchgängig verwendet, kann in Zitaten mit dem altertumswissenschaftlichen Begriff »Achaier« alternieren. Ortsbezeichnungen wie »Konstantinopel« und »Istanbul«, »Sankt Petersburg«, »Pedrograd« oder »Leningrad« werden hier ihrem historischen Kontext entsprechend verwendet. Die lange literarische Überlieferung und die komplexe Literatur- und Forschungsgeschichte haben den Verfasser veranlasst, in diesem Buch robuste geschlechts- und genderspezifische sprachliche Eingriffe zu vermeiden. Der Autor lehnt sich hier, wie Nele Pollatschek dies vorschlägt, an die angelsächsische Sprachgenderpraxis des 21. Jahrhunderts an (vgl. Pollatschek 2020/1, S. 185–208; auch Pollatschek 2020/2, S. 19). Die hier verwendeten Pluralformen sind entsprechend nicht als generisches Maskulinum, sondern als universelle generische Sprachformen zu verstehen, die binäre und nonbinäre Genderformen inkludieren.
2. H.S. an Bessow (Messina 27.12.1858), in: Cobet 1997, S. 50.
3. Schliemann 1892, S. 25.
4. Schliemann/Brustgi 1995, S. 81. Der Autor verwendet für Schliemanns Stadtbezeichnung »Edo« oder »Yedo« den heutigen Namen der japanischen Hauptstadt »Tokio«.
5. Schliemann verwendet für den Asakusa-Schrein die Bezeichnung »Asaksa-Quannon« (vgl. a. a. O., S. 94), nach der dort verehrten Skulptur des *Bodhisattva Kannon*. Für den weltlichen Herrscher Japans, den *Schogun*, verwendet Schliemann den Begriff »Taikun«, für den religiösen Herrscher, den *Tenno*, den Begriff »Mikado« (vgl. a. a. O., S. 71). Die politische Zeitenwende, die Japan mit dem baldigen Sturz der Schogunatsherrschaft und dem Herannahen der Meiji-Restauration bevorstehen, kann Schliemann indes nicht einmal ansatzweise erahnen (vgl. Deuel 1979, S. 156).
6. A. a. O., S. 129.
7. A. a. O., S. 131.
8. A. a. O., S. 131–133.

9. Schliemann 1867, S. 3.
10. A.a.O., S. 41.
11. A.a.O., S. 26.
12. Schliemann gibt Gubeiku phonetisch als »Ku-pa-ku« wieder (vgl. a. a. O., S. 35).
13. A.a.O., S. 42.
14. Nach Ansicht Robert Paynes, einem der schärfsten Kritiker von Schliemanns China-Bericht, »waren fast alle Schlüsse, die er zog, falsch«, insbesondere Schliemanns Peking betreffende »erstaunliche Impovisationen über das Thema: Verfallene Stadt versinkt langsam im Morast ...« (vgl. Payne 1959, S. 61).
15. A.a.O., S. 51. Schliemann generalisierte indes nicht nur degradierend, sondern ebenso applaudierend, etwa mit seiner Ansicht, »daß außer den Japanern kein anderes Volk so ausgezeichnet Possen zu spielen versteht wie die Chinesen« (ebd.).
16. A. a. O., S. 67.
17. Ebd.
18. A.a.O., S. 70.
19. A.a.O., S. 100.
20. Im Mai 1844 schrieb Schliemann seinen Schwestern aus Amsterdam, sein Instinkt sage ihm, er solle über Batavia nach Japan gehen, »um dort mein Glück zu machen« (vgl. Schliemann 1953, S. 39).
21. Vandenberg spricht von einer «verschwindend geringen Stückzahl« verkaufter Exemplare (vgl. Vandenberg 1995, S. 126).
22. In: Nicolaïdes 1867, S. 272.
23. Im französischen Original spricht Nicolaïdes von einer Evidenz, »que la ville de Priam ètait située sur le collines de *Bounarbachi*« (vgl. Nicolaïdes 1867, S. 48). »Troja«, in den Altertumswissenschaften auch oft (lateinisch) »Troia«, wird hier synonym für Homers Residenzstadt des Königs Priamos, »die Ilios«, auch »das Ilion«, lateinisch: »Ilium«, türkisch: »Truva«, verwendet, die in der Landschaft von Troja, auch »der Troas« in der Mündungsebene des Flusses Skamander an der Meerenge der Dardanellen, antik auch »Hellespont«, liegt. Die Hügel von Bunarbaschi, im modernen Türkisch »Pınarbaşı«, werden zitatgetreu als »Bounarbachi«, auch »Bunarbashi«, vom Autor aber generell als »Bunarbaschi« bezeichnet.
24. Schliemann 1892, S. 7.
25. Vgl. Schliemann 1881, S. 6.
26. A.a.O., S. 4/5.
27. A.a.O., S. 7.
28. Vgl. Vandenberg 1995, S. 326. Doch spricht, unabhängig vom Wahrheitsgehalt des Troja-Bezugs in dieser Darstellung, der schriftliche Heirats-

antrag Schliemanns an Minna Meincke, nachdem er in Russland zu Geld gekommen war, dafür, dass er sich seinerseits durchaus ernsthafte Hoffnungen auf ein gemeinsames Leben mit der Jugendfreundin gemacht hatte (vgl. Vandenberg 1995, S. 323).

29. Vgl. Cobet 1997, S. 22–27; Deuel 1979, S. 59.

30. Vgl. Schliemann 1892, S. 19.

31. Vgl. Cobet 1997, S. 53.

32. Ausführlicher dazu Deuel 1979, S. 177.

33. Vgl. Schliemann, vorletzter Eintrag in seinem *Amerikatagebuch*, auch Cobet 1997, S. 42.

34. Der vollständige Name von Schliemanns erster Ehefrau lautete Jekaterina Petrowna Lyschina (1826–1896). Aus der Ehe gingen drei Kinder hervor: Sergej (1855–1939), Natalia (1859–1868) und Nadjeschda (1861–1935), wobei die Eltern ihre jüngste Tochter überlebten, die nur zehn Jahre alt wurde (vgl. Cobet 1997, S. 43).

35. Ebd.

36. Ebd.

37. Vgl. Deuel 1979, S. 128. Recht spekulativ machte Vandenberg eine gleichgeschlechtliche Präferenz Katharinas für die Kälte Schliemann gegenüber verantwortlich (vgl. Vandenberg 1995, S. 143/144).

38. Vgl. Cobet 1997, S. 43.

39. A.a.O., S. 44. Zum Vorschlag für ein gemeinsames Leben in Amerika s. Schliemann 1953, S. 35–36.

40. Vgl. Vandenberg 1995, S. 137.

41. Vgl. Deuel 1979, S. 180.

42. Vgl. Vandenberg 1995, S. 137.

43. Vgl. Cobet 1997, S. 115.

44. Ludwig Schliemann war Mitte 1850 in den USA verstorben, sein Bruder Heinrich reiste auch in die USA, um den Nachlass zu arrangieren, vor allem aber aufgrund der hohen Gewinnmargen im Goldgeschäft. Ausführlicher zum Verhältnis der Brüder und Heinrich Schliemanns Aufenthalt in den USA s. Deuel 1979, S. 99 f.

45. Vgl. Cobet 1997, S. 41.

46. Vgl. Vandenberg 1995, S. 139. Heinrich Schliemann behauptete in seinem frühen *Amerikatagebuch*, er sei mit dem Beitritt Kaliforniens zu den Vereinigten Staaten im September 1850 amerikanischer Staatsbürger geworden, tatsächlich aber vergingen bis zu seinem Eintreffen in Sacramento noch sieben Monate. In späteren autobiografischen Schriften verzichtete er auf diese falsche Darstellung (ausführlicher dazu: Cobet 1997, S. 40).

47. Vgl. Vandenberg 1995, S. 177.

48. Vgl. Cobet 1997, S. 68. In Russland wurde die Scheidung der Schliemann'-schen Ehe erst 1871 gerichtlich anerkannt, nachdem Schliemann Katharina ein Haus und eine jährliche Apanage von 4000 Rubeln zugesagt hatte (vgl. Vandenberg 1995, S. 199).
49. H. S. an Martin Pechel im Sommer 1869 (vgl. Vandenberg 1995, S. 183).
50. Vgl. Vandenberg 1995, S. 178.
51. Vgl. Cobet 1997, S. 69.
52. Vgl. Lilly 1961, S. 33.
53. Ebd.
54. Vgl. Vandenberg 1995, S. 187.
55. Ebd.
56. Schliemann 1892, S. 9.
57. Ebd.
58. Vgl. Cobet 1997, S. 31.
59. Schliemann/Andreß 1869, Vorrede S. VIII.
60. A. a. O., Vorrede S. IX.
61. Ebd.
62. Vgl. Cobet 1997, S. 24.
63. Vgl. Vandenberg 1995, S. 174.
64. Schliemann/Andreß 1869, Vorrede S. X/XI.
65. Vgl. Vandenberg 1995, S. 61.
66. Schliemann/Andreß 1869, Vorrede S. X/XI.
67. Vgl. Vandenberg 1995, S. 59–61.
68. H. S. an seine Tante Magdalena in Kalkhorst am 31.12.1856 (vgl. Cobet 1997, S. 35).
69. Ebd.
70. Vgl. Schliemann/Andreß 1869, Vorrede S. XII. Mit »Chinesisch« ist vermutlich Mandarin gemeint, indes funktionierte die Verständigung mit seinem einheimischen Reisebegleiter auf dem Weg zur Chinesischen Mauer ebendeshalb in der Praxis nicht (vgl. Cobet 1997, S. 35).
71. Vgl. Vandenberg 1995, S. 111.
72. Schliemann 1881, S. 15.
73. Ausführlich dazu Vandenberg 1995, S. 74–80.
74. Deuel hält die Begegnung zwischen dem 13. Präsidenten der USA und »einem Nobody aus Petersburg« für unwahrscheinlich und vermutet, Schliemann habe Details zu diesem Besuch, wie er sie in seinen Briefen verwendete, aus der Washingtoner Presse abgeschrieben (vgl. a. a. O., S. 77).
75. Vgl. Cobet 1997, S. 41.
76. Ebd.
77. Ebd.
78. Vgl. Brustgi 2004, S. 39.

79. Ebd.
80. Ebd.
81. Vgl. Brustgi 2004, S. 42.
82. Schliemann 1881, S. 15.
83. Vgl. Cobet 1997, S. 44.
84. Schliemann 1881, S. 15/16.
85. A. a. O., S. 16.
86. Ebd.
87. Ebd.
88. A. a. O., S. 17.
89. Ausführl. zur preußischen Neutralitätspolitik s. Vorpahl 2011/1, S. 78–83.
90. Schliemann 1881, S. 17.
91. Vgl. Deuel 1979, S. 132.
92. Ebd.
93. H. S. am 20. Januar 1857 an H. J. Bahlmann in Waren, vgl. Cobet 1997, S. 46.
94. A. a. O., S. 17; vgl. Vandenberg 1995, S. 95.
95. Vgl. Vandenberg 1995, S. 104.
96. Vgl. Cobet 1997, S. 46.
97. Vgl. Vandenberg 1995, S. 107.
98. A. a. O., S. 100.
99. Vgl. Deuel 1979, S. 147.
100. Vgl. Brustgi 2004, S. 56; auch Deuel 1979, S. 147.
101. Ebd.
102. H. S. am 20. Januar 1857 an H. J. Bahlmann in Waren, vgl. Cobet 1997, S. 46.
103. Ebd.
104. Vgl. Deuel 1979, S. 131.
105. Schliemann 1892, S. 21/22.
106. Vgl. Vandenberg 1995, S. 104.
107. A. a. O., S. 23.
108. Ebd.
109. H. S. im Mai 1859 in einem Brief an seine Schwestern, s. Brustgi 2004, S. 52.
110. Ebd.
111. H. S. am 26. Mai 1859, s. Brustgi 2004, S. 53.
112. Ebd.
113. Ebd.
114. H. S. am 30. Mai 1859, s. Brustgi 2004, S. 54.
115. Schliemann 1953, S. 83.
116. Vgl. Brustgi 2004, S. 55.
117. Von Ithaka als Reiseziel auf der Mittelmeerreise ist bei Schliemann erst in den Selbstdarstellungen von 1868 und 1882 die Rede, nicht aber in seinem Reisetagebuch 1859 (vgl. Cobet 1997, S. 50). Es handelt sich also vermut-

lich um ein Stück Legendenbildung, d. h. einen weiteren Mosaikstein in Schliemanns Bemühen, das Homer-Interesse in seiner Vita zeitlich früher zu verankern.

118. In Schliemanns Selbstbiografie Solovieff (vgl. Schliemann 1892, S. 23), bei Vandenberg heutig umgelautet in Stjepan Solowjew (vgl. Vandenberg 1995, S. 110).

119. Vgl. Brustgi 2004, S. 56.

120. A. a. O., S. 55/56.

121. Schliemann 1892, S. 25; auch Cobet 1997, S. 52.

122. Vgl. Vandenberg 1995, S. 111.

123. Vgl. Brustgi 2004, S. 57.

124. Schliemann 1892, S. 24/25.

125. Schliemann 1892, S. 26.

126. A. a. O., S. 10.

127. Ebd.

128. Vgl. Cobet 1997, S. 55.

129. Ebd.

130. Vgl. Carandini 2002. S. 14.

131. Vgl. Cobet 1997, S. 55.

132. Der Untergang von Pompeji ist durch die *Epistolae* des älteren und des jüngeren Plinius als Augenzeugen und eine Zusammenfassung zeitgenössischer Quellen durch Cassius Dio ein Jahrhundert nach der Katastrophe relativ gut belegt (ausführlicher dazu Neumeister 2005, S. 268–290).

133. Vgl. Cobet 1997, S. 55.

134. In Homers *Odyssee* lebt der Zyklop Polyphem als Schafshirt in einer Höhle an der Küste, wo ihn Odysseus auf seiner Heimfahrt kurz nach dem Trojanischen Krieg um Bewirtung bittet. Doch der Riese nimmt den Helden und seine zwölf Gefährten gefangen, indem er einen Stein vor den Höhlenausgang rollt, und frisst sechs der Griechen. Der listenreiche Odysseus serviert dem einäugigen Riesen starken Wein, sodass es gelingt, den schlafenden Zyklopen im Schlaf zu blenden. Da sich Odysseus dem Riesen in listiger Vorahnung als *Niemand* vorgestellt hatte, lautet der Hilferuf des Polyphem mit dem glühenden Pfahl im Auge: *Niemand* habe ihn geblendet, *niemand* habe ihn ermorden wollen, sodass niemand ihm Hilfe leistet. Schließlich können Odysseus und seine überlebenden sechs Gefährten aus der Höhle entkommen, indem sie sich unterhalb der Schafe festklammern, die Polyphem morgens aus der Höhle auf die Weide entlässt. Zurück auf seinem Schiff, verhöhnt der griechische Held den Riesen, der in blinder Wut Felsen ins Meer schleudert und seinen Vater Poseidon um den Racheakt bittet, Odysseus nicht wieder in seine Heimat zurückkehren zu lassen.

135. In Homers *Odyssee*, IX. Gesang, Zeilen 240/244 (vgl. Homer 2002, S. 557).

136. Schliemann/Andreß 1869, S. 2.
137. Schliemann/Andreß 1869, S. 8.
138. Nach ihrer ersten Begegnung sorgt Nausikaa für Odysseus' Versorgung und lädt ihn zum Gastmahl an die Tafel ihres königlichen Vaters, wo sich Odysseus zu erkennen gibt und von seinen Irrfahrten erzählt. Nausikaas Liebe aber muss Odysseus zurückweisen und lässt sich von einem Schiff der Phäaken in seine Heimat Ithaka zurückbringen (vgl. Homer 2002, S. 518 ff.).
139. In Homers *Odyssee*, VI. Gesang, 115–119 (vgl. Homer 2002, S. 519).
140. In Homers *Odyssee*, VI. Gesang, 89, 94, 95 (vgl. a. a. O., S. 518).
141. Schliemann/Andreß 1869, S. 8/9.
142. Im englischen Original heißt es: »We have the authority of Thucydides for the identity of Corcyra (Korfu – d. V.) with the *Scheria* or *Phæacia* of Homer« (vgl. Murray 1854, S. 66).
143. Im englischen Original: »She is the most interesting character in all ancient poetry« (ebd).
144. Schliemann/Andreß 1869, S. 7.
145. Im englischen Original: »The only stream of any consequence is that which empties itself into the sea between Manduchio and Govino, while the tradition of the peasantry points to the *Fountain of Cressida* …« (vgl. Murray 1854, S. 66).
146. Schliemann/Andreß 1869, S. 8.
147. Vgl. Cobet 1997, S. 56.
148. Schliemann/Andreß 1869, S. 8.
149. Schliemann/Andreß 1869, S. 10.
150. Beginnend mit »1. To the Castle of Ulysses« (vgl. Murray 1854, S. 86).
151. Bei Schliemann heißt es weiter: »So E. Gandar, *de Ulyssis Ithaca*, Paris 1854; Dr. Wordsworth, *Greece*, 1853; Rühle von Lilienstern, *Über das homerische Ithaka*; G.-F. Bowen, *Ithaca in 1850*, London 1851; Leake, *Travels in Northern Greece*, 1835; Schreiber, *Ithaca*, 1829; Constantin Koliades, *Ulysse-Homere*; Sir W. Gell, *Ithaca, Argolis and Itineraries*, 1813–1819; Strabo VIII, X; Ptolemaus III« (vgl. a. a. O., S. 17).
152. Etwa mit Spohn (vgl. Spohn 1814) oder Völcker (vgl. Völcker 1830). Ebd.
153. Schliemann/Andreß 1869, S. 19.
154. A. a. O., S. 4. Schliemann nimmt hier Bezug auf Homers *Od.* XIII, 159–164 (vgl. Homer 2002, S. 617).
155. Schliemann/Andreß 1869, S. 14.
156. Schliemann/Andreß 1869, S. 15.
157. A. a. O., S. 16.
158. A. a. O., S. 19. Schliemann nimmt hier Bezug auf Homers *Od.* XIII, 96–124 (vgl. Homer 2002, S. 616).

159. Schliemann/Andreß 1869, S. 20; *Od.* XIII, 95–105 (vgl. Homer 2002, S. 616).
160. Schliemann/Andreß 1869, S. 21.
161. Vgl. Murray 1854, S. 84.
162. Ebd.
163. A. a. O., S. 21. Schliemann nimmt hier Bezug auf Homers *Od.* XIII, 361–371 (vgl. Homer 2002, S. 623).
164. Vgl. Murray 1854, S. 84.
165. Schliemann/Andreß 1869, S. 18.
166. A. a. O., S. 22.
167. A. a. O., S. 24.
168. Ebd.
169. Tiryns beschreibt Schliemann selbst als wesentlich größer als die Ruine auf dem Aëtos: »Im Innern der Citadelle sind zwei durch eine cyklopische Mauer getrennte Plateaus, das eine 4 Meter höher als das andere. Das höhere ist 135 Meter lang und 70 bis 80 Meter breit; das niedrigere ist nur 115 Meter lang und 40 Meter breit.« Vgl. Schliemann/Andreß 1869, S. 107. Und zu Mykene: »Die Citadelle hat 333 Meter Länge und bildet ein unregelmässiges Dreieck.« Vgl. a. a. O., S. 92.
170. Ebd.
171. A. a. O., S. 25. Schliemann nimmt hier Bezug auf Homers *Od.* XIII, 264–268 (vgl. Homer 2002, S. 620).
172. A. a. O., S. 25. Schliemann nimmt hier Bezug auf Homers *Od.* XXI, 5–9 (vgl. Homer 2002, S. 724).
173. Ebd. Schliemann gibt hier statt *Od.* XXII, 335 den Bezug auf Homer mit *Od.* XXII, 334 falsch an.
174. A. a. O., S. 26/27.
175. Vgl. Murray 1854, S. 87.
176. Schliemann/Andreß 1869, S. 50. Schliemann nimmt hier Bezug auf Homers *Od.* XIII, 406–410 (vgl. Homer 2002, S. 624).
177. Schliemann/Andreß 1869, S. 50.
178. Ebd.
179. A. a. O., S. 51.
180. A. a. O., S. 53.
181. Ebd.
182. Im engl. Original: »At the base of the ›castled crag‹ of Ulysses have been disovered numerous tombs, several marbles with sepulchral inscriptions, and many bronze figurs, vases, and lacrymalia, as well as gold rings and other ornaments, many of them of delicate and beautiful workmanship« (vgl. Murray 1854, S. 86).
183. Schliemann/Andreß 1869, S. 28.

184. Ebd.
185. Ebd. Schliemann nimmt hier Bezug auf Homers *Od.* XXIII, 183–204 (vgl. Homer 2002, S. 755).
186. Ebd.
187. Schliemann/Andreß 1869, S. 35.
188. Vgl. Cobet 1997, S. 57.
189. Vgl. Homers *Od.* XXIII, 230–232 (vgl. Homer 2002, S. 756).
190. Ausführlicher zum »Anwachsen kultureller Orientierungsbedürfnisse« zwischen 1850 und 1862 s. Vorpahl 2011, S. 141–168.
191. Schliemann/Andreß 1869, S. 30.
192. A. a. O., S. 31.
193. Vgl. *Kladderadatsch*, 31.12.1876, nach S. 238. Ausführlicher dazu Witte 2004, S. 44 ff.
194. In der *Odyssee* heißt es: »Jene gingen den Weg von der Stadt hinunter und kamen bald zu dem wohlbestellten und schönen Hof des Laërtes« (Homers *Od.* XXIV, 204–205, vgl. Homer 2002, S. 766).
195. Schliemann/Andreß 1869, S. 44.
196. A. a. O., S. 67. Schliemann nimmt hier Bezug auf Homers *Od.* IV, 842–847 (vgl. Homer 2002, S. 501/502).
197. A. a. O., S. 69.
198. Ebd.
199. A. a. O., S. 67.
200. Ebd.
201. Mannert 1822, S. 94.
202. Schliemann/Andreß 1869, S. 70.
203. A. a. O., S. 70/71.
204. In der *Odyssee* heißt es: »Mitten im Meere liegt ein kleines felsichtes Eiland, / in dem Sunde, der Ithaka trennt und die bergichte Samos, / Asteris wird es genannt, wo ein sicherer Hafen die Schiffe / Mit zween Armen empfängt. Hier laurten auf ihn die Achaier« (vgl. Homer 2002, S. 502).
205. Im Text der *Odyssee* heißt es: »Mitten im Meere liegt ein kleines felsichtes Eiland, / in dem Sunde, der Ithaka trennt und die bergichte Samos, / Asteris wird es genannt, wo ein sicherer Hafen die Schiffe / Mit zween Armen empfängt. Hier laurten auf ihn die Achaier« (vgl. Homer 2002, S. 502). Schliemann konnte 1868 noch nicht ahnen, dass man eine Stadt identifizieren würde, die der Geschichtsschreiber Apollodor aus dem 2. Jh. v. Chr. auf Homers Asteris verortet hatte, nämlich »auf der Landenge zwischen beiden Häfen« (vgl. Schliemann/Andreß 1869, S. 70.). Von dieser im 19. Jahrhundert näher untersuchten hellenistischen Siedlung aus dem 4. vorchristlichen Jahrhundert, die nach dem in Böotien gelegenen

»Geburtsort des Odysseus« Alalkomenai gleichlautend auch auf Odysseus' Heimatinsel Ithaka Alalkomenos genannt wurde (wie Plutarch mit
Berufung auf die Kommentare Istros von Alexandriens überliefert, vgl.
Müller 1841, S. 426), war zu Schliemanns Zeiten nur das Ruinenfeld auf
dem Berg Aëtos geblieben, das Schliemann für den »Palast des Odysseus« hielt. Für Homer-Adepten könnte in diesem Sinne der Isthmus von
Ithaka am Berg Aëtos das Homer'sche Asteris verkörpern.

206. Schliemann/Andreß 1869, S. XVI.
207. Die Übersetzung des französischen Originals ins Deutsche besorgte
auf Bitten Schliemanns Carl Andreß, sein früherer Privatlehrer aus der
Schulzeit in Kalkhorst (bei Schliemann nicht Andreß, sondern Andres,
vgl. Schliemann 1892, S. 8; bei Vandenberg aber Andreß, vgl. Vandenberg
1995, S. 103/126).
208. Ausführlicher zu Georg Forster als Reiseschriftsteller s. Vorpahl 2018,
S. 11 ff.
209. Schliemann/Andreß 1869, S. 40.
210. Ebd.
211. A. a. O., S. 43.
212. A. a. O., S. 42.
213. Vgl. Vandenberg 1995, S. 215.
214. Schliemann/Andreß 1869, S. 42.
215. A. a. O., S. 78.
216. A. a. O., S. 123.
217. A. a. O., S. 79.
218. A. a. O., 115.
219. Bis heute wird über Pausanias, der für Schliemann wohl die wichtigste
Rolle einnahm, als Gelehrter, Pilger und Abenteurer diskutiert. Sicherlich ist aber Funke zuzustimmen: »Zweifellos war Pausanias, wenn auch
kein brillanter Intellektueller, so aber doch ein ausgezeichneter Kenner
der literarischen Überlieferung, der seine Gelehrsamkeit und Belesenheit
immer wieder eindrücklich unter Beweis stellte. Die eigentliche Grundlage der *periegesis hellados* bildeten aber seine minutiösen Beobachtungen
und Aufzeichnungen, die er auf seinen Reisen anfertigte, die ihn mehrere
Jahrzehnte lang nicht nur nach Griechenland, sondern in fast alle Teile
der östlichen Mittelmeerwelt führten.« Vgl. Funke 2010, S. 220/221; ausführlich auch bei Habicht 1985.
220. Schliemann/Andreß 1869, S. 106.
221. A. a. O., S. 108.
222. A. a. O., S. 80.
223. A. a. O., S. 81. Die bislang älteste korinthische Säule auf dem Peloponnes
konnten Archäologen fern von Korinth in den Bergen Arkadiens, im 420

v. Chr. eröffneten Appolontempel bei Bassae, entdecken, doch ist das Kapitell zwar dokumentiert, gilt aber als »verschollen«.

224. Ebd.
225. A.a.O., S. 82.
226. A.a.O., S. 85.
227. A.a.O., S. 83/84.
228. Vgl. Schliemann 1878, S. 62.
229. Vgl. Schliemann/Andreß 1869, S. 88.
230. A.a.O., S. 101.
231. A.a.O., S. 89.
232. A.a.O., S. 89/90.
233. A.a.O., S. 91.
234. A.a.O., S. 93.
235. A.a.O., S. 92.
236. A.a.O., S. 90. Schliemann bezieht sich dabei nach eigenen Angaben auf *Pausanias* II, S. 16.
237. Ebd.
238. A.a.O., S. 101.
239. Ebd.
240. Ebd. Schliemann bezieht sich dabei nach eigenen Angaben auf *Pausanias* III, S. 6.
241. Vgl. Schliemann/Andreß 1869, S. 100/101.
242. A.a.O., S. 31.
243. A.a.O., S. 111.
244. Ebd.
245. A.a.O., S. 101.
246. A.a.O., S. 116.
247. Vgl. Lehrer & Turner 1989, S. 240.
248. Vgl. Schmidt 1864, S. 592.
249. Laut Zillers handschriftlichem Tagebuch, das Russack vorgelegen hat (vgl. Russack 1942, S. 153).
250. Vgl. Schliemann 1892, S. 32/33.
251. Lechevalier 1792, S. 40/41.
252. Vgl. Cobet 1997, S. 59.
253. Der »ältere Moltke« (1800–1891) diente als preußischer Generalfeldmarschall im Preußisch-Dänischen Krieg (1864), Preußisch-Österreichischen Krieg (1866) und im Deutsch-Französischen Krieg (1870/71).
254. Vgl. v. Schmidt 1891, S. 19.
255. Homerus/Pope 1850, i. Anhang.
256. Vgl. Schliemann/Andreß 1869, S. 112.
257. Vgl. Schmidt 1864, S. 592. Der hier genannte Friedrich Gottlieb Welcker

(1784–1868), Philologe und Altertumsforscher in Gießen, Göttingen und Bonn, Autor des »Epischen Cyklus oder über die homerischen Dichter«, machte im Januar 1842 eine Studienreise in die Troas und nach Bunarbaschi. Der dänische Archäologe und Forschungsreisende Peter Oluf Brønsted (1780–1842) hielt sich für sein Hauptwerk *Reisen und Untersuchungen in Griechenland* (Stuttgart und Paris 1826 und 1830) mehrfach in der Troas auf.

258. A. a. O., S. 599.
259. A. a. O., S. 592.
260. Vgl. Cobet 1997, S. 59.
261. Vgl. Schmidt 1864, S. 594.
262. A. a. O., S. 597.
263. A. a. O., S. 598.
264. Vgl. Hahn 1865, S. 5.
265. Vgl. Schliemann/Andreß 1869, S. 124/125.
266. H. S. am 12. August 1868 an den Vater, vgl. Schliemann 1958, S. 31.
267. Ebd.
268. Vgl. Schliemann/Andreß 1869, S. 126. »Rosinante« in Anlehnung an das Pferd von Don Quichotte im gleichnamigen Roman von Miguel de Cervantes.
269. Ebd.
270. Vgl. Homers *Ilias* XII, 147–156 (vgl. Homer 2002, S. 381).
271. Vgl. Schliemann/Andreß 1869, S. 127/128.
272. Schliemann 1892, S. 33.
273. A. a. O., S. 126.
274. Ebd.
275. Ein Werst entspricht 1,0668 Kilometer, zwei Werst also rund 2,1 Kilometer.
276. Vgl. Schliemann/Andreß S. 130/131. Schliemann bezieht sich hier auf Homers *Ilias* XXI, 1–2; VI, 402–403; V, 77; XX, 73; XXI, 25–26; XXI, 8; XXI, 171; XXI, 234–242. In Homers *Ilias* ist der der Name des Flusses Skamandros bei den Göttern Xanthos.
277. Vgl. Schliemann/Andreß 1869, S. 131. Schliemann bezieht sich hier auf Homers *Ilias* IV, 475; V, 774, 777; VI, 4; XII, 22; XX, 53; XXI, 307.
278. Vgl. Schliemann/Andreß 1869, S. 150.
279. Schliemann 1892, S. 34.
280. Vgl. Schliemann/Andreß 1869, S. 131
281. Ebd. Schliemann bezieht sich hier auf Homers *Ilias* XXII, 143–148 u. 157–166.
282. Vgl. Homer 2002, S. 381: *Ilias* XXII, 165.
283. Vgl. Schliemann/Andreß 1869, S. 138.

284. Vgl. Schliemann/Andreß 1869, S. 137.
285. Vgl. Schliemann/Andreß 1869, S. 156. Schliemann bezieht sich hier auf Homers *Ilias* VII, 67–91 (vgl. Homer 2002, S. 115).
286. Vgl. Schliemann/Andreß 1869, S. 158.
287. Vgl. Schliemann/Andreß 1869, S. 171. Schliemann bezieht sich hier auf Herodot VII, 43.
288. Herodot (490–430 v. Chr.); Xenophon (431–354 v. Chr.); Plutarch (45–125 n. Chr.); Strabo (63 v. Chr.–23 n. Chr.)
289. Vgl. Schliemann/Andreß 1869, S. 174.
290. A. a. O., S. 173. Schliemann bezieht sich hier auf Plutarch, Leben Alexanders des Großen, XV.
291. Vgl. Schliemann/Andreß 1869, S. 172.
292. A. a. O., S. 173.
293. Ebd. Die Schlacht am Granikos im Mai 334 v. Chr. markiert den ersten Erfolg des jungen makedonischen Königs beim Feldzug der Griechen gegen das Persische Weltreich.
294. Die Ortsbezeichnung für das hellenistisch-römische Neu-Ilium auf dem Burghügel von Hissarlik der Siedlungsschichten Troja VIII (700–85 v. Chr.) und Troja IX (85 v. Chr–500 n. Chr.) variiert in Zitaten und kontextabhängig mit »Ilium«, »Novum Ilium« und »Ilium Novum«.
295. Vgl. Schliemann/Andreß 1869, S. 176. Schliemann bezieht sich hier auf Strabo XIII, 1, S. 109.
296. A. a. O., 1869, S. 207.
297. A. a. O., S. 176.
298. A. a. O., S. 189/190.
299. A. a. O., S. 189.
300. A. a. O., S. 190.
301. Vgl. Cobet 1997, S. 60. Cobet vermutet, Schliemann habe seine Notizen über Hissarlik erst auf der Rückfahrt nach Konstantinopel anfertigen können und dabei, nach seinem Gespräch mit Calvert, die Schreibweise korrigiert (vgl. ebd.).
302. A. a. O., S. 160, 161; vgl. Cobet 1997, S. 61. Frank Calvert (1828–1908) nahm an den Dardanellen verschiedene diplomatische Funktionen für Großbritannien und die USA wahr, assistierte seinen Brüdern James und Frederick Calvert bei Handelsgeschäften im Mittelmeerraum und unterstützte als Mitbesitzer des Hügels von Hissarlik und ambitionierter Amateurarchäologe Heinrich Schliemann zu Beginn der Grabungen, trat aber auch publizistisch gegen ihn auf.
303. Calvert veröffentlichte seinen Artikel im *Athenaeum* v. 7.11.1874 (vgl. Cobet 1997, S. 61).
304. Vgl. Schliemann/Andreß 1869, S. 165.

305. A.a.O., S. 170.
306. A.a.O., S. 165.
307. Ebd.
308. H.S. an seinen Vater am 9. Dezember 1868, vgl. Vandenberg 1995, S. 168.
309. A.a.O., S. 168.
310. Vgl. Schliemann/Andreß 1869, S. 189.
311. A.a.O., S. 213.
312. Ausführlich dazu in: Allen 1999, S. 72 f.
313. A.a.O., S. 100.
314. Vgl. Maclaren 1822, S. 241.
315. A.a.O., S. 76. Maclaren bezog sich auf hier auf Clarke 1810.
316. Ausführlich zu den Calverts und Troja die gründliche Recherche von Allen (vgl. Allen 1999, S. 73 f.).
317. A.a.O., S. 74/75.
318. A.a.O., S. 75.
319. Ebd.
320. Vgl. Easton 2014, S. 34. Im Jahre 1865 kaufte Frank Calvert zudem ein Landstück »comprising a part of the highest mound, or acropolis«, doch ist bislang ungeklärt, ob es sich tatsächlich um einen Neuerwerb, die Kaschierung einer heimlichen Grabung auf Hissarlik-Parzellen außerhalb des Besitzes von Calvert oder eine Legitimation der früheren Burnton-Grabung handelt (vgl. ebd.).
321. A.a.O., S. 76 ff.
322. Ebd.
323. Ebd.
324. A.a.O., S. 79.
325. Ausführlich dazu: Allen 1999, S. 78.
326. A.a.O., S. 80.
327. A.a.O., S. 94.
328. A.a.O., S. 81.
329. Heyne 1792, S. XXXII.
330. Ebd.
331. Vgl. Grote 1872, S. 416, 481. Wenngleich Grote die Historizität der Epen Homers ablehnte, so wies er doch schon vor Schliemann auf Hissarlik als vermutlichen Standort Trojas hin (vgl. Deuel 1979, S. 26).
332. Vgl. Covet 1997, S. 63.
333. Maclaren spricht in seiner 1863er-Ausgabe von *The plain of Troy described* vom »seductive error« bzw. »very gross error« Lechevaliers. Vgl. Maclaren 1863, S. 14.
334. Ausführlich dazu: Allen 1999, S. 94 f.
335. Im Original seines Schreibens an Newton vom 24. September 1863: »in

the negative case my intention is to apply the Prussian or French government« (vgl. Allen 1999, S. 96). Auch Easton 2014, S. 34.

336. Ebd.
337. Newton teilt Calvert in einem Brief vom 1. Februar 1864 mit: »the trustees decline to entertaining the project« (vgl. Allen 1999, S. 99).
338. Ebd.
339. Vgl. Cobet 1997, S. 61.
340. Vgl. Allen 1999, S. 101.
341. Vgl. Easton 2014, S. 35.
342. Vgl. Allen 1999, S. 101.
343. Ebd.
344. A.a.O., S. 102.
345. Lehrer & Turner 1989, S. 240/245.
346. Vgl. Cobet 1997, S. 64/65.
347. Vandenberg 1995, S. 170.
348. H.S. an Doris Schliemann in Röbel am 22. August 1868 (vgl. Cobet 1997, S. 60).
349. Vgl. Vandenberg 1995, S. 173.
350. Ebd.
351. Vgl. Deuel 1979, S. 517.
352. Ebd.
353. A.a.O., S. 174.
354. Vgl. Schliemann/Andreß 1869, S. 201.
355. Ebd.
356. H.S. an Frank Calvert, 26. Dezember 1868 (vgl. Schliemann 1953, S. 141).
357. Ebd.
358. Frank Calvert an H.S., Çanakkale im November 1868 (vgl. Schliemann 1953, S. 140).
359. Frank Calvert an H.S., Çanakkale am 8. März 1869; im englischen Original heißt es: »Many thanks for your letter and the work you were so good to send me. I have read the book through and find it highly interesting – it is evident the author is thoroughly acquainted with Homer and has made it his ›vade mecum‹. The preface has excited my warmest admiration … I am highly flattered by the manner in which you have made mention of me in your work – you have given more praise than is my due for the services rendered to archaeology.«
360. Vgl. Vandenberg 1995, S. 169.
361. H.S. an seine Schwester Doris Schliemann, Florenz am 14. Oktober 1869 (vgl. Vandenberg 1995, S. 193).
362. Ebd.
363. Vgl. Vandenberg 1995, S. 192.

364. A. a. O., S. 193/194.
365. Ebd.
366. Ausführlich zur Beziehung von Heinrich und Sophia Schliemann s. Coulmas 2001, S. 35 f.
367. A. a. O., S. 37.
368. Ebd.
369. Vgl. Vandenberg 1995, S. 197.
370. Ebd.
371. Vgl. Coulmas 2001, S. 38.
372. Ebd.
373. Vgl. Cobet 1997, S. 72/73.
374. H. S. an Justizrat Plato, Hissarlik im April 1870 (vgl. Vandenberg 1995, S. 200).
375. A. a. O., S. 201.
376. Ebd.
377. Vgl. Schliemann 1874, S. 2.
378. Vgl. Cobet 1997, S. 74.
379. H. S. an Justizrat Plato, Hissarlik im April 1870 (vgl. Vandenberg 1995, S. 200).
380. Vgl. Schliemann 1874, S. 3.
381. Vgl. Vandenberg 1995, S. 218.
382. Vgl. Cobet 1997, S. 73.
383. Vgl. Deuel 1979, S. 238.
384. Vgl. Coulmas 2001, S. 43.
385. A. a. O., S. 44.
386. A. a. O., S. 48.
387. Ebd.
388. Vgl. Coulmas 2001, S. 44.
389. A. a. O., S. 44.
390. A. a. O., S. 51.
391. Vgl. Vandenberg 1995, S. 206.
392. A. a. O., S. 51.
393. Vgl. Schliemann 1874, S. 7.
394. Vgl. Vandenberg 1995, S. 225.
395. Vgl. Cobet 1997, S. 74.
396. Sophia Schliemann an H. S. am 13. Oktober 1871 (vgl. Vandenberg 1995, S. 227).
397. Vgl. Deuel 1979, S. 239.
398. Ebd.
399. Ebd.
400. A. a. O., S. 240.

401. Ebd.
402. Vgl. Vandenberg 1995, S. 207.
403. A.a.O., S. 206.
404. Vgl. Deuel 1979, S. 239.
405. Vgl. Vandenberg 1995, S. 207.
406. H.S. an Safved-Pascha, Konstantinopel am 1. September 1870 (vgl. Vandenberg 1995, S. 203).
407. Vgl. Vandenberg 1995, S. 204/205.
408. Vgl. Deuel 1979, S. 240.
409. Vgl. Cobet 1997, S. 74.
410. Vgl. Vandenberg 1995, S. 204/205.
411. Vgl. Schliemann 1874, S. 43.
412. Vgl. Vandenberg 1995, S. 208. Der klassische Archäologe und Althistoriker Ernst Curtius (1814–1896) wurde 1852 durch einen Vortrag in der Berliner Singakademie über Olympia deutschlandweit bekannt. Von 1855 bis 1867 als Professor in Göttingen, übernahm er ab 1867 auch Ämter in der preußischen Hauptstadt, u.a. den Lehrstuhl für Archäologie an der Berliner Universität und als Leiter des Antiquariums im Alten Museum. 1875 begann Curtius die Ausgrabungen in Olympia, zu denen er auch den jungen Wilhelm Dörpfeld heranzog, der schließlich Schliemann in Troja assistierte und nachfolgte.
413. A.a.O., S. 209/210.
414. Das Buch von Ernst Curtius erschien schließlich 1872 (vgl. Curtius 1872, S. 1).
415. Ernst Curtius wurde begleitet durch den Berliner Bauhistoriker Friedrich Adler, den Heidelberger Altertumskundler B.C. Stark und dessen Assistenten Gustav Hirschfeld und Heinrich Gelzer sowie Major Regely, einem anerkannten Landvermesser vom preußischen Generalstab (vgl. Vandenberg 1995, S. 213).
416. Vgl. Cobet 1997, S. 81 f., auch Vandenberg 1995, S. 215.
417. A.a.O., S. 216.
418. Ebd.
419. A.a.O., S. 220.
420. A.a.O., S. 219.
421. Vgl. Schliemann 1874, S. 77. Schliemann nimmt hier Bezug auf Homers *Ilias* XX, 215–218 (vgl. Homer 2002, S. 352).
422. Vgl. Schliemann 1874, S. 6.
423. A.a.O., S. 4.
424. A.a.O., S. 9–12.
425. A.a.O., S. 21.
426. A.a.O., S. 23/24.

427. Vgl. Cobet 1997, S. 74.
428. Vgl. Schliemann 1874, S. 28. Ein Jahr nach dem Fund revidiert Schliemann seine erste Annahme wieder, »denn Herr Ernest Renan in Paris, dem ich das Scheibchen einsandte, erkennt nichts Phönizisches in den Zeichen« (vgl. Schliemann 1874, S. 94).
429. A. a. O., S. 31.
430. A. a. O., S. 32. In der Antike wurde die Göttin Athene mit der Symbolfigur der Eule assoziiert, auch Homer stattete Athene im 1. Gesang der *Ilias* mit dem entsprechenden Attribut aus, wenn man wie Schliemann »θεὰ γλαυκῶπις Ἀθήνη« (Athena glaukopis) wortwörtlich mit »die Göttin Athene mit dem Eulengesicht« übersetzt (anstelle der Voß'schen Übertragung von »glaukopis« mit »blauäugig«) (vgl. Schliemann 1874, S. 65; mit Bezug auf Homers *Ilias* I, 206, in: Homer 2002, S. 10).
431. Vgl. Schliemann 1874, S. 33.
432. A. a. O., S. 38.
433. A. a. O., S. 37.
434. A. a. O., S. 42.
435. A. a. O., S. 35.
436. A. a. O., S. 37.
437. Ebd.
438. H. S. an John P. Brown, Hissarlik am 11. November 1871 (vgl. Vandenberg 1995, S. 229).
439. Ebd.
440. Vgl. Schliemann 1874, S. 39.
441. Vgl. Vandenberg 1995, S. 241.
442. A. a. O., S. 207.
443. Das Haus diente nach dem Verkauf durch Schliemanns Witwe im Jahre 1926 als Gerichtsgebäude und beherbergt seit Dezember 1998 das Numismatische Museum der griechischen Hauptstadt.
444. Ausführlich zu Schliemanns *Iliou Melathron* in Athen s. Martin 2019, S. 41 f.
445. Vgl. Martin 2019, S. 45–47.
446. A. a. O., S. 53/54.
447. Ebd.
448. Vgl. Schliemann 1874, S. 48.
449. Vgl. Martin 2019, S. 45.
450. A. a. O., S. 58.
451. Vgl. Schliemann 1874, S. 64/65.
452. A. a. O., S. 66.
453. A. a. O., S. 65.
454. A. a. O., S. 67/68.
455. A. a. O., S. 48.

456. A. a. O., S. 49, 127.

457. A. a. O., S. 57. Nach Schliemanns eigenen Angaben zog er dazu »Werke berühmter Gelehrten über indische Alterthumskunde« heran, »besonders Adalbert Kuhn, »Die Herabkunft des Feuers«; Max Müller, »Essays«; Émile Burnouf, »La Science des Religions« und »Essai sur le Vêda«, sowie mehrere Werke von Eugène Burnouf (vgl. Schliemann 1874, S. 49).

458. A. a. O., S. 49 u. 57.

459. Die große Zahl von Swastiken in Schliemanns Villa wirkt auf heutige Besucher, die das Symbol vor allem als Hakenkreuz der deutschen Nationalsozialisten kennen, sicherlich verstörend – eine negative Aufladung, die Heinrich Schliemann, der mehr als 40 Jahre vor Hitlers Machtergreifung starb, nicht anzulasten ist.

460. H. S. an Ernst Curtius, Athen am 6. Januar 1872 (vgl. Vandenberg 1995, S. 243).

461. Vgl. Schliemann 1874, S. 46.

462. Vgl. Cobet 1997, S. 75.

463. Vgl. Schliemann 1874, S. 75.

464. A. a. O., S. 47. Schliemann bezeichnet die *Antelion* an anderer Stelle als Natter (vgl. Schliemann 1881, S. 133). Der Biologe Heiko Werning vermutet, dass es sich Schliemanns Beschreibung nach am ehesten um das Blödauge (*Xerotyphlops vermicularis*) oder die Türkische Netzwühle aus dem *Blanus-strauchi*-Komplex, also eine Doppelschleiche, eine beinlose Echse, handeln könnte. Werning verweist zudem darauf, dass in der Region landläufig vieles Schlangenähnliche pauschal als giftig angesehen wird. Die an den Dardanellen vorkommenden tatsächlich giftigen Schlangenarten hingegen, die Europäische Hornotter (*Vipera ammodytes*) und die Türkische Bergotter (*Montivipera xanthina*), konnten sicherlich eine reale Gefahr bei Schliemanns Ausgrabungen darstellen, halten sich aber nicht in tieferen Bodenschichten auf und entsprechen nicht der angegebenen Beschreibung Heinrich Schliemanns.

465. Vgl. Schliemann 1874, S. 48.

466. A. a. O., S. 46.

467. A. a. O., S. 69.

468. Ebd.

469. A. a. O., S. 139.

470. A. a. O., S. 140.

471. A. a. O., S. 46.

472. A. a. O., S. 60.

473. A. a. O., S. 48.

474. Vgl. Schliemann 1874 (2), S. 1.

475. Vgl. Coulmas 2001, S. 97/98.

476. Vgl. Schliemann 1874, S. 46.
477. A. a. O., S. 59.
478. A. a. O., S. 60.
479. A. a. O., S. 59.
480. A. a. O., S. 86/87.
481. A. a. O., S. 103/104.
482. A. a. O., S. 86/87.
483. A. a. O., S. 102. Schliemann bezieht sich hier auf Homers *Ilias* VI, 302–304 (vgl. Homer 2002, S. 107).
484. A. a. O., S. 102.
485. A. a. O., S. 61.
486. A. a. O., S. 103.
487. A. a. O., S. 88.
488. A. a. O., S. 95.
489. Schliemanns Grabungsberichte, die in den großen Blättern ein bis zwei Seiten der Sonntagsbeilage füllten, wurden mit einer zeitlichen Verspätung von mehreren Wochen publiziert, sodass etwa sein Artikel »Auf dem Berge Hissarlik, 24. Nov.« vom Ende der Grabung im Jahre 1871 erst in der Sonntagsausgabe vom 7. Januar 1872 der *Augsburger Allgemeinen Zeitung* erschien. Schliemanns 23-teilige Serie in der AZZ beginnt mit Datierung vom 18. Oktober 1871 und endet mit dem 23. Grabungsbericht »Troja, 17. Juni 1873« (Korfmann 2000, S. IX).
490. H. S. in seinem Tagebuch A 13 (1870–74), vgl. Koiner 2019, S. 180.
491. A. a. O., S. 100. Als Phoibos Apollon (»der Leuchtende«, latinisiert: Phoebus) wurde Apoll mit dem Sonnengott Helios gleichgesetzt.
492. Ebd. Zum heute »Helios mit Viergespann« oder »Helios-Metope« genannten Schliemann-Fund ausführlich in Kästner 2015. Die Metope befindet sich gegenwärtig im Berliner Pergamonmuseum (Antikensammlung der SMB-SPK, Id.-Nr. 104068) und konnte als Eckblock des Metopen-Triglyphenfrieses auf der Nordseite des Athenatempels identifiziert werden, den der König von Thrakien und Makedonien Lysimachos auf Wunsch Alexander des Großen zu Beginn des 3. Jahrhunderts v. Chr. als neuen dorischen Marmortempel für die Stadtgöttin Athena errichten ließ und der später vom römischen Kaiser Augustus renoviert und mit einer Weihinschrift versehen wurde (vgl. Kästner 2015).
493. Vgl. Vandenberg 1995, S. 253.
494. Ausführlich zur Translokation der Helios Metope in: Koiner 2019, S. 173 ff.
495. H. S. an Ernst Curtius, Athen am 28. September 1872 (vgl. Schliemann 1953, S. 218–219).
496. H. S. an Emile Barnouf, Athen am 18. Oktober 1873 (vgl. Koiner 2019, S. 190, bezugn. auf Schliemanns Kopierbuch BBB 33, S. 185).

497. H. S. an Frank Calvert, Hissarlik am 21. Juli 1872 (vgl. Traill 1993, S. 104, bezugn. auf Schliemanns Kopierbuch BBB 31, 127). Da Calvert zudem für Transferkosten im Hafen aufkommen musste, blieben ihm nur 49 Pfund (vgl. Koiner 2019, S. 149).
498. Frank Calvert an H. S., Çanakkale 14. April 1873 (vgl. Koiner 2019, S. 192, bezugn. auf Schliemanns BBB 01 F 2 Sub 2, 4).
499. H. S. an Frank Calvert, Hissarlik 17. April 1873 (vgl. Schliemann 1953, S. 227; auch Schliemanns Kopierbuch BBB 32, 187).
500. Vgl. Schliemann 1874, S. 99.
501. H. S. an Richard Schöne, Dardanellen 26. Juli 1882 (vgl. Schliemann 1953, S. 216).
502. Vgl. Schliemann 1874, S. 63/64.
503. A. a. O., S. 67.
504. A. a. O., S. 84.
505. A. a. O., S. 107.
506. Ebd. Schliemann bezieht sich hier auf Homers *Ilias* XI, 633–635 (vgl. Homer 2002, 195), und Homers *Odyssee*, XV, 116 u. 446 (vgl. Homer 2002, S. 140).
507. Vgl. Schliemann 1874, S. 104/105.
508. A. a. O., S. 149.
509. Ebd.
510. A. a. O., S. 109–111.
511. Vgl. Coulmas 2001, S. 101/102.
512. Vgl. Vandenberg 1995, S. 253.
513. Vgl. Schliemann 1874, S. 160.
514. A. a. O., S. 161. Schliemann bezieht sich hier auf Homers *Ilias* VI, 386–387 (vgl. Homer 2002, S. 109).
515. A. a. O., S. 162.
516. H. S. an Ernst Curtius, Hissarlik im August 1872 (vgl. Vandenberg 1995, S. 251/253).
517. Ebd.
518. Ebd.
519. Vgl. Schliemann 1874, S. 151.
520. A. a. O., S. 78.
521. A. a. O., S. 138.
522. H. S. an Eduard Brockhaus, Athen am 18. Januar 1873 (vgl. Cobet 1997, S. 82).
523. Vgl. Vandenberg 1995, S. 256.
524. Vgl. Schliemann 1874, S. 184.
525. A. a. O., S. 185.
526. A. a. O., S. 185.
527. Vgl. Schliemann 2000, S. 165.

528. Vgl. Schliemann 1874, S. 194.
529. Vgl. Schliemann 2000, S. 145.
530. A.a.O., S. 153/154.
531. Ebd.
532. A.a.O., S. 165.
533. A.a.O., S. 168.
534. Ausführlich zu Photidas und Sophia Schliemann in: Coulmas 2001, S. 106/107.
535. H.S. an Konstantinos Engastromenos, Hissarlik am 29. April 1873 (vgl. Coulmas 2001, S. 106).
536. Ebd.
537. Vgl. Schliemann 2000, S. 147/148.
538. A.a.O., S. 156.
539. A.a.O., S. 181/191.
540. A.a.O., S. 187/189.
541. A.a.O., S. 193.
542. A.a.O., 194/195.
543. A.a.O., S. 203.
544. A.a.O., S. 204/205.
545. A.a.O., S. 206/211.
546. A.a.O., S. 205/206. Schliemann bezieht sich hier auf Homers *Ilias* III, 146–244 (vgl. Homer 2002, S. 50–52).
547. In: *Ilias* III, 149 (vgl. Homer 2002, S. 50).
548. Vgl. Schliemann 2000, Abb. 13.
549. Vgl. Cobet 1997, S. 77.
550. Vgl. Schliemann 2000, S. 214/215.
551. A.a.O., S. 183.
552. A.a.O., S. 210.
553. A.a.O., S. 216/217.
554. A.a.O., S. 218–220.
555. Ebd.
556. Vgl. Schliemann 2000, S. 220/221.
557. A.a.O., S. 220. Schliemann bezieht sich hier auf Homers *Ilias* XXIV, 228 (vgl. Homer 2002, S. 422).
558. Ebd.
559. Vgl. Schliemann 2000, S. 290.
560. Vgl. Vandenberg 1995, S. 281.
561. H.S. an Charles Newton (vgl. Coulmas 2001, S. 110).
562. Vgl. Schliemann 2000, S. 290.
563. Vgl. Vandenberg 1995, S. 281.
564. A.a.O., Vandenberg 1995, S. 289.

565. Cobet gibt an, der Schatz sei am 26. Juni 1873, einen Tag nach Schliemann selbst, in Athen eingetroffen (vgl. Cobet 1997, S. 79).
566. H. S. an Frederick Calvert, Hissarlik im Juni 1873 (Schliemann/Meyer 1936, S. 132).
567. Vgl. Vandenberg 1995, S. 279/280. Laut Coulmas wurde die Ladung am 6. Juni 1873 vom Landgut Calverts aus an die Küste gebracht, wo das Schiff *Omonia* die Ladung überahm und nach Athen brachte (vgl. Coulmas 2001, S. 112/113).
568. Vgl. Coulmas 2001, S. 112.
569. Vgl. Vandenberg 1995, S. 280.
570. Vgl. Schliemann 1878, S. 51.
571. Ebd.
572. Vgl. Traill 1995, S. 311.
573. Vgl. Schliemann 2000, S. 225.
574. Ebd.
575. Vgl. Schliemann 2000, S. 226.
576. Ebd.
577. Vgl. Schliemann 1874, S. 225/226.
578. Vgl. Schliemann/Andreß 1869, S. 147.
579. Ebd. Schliemann bezieht sich hier auf Homers *Ilias* V, 446 (vgl. Homer 2002, S. 86); *Ilias* VI, 88, 297, 313–317, 370 (vgl. Homer 2002, S. 101, 107, 109); *Ilias* XXII, 170–172 (vgl. Homer 2002, S. 381).
580. Vgl. Schliemann/Andreß 1869, S. 78.
581. Vgl. Schliemann 2000, S. 225/226.
582. Vgl. Schliemann 1874, S. XIV.
583. Vgl. Schliemann 2000, S. 225.
584. Vgl. Schliemann 1953, S. 237.
585. Vgl. Vandenberg 1995, S. 284; auch Cobet 1997, S. 82.
586. H. S. an Eduard Brockhaus, Athen 1873 (vgl. Vandenberg 1995, S. 281/282).
587. Vgl. Cobet 1997, S. 82; auch Vandenberg 1995, S. 281, 284.
588. Vgl. Cobet 1997, S. 82/83.
589. Vgl. Coulmas 2001, S. 117.
590. Vgl. Cobet 1997, S. 82.
591. Vgl. Vandenberg 1995, S. 295.
592. Vgl. Vandenberg 1995, S. 283.
593. Vgl. Vandenberg 1995, S. 284.
594. Vgl. Coulmas 2001, S. 115.
595. *Kladderadatsch* XXVI, S. 155.
596. H. S. an Eduard Brockhaus, Athen 1874 (vgl. Cobet 1997, S. 82).
597. Schliemann weilte im Zeitraum zwischen 17. August und 5. September 1874 für einen oder zwei Tage in Olympia (vgl. Traill 1995, S. 311).

598. H. S. an Friedrich Schlie, Athen 1873 (vgl. Vandenberg 1995, S. 283).
599. Vgl. Cobet 1997, S. 82.
600. H. S. an Charles T. Newton, Athen 1873 (vgl. Vandenberg 1995, S. 284).
601. H. S. an Friedrich Schlie, Athen 1873 (a. a. O., S. 284).
602. Die französische Edition erschien 1874 ebenfalls bei Brockhaus in Leipzig unter dem Titel *Antiquités Troyennes: Rapport sur les fouilles de Troie,* die englische Ausgabe 1875 in Cambridge unter dem Titel *Troy and its Remains* (vgl. Schliemann 1878, S. 51).
603. Schliemann hält sich vom 24. bis 28. Februar 1874 in Mykene auf (vgl. Traill 1995, S. 311).
604. Vgl. Coulmas 2001, S. 125. Die Grabungsgenehmigung erfolgte tatsächlich Ende März 1874 (vgl. Cobet 1997, S. 82).
605. Vgl. Schliemann 1878, S. 48, 53.
606. A. a. O., S. 52.
607. A. a. O., S. 65.
608. Vgl. Cobet 1997, S. 82.
609. Die von Vergil eingefügte Bildbeschreibung (Ekphrasis) des Schildes des Aeneas, in: Vergils *Aeneis* VIII, 626–728 (Vergil 1982, S. 194–197).
610. Die Grabungen in Motye finden vom 22. bis 25. Oktober 1875 statt (vgl. Traill 1995, S. 312).
611. Insbesondere die von Vergil gestaltete Didotragödie, Aeneas' Abfahrt aus Karthago und Didos Tod, wurde vielfach auch in der antiken Kunst aufgegriffen (Vergils *Aeneis* IV, 1–705, in: Vergil 1982, S.74–95).
612. Vgl. Traill 1995, S. 312.
613. Vgl. Mühlenbruch 2021, S. 50.
614. H. S. an Émile Burnouf, Neapel 1875 (vgl. Cobet 1997, S. 84).
615. Vgl. Coulmas 2001, S. 117 ff.
616. Ebd.
617. H. S. an Paulynice Beaurain, Athen 28. Juni 1873 (vgl. Vandenberg 1995, S. 286).
618. Ebd.
619. Paulynice Beaurain an H. S., Paris 8. Juli 1873 (vgl. Vandenberg 1995, S. 287). Froment-Meurice unterhielt seine Pariser Goldschmiede-Werkstatt unweit der Tuilerien in der Nr. 372, Rue St. Honoré.
620. A. a. O., S. 288.
621. Ganz ausschließen lässt sich indes nicht, dass Heinrich Schliemann diese Korrespondenz, die als Teil seines Nachlasses in der Athener Gennadios-Bibliothek der *American School of Classical Studies* verwahrt wird, sehr bewusst in diesem Nachlass belassen, vielleicht sogar für diesen »produziert« hat. Denn die Briefe »beweisen«, daß er einen Fälscher sucht, weil er zuvor noch keinen hatte. Diese Lesart könnte intendiert gewesen sein, da

Schliemann vermutlich auch über die Wirkung seines Nachlasses reflektiert und diesen entsprechend »sortiert«, resp. manipuliert hat.

622. Vgl. Schliemann 1878, S. 52.

623. Vgl. Vandenberg 1995, S. 288. Die einzige Ausnahme könnte ein Kurztrip nach Rom am 27. September 1874 gewesen sein, die sich aus Schliemanns Briefwechsel zu ergeben scheint (vgl. Meyer 1936, S. 324).

624. Vgl. Mühlenbruch 2021, S. 47/48.

625. Der Peloponnesische Krieg wurde von 431 v. Chr. bis 404 v. Chr. zwischen dem Attischen Seebund um Athen und dem Peloponnesischen Bund um Sparta bis zum endgültigen Sieg der Spartaner ausgetragen.

626. Vgl. Coulmas 2001, S. 114.

627. Vgl. Traill 1995, S. 312.

628. Vgl. Cobet 1997, S. 83.

629. Vgl. Vandenberg 1995, S. 290.

630. A. a. O., S. 291.

631. Vgl. Wilamowitz-Moellendorf 1928, S. 148.

632. Vgl. Vandenberg 1995, S. 291.

633. Vgl. Coulmas 2001, S. 120.

634. Zur Spezifik englischer *kindness* im Sinne von Wohlwollen, Freundlichkeit und Güte s. Pollatschek 2000/1, S. 235.

635. Vgl. Cobet 1997, S. 83.

636. Vgl. Deuel 1979, S. 321/322; auch Coulmas 2001, S. 120.

637. H. S. an L. Sonnemann, Troja bei den Dardanellen 10. Mai 1876 (vgl. Schliemann 1958, S. 44).

638. Im engl. Original schreibt Schliemann an Gladstone: »Further must be excavated the great conical treasury close to the Lionsgate, which I estimate to contain abt. 1000 cubic metres. But there is nothing else to excavate in Mycenae ...« In: H. S. an W. Gladstone, Brighton 27. Juni 1875 (vgl. Schliemann 1958, S. 35).

639. Vgl. Cobet 1997, S. 84.

640. Ebd.

641. H. S. an Sergej Schliemann, »Troia pres des Dardanelles« 7. Mai 1876 (vgl. Schliemann 1958, S. 39/40).

642. Ebd.

643. Der Arzt, Pathologe, Anatom, Anthropologe, Prähistoriker und Politiker Rudolf Virchow (1821–1902) machte sich in Berlin insbesondere als Medizinhistoriker und mit der anthropologischen Forschung an Schädelformen einen Namen. 1869 war er Mitbegründer der Berliner Anthropologischen Gesellschaft, in der er bis zu seinem Lebensende als Vorsitzender wirkte. Als Freund und Förderer Heinrich Schliemanns regte er dessen Aufnahme in die Anthropologische Gesellschaft und den Ehrentitel

»Heros« für Schliemann an, sorgte als Berliner Stadtverordneter der Deutschen Fortschrittspartei für Schliemanns Berliner Ehrenbürgerschaft, nahm 1879 selbst an einer Troja-Ausgrabung an der Seite Schliemanns teil und begleitete Schliemann auch nach Ägypten. Durch Virchows Vermittlung gelangte Heinrich Schliemanns trojanische Sammlung mit dem »Schatz des Priamos« von London nach Berlin. Rudolf Virchow blieb bis zu Schliemanns Lebensende dessen engster Freund, Arzt und Vertrauter.

644. H. S. an Königin Sophie von Holland, Athen 2. März 1876 (vgl. Schliemann 1958, S. 36/37).

645. Vgl. Mühlhofer 2021, S. 52.

646. H. S. an P. Déthier, Dardanellen 21. Mai 1876 (vgl. Schliemann 1958, S. 45).

647. Vgl. Cobet 1997, S. 85.

648. Vgl. Deuel 1979, S. 327; auch Vandenberg 1995, S. 375.

649. Vgl. Coulmas 2001, S. 146.

650. Aufgrund seiner Zuverlässigkeit wurde Panagiotis Stamatakis 1884 zum Generalephoros der Altertümer von Griechenland ernannt.

651. Vgl. Cobet 1997, S. 85.

652. Vgl. Schliemann 1878, S. 53.

653. Der Tagebuch-Eintrag erfolgte am 19. August 1876 (vgl. Coulmas 2001, S. 143).

654. Schliemann hatte 1874 die Ausgrabungen von Stamatakis im böotischen Chäronea nahe Cheronia besichtigt und war zu einem abschätzigen Urteil gelangt (vgl. Coulmas 2001, S. 123).

655. Ausführlich dazu bei Coulmas 2001, S. 146 f.

656. Ebd.

657. Vgl. Cobet 1997, S. 85.

658. Ebd.

659. Ebd.

660. Vgl. Vandenberg 1995, S. 371.

661. Vgl. Cobet 1997, S. 86.

662. Vgl. Bölke 2015, S. 497.

663. Vgl. Deuel 1979, S. 327.

664. Vgl. Vandenberg 1995, S. 374.

665. A. a. O., S. 376.

666. A. a. O., S. 377/378.

667. Schliemanns Eintrag ist auf den 6.12.1876 datiert (vgl. a. a. O., S. 378).

668. A. a. O., S. 384.

669. Vgl. Coulmas 2001, S. 158. König Georg I. aus dem dänisch-deutschen Hause Schleswig-Holstein-Sonderburg-Glücksburg war von 1863 bis zu seiner Ermordung 1913 König der Hellenen.

670. Vgl. Deuel 1979, S. 326.

671. Vgl. Vandenberg 1995, S. 385.
672. Vgl. Cobet, S. 87.
673. Vgl. Vandenberg 1995, S. 386.
674. Vgl. Deuel 1979, S. 327.
675. Vgl. Schliemann 1878, S. 384.
676. Vgl. Deuel 1979, S. 327.
677. Vgl. Cobet 1997, S. 86.
678. Vgl. Vandenberg 1995, S. 392.
679. Vgl. Deuel 1979, S. 327; auch Vandenberg 1995, S. 386.
680. Vgl. Cobet, S. 88.
681. Im engl. Original: »a larger sale than any archeological work ever published«, in: H. S. an W. Gladstone, Paris 10. April 1878 (vgl. Schliemann 1953, S. 72).
682. Ebd.
683. Vgl. Coulmas 2001, S. 162.
684. Ebd.
685. Vgl. Cobet 1997, S. 88.
686. Vgl. Coulmas 2001, S. 161.
687. A. a. O., S. 159. Der US-amerikanische klassische Archäologe Carl William Blegen (1887–1971) führte von 1932 bis 1938 Ausgrabungen in Troja durch und wandte sich danach 1939 Mykene zu, wo er das Archiv des Palastes mit ca. 600 Tontafeln mit Linear-B-Schrift aufspürte, die man zuvor nur aus Kreta kannte. 1939 und 1952 bis 1969 konzentrierte er seine Forschungen auf das peloponnesische Pylos, wo er 1952 über 330 Tontafeln mit der Linearschrift B entdecken konnte, die in die USA überführt wurden.
688. Kumanides an H. S., Athen 20. November 1877 (vgl. Schliemann 1958, S. 69).
689. Schliemanns Vierte Grabung in Troja beginnt am 30. September und endet am 26. oder 28. November 1878 (vgl. Traill 1995, S. 312).
690. Vgl. Vandenberg 1995, S. 399.
691. Vgl. Schliemann 1881, S. 63.
692. Schliemanns Fünfte Grabung in Troja findet vom 1. März bis zum 4. Juni 1879 statt (vgl. Traill 1995, S. 312).
693. Vgl. Herrmann 1990/2, S. 15.
694. Virchow an H. S., Berlin 11. Januar 1877 (vgl. Herrmann 1990/1, S. 84).
695. Vgl. Fontane 1986, S, 233/234.
696. Vgl. Coulmas 2001, S. 174/175.
697. Vgl. Herrmann 1990/2, S. 15.
698. Vgl. Vandenberg 1995. S. 397.
699. H. S. an W. Rust, Troia 28. Mai 1879 (vgl. Schliemann 1953, S. 76).
700. H. S. an Rudolf Virchow, Athen 19. Juni 1879 (vgl. Herrmann 1990/1, S. 109).

701. H.S. an W. Rust, Troia 28. Mai 1879 (vgl. Schliemann 1953, S. 76).
702. H.S. an Rudolf Virchow, Athen 19. Juni 1879 (vgl. Herrmann 1990/1, S. 109).
703. Vgl. Virchow 1891, S. 105.
704. Vgl. Cobet 1997, S. 95.
705. H.S. an Virchow, Boulogne s/m 9. September 1879 (vgl. Herrmann 1990/1, S. 139).
706. Vgl. Cobet 1997, S. 95.
707. Wilhelm I. an H.S., Berlin 24. Januar 1881 (vgl. Cobet 1997, S. 95).
708. Ausführlich dazu Coulmas 2001, S. 209 f.
709. H.S. an Rudolf Virchow, Paris 6. Januar 1881 (vgl. Herrmann 1990/1, S. 242).
710. Vgl. Vandenberg 1995, S. 308.
711. A.a.O., S. 309.
712. Richard Schöne an H.S., Berlin 17. Januar 1881 (vgl. Vandenberg 1995, S. 307).
713. Vgl. Vandenberg 1995, S. 304.
714. A.a.O., S. 311/312.
715. H.S. an Rudolf Virchow, St. Moritz Bad, 13. August 1885 (vgl. Herrmann 1990/1, S. 458).
716. Rudolf Virchow an H.S., Obstalden 18. August 1885 (vgl. Herrmann 1990/1, S. 459).
717. Vgl. Radowitz 1925, S. 156 f. Joseph Maria von Radowitz (1839–1912) gehörte zu Heinrich Schliemanns engerem Bekanntenkreis, da seine Stationen im diplomatischen Dienst in Japan und China, Sankt Petersburg und Paris, Athen und ab 1882 als Botschafter in Konstantinopel vielfach mit Schliemanns Reise- und Lebensstationen zusammenfielen. Als Botschafter in der Türkei sorgte Radowitz für den Freikauf von 25 Kisten mit Troja-Objekten aus Konstantinopel, die die Schliemann-Sammlung komplettierten (vgl. Vandenberg 1995, S. 312) .
718. Ebd.
719. Vgl. Coulmas 2001, S. 222/223.
720. Schliemann begegnete Otto von Bismarck am 23.07.1879 (vgl. Traill 1995, S. 313).
721. Das Abendessen mit dem Kronprinzenpaar fand am 10.08.1880 in Potsdam statt (vgl. Mühlenbruch 2012 , S. 58).
722. Vgl. Bölke 2015, S. 568.
723. Schliemann hält sich vom 20. August bis Mitte September 1878 auf Ithaka auf (vgl. Traill 1995, S. 312).
724. Schliemanns Sechste Grabung in Troja wird vom 1. März bis zum 30. Juni 1882 unter anderen auch am Bali Dagh durchgeführt, die Siebte Grabung vom 1. November bis Mitte Dezember 1889 (vgl. Traill 1995, S. 314).

725. Vgl. Vandenberg 1995, S. 364.
726. Vgl. Bölke 2015, S. 565; auch Traill 1995, S. 313.
727. In: Homers *Ilias* X, 268 (vgl. Homer, S. 169)
728. H. S. an Rudolf Virchow, Athen, 9. Dezember 1885 (vgl. Herrmann 1990/1, S. 493).
729. H. S. an Richard Schöne, Athen 18. April 1886 (vgl. Cobet 1997, S. 102).
730. H. S. an Rudolf Virchow, Athen 7. April 1885 (vgl. Herrmann 1990/1, S. 449).
731. 1899 konnte das Deutsche Reich die Immobilie von Schliemanns Erben erwerben.
732. Vgl. Traill 1995, S. 313.
733. Vgl. Vandenberg 1995, S. 406.
734. H. S. an Rudolf Virchow, Troja bei den Dardanellen 1. Mai 1882 (vgl. Herrmann 1990/1, S. 303/304).
735. Vgl. Vandenberg 1995, S. 407.
736. Vgl. Vandenberg 1995, S. 408.
737. Die erste gemeinsame Grabung von zehn Wochen fand in der Zeit vom 15. März bis 31. Mai 1884 statt, die zweite unter Leitung von Dörpfeld von Mitte April bis zum Grabungsende am 18. Juni 1885 (vgl. Traill 1995, S. 314).
738. Schliemann 1886, S. 24 f.
739. H. S. an Wilhelm Rust, Athen 1. Januar 1886 (vgl. Vandenberg S. 422).
740. Schliemann und Dörpfeld halten sich vom 18. bis 22. Mai 1886 auf Kreta auf (vgl. Traill 1995, S. 314).
741. Vgl. Traill 1995, S. 314.
742. Vgl. Vandenberg 1995, S. 422.
743. Ebd.
744. H. S. an Virchow, Athen 9. Dezember 1888 (vgl. Herrmann 1990/1, S. 493).
745. H. S. an Rudolf Virchow, Alexandrien 6. Februar 1888 (vgl. Herrmann 1990/1, S. 487).
746. Vgl. Bölke 2015, S. 603.
747. H. S. an Rudolf Virchow, Alexandrien 6. Februar 1888 (vgl. Herrmann 1990/1, S. 487).
748. Vgl. Vandenberg 1995, S. 420.
749. Vgl. Deuel 1979, S. 466.
750. Elise Schliemann an H. S., 16. Juli 1889 (vgl. Herrmann 1990/1, S. 607).
751. Ausführlich zur Kontroverse Schliemanns mit Boetticher in: Zavadil 2009, S. 8 ff.
752. Der Titel des Buches von Ernst Boetticher lautet im französischen Original *Le Troie de Schliemann, une Nécropole à incinération.*
753. H. S. an Rudolf Virchow, Berlin 6. Februar 1888 (vgl. Herrmann 1990/1, S. 507).

754. H.S. an Rudolf Virchow, Paris 13. September 1889 (vgl. Herrmann 1990/1, S. 516).
755. Die erste Troja-Konferenz in Hissarlik findet vom 1. bis 6. Dezember 1889 statt (vgl. Traill 1995, S. 314).
756. Vgl. Deuel 1979, S. 475 f.
757. Die »Zweite Internationale Troja-Konferenz« findet vom 28. Februar bis 1. März 1890 in Hissarlik statt (vgl. Traill 1995, S. 314).
758. Vgl. Deuel 1979, S. 475 f.
759. Schliemanns letzte Grabung in Hissarlik fand vom 1. März bis zum 1. August 1890 statt (vgl. Traill 1995, S. 315).
760. Die nächste Troja-Grabung war für den 1. März 1891 bis zum 1. August 1891 geplant (vgl. Traill 1995, S. 315).
761. H.S. an Rudolf Virchow, Halle 15. November 1890 (vgl. Herrmann 1990/1, S. 568).
762. H.S. an Rudolf Virchow, Paris 17. Dezember 1890 (vgl. Herrmann 1990/1, S. 574).
763. Vgl. Vandenberg 1995, S. 438.
764. Ebd.
765. Vgl. Deuel 1979, S. 494. Curtius hielt die Rede bei der Schliemann-Gedächtnisfeier im Berliner Rathaus am 1. März 1891.
766. A.a.O., S. 466.
767. H.S. an Rudolf Virchow, Troja 15. Juli 1890 (vgl. Herrmann 1990/1, S. 552).
768. Ebd.
769. Das Original des Schweriner Bildhauers Hugo Berwald war am 22. August 1895 vor dem Schweriner Gymnasium Fridericianum aufgestellt worden und konnte anhand zweier Gipskopien reproduziert werden, die das Berliner Museums für Vor- und Frühgeschichte 1990 in Auftrag gegeben hatte.
770. Die Büste Homers ist im *Neuen Museum* ausgewiesen als »Replik eines Marmorportraits im Archäologischen Nationalmuseum Neapel, gefertigt 1875 nach einer hellenistischen Vorlage von Gaetano Rossi«. Schliemann dürfte das Original kurz vor seinem Tod in Neapel noch gesehen haben. Die Achill-Patroklos-Szene bildet den Unterboden eines attischen Trinkgefäßes der »Sosias-Maler« in den Staatlichen Museen zu Berlin.
771. Der Erfurter Goldschmied Wolfgang Kuckenburg fertigte 1984 für Ostberlin anhand von Fotos eine Replik von Schliemanns »Schatz des Priamos« aus vergoldetem Silber für 80.000 Mark der DDR an, nach der deutschen Einheit stellte er aus echtem Gold der Bundesbank ein weiteres Diadem aus 2452 Einzelteilen her (vgl. Vorpahl/Meier/Strumpf 1996).
772. Vgl. Wemhoff 2014, S. 9; ausführlich auch Völling 2014, S. 11 ff.
773. Vgl. Vandenberg 1995, S. 36.

774. Wilhelm Unverzagt (1892–1971) wurde im Rahmen der Entnazifizierung aufgrund seiner Mitgliedschaft in der NSdAP seit 1938 wenige Wochen nach dem Ende des Zweiten Weltkriegs von der Sowjetischen Militäradministration vom Amt als Museumsleiter entbunden (vgl. Vandenberg 1995, S. 14).

775. Vgl. Vandenberg 1995, S. 24.

776. Nikolai Erastowitsch Bersarin (1904–1945) kam sechs Wochen nach der Übernahme der Schliemann-Fundstücke, am 16. Juni 1945, bei einem Motorradunfall in Berlin ums Leben. Aufgrund seiner Verdienste um die Organisation der städtischen Versorgung Berlins in den ersten Nachkriegswochen wurde er 1975 bis 1992 und ist wieder seit 2003 Ehrenbürger Berlins.

777. Josef Wissarionowitsch Stalin (1878–1953) stieß als georgischer Kommunist 1917 zum engen Zirkel Lenins in der Oktoberrevolution und riss nach Lenins Tod die Führung der KPdSU und der Sowjetunion diktatorisch an sich. Von 1922 bis zu seinem Tod 1953 war er Generalsekretär des ZK der KPdSU, ab 1941 Vorsitzender des Rates der Volkskommissare, ab 1946 Vorsitzender des Ministerrats der UdSSR und in den Jahren 1941 bis 1945 Oberster Befehlshaber der Roten Armee. Stalin trägt die Verantwortung für grausame Schauprozesse und das mörderische Gulag-System, sodass nach seinem Tod eine »Entstalinisierung« der Sowjetunion einsetzte, wird aber von vielen Russen als Generalissimus und Sieger über Hitler-Deutschland im Zweiten Weltkrieg verehrt.

778. Vgl. Vandenberg 1995, S. 35 f.

779. Vgl. Vandenberg 1995, S. 37.

780. Nikita Sergejewitsch Chrustschow (1894–1971) führte die KPdSU von 1953 bis 1964 und leitete von 1958 bis 1964 zugleich den Ministerrat der UdSSR. Trotz seines Reformwillens gelangte die Welt im globalen Kräftemessen mit John F. Kennedy, Chrustschows zeitweisem Gegenspieler als US-Präsident, 1961 mit dem Bau der Berliner Mauer und 1962 mit der versuchten Stationierung von Nuklearraketen im revolutionären Kuba zum Schutz vor einer US-Invasion durch die Sowjetunion an den Rand eines atomaren Schlagabtauschs der Supermächte.

781. Ausführlicher zu den von Goethe nach Gotha vermittelten Forster'schen Zeichnungen aus dem Pazifik, die nach dem Zweiten Weltkrieg zeitweise in St. Petersburg aufbewahrt wurden, in: Vorpahl 2018, S. 441.

782. Ausführlicher zu Motiven und Zielen, Umsetzung und Folgen dieser Rückführung: Vorpahl 2008.

783. Vgl. Vandenberg 1995, S. 37.

784. Vgl. Unverzagt 1985, S. 13 f.

785. Vgl. Vandenberg 1995, S. 39. Der Archäologe Boris Borissowitsch

Piotrowski (1908–1990) fungierte im damaligen Leningrad von 1964 bis zu seinem Tod als Direktor der Staatlichen *Eremitage*. Sein Sohn, der Historiker und Orientalist Michail Borissowitsch Piotrowski (geb. 1944), folgte ihm in der Funktion als *Eremitage*-Direktor 1992 nach, die er bis heute ausübt.

786. Die Kunsthistorikerin Irina Alexandrowna Antonowa (1922–2020) war von 1961 bis 2013 Direktorin und ab 2013 bis zu ihrem Tod Präsidentin des Moskauer Puschkin-Museums.

787. Vgl. *Der Spiegel* 1991, S. 284. Das Klischee der sowjetischen Kunst-Majorin wurde wohl durch Leo Arnstams Spielfilm *Fünf Tage – fünf Nächte* befördert, einer Koproduktion von Mosfilm und DEFA aus dem Jahr 1961, in dem eine Kunstwissenschaftlerin namens Dr. Nikitina in der Uniform der Roten Armee die Dresdner Gemäldegalerie retten hilft. Möglicherweise wurde Irina Antonowa aber auch mit Natalia Sokolowa (1897–1980) verwechselt, die als Kunsthistorikerin und Mitglied der Moskauer Akademie der Künste in besonderer Weise mit der propagandistischen Darstellung der »Rettung bedrohter Kunstwerke« in der DDR verbunden wurde (vgl. Seydewitz 1984, S. 208–212). In persönlichen Gesprächen des Verfassers in den Jahren 1986/87 mit dem aus dem skandinavischen Exil nach Dresden zurückgekehrten linken Sozialdemokraten Max Seydewitz (1892–1987), der in der DDR von 1947 bis 1952 als sächsischer SED-Ministerpräsident und danach von 1955 bis 1968 als Generaldirektor der Staatlichen Kunstsammlungen Dresden amtierte, sowie mit seiner Frau Ruth Seydewitz (1905–1989), die 1933 als jüdische Publizistin ins Exil gezwungen wurde und nach 1945 mit ihrem Mann nach Dresden zurückkehrte und in der DDR u. a. den Verlag Neues Leben gründete, wurde deutlich, dass die sowjetische Restitution von Beutekunst in der Nachkriegs-DDR ein subjektives Gefühl tiefer Dankbarkeit gegenüber der UdSSR, auch angesichts des kulturellen Flächenbrands, den SS und deutsche Wehrmacht im Zweiten Weltkrieg in der Sowjetunion angerichtet hatten, erzeugen konnte (ebd.).

788. Vgl. *Der Spiegel* 1992, S. 292 f.

789. Als Historiker und Filmemacher zur Beutekunst-Problematik traf der Autor in Russland, Frankreich und Deutschland mehrfach mit Irina Antonowa zu Hintergrundgesprächen und Interviews im Moskauer Puschkin-Museum und im Pariser Musée d'Orsay zusammen, Begegnungen ergaben sich zudem in den Staatlichen Kunstsammlungen Dresden, wo Irina Antonowa mit Martin Roth (1955–2017), der von 2001 bis 2011 als Generaldirektor in Dresden amtierte, den partnerschaftlichen Austausch von ausgewählten Kunstwerken zwischen Moskau und Dresden arrangiert hatte (vgl. Vorpahl/Meier/Strumpf 1996, Vorpahl 2001/1, Vorpahl 2007, Vorpahl 2008).

790. In: Vorpahl/Meier/Strumpf 1996.

791. Vgl. Parzinger 2021, S. 182/183.

792. Vgl. Vorpahl 2008. Der griechisch-russische Bildhauer Sergei Dmitri-jewitsch Merkurow (1861–1952) leitete von 1944 bis 1950 das Moskauer Puschkin-Museum. Wjatscheslaw Michailowitsch Molotow (1890–1986) war einer der engsten Vertrauten Stalins und amtierte von 1930 bis 1941 als sowjetischer Regierungschef und von 1939 bis 1949 sowie von 1953 bis 1956 als sowjetischer Außenminister.

793. Vgl. Parzinger 2021, S. 183.

794. Vgl. *Der Spiegel* 1993/1, S. 152. Boris Nikolajewitsch Jelzin (1931–2007) war ein sowjetischer Parteifunktionär, der als russischer Politiker die Auflö-sung der Sowjetunion vorantrieb und von 1991 bis 1999 als erstes demo-kratisch gewähltes Staatsoberhaupt Russlands amtierte.

795. Das Bernsteinzimmer war ein mit Panelen aus geschnitztem Bernstein ge-schmückter Prunkraum, den der preußische König Friedrich Wilhelm I. im Jahr 1716 an den russischen Zaren Peter I. verschenkt hatte und den Zarin Elisabeth 1755 in das Katharinenpalais von Zarskoje Selo (Puschkino) un-weit von St. Petersburg hatte einbauen lassen. Während der Blockade von Leningrad (heute St. Petersburg) wurde das Bernsteinzimmer 1944 von der deutschen Wehrmacht ins ostpreußische Königsberg abtransportiert und gilt seitdem als verschollen bzw. verbrannt. Seit 2003 ist das Katharinenpa-lais wieder mit einer Replik des Bernsteinzimmers ausgestattet, die mit fi-nanzieller Unterstützung aus Deutschland detailgetreu angefertigt und der Öffentlichkeit in einem Festakt durch den deutschen Bundeskanzler Ger-hard Schröder und den russischen Präsidenten Wladimir Putin wieder zu-gänglich gemacht wurde (vgl. Vorpahl 2002).

796. Die »Beutekunst«-Rechercheure Grigorij Koslow und Konstantin Akin-scha hatten 1991 im Zuge von Glasnost in Akten des Moskauer Staatsar-chivs ein Frachtverzeichnis der Roten Armee »Schätze aus Troja (Schlie-manns Ausgrabungen)« ermittelt, die 1945 von Major Kopas an das Puschkin-Museum übergeben und von Irina Antonowa bestätigt wor-den waren (vgl. Akinscha/Koslow 1995, S. 8 ff.).

797. Vgl. *Der Spiegel* 1993/2, S. 167.

798. Vgl. Vorpahl 1993.

799. Der Prähistoriker Wilfried Menghin (1942–2013) leitete von 1990 bis Ap-ril 2008 das Museum für Vor- und Frühgeschichte der Staatlichen Mu-seen zu Berlin und engagierte sich im Ruhestand als Sonderbeauftragter des Präsidenten der Stiftung Preußischer Kulturbesitz für die als Beute-kunst vermissten Bestände seines Museums.

800. Goldmann/Schneider 1995, S. 16.

801. Vgl. Vorpahl/Meier/Strumpf 1996.

802. Vgl. Rybak/Berger 1996, S. 42.

803. Vgl. *Süddeutsche Zeitung* 1996, S. 11. Der Kunsthistoriker Wolf-Dieter Dube (1934–2015) amtierte von 1983 bis 1999 als Generaldirektor der Staatlichen Museen zu Berlin/Stiftung Preußischer Kulturbesitz und trug nach der deutschen Wiedervereinigung 1990 insbesondere für die Zusammenführung der Sammlungen der Staatlichen Museen aus Ost- und Westberlin Verantwortung. Der FDP-Politiker Klaus Kinkel (1936–2019) amtierte von 1979 bis 1982 als Präsident des Bundesnachrichtendienstes, von 1991 bis 1992 als Bundesminister der Justiz, von 1992 bis 1998 als Bundesminister des Auswärtigen und von 1993 bis 1998 als Vizekanzler.

804. Gerhard Schröder (geb. 1944) war von 1990 bis 1998 SPD-Ministerpräsident von Niedersachsen und von Oktober 1998 bis November 2005 siebter deutscher Bundeskanzler der ersten rot-grünen Koalition.

805. Vgl. Vorpahl 2002, 2007 u. 2015. Der »Petersburger Dialog« wurde 2001 von Bundeskanzler Gerhard Schröder als ein bilaterales Diskussionsforum mit dem Ziel gegründet, die Verständigung zwischen den Zivilgesellschaften Deutschlands und Russlands zu fördern.

806. Die Kunsthistorikerin Bénédicte Savoy, seit 2019 Beraterin des französischen Präsidenten Emmanuel Macron in Restitutionsfragen und Inhaberin von Lehrstühlen an der Pariser Sorbonne und an der Berliner Technischen Universität, wies anhand von vertraulichen Akten aus dem deutschen Museumsbetrieb der 70er- und 80er-Jahre eine »Matrix der Abwehr« von Rückgabeforderungen Afrikas nach, die sich in vielen westdeutschen Museen, unter maßgeblicher Beteiligung der Stiftung Preußischer Kulturbesitz, etablieren konnte (vgl. Savoy 2021, S. 118 ff.; dazu auch: Vorpahl 2020/3; Vorpahl 2021/1).

807. Zu diesen Rückgaben der Stiftung Preußischer Kulturbesitz gehört etwa die »Sphinx von Hattuscha« an die Türkei, deren Restitution der türkische Kulturminister Günay 2011 bei den Verantwortlichen des Berliner Pergamonmuseums mit dem Ultimatum verband, Deutschland die Lizenz für weitere Grabungen in Hattuscha zu entziehen (vgl. Vorpahl 2011/2). In Bezug auf die von Nigeria zurückgeforderten Benin-Bronzen, die die Briten 1897 geplündert hatten und die vom deutschen Völkerkundemuseum erworben worden waren, sagte der Präsident der Stiftung Preußischer Kulturbesitz Hermann Parzinger im März 2021 eine Rückgabe zu, deren Umfang und Zeitpunkt im Detail zügig verhandelt werde (vgl. Vorpahl 2021/2).

808. Der Physiker und Mathematiker Klaus-Dieter Lehmann (geb. 1940) stellte als Präsident der Stiftung Preußischer Kulturbesitz von 1998 bis zum Februar 2008 die Weichen für dieses ungewöhnliche Kooperationsprojekt.

809. Der Prähistoriker und Archäologe Hermann Parzinger (geb. 1959) amtiert seit 1. März 2008 als Präsident der Berliner Stiftung Preußischer Kulturbesitz und koordiniert gemeinsam mit Michail Piotrowski, dem Petersburger Direktor der Staatlichen Eremitage, die Arbeitsgruppe »Kultur« des »Petersburger Dialogs«.

810. Vgl. Parzinger 2006, S. 12. Hermann Parzinger konnte das Skythen-Gold in den Jahren 2001 und 2002 gemeinsam mit Anatoli Nagler, Konstantin Čugunow und seinem Team von der Eurasien-Abteilung des Deutschen Archäologischen Instituts in sibirischen Hügelgräbern entdecken. Die Eurasien-Abteilung des DAI wurde 1995 unter seiner Leitung mit vorläufigem Sitz in Berlin sowie Außenstellen in Peking und Teheran gegründet, ein wichtiger Forschungsschwerpunkt sind die Länder der ehemaligen Sowjetunion.

811. Die Philologin Marina Dewowna Loschak (geb. 1955) amtiert seit Mitte 2013 als Direktorin des Puschkin-Museums in Moskau, während Irina Antonowa bis zu ihrem Tod 2020 in die Position der einflussreichen Ehren-Präsidentin des Museums wechselte. Der Mittelalterarchäologe Matthias Wemhoff (geb. 1964) fungiert seit Mai 2008 als Direktor des Museums für Vor- und Frühgeschichte der Staatlichen Museen zu Berlin – Preußischer Kulturbesitz sowie als Landesarchäologe des Landes Berlin.

812. Bei Ausgrabungen im frühbronzezeitlichen Siedlungshügel von Kırklareli in Türkisch-Thrakien zwischen 1993 und 1998 zur Erkundung der Siedlungs- und Kulturentwicklung vom Frühneolithikum bis zum Beginn der Mittelbronzezeit.

813. Eduard Amwrossijewitsch Schewardnadse (1928–2014) war von 1985 bis 1990 sowie Ende 1991 Außenminister der Sowjetunion. Von 1992 bis 1995 amtierte er als Staatsratsvorsitzender und bis 2003 als Präsident Georgiens. Er wurde nach Fälschungen der Parlamentswahl durch einem Sturm auf das Parlamentsgebäude und die Staatskanzlei in Tiflis im November 2003 in der georgischen »Rosenrevolution« zum Rücktritt gezwungen, verzichtete jedoch darauf, die Armee gegen die Demonstranten einzusetzen.

814. An der Ausstellung *Troia – Traum und Wirklichkeit* beteiligten sich das Archäologische Landesmuseum Stuttgart, das Troia-Projekt der Universität Tübingen, das Landesmuseum Braunschweig und die Kunst- und Ausstellungshalle der Bundesrepublik in Bonn, wo sie vom 16. November 2001 bis 1. April 2002 gezeigt wurde.

815. Vgl. Vorpahl 2001/1.

816. Vgl. Latacz 2001/1, S. 27.

817. Vgl. *Die Woche*, 16.3.2001, ähnlich auch: *Die Zeit*, 15.03.2001, *Die Welt*, 17.03.2001, und *FAZ*, 28.02.2001.

818. Frank Starke ist ein deutscher Altorientalist, dessen Forschungsschwerpunkt die luwische und hethitische Sprache sowie die Geschichte Anatoliens im 2. Jahrtausend v. Chr. bilden.

819. Das runde Bronzesiegel von zwei Zentimetern Durchmesser bezeichnet in luwischen Hieroglyphen auf der Vorderseite einen Schreiber, also einen hohen Verwaltungsbeamten oder Prinzen, auf der Rückseite eine Frau.

820. Vgl. Latacz 2001/2, S. 9 ff. Der Altphilologe Joachim Latacz (geb. 1934) ist Experte für frühgriechische Literatur und Kultur mit über 200 Aufsätzen zu Homer. Er gilt als einer der wichtigsten wissenschaftlichen Verteidiger der These Manfred Korfmanns, dass Homers *Ilias* auf realen historischen Ereignissen in der Späten Bronzezeit beruht.

821. Vgl. Siebler 2001/1, S. 61.

822. Vgl. Korfmann 2001, S. 69.

823. Vgl. Schliemann 1882, S. 32/33.

824. Vgl. Korfmann 2001, S. 75. Korfmann verwies jedoch zugleich etwas widersprüchlich darauf, dass derartige Übereinstimmungen keineswegs »in Richtung Historizität« weisen würden (ebd.).

825. Vgl. Korfmann 2001, S. 70.

826. A. a. O., S. 70.

827. A. a. O., S. 72.

828. Ebd.

829. A. a. O., S. 75.

830. Vgl. Hertel 2001, S. 8 ff. Hertel, der Korfmanns Grabungsteam von 1989 bis 1991 angehört hatte, hielt Korfmann entgegen, Troja sei weder ein Handelszentrum gewesen noch habe es eine große Unterstadt gegeben.

831. Der Althistoriker Frank Kolb (geb. 1945) fächerte seine Forschungen vom archaischen Griechenland bis zur römischen Spätantike auf und führte von 1989 bis 2001 archäologische Feldforschungen im antiken Lykien durch. Ab 2001 setzte er sich sowohl inhaltlich als auch wissenschaftsmethodisch mit der Interpretation des Grabungsbefundes von Manfred Korfmann in Troja auseinander, was unter Althistorikern breite Zustimmung, bei Archäologen und Sprachwissenschaftlern aber auch Ablehnung hervorrief.

832. Der Schweizer Hotelier und Bestseller-Autor Erich von Däniken (geb. 1935) erreichte mit pseudowissenschaftlichen Veröffentlichungen zur Prä-Astronautik und Startrampen von Außerirdischen ein breites Lesepublikum und eine Gesamtauflage von 63 Millionen verkauften Büchern.

833. Siebler 2001/2, S. 45.

834. Ulf 2003, S. 9.

835. Ebd.

836. Nach dem Tod Manfred Korfmanns im August 2005 wurde der Tübinger Archäometallurge Ernst Pernicka (geb. 1950) mit der wissenschaftlichen Leitung des Troja-Projekts betraut, wofür ihm im Sommer 2006 von der türkischen Antikendirektion die Lizenz erteilt wurde.

837. Vgl. Schrott 2008, S. 5 ff.

838. Carl Blegen führte seine Ausgrabungen in Troja von 1932 bis 1938 im Auftrag der University of Cincinatti durch und gab zwischen 1950 und 1958 seinen vierbändigen Grabungsbericht anhand der Siedlungsschichten Trojas von I bis VI, VIIa, VII b und VIII heraus (vgl. Blegen 1950, 1951, 1953, 1958). 1963 fasste er seine Grabungsresultate erneut in einem Troja-Band zusammen (vgl. Blegen 1963).

839. Latacz 2008, S. 13.

840. Hier der Sophist Flavius Philostratus (160–245), vgl. Philostratus 2014, 1.34.

841. Vgl. Siebler 1994.

842. Vgl. Vorpahl/Meier/Strumpf 1996.

843. Der türkisch-deutsche Prähistoriker und Archäologe Rüstem Aslan (geb. 1965) wurde in Tübingen promoviert. Er leitete die Ausgrabungen in Troja von 2005 bis 2011 als Co-Direktor und amtiert seit 2013 als Chefausgräber.

Bibliografie

Akinscha/Koslow 1995
Konstantin Akinscha, Grigori Koslow: Beutekunst. Auf Schatzsuche in
russischen Geheimdepots, München 1995.

Allen 1999
Susan Heuck Allen, Finding the walls of Troy: Frank Calvert and Heinrich
Schliemann at Hisarlık, Berkeley, Los Angeles, London 1999.

Blegen 1950
Carl W. Blegen (Hg.), Troy: excavations conducted by the University of
Cincinnati, 1932–1938, General introduction, the 1st and 2nd settlements, Bd.
1 (Text), Princeton 1950.

Blegen 1951
Carl W. Blegen (Hg.), *Troy: The third, fourth and fifth settlements*, Bd. 2 (Text),
Princeton 1951.

Blegen 1953
Carl W. Blegen (Hg.), *Troy: The 6th settlement*, Bd. 3 (Text), Princeton 1953.

Blegen 1958
Carl W. Blegen (Hg.), *Troy: Settlements VIIa, VIIb and VIII*, Bd. 4 (Text),
Princeton 1958.

Blegen 1963
Carl W. Blegen, *Troy and the Trojans*, London 1963.

Bölke 2015
Wilfried Bölke, »Dein Name ist unsterblich für alle Zeiten«: Das Leben
Heinrich Schliemanns im Briefwechsel mit seiner mecklenburgischen
Familie, Düsseldorf 2015.

Brønsted 1826
Peter Oluf Brønsted, Reisen und Untersuchungen in Griechenland, Buch 1,
Stuttgart 1826.

Brustgi 2004
Franz Georg Brustgi, *Heinrich Schliemann. Der Traum von Troja*, München
(2. Aufl.) 2004.

Carandini 2002
Andrea Carandini, *Die Geburt Roms*, Düsseldorf u. Zürich 2002.

Clarke 1810
Edward Daniel Clarke, Travels in Various Countries of Europe, Asia and
Africa, Vol. I: Russia, Tartary and Turkey, London 1810.

Cobet 1997
Justus Cobet, Heinrich Schliemann. Archäologe und Abenteurer, München
1997.

Coulmas 2001
Danae Coulmas, Schliemann und Sophia. Eine Liebesgeschichte, München
2001.

Curtius 1872
Ernst Curtius, Beiträge zur Geschichte und Topographie Kleinasiens,
Berlin 1872.

Déthier 1873
Philip Anton Déthier, *Le Bosphore et Constantinople*, Wien 1873.

Deuel 1979
Leo Deuel, Heinrich Schliemann. Eine Biografie mit Selbstzeugnissen und
Bilddokumenten, München 1979.

Easton 2014
Donald F. Easton, «The First Excavations at Troy: Brunton, Calvert and
Schliemann«, in: Ernst Pernicka, Charles Brian Rose, Peter Jablonka (Hg.),
Troia 1987–2012: Grabungen und Forschungen I, STUD. TROICA Monogr. 5,
Bonn 2014, S. 32–103.

Fontane 1986
Theodor Fontane, *Frau Jenny Treibel*, in: Fontanes Werke in fünf Bänden,
7. Aufl., Berlin u. Weimar (7. Aufl.) 1986.

Forchhammer 1850
Peter Wilhelm Forchhammer, Beschreibung der Ebene von Troja. Mit einer
Karte von T. A. Spratt, Frankfurt a. M. 1850.

Funke 2010
Peter Funke, »Pausanias und die griechischen Heiligtümer und Kulte«, in:
F. Marco Simón, F. Pina Polo, J. Remesal Rodríguez (Hg.), *Viajeros, peregrinos y
aventureros en el Mundo Antiguo*, Barcelona 2010, S. 219–226.

Goldmann/Schneider 1995
Goldmann Klaus, Wolfgang Schneider, *Das Gold des Priamos. Geschichte einer
Odyssee*, Leipzig 1995.

Grote 1872
George Grote, A history of Greece: from the earliest period to the close
of the generation contemporary with Alexander the Great, Vol. 1, London
1872.

Habicht 1985
Christian Habicht, Pausanias und seine »Beschreibung Griechenlands«,
München 1985.

Hahn 1865
Johann Georg von Hahn, Die Ausgrabungen auf der Homerischen Pergamos,
Leipzig 1865.

Herrmann 1990/1
Joachim Herrmann (Hg.), Die Korrespondenz zwischen Heinrich
Schliemann und Rudolf Virchow: 1876–1890, bearbeitet und herausgegeben
von Joachim Herrmann, Berlin 1990.

Herrmann 1990/2
Joachim Herrmann, »Einleitung«, in: Die Korrespondenz zwischen Heinrich
Schliemann und Rudolf Virchow: 1876 – 1890, bearbeitet und herausgegeben
von Joachim Herrmann, Berlin 1990, S. 11–18.

Hertel 2001
Dieter Hertel, »Troia«. Archäologie, Geschichte, Mythos, München 2001.

Heyne 1792
Christian Gottlob Heyne, »Vorrede des Hofrath und Professor Heyne«, in:
Jean-Baptiste Lechevalier, *Beschreibung der Ebene von Troja*, Leipzig 1792, S. XI–
XXXII.

Homer/Pope 1850
Homerus, The Iliad of Homer, Transl. by Alexander Pope, London 1850.

Homer 2002
Homer, Ilias. Odyssee. In der Übertragung von Johann Heinrich Voß, mit
einem Nachwort von Ute Schmidt-Berger und Jochen Schmidt, München
(21. Aufl.) 2002.

Jerrer 1828
Georg Ludwig Jerrer, *Die Weltgeschichte für Kinder*, Nürnberg 1828.

Kästner 2015
Volker Kästner, *104068: Helios mit Viergespann (sog. Helios-Metope)*,
http://arachne.uni-koeln.de/item/objekt/104068 (1.12.2015).

Kladderadatsch XXVI, Nr. 38/39, Berlin 24.8.1873.

Kladderadatsch XXIX, Nr. 60, Berlin 31.12.1876.

Koiner 2019
Gabriele Koiner, »Heinrich Schliemanns Erwerb der Helios-Metope«,
in: Christian Bachhiesl, Markus Handy, Peter Mauritsch u. a. (Hg.), *Gier,
Korruption und Machtmissbrauch in der Antike*, Wien 2019, S. 173–207.

Korfmann 2000
Manfred Korfmann, »Vorwort. Zur Publikation der ersten regulären
Ausgrabungen in Hisarlik, 1871–1873«, in: *Heinrich Schliemann, Bericht über die
Ausgrabungen in Troja in den Jahren 1871 bis 1873. Mit einem Vorwort von Manfred
Korfmann*, Neuausg., Düsseldorf; Zürich 2000, S. VII–XXIX.

Korfmann 2001
Manfred Korfmann, »Wilusa/(W)Ilios ca. 1200 v. Chr. – Ilion ca. 700 v. Chr.«,
in: Archäologisches Landesmuseum Baden-Württemberg u. a. (Hg.), *Troia:
Traum und Wirklichkeit [Begleitband zur Ausstellung »Troia – Traum und Wirklichkeit«,
Konzeption: Joachim Latacz, Manfred Korfmann u. a.]*, Stuttgart 2001, S. 64–76.

Latacz 2001/1
Latacz, Joachim, »Homers Troia/Ilios: Erfindung oder bewahrte Erinnerung?«,
in: Archäologisches Landesmuseum Baden-Württemberg u. a. (Hg.), *Troia:
Traum und Wirklichkeit [Begleitband zur Ausstellung »Troia – Traum und Wirklichkeit«,
Konzeption: Joachim Latacz, Manfred Korfmann u. a.]*, Stuttgart 2001, S. 26–31.

Latacz 2001/2
Joachim Latacz, Troia und Homer: der Weg zur Lösung eines alten Rätsels,
München 2001.

Latacz 2008
Joachim Latacz, »Poeten wissen, was man mit dem Material alles anstellen
kann«, in: *Süddeutsche Zeitung*, 3. Januar 2008, S. 13.

Lechevalier 1792
Jean-Baptiste Lechevalier, *Beschreibung der Ebene von Troja*, Leipzig 1792.

Le Chevalier 1794
Jean-Baptiste Le Chevalier, Voyage de la Troade, ou table de la plaine de Troie
dans son état actuel, London 1794.

Lehrer & Turner 1989
Mark Lehrer; David Turner, »The Making of an Homeric Archaeologist:
Schliemann's Diary of 1868«, in: *The Annual of the British School at Athens*,
Vol. 84 (1989), Athen 1989, S. 221–268.

Lilly 1961
Ely Lilly, *Schliemann in Indianapolis*, Indianapolis 1961.

Maclaren 1822
Charles Maclaren, A Dissertation on the Topography of the Plain of
Troy: Including an Examination of the Opinions of Demetrius, Chevalier,
Dr. Clarke, and Major Rennell, Edinburgh 1822.

Mannert 1822
Konrad Mannert, Geographie der Griechen and Römer, Bd. 8, Leipzig 1822.

Martin 2019
Thomas Martin, Iliu Melathron: Der Traum von Troja als gebaute
Wirklichkeit?!; Heinrich Schliemanns Stadthaus in Athen und
die Inszenierung eines archäologischen Lebenswerks, Berlin 2019.

Menghin 2005
Wilfried Menghin (Hg.), Das Berliner Museum für Vor- und Frühgeschichte:
Festschrift zum 175-jährigen Bestehen, Berlin 2005.

Meyer 1936
Ernst Meyer (Hg.), *Briefe von Heinrich Schliemann*, Berlin/Leipzig 1936.

Moltke 1911
Moltke, Helmuth von, Briefe über Zustände und Begebenheiten in der Türkei,
Berlin 1911.

Mühlenbruch 2021
Tobias Mühlenbruch, *Heinrich Schliemann. Ein Itinerar,* in: URL: http://archiv.
ub.uni-heidelberg.de/propylaeumdok/volltexte/2021/4998, Heidelberg
Januar 2021.

Müller 1841
Karl Müller, *Fragmenta historicorum Graecorum,* Bd. 1, Paris 1841.

Murray 1854
John Murray II. (Hg.), *Murray's handbook of Greece,* London 1854.

Neumeister 2005
Christoff Neumeister, *Der Golf von Neapel in der Antike,* München 2005.

Nicolaïdes 1867
Georgios Nicolaïdes, Topographie et plan stratégique de l'Iliade, Paris 1867.

Parzinger 2006
Hermann Parzinger, Die frühen Völker Eurasiens. Vom Neolithikum zum
Mittelalter, München 2006.

Parzinger 2021
Hermann Parzinger, Verdammt und vernichtet: Kulturzerstörungen vom
Alten Orient bis zur Gegenwart, München 2021.

Payne 1959
Robert Payne, The Gold of Troy: The Story Behind Heinrich Schliemann and
the Buried Cities of Ancient Greece, London 1959.

Philostratus 2014
Flavius Philostratus, *Das Leben des Apollonios von Tyana*, Berlin 2014.

Pollatschek 2020/1
Nele Pollatschek, Dear Oxbridge. Liebesbrief an England, Köln 2020.

Pollatschek 2020/2
Nele Pollatschek, »Der Weg zur Gleichheit ist Gleichheit«, in: *Der Tagesspiegel*, 30. August 2020, S. 19.

Radowitz 1925
Joseph Maria von Radowitz, Aufzeichnungen und Erinnerungen aus dem Leben des Botschafters Joseph Maria von Radowitz, Stuttgart 1925.

Rühle von Lilienstern 1832
Rühle von Lilienstern, J. J., Über das Homerische Ithaka. Nebst einem litographirten Plane des Kephallenischen Reiches, Berlin, Posen, Bromberg 1832.

Russack 1942
Hans Hermann Russack, *Deutsche bauen in Athen*, München 1942.

Rybak/Berger 1996
Andrzej Rybak; Michael Berger, »Der geraubte Raub«, in: *Die Woche*, 12. April 1996, S. 42.

Savoy 2021
Bénédicte Savoy, Afrikas Kampf um seine Kunst. Geschichte einer postkolonialen Niederlage, München 2021.

Savoy/Lagatz/Sissis 2021
Bénédicte Savoy, Merten Lagatz, Philippa Sissis (Hg.), *Beute. Ein Bildatlas zu Kunstraub und Kulturerbe*, Berlin 2021.

Schaper 1996
Rüdiger Schaper, »Goldrausch überall«, in: *Süddeutsche Zeitung*, 15. April 1996, S. 11.

Schlegel 1788
August Wilhelm Schlegel, *De geographia Homerica commentatio*, Hannover 1788.

Schliemann 1953
Heinrich Schliemann, Briefwechsel Bd. 1 (1842–1875). Aus dem Nachlass in
Auswahl. Hg. von Ernst Meyer, Berlin 1953.

Schliemann 1958
Heinrich Schliemann, Briefwechsel Bd. 2 (1876–1890). Aus dem Nachlass in
Auswahl. Hg. von Ernst Meyer, Berlin 1958.

Schliemann 1867
Heinrich Schliemann, La Chine et le Japon au temps présent, Paris 1867.

Schliemann 1869
Heinrich Schliemann, Ithaque, le Péloponnèse, Troie. Recherches
archéologiques, Paris 1869.

Schliemann 1874/1
Heinrich Schliemann, *Trojanische Alterthümer*, Leipzig 1874.

Schliemann 1874/2
Heinrich Schliemann, *Atlas trojanischer Alterthümer: photographische
Abbildungen zu dem Berichte über die Ausgrabungen in Troja*, Leipzig 1874.

Schliemann 1878
Heinrich Schliemann, Mykenae. Bericht über meine Forschungen und
Entdeckungen in Mykenae und Tiryns, Nachdr. der Ausg. Leipzig 1878,
Darmstadt 1991.

Schliemann 1881
Heinrich Schliemann, Ilios. Stadt und Land der Trojaner. Mit einer
Selbstbiographie des Verfassers, Leipzig 1881.

Schliemann 1886
Heinrich Schliemann, Tiryns: Der prähistorische Palast der Könige von
Tiryns; Ergebnisse der neuesten Ausgrabungen, Leipzig 1886.

Schliemann 1892
Heinrich Schliemann, Heinrich Schliemann's Selbstbiographie. Bis zu
seinem Tode vervollständigt. Hg. von Sophie Schliemann, Leipzig 1892.

Schliemann/Andreß 1869
Heinrich Schliemann, Ithaka, der Peloponnes und Troja. Archäologische
Forschungen. Deutsch von Carl Andreß, Leipzig 1869.

Schliemann/Brustgi 1995
Heinrich Schliemann, Reise durch China und Japan im Jahre 1865. Aus dem
Französischen von Franz Georg Brustgi, Berlin 1995.

Schliemann 2000
Heinrich Schliemann, Bericht über die Ausgrabungen in Troja in den
Jahren 1871 bis 1873. Mit einem Vorwort von Manfred Korfmann, Neuausg.,
Düsseldorf, Zürich 2000.

Schmidt 1864
J. F. Julius Schmidt, »Dr. v. Hahn's Ausgrabungen im Gebiete von Troja.
Sendschreiben an Herrn Prof. Welker in Bonn«, in: *Rheinisches Museum für
Philologie*, Neue Folge, 19. Jg. (1864), S. 591–601.

Schmidt 1891
Paul von Schmidt, Schriften des Generalfeldmarschalls Grafen Helmuth von
Moltke, Berlin 1891.

Schrott 2008
Raoul Schrott, Homers Heimat. Der Kampf um Troia und seine realen
Hintergründe, München 2008.

Seydewitz 1984
Ruth und Max Seydewitz, *Unvergessene Jahre*, Berlin/DDR 1984.

Siebler 1994
Michael Siebler, »Wallfahrt zum Gold von Troja. Moskau erlaubt einen Blick
auf die Beutekunst«, in: *Frankfurter Allgemeine Zeitung*, 27. Oktober 1994.

Siebler 2001/1
Michael Siebler, »Der Hügel von Hisarlik erzählt seine Geschichte«, in:
Frankfurter Allgemeine Zeitung, 28. März 2001, S. 61.

Siebler 2001/2
Michael Siebler, »Kolbs Krieg. Die Kampagne gegen den Troia-Ausgräber
Korfmann«, in: *Frankfurter Allgemeine Zeitung*, 26. Juli 2001, S. 45.

Spiegel 1991
Anonym, »Tabu hinter Panzertüren«, in: *Der Spiegel* (38/91) 16.09.1991,
S. 284–287.

Spiegel 1992
Anonym, »Mit Big Mama um den Block«, in: *Der Spiegel* (42/92) 12.10.1992,
S. 292–300.

Spiegel 1993/1
Anonym, »Troja-Gold nach Athen?«, in: *Der Spiegel* (34/93) 23.08.1993,
S. 152–153.

Spiegel 1993/2
Anonym, »Sollen sie Krieg führen«, in: *Der Spiegel* (50/93) S. 166–169.

Spohn 1814
F. A. G. Spohn, de argo Trojanus in carminib. Homer, Leipzig 1814.

Traill 1993
David A. Traill, Excavating Schliemann: collected Papers on Schliemann,
Atlanta 1993.

Traill 1995
David A. Traill, *Schliemann of Troy. Treasure and deceit*, New York 1995.

Ukert 1814
F. A. Ukert, Bemerkungen über Homers Geographie, Wien 1814.

Ulf 2003
Christoph Ulf, »Wozu eine Bilanz?«, in Christoph Ulf (Hg.), *Der neue Streit um
Troja*, München 2003, S. 9–18.

Unverzagt 1985
Mechthilde Unverzagt, Wilhelm Unverzagt und die Pläne zur Gründung
eines Instituts für die Vorgeschichte Ostdeutschlands, Mainz 1985.

Vandenberg 1995
Philipp Vandenberg, Der Schatz des Priamos. Wie Heinrich Schliemann sein
Troja erfand, Bergisch Gladbach 1995.

Vergil, *Aeneis*, Leipzig 1982.

Virchow 1891
Rudolf Virchow, »Erinnerungen an Schliemann«, in: *Die Gartenlaube* 39,
Leipzig 1891, S. 66–68, 104–06, 299–303.

Völcker 1830
K. H. W. Völcker, Über Homerische Geographie und Weltkunde, Hannover
1830.

Elisabeth Völling, »Die Silbergefäße aus Schatzfund A in der Berliner
Sammlung. Kulturgerät im anatolisch-mesopotamischen Kontext«, in:
Matthias Wemhoff; Dieter Hertel; Alix Hänsel (Hg), *Heinrich Schliemanns
Sammlung Trojanischer Altertümer – Neuvorlage, Bd. 2: Untersuchungen zu den
Schatzfunden, den Silber- und Bronzeartefakten, der Gusstechnik, den Gefäßmarken
und den Bleigewichten*, Berlin 2014, S. 11–36.

Vorpahl 1993
Frank Vorpahl, *Palastgeschichten*, in: ZDF, 09.11.1993

Vorpahl/Meier/Strumpf 1996
Frank Vorpahl, Karl-Heinz Meier, Roland Strumpf: *Der Schatz des Priamos*,
in: ZDF, Aspekte Extra, 5. April 1996.

Vorpahl 2001/1
Frank Vorpahl, Schätze der Welt, Erbe der Menschheit: Troia –
Schicksalshügel, in: ZDF, Aspekte, 16. März 2001.

Vorpahl 2001/2
Frank Vorpahl, *Troja, Korfmann und Georgien*, in: ZDF, Aspekte, 26. Oktober
2001.

Vorpahl 2002
Frank Vorpahl, *Beutekunst und Bernsteinzimmer*, in: ZDF, Aspekte, 2. August
2002.

Vorpahl 2007
Frank Vorpahl, *Merowinger-Schatz und Beutekunst-Bilanz*, in: ZDF, Aspekte,
16. März 2007.

Vorpahl 2008
Frank Vorpahl, *Das Schicksal der verlorenen Schätze*, in: ZDF, Aspekte extra,
28. Oktober 2008.

Vorpahl 2011/1
Frank Vorpahl, *Die Berliner politischen Tageszeitungen in Nachmärz und »Neuer
Ära« (1850–1862)*, Frankfurt a. M., Berlin, Bern, Bruxelles, New York, Oxford,
Wien 2011.

Vorpahl 2011/2
Frank Vorpahl, *Die Rückgabe der Sphinx*, in: ZDF, Aspekte, 04.03.2011.

Vorpahl/Kürsten 2012
Frank Vorpahl, Sylvie Kürsten, *Deutschlandjahr in Russland*, in: ZDF, Aspekte,
29. Juni 2012.

Vorpahl 2013
Frank Vorpahl, Bronzezeit-Ausstellung in St. Petersburg: Goldschatz
Eberswalde und »Schatz des Priamos«, in: ZDF, Aspekte, 21. Juni 2013.

Vorpahl 2015
Frank Vorpahl, *Deutsch-Russischer Museumsdialog*, in: ZDF, Aspekte,
13. November 2015.

Vorpahl/Postel 2017
Frank Vorpahl, Andreas Postel: *Puschkin in Gotha,* in: ZDF, Aspekte, 26. Mai
2017.

Vorpahl 2018
Frank Vorpahl, Der Welterkunder. Auf der Suche nach Georg Forster, Berlin
2018, hier 2. Aufl. 2020.

Vorpahl 2020/1
Frank Vorpahl, Europa ohne Grenzen – »Eisenzeit« in St. Petersburg, in: ZDF,
Aspekte, 17. April 2020.

Vorpahl 2020/2
Frank Vorpahl, »Europa ist komplex: Eremitage-Direktor Michail Piotrowski
setzt auf deutsch-russische Verständigung«, *Freitag*, 5. November 2020.

Vorpahl 2020/3
Frank Vorpahl, Bedrohte Schätze im Depot: Die dunklen Flecken großer
Museen und kleiner Sammlungen, in: 3sat, Kulturdoku, 28. November
2020.

Vorpahl 2021/1
Frank Vorpahl, *Bénédicte Savoy und Afrikas Kampf um seine Kunst*, in: 3sat,
Kulturzeit, 23. März 2021.

Vorpahl 2021/2
Frank Vorpahl, Hermann Parzinger zu den Planungen für die Präsentation
der Benin-Bronzen, in: 3sat, Kulturzeit, 23. März 2021.

Wemhoff 2008
Matthias Wemhoff; Dieter Hertel; Alix Hänsel (Hg.), Heinrich Schliemanns
Sammlung Trojanischer Altertümer, Bd. 1: Forschungsgeschichte,
keramische Funde der Schichten VII bis IX, Nadeln, Gewichte und
durchlochte Tongeräte, Berlin 2008.

Wemhoff 2014
Matthias Wemhoff, »Vorwort«, in: Matthias Wemhoff; Dieter Hertel; Alix
Hänsel (Hg.), Heinrich Schliemanns Sammlung Trojanischer Altertümer –
Neuvorlage, Bd. 2: Untersuchungen zu den Schatzfunden, den Silber-
und Bronzeartefakten, der Gusstechnik, den Gefäßmarken und den
Bleigewichten, Berlin 2014.

Wilamowitz-Moellendorf 1928
Ulrich von Wilamowitz-Moellendorf, *Erinnerungen 1848–1914*, Leipzig 1928.

Witte 2004
Reinhard Witte, *Schliemann einmal heiter betrachtet*, Ankershagen 2004.

Witte 2013
Reinhard Witte, Heinrich Schliemann: Auf der Suche nach Troja, München
2013.

Witte/Günther 2016
Reinhard Witte; Rita Günther (Red.), Vorträge auf dem 11.
Wissenschaftlichen Kolloquium des Heinrich-Schliemann-Museums
Ankershagen und der Heinrich-Schliemann-Gesellschaft Ankershagen
e. V. Archäologie und Archäologen im 19. Jahrhundert vom 3. bis

6. September 2015 in Ankershagen (Heinrich-Schliemann-Museum) und in Neubrandenburg (Haus der Kultur und Bildung), Ankershagen 2016.

Zavadil 2009
Michaela Zavadil, Ein trojanischer Federkrieg: Die Auseinandersetzungen zwischen Ernst Boetticher und Heinrich Schliemann, Wien 2009.

Bildnachweis

Abb. 1: *Heinrich Schliemann als Geschäftsmann im russischen Sankt Petersburg.* Bereitgestellt vom Bildarchiv Preußischer Kulturbesitz, bpk.

Abb. 2: *Der Bergrücken von Hissarlik zu Beginn der ersten Grabungen (1773).* Holzstich aus: Heinrich Schliemann, *Ilios. Stadt und Land der Trojaner. Mit einer Selbstbiographie des Verfassers,* Leipzig 1881.

Abb. 3: *Das Museum für Völkerkunde in der Prinz-Albrecht-Straße in Berlin vor seiner Zerstörung im Zweiten Weltkrieg.* Bereitgestellt vom Bildarchiv Preußischer Kulturbesitz, bpk / Neue Photographische Gesellschaft.

Abb. 4: *Heinrich und Sophia Schliemann 1880 beim Aufbau der Troja-Ausstellung im Berliner Kunstgewerbemuseum.* Kupferstich, Archiv Museum für Vor- und Frühgeschichte (MVF) Berlin.

Abb. 5: *Der »Schliemanngraben« auf einer Fotografie Heinrich Schliemanns.* In: Heinrich Schliemann, *Atlas trojanischer Alterthümer: photographische Abbildungen zu dem Berichte über die Ausgrabungen in Troja,* Leipzig 1874, Tafel 109.

Abb. 6: *Rekonstruktion von Troja VI auf Grundlage der Interpretation der Grabungen von Manfred Korfmann in Hissarlik.* © Christoph Haußner, München.

Abb. 7: *Sophia Schliemann als »Schöne Helena«.* Bereitgestellt von akg-images.

Abb. 8: *Objekte aus dem »Schatz des Priamos« in einer Nachbildung von W. Kuckenberg in Schliemanns Welten im Neuen Museum Berlin (2021).* Foto: Frank Vorpahl.

Abb. 9: *Das Athener Schliemannhaus Iliou Melathron in einer Aquarellskizze von Ernst Ziller (Athen, 1878).* Bereitgestellt von der Städtischen Pinakothek Athen (Courtesy of the Mucipal Gallery of Athens' Collections all copyrights reserved).

Abb. 10: *Die »Maske des Agamamnon«.* Bereitgestellt vom Fotoservice der Süddeutschen Zeitung: Photo United Archives / TopFoto / Süddeutsche Zeitung Photo.

Abb. 11: *Am Löwentor von Mykene.* Bereitgestellt vom Deutschen Archäologischen Institut, Fotothek Athen: D-DAI-ATH-Mykene-63 / Fotograf unbekannt.

Abb. 12: *Der von Heinrich Schliemann aus Alexandria geschmuggelte Kopf der Kleopatra VII.* Bereitgestellt vom Bildarchiv Preußischer Kulturbesitz, bpk / Antikensammlung, SMB / Foto: Johannes Laurentius.

Abb. 13: *Helios mit Vierergespann.* Bereitgestellt vom Bildarchiv Preußischer Kulturbesitz, bpk / Antikensammlung, SMB / Foto: Jürgen Liepe.

Abb. 14: *Angela Merkel und Wladimir Putin mit Schliemanns Schätzen in der Eremitage.* Foto: © Bundesregierung / Denzel.

Abb. 15: *Irina Antonowa mit Autor Frank Vorpahl in ihrem Arbeitszimmer.* Foto: Martin Chaudhuri.

Abb. 16: *Das Mausoleum Schliemanns in Athen.* Foto: Pitichinaccio (Creative Common Lizenz): https://commons.wikimedia.org/wiki/File:Schliemann_Grave_front.jpg?uselang=de.

Abb. 17: *Das futuristische Troja-Museum des türkischen Architektenteams um Ömer Selçuk Baz.* Foto: Frank Vorpahl.

Dank

Im Laufe der 25 Jahre, in denen ich immer wieder den Spuren Heinrich Schliemanns folgte, haben mich so viele Menschen unterstützt, dass es unmöglich wäre, ihnen allen in gebührender Weise zu danken. Viele von ihnen finden sich als Akteure in diesem Buch wieder – ihnen sei an dieser Stelle noch einmal herzlich gedankt. Meine Spurensuche wäre indes nicht möglich gewesen ohne die Unterstützung durch zahlreiche in- und ausländische Kulturinstitutionen wie dem Archäologischen Museum Athen, der American School of Classical Studies at Athens, dem Athener Numismatischen Museum im Iliou Melathron, dem UNESCO-Welterbe der Ausgrabungsstätten von Mykene und Tiryns, von Olympia, Knossos, Delphi und Bassae sowie den Archäologischen Museen von Sparta, Pylos, Korinth, Nafplio, Vahti und Ithaka. Besonders bedanken möchte ich mich bei der UNESCO-Welterbestätte der Ausgrabungsstätte von Troja und dem Troja-Museum, dem Archäologischen Museum Istanbul, dem Staatlichen Puschkin-Museum in Moskau und der Staatlichen Eremitage Sankt Petersburg, dem Heinrich-Schliemann-Museum in Ankershagen, der Stiftung Preußischer Kulturbesitz, dem Museum für Vor- und Frühgeschichte der Staatlichen Museen zu Berlin und der Staatsbibliothek zu Berlin.

Dank schulde ich insbesondere meinem unvergessenen Freund und Kollegen Karl-Heinz Meier und dem ZDF-Korrespondenten Roland Strumpf, denen ich meine erste Begegnung mit Schliemann und dem „Schatz des Priamos" verdanke. Unvergessen auch Martin Roth, der mir den Zugang zu russischen Museumsleuten und intensive Gespräche mit der 2020 verstorbenen Irina Antonowa ermöglichte – ein Dialog, der trotz mancher

Gegensätze viel zu meinem Verständnis der »Beutekunstfrage« beigetragen hat. Ein besonders herzlicher Dank gilt Constanze Pollatschek, die wie immer fleißig gelesen, geduldig korrigiert und so manchen langen Satz verkürzt hat.

Mein größter Dank geht an die drei Menschen, die dieses Projekt über viele Jahre begleitet haben. Allen voran an meinen Lektor und Verleger Wolfgang Hörner, der mich als treuer Freund zu dieser Spurensuche ermuntert und – bis zur exakten Ermittlung der Giftschlangen, vor denen Schliemann in Hissarlik so großen Respekt hatte – intensiv an diesem Abenteuer teilgenommen hat. Besonders herzlich möchte ich mich bei meiner ebenso wissensdurstigen wie kulturbeschlagenen Tochter bedanken, die mich trotz vieler eigener Projekte auf eine Recherchereise nach Athen und Delphi, vor allem aber durch den Peloponnes begleitet hat. Ohne Deine enthusiastische Neugier, liebe Nele, hätte ich wohl nicht nur das großartige Mykene unterschätzt. Dass Du, lieber Martin, bei jeder Idee, jeder Reise, jeder Zeile und wie immer mit der Kamera dabei warst, versteht sich wunderbarerweise von selbst. Dafür von ganzem Herzen: Σας ευχαριστώ!

Register

Aus Verantwortung für die Umwelt hat sich der *Verlag Galiani Berlin* zu einer nachhaltigen Buchproduktion verpflichtet. Der bewusste Umgang mit unseren Ressourcen, der Schutz unseres Klimas und der Natur gehören zu unseren obersten Unternehmenszielen. Gemeinsam mit unseren Partnern und Lieferanten setzen wir uns für eine klimaneutrale Buchproduktion ein, die den Erwerb von Klimazertifikaten zur Kompensation des CO_2-Ausstoßes einschließt.

Weitere Informationen finden Sie unter
www.klimaneutralerverlag.de

Verlag Kiepenheuer & Witsch, FSC® N001512

1. Auflage 2021

Verlag Galiani Berlin
© 2021, Verlag Kiepenheuer & Witsch, Köln
Alle Rechte vorbehalten
Umschlaggestaltung: Manja Hellpap und Lisa Neuhalfen, Berlin
Covermotiv: © Porträt Schliemann: ©: AF archive /
Alamy Stock Photo; Kamele: © NorthWind Picture Archives /
Alamy Stock Photo
Lektorat: Wolfgang Hörner
Gesetzt aus der Albertina
Satz: Buch-Werkstatt GmbH, Bad Aibling
Druck und Bindung: CPI books GmbH, Leck
ISBN 978-3-86971-245-1

Weitere Informationen zu unserem Programm
finden Sie unter www.galiani.de

»Ein Buch voll Wärme und Klugheit.«

Deutschlandfunk Kultur

544 Seiten, 32 € (D) / 32,90 € (A)

»Eine lange Reise voller Entdeckungen, spannend und vergnüglich zu lesen.« *Berliner Zeitung*

20 Jahre lang fahndet Frank Vorpahl nach den Spuren Georg Forsters, dem Weltumsegler, Revolutionär, Naturkundler und Philosoph. Er trifft Reiseforscher, Biologen, Ökologen, Sprachwissenschaftler, Fischer auf der Osterinsel und die angeblich letzten Kannibalen auf Tanna; stößt auf unbekanntes Archivmaterial und Reste der Cook'schen Expedition. Der Welterkunder ist der Bericht einer von Passion getragenen jahrzehntelangen Spurensuche, bei der Georg Forster neu Gestalt annimmt.

www.galiani.de

»Wundervoll«
Deutschlandfunk Kultur

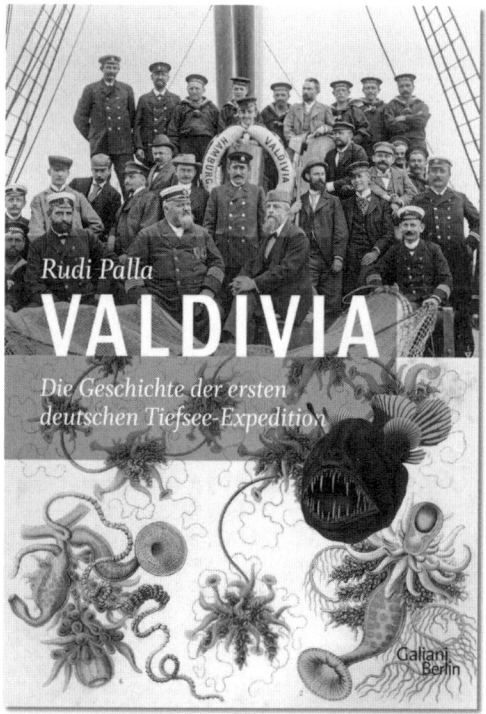

224 Seiten, 28€ (D) / 28,80€ (A)

»Pallas Buch besticht durch liebevolles Design und eine überlegte Auswahl an exzellenten reproduzierten Illustrationen und Fotografien. Vor allem aber wird die Geschichte der Reise anschaulich beschrieben und kritisch kontextualisiert.« *Der Standard*

Mit erzählerischem Verve berichtet Rudi Palla vom Alltag an Bord der legendären ersten deutschen Tiefsee-Expedition. 1898 stach der Schraubendampfer Valdivia unter der Leitung Carl Chuns in See, die Weltmeere zu erforschen. Die Expedition war ein grandioser Erfolg. Pallas Buch bezieht erstmals Notiz-, Tage- und Fangbücher ein, während zahlreiche Originalabbildungen zeigen, welch ungeahnte Pracht die Tiefsee in sich birgt.

www.galiani.de

»Ein echter Augenöffner für die Welten
unter Wasser.« *taz*

352 Seiten, 25€ (D) / 25,70€ (A)

»Was das Buch aber neben allem Fachlichen lesenswert macht, ist
die spürbare Begeisterung des Autors für die Unterwasserwelt – ein
Enthusiasmus, der ansteckt.« *Deutschlandfunk Kultur*

Die packende Biografie eines Mannes, der über 10.000 Stunden unter
Wasser verbracht, Tauchboote und ein Unterwasserhaus gebaut,
verschüttete Schätze aus Brunnen und Meeren geborgen, den Quasten-
flosser und andere faszinierende Lebensformen erforscht hat:
Hans Frickes Buch ist abenteuerliche Tauchgeschichte, lebendiger
Forschungsbericht, Ökothriller – und eine poetische Liebeserklärung
an die Unterwasserwelt.

www.galiani.de